聶石樵文集

第十二卷

古代小說戲曲論集

中華書局

目　录

漫谈《水浒传》 …………………………………………… 1

　　（一） …………………………………………………… 1

　　（二） …………………………………………………… 5

　　（三） ………………………………………………… 11

　　（四） ………………………………………………… 18

对宋江形象的再认识 …………………………………… 24

谈蒲松龄对题材的处理 ………………………………… 41

《林四娘》的艺术处理 ………………………………… 47

关于《公孙九娘》的描写及其历史背景 ……………… 52

《聊斋志异》本事旁证 ………………………………… 58

　　《瞳人语》（卷一） ………………………………… 59

　　《种梨》（卷一） …………………………………… 59

　　《劳山道士》（卷一） ……………………………… 60

　　《长清僧》（卷一） ………………………………… 61

　　《妖术》（卷一） …………………………………… 61

　　《叶生》（卷一） …………………………………… 62

　　《画皮》（卷一） …………………………………… 63

　　《陆判》（卷一） …………………………………… 64

　　《凤阳士人》（卷二） ……………………………… 65

　　《侠女》（卷二） …………………………………… 66

　　《张诚》（卷二） …………………………………… 68

《赵城虎》（卷二） ……………………………………… 72

《林四娘》（卷三） ……………………………………… 73

《道士》（卷三） ………………………………………… 75

《王者》（卷三） ………………………………………… 76

《织成》（卷三） ………………………………………… 79

《香玉》（卷三） ………………………………………… 81

《姊妹易嫁》（卷三） …………………………………… 82

《五通》（卷四） ………………………………………… 83

《申氏》（卷四） ………………………………………… 83

《金和尚》（卷四） ……………………………………… 84

《蛰龙》（卷四） ………………………………………… 85

《续黄粱》（卷五） ……………………………………… 85

《小猎犬》（卷五） ……………………………………… 87

《仇大娘》（卷五） ……………………………………… 88

《老饕》（卷五） ………………………………………… 89

《大力将军》（卷五） …………………………………… 91

《宫梦弼》（卷六） ……………………………………… 92

《公孙九娘》（卷六） …………………………………… 93

《促织》（卷七） ………………………………………… 95

《江城》（卷七） ………………………………………… 96

《彭海秋》（卷八） ……………………………………… 97

《胡四娘》（卷八） ……………………………………… 98

《柳生》（卷八） ………………………………………… 99

《天宫》（卷九） ………………………………………… 100

《贾奉雉》（卷十） ……………………………………… 102

《颜氏》（卷十） ………………………………………… 103

《蕙芳》（卷十）…………………………………… 103

《爱奴》（卷十一）………………………………… 105

《张不量》（卷十二）……………………………… 105

《偷桃》（卷十三）………………………………… 106

《口技》（卷十三）………………………………… 107

《蛇人》（卷十三）………………………………… 108

《潍水狐》（卷十三）……………………………… 108

《段氏》（卷十三）………………………………… 110

《乩仙》（卷十三）………………………………… 111

《人妖》（卷十三）………………………………… 111

《胭脂》（卷十四）………………………………… 113

《妾击贼》（卷十四）……………………………… 113

《阳武侯》（卷十四）……………………………… 114

《雏鸡》（卷十四）………………………………… 114

《五羖大夫》（卷十四）…………………………… 115

《刘姓》（卷十四）………………………………… 115

《龁石》（卷十四）………………………………… 116

《地震》（卷十四）………………………………… 116

《造畜》（卷十四）………………………………… 117

《黑鬼》（卷十四）………………………………… 118

《邵士梅》（卷十五）……………………………… 119

《放蝶》（卷十五）………………………………… 120

《林氏》（卷十五）………………………………… 121

《张贡士》（卷十五）……………………………… 121

《狐入瓶》（卷十五）……………………………… 122

《汤公》（卷十六）………………………………… 122

《蒋太史》(卷十六) ······ 123

《禽侠》(卷十六) ······ 124

曹雪芹及其《红楼梦》 ······ 125

　　一、关于曹雪芹的生平 ······ 125

　　二、《红楼梦》的思想内容 ······ 126

　　三、关于贾宝玉 ······ 140

论《红楼梦》的语言 ······ 145

　　一 ······ 146

　　二 ······ 151

　　三 ······ 155

　　四 ······ 159

　　五 ······ 164

《红楼梦》和古代文学的关系 ······ 167

　　一 ······ 167

　　二 ······ 172

　　三 ······ 178

　　四 ······ 183

《红楼梦》的政治倾向 ······ 186

　　一　对政治法律的批判 ······ 188

　　二　对阶级剥削的批判 ······ 193

　　三　对封建伦理的批判 ······ 198

　　四　对封建文化教育的批判 ······ 203

　　五　对封建礼法的批判 ······ 207

　　六　对男尊女卑的批判 ······ 213

　　七　对奴婢制度的批判 ······ 218

　　八　对宗教迷信的批判 ······ 224

九　余论 ……………………………………………… 228

鲁迅的小说和《儒林外史》 …………………………… 232

　　　一 ………………………………………………… 233

　　　二 ………………………………………………… 240

　　　三 ………………………………………………… 247

论关汉卿的杂剧 ………………………………………… 249

　　　一 ………………………………………………… 249

　　　二 ………………………………………………… 252

　　　三 ………………………………………………… 256

　　　四 ………………………………………………… 267

　　　五 ………………………………………………… 271

王实甫及其《西厢记》 ………………………………… 274

　　　一 ………………………………………………… 274

　　　二 ………………………………………………… 277

　　　三 ………………………………………………… 286

南北曲之区分与汇合 …………………………………… 289

作家的主观和作品的客观

　　——评高则诚的《琵琶记》 ……………………… 300

　　　一 ………………………………………………… 300

　　　二 ………………………………………………… 302

　　　三 ………………………………………………… 307

对《长生殿》中《进果》一出的分析 ………………… 310

关于《长生殿》的评价问题 …………………………… 316

　　　一 ………………………………………………… 316

　　　二 ………………………………………………… 321

　　　三 ………………………………………………… 326

略谈《桃花扇》 ……………………………………………… 330

　　一 …………………………………………………………… 330

　　二 …………………………………………………………… 333

　　三 …………………………………………………………… 340

　　四 …………………………………………………………… 343

读曲札记

　　——关于李渔 ……………………………………………… 349

元明清小说戏曲解题 ……………………………………………… 354

　小说 ………………………………………………………… 354

　　罗贯中（公元 1330—1400 年之间）…………………… 354

　　《三国演义》 …………………………………………… 355

　　施耐庵（公元 1296—1370 年之间）…………………… 357

　　《水浒传》 ……………………………………………… 358

　　吴承恩（公元 1500？—1582 年？）…………………… 361

　　《西游记》 ……………………………………………… 361

　　熊大木 …………………………………………………… 363

　　《杨家将传》 …………………………………………… 364

　　许仲琳 …………………………………………………… 365

　　《封神演义》 …………………………………………… 365

　　《金瓶梅》 ……………………………………………… 366

　　《喻世明言》《醒世恒言》《警世通言》 ……………… 368

　　陈忱（公元 1590？—1670 年？）……………………… 373

　　《水浒后传》 …………………………………………… 373

　　蒲松龄（公元 1640—1715 年）………………………… 374

　　《聊斋志异》 …………………………………………… 375

　　吴敬梓（公元 1701—1754 年）………………………… 378

《儒林外史》 …………………………………… 379

曹雪芹（公元 1715?—1763 年?） …………… 382

　《红楼梦》 ……………………………………… 383

褚人获 …………………………………………… 387

　《隋唐演义》 …………………………………… 387

钱彩 ……………………………………………… 388

　《说岳全传》 …………………………………… 388

李汝珍（公元 1763?—1830 年?） …………… 389

　《镜花缘》 ……………………………………… 390

蔡元放 …………………………………………… 391

　《东周列国志》 ………………………………… 391

戏曲 ……………………………………………… 392

关汉卿（公元 1230?—1300 年?） …………… 392

　《关汉卿戏曲集》 ……………………………… 394

王实甫（公元 1260?—1336 年?） …………… 399

　《西厢记》 ……………………………………… 400

陆仲良 …………………………………………… 402

　《陈州粜米》 …………………………………… 402

康进之 …………………………………………… 404

　《李逵负荆》 …………………………………… 404

石君宝 …………………………………………… 405

　《秋胡戏妻》 …………………………………… 405

白朴（公元 1226—1306 年?） ……………… 406

　《梧桐雨》 ……………………………………… 407

　《墙头马上》 …………………………………… 408

李好古 …………………………………………… 409

《张生煮海》 …………………………………………… 409

尚仲贤 …………………………………………………… 410

·《柳毅传书》 …………………………………………… 410

郑光祖 …………………………………………………… 411

《倩女离魂》 …………………………………………… 412

《潇湘雨》 ……………………………………………… 413

纪君祥 …………………………………………………… 413

《赵氏孤儿》 …………………………………………… 414

马致远 …………………………………………………… 415

《汉宫秋》 ……………………………………………… 415

高则诚(公元 1305？—1359 年) …………………… 417

《琵琶记》 ……………………………………………… 417

施惠(？) ………………………………………………… 419

《拜月亭》 ……………………………………………… 419

柯丹丘(？) ……………………………………………… 420

《荆钗记》 ……………………………………………… 420

《白兔记》 ……………………………………………… 421

徐畛(？) ………………………………………………… 422

《杀狗记》 ……………………………………………… 422

薛近衮 …………………………………………………… 423

《绣襦记》 ……………………………………………… 423

康海(公元 1475—1540 年) ………………………… 424

《中山狼》 ……………………………………………… 425

李开先(公元 1501—1568 年) ……………………… 425

《宝剑记》 ……………………………………………… 426

梁辰鱼(公元 1520? —1580 年?) ········· 427

　《浣纱记》 ········· 427

王世贞(公元 1526—1590 年) ········· 428

　《鸣凤记》 ········· 429

汤显祖(公元 1550—1617 年) ········· 430

　《汤显祖集》 ········· 431

　《牡丹亭》 ········· 432

高濂 ········· 434

　《玉簪记》 ········· 434

孙仁孺 ········· 435

　《东郭记》 ········· 435

戏曲·弹词 ········· 436

李玉(公元 1590? —1660 年?) ········· 436

　《清忠谱》 ········· 437

　《占花魁》 ········· 438

　《一捧雪》 ········· 439

李渔(公元 1611—1679 年?) ········· 440

　《比目鱼》 ········· 441

朱佐朝 ········· 441

　《渔家乐》 ········· 442

尤侗(公元 1618—1704 年) ········· 443

　《钧天乐》 ········· 444

洪昇(公元 1645—1704 年) ········· 445

　《长生殿》 ········· 446

孔尚任(公元 1648—1718 年) ········· 448

《桃花扇》 …………………………………………… 449

蒋士铨(公元 1725—1785 年) ………………………… 451

《临川梦》 …………………………………………… 452

漫谈《水浒传》

一部伟大的作品，人们往往对其产生极为分歧的看法，并引起许多争论。这正说明这部作品内容的丰富及其所反映的社会现象的复杂。《水浒传》也如此。《水浒传》从作者、版本、写作年代、基本思想、受招安到对一些具体人物的评价，几乎都是有争论的，有些则是绝然相反的意见。本文不想对这些问题进行论辩，只是在正面论述、评价中对某些有关问题表明自己的看法。

（一）

关于《水浒传》的作者，历来异说纷纭。明高儒《百川书志》六史部野史类云："《忠义水浒传》一百卷，钱塘施耐庵的本，罗贯中编次。"《百川书志》作于嘉靖十九年（1540），这是明人关于《水浒传》作者最早的记载。又郎瑛《七修类稿》二三云："《三国》、《宋江》二书，乃杭人罗贯中所编。予意旧必有本，故曰'编'。《宋江》又曰：'钱塘施耐庵的本。'"根据陈善的序文，《七修类稿》作于嘉靖四十五年（1566），晚于《百川书志》二十六年。这两条材料是比较可信的。第一条说明《水浒传》是施耐庵"的本"，罗贯中"编次"。第二条也是说罗贯中编，但又说"予意旧必有本"。"旧本"是什么？当即他所提到的施耐庵"的本"。所谓"的本"即真本之意。高儒、郎瑛都未明确肯定施、罗二人是《水浒传》的本来作者，原因何在？我认为，在他们看来水浒故事的真正作者是说书艺人和杂剧编撰者,施、罗二人是在这些创作的基础上厘订、加工、编纂成《水浒传》的。如郎瑛《七修类稿》二十三,在谈到《三国》、《宋江》的编者罗贯中之后,接着说:"昨于旧书肆中得抄本《录鬼簿》,乃元大梁钟继先作,载宋元传奇之名,而于二书之事尤多。据此,见原亦有迹,因而增益编成之耳。"所谓"原亦有迹",除施耐庵"的本"外,即指那些民间或城市艺人关于水浒故事的艺术创作。其实施耐庵"的本",何尝不是根据群众艺人的艺术创作而完成的!明胡应麟《少室山房笔丛》四十一云:"今世传街谈巷语,有所谓演义者,盖尤在传奇杂剧下。然元人武林施某所编《水浒传》,特为盛行,世率以其凿空无据,要不尽尔也。余偶阅一小说序,称施某尝入市肆,绅阅故书,于敝褚中得宋张叔夜擒贼招语一通,备悉其一百八人所由起,因润饰成此编。"他根据的某"一小说序",所谈施耐庵的撰写过程,未免简单轻率,但他指出施耐庵的真本,是"绅阅故书",在讲唱文学的基础上润饰而成的,却是道出了事实的真相。那么,我们可以得出这样一个认识,即施耐庵曾搜集、整理水浒故事,成为《水浒传》,并对《水浒传》原书做过一番审订、校正工作,罗贯中又在此基础上进行了编纂和加工。

施耐庵生平事迹不详。明惠康《识余》云:"世传施号耐庵,名字竟不可考。"《兴化县续志》载有淮安王道生撰《施耐庵墓志》,说他名子安,生于元贞二年,至顺二年举进士,曾在钱塘做两年官,著有《志余》、《三国演义》、《隋唐志传》、《三遂平妖传》、《江湖豪侠传》等书。按:《元史·选举志》,仅载天历三年,元统癸酉,各举行廷试一次,至顺二年并未开科。又《钱塘县志》记载过去的知县也无施耐庵其人。所以,此墓志显然是伪作,不可信。最近在江苏兴化、大丰两县发现有关施耐庵的新材料,如《施氏家簿谱》、《施氏族谱》等,但专家们对这些材料的真伪尚有争论,很难遽下结论。

罗贯中的生平事迹,比施耐庵稍清楚些。元遗民贾仲明《续录鬼簿》记载:"罗贯中,太原人,号湖海散人,与人寡合。乐府、隐语,极为清新。与余为忘年交。遭时多故,天各一方,至正甲辰复会,别来又六十余年,竟不知其所终。"《续录鬼簿》作于明永乐二十年(1422),上推到元至正甲辰(1364),是五十八年,贾仲明在五十八年前曾亲自见过罗贯中,和罗是"忘年交",罗至少比贾长二十岁,可以推论罗贯中是元末明初人。又据《少室山房笔丛》记载罗贯中是施耐庵的"门人",因而进一步可以推论施耐庵的时代应比罗贯中稍早,约为元代后期人。至于说罗是"太原人",与郎瑛、胡应麟所记为"杭人"、"武林人"不合,那可能罗原籍为太原,后来迁居杭州。本来元中叶以后,大量北方作家流寓南方,罗贯中应是其中的一员。

如上所叙,《水浒传》是在群众艺术的基础上形成的,因此我们要了解《水浒传》的创作,必须了解《水浒传》以前有关水浒题材的文学形式的流传情况。比较早的是周密《癸辛杂识》续集记载有龚圣与所作宋江三十六人的像赞序:"宋江事见于街谈巷语,不足采著,虽有高如、李嵩辈传写,士大夫亦不见黜。余年少时壮其人,欲存之画赞。"周密是宋末人,高如、李嵩当和他同时,龚圣与是淮阴人,与"淮南盗宋江等犯淮阳军"(《宋史·徽宗纪》)是同一地区,足见南宋时淮阴地区水浒故事流行的情况。

这些故事,经过"街谈巷语",人们口口相传,愈演愈奇,愈传愈广,当时的说书人便取之以为讲唱的题材了。如宋罗烨《新编醉翁谈录》卷一小说名目,说"公案"类有"石头孙立",说"朴刀"类有"青面兽",说"杆棒"类有"花和尚"、"武行者"等。他们讲唱时可能已有底本——话本,可惜我们今天看不到了。他们各讲述其所长,分门别类,都不相干,其故事内容也不相联贯,但却为《水浒传》的成书准备了条件，为《水浒传》的写作提供了素材。如百回本《忠义水浒传》第一回开卷即说："话说大宋仁宗天子在位，嘉祐三年，三月三日，五更三点，天子驾坐紫宸殿，受百官朝贺。"就明显是宋人的口气。这种宋人口气的叙述，作品中还可以见到，说明《水浒传》有不少是取材于当时的话本。成书于元代的《大宋宣和遗事》是专写水浒故事的，是有关水浒故事的集录，文言口语间杂。据汪仲贤《宣和遗事考证》，其文言部分多节录《南烬纪闻》《窃愤录》《续录》等书，口语部分大抵采自话本。全书从杨志押送花石纲起，到征方腊止，中间有孙立等往太行山落草，宋江杀阎婆惜、得天书，三十六名将造反等，梗概虽极简略，但《水浒传》故事的初步规模已经具备。可以认为它所采取的话本是元人所讲水浒故事最早的底本。这部书在水浒故事的创作上有很大发展，为《水浒传》成书奠定了基础。

水浒故事广为流传，也为元代戏剧家摄取作为自己创作的题材。现在保存在臧晋叔《元曲选》中有关水浒题材的戏剧共五本，即无名氏的《争报恩三虎下山》、李文蔚的《同乐院燕青博鱼》、高文秀的《黑旋风双献功》、康进之的《梁山泊李逵负荆》、李致远的《都孔目风雨还牢末》。也是园藏《古今杂剧》和《孤本元明杂剧》中也有五本，作者皆不可考，即《鲁智深喜赏黄花峪》《梁山五虎大劫牢》《梁山七虎闹铜台》《王矮虎大闹东平府》《宋公明排九宫八卦阵》。此外，《录鬼簿》中尚有存目十余本，计高文秀八本，李文蔚二本，杨显之一本，红字李二三本，康进之二本。这些戏有的内容与《水浒传》并不相同，有的则可以在《水浒传》中得到印证，成为《水浒传》中某些回的重要情节。这类戏不但为《水浒传》增加了新的故事，而且提供了新的思想。如高文秀《黑旋风双献功》等戏剧都出现了梁山泊农民起义根据地的雏形：

寨名水浒,泊号梁山,四下方圆八百里,东连大海,西接济阳,南通巨野、金乡,北靠青、齐、兖、郓。有七十二道深河港,屯数百只战舰艨艟;三十六座宴楼台,聚数千家军粮马草。

建立根据地是农民起义发展的重要阶段,元剧作者描写了这个根据地,是他们对水浒故事发展的贡献。这类戏剧还把原来的三十六名将,推演为"三十六大伙,七十二小伙"。凑成一百单八人的基本队伍。更重要的是在《争报恩》中提出了"替天行道",在《李逵负荆》中提出了"替天行道救生民"的行动纲领。这正是《水浒传》的中心思想,《水浒传》的中心思想即萌芽于此。《水浒传》所描写的正是农民起义军建立革命根据地,依靠庞大的革命队伍,遵循明确的政治纲领,才"风高敢放连天火,月黑提刀去杀人"的。郎瑛所谓《水浒传》的创作"原亦有迹",是有根据的。从以上的论述中,我们可以看到水浒故事的演变过程,《水浒传》是在吸取前人创作的基础上形成为长篇巨制的。

(二)

《水浒传》的作者,在吸取前人艺术成就的基础上进行了再创作。他们对那些群众艺术不是简单地整理、编排,而是经过独运匠心的加工,把原来的故事、题材、人物更典型更理想化了,表现出自己鲜明的个性,倾注着自己的思想、情感和血泪。

《水浒传》成书之前,各种文艺形式所表现水浒英雄活动的地区都在太行山,如龚圣与"宋江三十六人赞",赞卢俊义、张横、戴宗、穆横,"风尘太行","出没太行",都是"太行好汉"。并没有提到梁山泊。最早把宋江等和梁山泊联系起来的,应当是《宣和遗事》。《宣和遗事》元集说:"那晁盖八个劫了蔡太师生日礼物,不是寻常小可公事。不免邀约杨志等十二人,共有二十个结为兄弟,前往太行山梁山泊去落草为寇。"其次元杨景贤《刘行首》杂剧第四折说:"怎将蓼儿洼强猜做蓝桥驿,梁山泊权当做武陵溪,太行山错认做桃源内?"不过他们都把梁山泊看做在太行山区。其实,梁山泊古属郓州,《宋史·蒲宗孟传》:"郓介梁山泊。"即今山东东平县。施耐庵在《水浒传》中把描写的重心转移到山东梁山泊这个农民起义根据地来了,并且把原属太行山区的宛子城(明程百二《方舆胜略》卷五"河南、怀庆府":"太行山畔有碗子城关。")和可能属于洪泽湖区的蓼儿洼(清顾栋高《淮安府志》卷四"山川,山阳县蓼涧";"治西南六十五里,东连天井荡,西入青州涧。"蓼涧疑即蓼儿洼)都集中于梁山泊,成为梁山泊的一部分。《水浒传》写道:"是山东济州管下一个水乡,地名梁山泊,方圆八百余里,中间是宛子城、蓼儿洼。"又写道:"直使宛子城中藏虎豹,蓼儿洼内聚神蛟。"《水浒传》的作者是集中写这些起义英雄在梁山泊的活动的。施耐庵这样写不是没有原因的,而有其现实斗争的根据。宋代的梁山泊是一个很大的湖沼,土壤肥沃,宜于耕作,统治阶级增立租税,掠夺民田,使广大农民、渔民不得安生。《宋史·杨戬传》记载:

　　　　杨戬(宦官)……政和四年(1114)拜彰化军节度使。……历镇安清海镇东三镇,由检校少保至太傅。……有胥吏杜公才者,献策于戬,立法索民契,自甲之乙,乙之丙,展转究寻,至无可证,则度地所出,增立赋租。始于汝州,浸淫于京东西、淮西北,括废堤弃堰、荒山退滩及大河淤流之处,皆勒民主佃,额一定后,虽冲荡回复,不可减,号为西城所。梁(原作"筑",应为梁之误字)山泊,古巨野泽。绵亘数百里,济郓数州赖其蒲鱼之利。立租算船纳直,犯者盗执之。一邑率于常赋外增租钱，至十余万缗。水旱蠲税，此不得免。

人民遭受残酷的压迫和剥削，必然起来反抗。《宋史·蒲宗孟传》记载："郓介梁山泊，素多盗，宗孟痛治之。"又《宋史·许几传》载："许几……知郓州，梁山泊多盗，皆渔者窟穴也。"又《宋史·任谅传》："提点京东刑狱。梁山泊渔者皆盗。"《水浒传》中的阮氏兄弟即出没在这里。"打鱼一世蓼儿洼，不种青苗不种麻。酷吏赃官都杀尽，忠心报答赵官家。"正是阮小五唱的。可见《水浒传》的作者把梁山泊作为农民起义根据地描写，不仅是继承了《宣和遗事》等书的记述，更重要的是有其现实斗争为根据，是植根于现实斗争土壤中的。《水浒传》的作者以梁山泊为中心，描写了"官逼民反"这一基本历史动向，梁山泊不仅是农民起义的策源地，而且是他们的归宿。作者笔下那许多英雄人物都是经过不同的遭遇，通过不同的道路，被迫揭竿而起，走向革命的。像鲁智深之反恶霸，林冲之受凌辱，宋江之被逼迫，武松报杀兄之仇，晁盖、吴用因劫取不义之财，以及浔阳江上的张横、张顺，揭阳岭上的李俊、李立，登州的解珍、解宝，江州的戴宗、李逵等等，都由于被残害、被剥削而不得不反。作者揭示了他们叛逆思想、行为的社会根源，从而揭露了北宋末年政治、经济、吏治的腐朽和黑暗；描写了他们的反抗斗争犹如狂涛巨澜，汇成一股洪流奔向梁山泊，"兀的要和大宋皇帝做个对头"，从而概括了这一历史潮流。

历史上的宋江起义规模并不大，据《宋史·侯蒙传》记载："江以三十六人横行齐魏，官军数万，无敢抗者。"又据《张叔夜传》记载："宋江起河朔，转略十郡，官军莫敢撄其锋。"究竟有多少人马，并无详细数字，估计人数可能是很少的。他们采取的是流动战术，边打边跑，如宋方勺《泊宅编》卷五云："京东贼宋江等出入青、齐、单、濮间。"宋张守《毗陵集》卷一三《秘阁修撰蒋公墓志铭》云："宋江啸聚亡命,剽掠山东。"宋汪应辰《文定集》卷二三《显谟阁学士王公墓志铭》云:"河北剧贼宋江者……转略京东,径趋沭阳。"都说明他们采取的是"流寇"式的游动战术。而且时间很短,从宣和元年末到三年初,不过一年有余。尽管元杂剧中扩大了描写,出现了一百单八将,几万个喽啰和起义根据地的轮廓,但那只是几笔的勾勒,并不具体。《水浒传》则极大地展开了这方面的描写,刻画了农民起义英雄开始或流落江湖,或进行个人反抗,或打家劫舍,或蓠径为生,后来才占据山头、水泊进行劫富济贫的活动,并终于汇成革命洪流,建立革命政权,在晁盖、宋江的领导下,进行有组织有纪律的起义斗争。即由分散的初级形式的武装起义,逐渐发展为有统一领导的高级形式的武装起义。《水浒传》描写了晁盖、宋江取得起义领导权之后,将革命步步向前推进,从最初的打祝家庄、曾头市等地主武装,到攻青州、大名,和宋朝官军拼搏,到进逼东京,最后竟至三败高俅、两赢童贯。即从最初的游击战,逐渐发展为阵地战。《水浒传》作者这样描写的意义,不仅在于扩大了宋江等起义的声势和作用,更重要的是他写出了我国历史上农民起义的发展过程,再现了我国封建社会农民起义的历史真实。文学作品所反映的不是历史事件的真实,而是具体历史时代人民斗争生活的真实。就这方面讲,《水浒传》所写梁山英雄的活动,体现了我国封建社会历史发展的规律性。

宋江等在梁山泊建立政权之后,提出了明确的政治纲领,即"替天行道,保境安民"。这个纲领虽然也见于元杂剧《争报恩》、《李逵负荆》之中,但其内容却不像《水浒传》写得这样具体。宋江曾对之作解释说:"盖为朝廷不明,纵容奸臣当道,谗佞专权,布满滥官污吏,陷害天下百姓。"那么他们的目的在铲除滥官污吏,保护人民的安全。但是梁山英雄的实际行动却比宋江的解释要丰富深刻得多。他们见到"若是上任官员,箱里搜出金银来时,全家不留。""若有钱粮广积,害民大户,便引人去,公然搬取上山。""有那欺压良善,暴富人小,积攒得些家私,不论远近,令人便去尽数收拾上山。"可见他们反对三种人,即滥官污吏、豪强地主、暴富商人,一句话,即反对剥削阶级对人民的剥削和压迫。这,具有鲜明的阶级性。《水浒传》还描写了这个起义根据地政策的修明,军纪的严整:"所过州县,分毫不扰。乡村百姓,扶老挈幼,烧香罗拜迎接。"攻打城镇所获粮米,"计点在城百姓被火烧之家,给散粮米救济"。他们时刻考虑人民的利益,因此博得广大人民的拥护。王定六的父亲即赞叹说:"宋江这伙,端的仁义,只是救贫济老,……若待他来这里,百姓都快活,不吃这伙滥官污吏薅恼!"结果和王定六一起投奔了梁山。上梁山寄托着人民摆脱被剥削被压迫境遇的愿望,《水浒传》即表现了这种愿望。

《水浒传》所描写的宋江等一伙,并不是只反"贪官污吏",从他们斗争的整体看,更主要是反对地主阶级的压迫和剥削。他们打击了封建统治者的黑暗统治,摧毁了封建社会的传统秩序,他们的斗争是长期被压迫、被剥削的农民阶级反对地主阶级的斗争,他们的革命是反封建主义的人民革命。但是,他们没有明确彻底的革命思想,也没有一个清晰的奋斗远景,他们只能提出朦胧的乌托邦社会,即阮小五所谓"不怕天,不怕地,不怕官司;论秤分金银,异样穿绸锦;成瓮吃酒,大块吃肉","百姓都快活"的社会,也即作者自己的具体描绘的那样的社会:

> 八方共域,异姓一家。天地显罡煞之精,人境合杰灵之美。千里面朝夕相见,一寸心死生可同。相貌语言,南北东西虽各别;心情肝胆,忠诚信义并无差。其人则有帝子神孙,富豪将吏,并三教九流,乃至猎户渔人,屠儿刽子,都一般儿哥弟

称呼,不分贵贱,且又有同胞手足,捉对夫妻,与叔侄郎舅,以及跟随主仆,争斗冤仇,皆一样的酒筵欢乐,无问亲疏。或精灵,或粗卤,或村朴,或风流,何尝相碍,果然识性同居;或笔舌,或刀枪,或奔驰,或偷骗,各有偏长,真是随才器使。……休言啸聚山林,早已瞻依廊庙。

这种乌托邦的社会理想,是农民在反压迫反剥削斗争中的一种憧憬。我国农民长期处于分散的状态,为个体经济的生产方式所制约,不可能产生彻底的革命思想和科学社会主义,只能根据自己的生活实践提出朦胧的社会理想。这是一种历史现象。但这种社会理想在当时也是有进步意义的,因为它是要用政治上平等、经济上平均的社会,代替现实中残酷的阶级压迫和超经济剥削的社会。

《水浒传》所描写的梁山泊英雄的起义斗争,最终是受招安、失败了。对于他们受招安,我们应该从农民起义的历史原因和农民阶级本身的弱点来看。宋江等起义的目的是反对地主恶霸、滥官污吏,并不想推翻宋朝这个封建政权,相反他们之中相当多的人对宋朝皇帝和清官廉吏存在着幻想。这是因为我国农民长期被束缚在封建经济的基础之上,他们的思想始终不能超出封建主义的范畴,他们反对权奸,但总希望重新做宋朝的臣民。同时,还有剥削阶级对他们的诱骗,高俅、童贯施行的阴谋诡计等等。各种主客观因素,使他们自然地接受招安,甚至沦落到被药酒毒死的悲惨结局。他们的受招安反映了我国历史的真实情况和农民阶级本身的弱点。

《水浒传》描写了北宋末年以宋江等为主的农民阶级反对地主阶级的反抗斗争,反映了农民阶级的革命威力、革命思想,以及他们思想的局限性和不彻底性等。它是我国中世纪社会生活的一面镜子。

（三）

宋江是《水浒传》的中心人物。作者倾注了更多的思想情感于宋江的言行、立场和政治主张之中，因此如何分析宋江这个形象，关系到对《水浒传》的评价问题。

《水浒传》在宋江一出场即有一段较全面的介绍：

> 为他面黑身矮，人都唤他做黑宋江。又且于家大孝，为人仗义疏财，人皆称他做孝义黑三郎。上有父亲在堂，母亲早丧；下有个兄弟，唤做铁扇子宋清。自和他父亲宋太公在村中务农，守些田园过活。这宋江自在郓城县做押司。他刀笔精通，吏道纯熟；更兼爱习枪棒，学得武艺多般。平生只好结识江湖上好汉，但有人来投奔他的，若高若低，无有不纳，便留在庄上馆谷，终日追陪，并无厌倦；若要起身，尽力资助，端的是挥金如土。人问他求钱物，亦不推托；且好做方便，每每排难解纷，只是周全人性命。时常散施棺材药饵，济人贫苦，赒人之急，扶人之困。以此山东、河北闻名，都称他做及时雨；却把他比做天上下的及时雨一般，能救万物。

这是宋江一切行动的根据。从这段文字看，他既有为统治阶级效力的一面，也有同情被压迫阶级的一面，知县、公吏都和他交好，人民群众则把他看做苦难的救星。这个与上、下层关系都很密切的人物，要走上"叛逆"的道路，可以想见须经过多么曲折的过程。

宋江是不愿革命的，假若没有当时农民起义形势的影响，他也不想革命。他完全是在尖锐的阶级斗争的推动下，一步步被迫揭起义旗的。在宋江走向革命的过程中,私放晁盖,杀阎婆惜是两次重要事件。他救晁盖,完全是一种仗义行为,并未考虑到事件后果的严重,当听说晁盖上梁山落草时,思忖道:"直如此大弄!"是出乎意外的惊讶!表现了自己对国法的恐惧和疑虑。招文袋事件发生后,他被迫杀了阎婆惜。这与救晁盖不同,而是自己亲手杀了人,虽然"事非得已,于法度上却饶不得。"他一生最顾忌的是"法度"、"公厅",现在自己犯了刑律,这虽然是他在叛逆的道路上前进了一步,但他对这一行动的正义性并不认识,他对柴进说:"做出一件没出豁的事来!"

但是,当他经过一段浪迹江湖的生活之后,思想感情发生了变化。他抚今追昔,开始对自己的身世、处境表现了不满。他对武松说:"日后但是去边上一刀一枪,博得个封妻荫子,之后青史上留一个好名,也不枉了为人一世。"这与其说是对武松的期望,不如说是对自己抱负的抒发。自己的抱负如此,但目前却"虽有忠心,不能得进步"。宋江的矛盾性格就是从此开始的。他想做"忠臣",现实却不允许,路该怎么走? 在投奔花荣的途中,他被燕顺挽留在青风山,并在他的策划下杀了刘高。这又是有犯"国法"的大事。之后,他和花荣奋战青州统制秦明,再去攻打青风寨。这是宋江性格发展的重要阶段,他已经和宋朝官军展开了正面冲突,此时不反,更待何时?

然而,石勇带来的家书,给在投奔梁山路中的宋江以新的挫折,他竟然不顾众兄弟的革命前途,而奔丧回家。他的封建观念太重了,以至于时刻不忘忠孝。为了显示自己的忠孝,在刺配江州的路上要绕着梁山泊走。刘唐要杀两个公人,他说:"要陷我于不忠不孝之地";晁盖邀他上山,他认为是"上逆天理,下违父教"。他为尽忠孝经常激动得潸然泪下,忠孝思想把他荼毒了。他要冲破这种浓重的封建观念,还必须经过艰苦的斗争。揭阳岭上被李立麻倒,揭阳镇上受穆弘追逼,浔阳江上遭张横裹挟,一系列现实的折磨,使他又产生对梁山的向往:"早知如此的苦,权且在梁山也罢!"

到江州之后,他遇见了李逵,被李逵那纯真、豪爽、博大的性格吸引住了,为李逵那"不奈何罪人,只要打一般强手"的行为所感动,为李逵那"真实不假"的品德所倾倒。他赞叹道:"壮哉!真好汉也!"他在精神上与李逵契合了,思想上发生了激烈的变化。回想自己结识了许多江湖好汉,博得了他们的爱戴和信任,而今天年岁已长,功名未遂,反被刺配到江州。来到"浔阳楼",见江山如画,触景伤情,生事之悲,身世之苦,乘兴迸发出来:

> 自幼曾攻经史,长成亦有权谋。恰如猛虎卧荒丘,潜伏爪牙忍受。　不幸刺文双颊,那堪配在江州!他年若得报冤仇,血染浔阳江口!

他兴奋、欢乐、手舞足蹈写下那首动人心魄的反诗来:

> 心在山东身在吴,飘蓬江海漫嗟吁。他时若遂凌云志,敢笑黄巢不丈夫!

他那种豪情壮志,那种报仇的愿望和造反的决心,栩栩如生地表现出来,这是宋江性格发展的转折点。黑暗的现实刺激了他,教育了他,他对现实的观察比较清醒了。尽管是"醉后狂言",然而这正是他长期积压在心底的秘密的自白。他揭起革命的义旗,以一个革命领导者的姿态出现,"劫法场"、"英雄小聚义"、"智取无为军",就初次显示了一个领导者的才能,最后也就"不由宋江不上梁山泊"造反了!

宋江上梁山的曲折过程,是由他特殊的阶级生活、思想、心理决定的。他上梁山的那种被动处境,说明他的行为并不都是个人的,而有其客观的因素。他与社会各方面的联系,反映了社会生活的各方面。他性格的复杂矛盾是当时阶级矛盾和社会生活矛盾的各方面所促成的。他参加革命是反映在他性格上的矛盾的社会诸因素逻辑发展的结果。《水浒传》的作者把宋江作为一个农民起义领袖来写,写出了他的领袖气概和风度,写他的出现不是偶然的,是现实斗争的要求,是革命发展的要求。

宋江上梁山的初期,思想比较稳定,立场也比较坚定,他对晁盖说:"这回只得死心塌地,与哥哥同死同生。"因此对梁山的革命事业做出了一些贡献。他从九天玄女受了天书,接受了"替天行道,为主全忠仗义,为臣辅国安民,去邪归正"的思想。当时,他还不是山寨之主,但实际上在主持山寨的活动。在他的领导下,打了祝家庄、高唐州,取了青州、华州,获得很大的战果,充实了自己的兵马粮草,扩大了影响,巩固了梁山根据地。晁盖死后,他被推为寨主,作为农民起义领袖的形象更突出了。他重新整顿了革命队伍,改聚义厅为忠义堂,树立起"替天行道"的旗号。从此以后,他主要不再以"及时雨"号召天下好汉,而代之以"替天行道"了。由于革命旗帜更鲜明,便推动革命运动更进一步发展。他指挥兵马先后攻打了北京城、东平府、东昌府,招降了一部分官军将领,取得"山寨十分兴旺"的局面。这期间比较充分地显示了他的组织才能和军事才能。他利用敌人的矛盾,分化敌人;诱敌深入,击其不备;利用降将,赚开敌人的城门;假借敌人的全副披挂,混入州城,烧杀一光;又能孤军先入敌阵,里应外合,声东击西,乘虚而入。诚所谓机动灵活,出奇制胜,打得敌人无法招架。这当然有吴用、公孙胜的辅助,但若无宋江雄才大略的领导,吴用的神机妙测,公孙胜的呼风唤雨又焉能起作用?

宋江上梁山之后，思想经过一个阶段的稳定之后，又产生新的矛盾了。这种矛盾开始于汝宁郡都统制呼延灼第一次受命对他"进剿"之时，宋江见了官军，触动真情说："某等众弟兄，也只待圣主宽恩，赦宥重罪，忘生报国，万死不辞。"同样的话他后来对徐宁也说过。尽管他的目的在招降官军将领，免除他们对归顺梁山的疑虑，但也流露了他希望受招安的思想。"英雄排座次"之后，梁山泊革命的声势浩大，"端的古往今来，实为罕有。"宋江满怀喜悦，重阳节那天填了一首［满江红］词，说什么"望天王降诏早招安，心方足！"这是他思想性格继吟反诗的又一转折点，吟反诗博得了天下英雄的拥护，写这阕词却遭众弟兄的激烈反对。武松说："便冷了弟兄们的心！"鲁智深说："明日一个个各去寻趁罢！"李逵气得把桌子踢翻了。这是长期潜伏在梁山英雄内部的矛盾的总爆发。这次爆发并非偶然，乃是随着革命形势的发展产生的。革命形势越发展，革命前途问题就越尖锐地摆在众人面前，到底走什么路？这是每个起义英雄都要考虑的。宋江认为正确的道路是归顺朝廷，为宋天子效力。李逵的看法，则须打到东京，夺了鸟位，让宋江做皇帝。宋江是领袖，所以他的意见对革命前途起了决定性作用。

为了受招安，宋江甚至采取一些卑躬屈膝的做法。他潜入李师师家，企图通过李师师"暗里取事"。他看到宋徽宗的衣着穿戴，不胜倾慕之至，并要"就此告一道招安赦书"。对高俅派遣陈太尉来招安的骗局，弟兄们都很清醒，诏书宣读完了之后，群情激愤，"皆有怒色"，李逵扯了诏书，鲁智深提着铁禅杖，武松掣出双戒刀，穆弘、史进等一齐发作。他却为敌人出谋划策："若以数句善言，抚恤我等，尽忠报国，万死无怨。"他把革命利益都忘掉了，完全是对革命的背叛。弟兄们捉到了郿美、韩存保、党世雄，他不但不杀,反而恭恭敬敬地把他们放了。更可恨的是他把高俅杀得片甲不留,自己还口称死罪,说什么"积累罪犯,逼得如此,……望太尉慈悯。"连"只被滥官污吏逼得如此"的话,也不敢提了。最后在朝廷假意抚恤下接受招安,从此,一反从前"济困抚危"的仗义行为,而是忏悔过去对"附近居民扰害不浅",并把"替天行道"的旗号改为"顺天""护国",他彻底投降了。

宋江投降的主要思想根源,是他希望做大宋的"臣子",即皇权主义思想。这种皇权主义思想是历史上农民起义领袖容易接受招安的历史性原因,而宋江的行动正是这种历史因素促成的。此外,宋江在"忘生报国,万死不辞"的口号下,招降了一些官军将领,他们都有志于扫除边患,尽忠国主,并不想长期占山为王,他们这些思想也促进了宋江走向投降的道路。

宋江投降之后,真正实现了自己梦寐以求的愿望,似乎思想矛盾解决了。其实不然,统治阶级并没有重用他,反而要消灭他,分化他的队伍,把他们"分遣调开"。弟兄们要再反,他却"急忙止住,遂用忠言恳求来使"。更有甚者在征辽之先,竟把一个忠于梁山事业而杀了滥官污吏的弟兄斩了,说什么"一身入官,所管寸步,也由我不得!"征辽时为国家立下汗马功劳,却得不到任何封赐,他隐含着悔恨之意,对自己的前途丧失了信心。鲁智深去五台山参禅,他乍听愕然,已而愿"同去参礼,求问前程",又与公孙胜去拜罗真人,"愿求指迷",预感到"此身不得善终",今日确是到"边上一刀一枪",但并未"博得封妻荫子",反而被蔡京童贯等奸臣出卖了,不得不奉命调回,他初次直接流露出对朝廷的不满:"非是宋某怨望朝廷,功勋至此,又成虚度!"他回想过去为吏,得罪,于千刀万刃之间被救,投奔梁山。又想今日真正为国家"臣子",效忠天子,"著功勋于国"。抚今追昔,潸然涕下,口占一绝,有云"忽然失却双飞伴,月冷风清也断肠!"其凄楚的心境,哀戚的胸怀,悲凉的情调,是他思想矛盾斗争达到白热化的表现。

征方腊时与征辽不同,征辽时虽然被冷待被侮辱,但是全部结义弟兄还幸存,征方腊却大部分牺牲,一部分被调遣开去,他领导的起义队伍彻底解体了。此时,他已不像以前那样偶尔以一首诗或词来抒发自己的感情,对待死难的弟兄几乎全是"郁郁不乐"或"大哭不止",而且一边哭死者,一边劝勉幸存者:"朝廷不肯亏负我们,你只顾尽心竭力与国家出力。"可见,革命失败越彻底,他的思想矛盾越加深。

面对统治阶级赐给他的药酒,他仰天长叹,想到自己"并不曾行半点异心之事,……得罪何辜?"虽然忠心未改,但已意识到自己的失策。他想到了李逵。李逵是他生平最了解、最信任的人,也是对他最忠诚,与他身上"情分最重"的人。他从润州把李逵召来,商量最后如何收场。李逵大叫:"哥哥,反了罢!"宋江并不是不想再反,但为形势所迫,"如何反得成"!他又想"一世清名忠义之事",恐怕被李逵破坏了,所以骗李逵也喝了药酒。临死前重复了"宁可朝廷负我,我忠心不负朝廷"两句,以为天下白。这是一段极其辛酸、凄楚的文字,令人难以卒读。残酷的统治者最终扼杀了这场革命,宋江也负有重大的罪责。

宋江的一生是充满矛盾的历史悲剧。《水浒传》的作者通过他考察和分析了封建社会的历史,解剖了封建社会的矛盾。他是个深刻的现实主义典型,这个典型的意义在于揭露了封建社会矛盾的不可调和性,戳穿了剥削阶级的凶恶本质,暗示了对封建统治者不应有任何妥协,受招安就等于自杀的观点。

（四）

《水浒传》作者描写了两对性格完全不同的人物，即宋江与李逵、林冲和鲁智深，作者好像有意识把他们作对比，表现了他们不同的生活环境、细节、情感和气质。

宋江的性格已如上述。李逵和宋江感情最深，而矛盾也最多，他是《水浒传》中最生动最可爱的人物。和宋江的动摇、妥协相反，他对革命事业最忠诚最坚决，他是劳动人民的典型，充分、深刻地体现了劳动人民的革命意志和精神。戴宗曾对他的品格作了简明的概括："第一，耿直，分毫不肯苟取于人。第二，不会阿谄于人，虽死其忠不改。第三，并无淫欲邪心，贪财背义；敢勇当先。"耿、忠、义是他性格的基本特征。他的忠心是本能的，忠于梁山事业，忠于农民阶级。他坚决反对招安，因此与宋江作了长期的斗争。他曾多次叫宋江做大宋皇帝，夺取赵家天下。面对宋江的招安行动，他气愤得把桌子踢翻了，大叫："招安，招安！招甚鸟安！"听了徽宗招安的诏书之后，立刻从萧让手中夺过诏书，扯得粉碎，"揪住陈太尉，拽拳便打"，喝道："好歹把你那写诏的官员尽都杀了！"其忠心在革命处于最艰难的时刻也不变。

李逵最耿直，对黑暗的封建社会毫不苟求取容，对一切剥削、压迫等不平的现象表示极端的仇恨。他"性如烈火"，有一种急骤的反抗精神。"劫法场"一段，他那虎虎如生的神态，真有把一切滥官、衙役、刽子手都杀光的气势。三打祝家庄时，他不但杀了祝龙、祝彪，而且杀尽了扈家庄的全部人马，还迫不及待地杀了地主曹太公和恶霸殷天赐等。他蔑视封建秩序和衙门，认为"条例、条例，若还依得，天下不乱了"。在"乔坐衙"一回里，他拿封建官府的刑法、典吏、祗候开了一场玩笑。这种急骤的反抗精神,是长期被压迫、被剥削的农民强烈革命要求的反映。

李逵最重义气,这突出地表现在他与宋江的关系上。他尊重宋江,因为宋江的行动在"替天行道"、"除暴安良",但当他误信了宋江抢走了刘太公的女儿,便立刻上山找宋江,骂道:"你原来却是畜生!"喝令宋江把女孩子送出去,否则要把他杀了,可见他的义并不是个人的恩义,而是如此淳真和无私。他捉到冒他名字剪径的李鬼,要把他杀掉,听李鬼说家里有老母无人赡养,他不但放了李鬼,而且还给了他十两银子。他就是这样一个仁义之人。

李逵也有缺点,即他在反抗斗争中的经验主义和盲目性。他从来不考虑策略问题,总是横冲直撞,如入无人之境。三打祝家庄时,扈成已经投降了,他还把扈家全杀光,宋江责备他,他却说:"你今却又做人情!你又不曾和他妹子成亲,便又思量阿舅丈人!"他不但不承认错误,反而指出宋江的错误。因为根据他自己的生活经验,宋江是要娶扈三娘的。他本能地认为与其听道理,不如看事实;与其相信策略,不如服从自己的经验。李逵是一个农民阶级的典型,他充分体现了农民阶级的革命思想、意志和力量,也体现了农民阶级的缺点。

林冲是个封建社会的上层人物,东京八十万禁军教头,家庭生活比较美满、富裕,安分守己,奉公守法,从封建道德观点看,是个典型的"好人"。他是不想革命的,他上梁山完全是迫不得已,是封建势力逼迫的结果。他的悲剧是从高衙内凌辱他的妻子开始的。之后,他被高俅骗入白虎堂,犯了擅入节堂的大罪,刺配沧州。差解董超、薛霸受高俅的指使,图谋在路上把他杀害,使他受了百般的折磨。到沧州后,他被派去看守草料场,流氓恶棍陆谦、富安又追踪而至,作者写出了他身后始终伴随着一股黑暗势力,亦步亦趋地迫害他。他开始是屈辱忍受、唯唯诺诺,扳过那人来,认出是高衙内,"先自手软了",因为自己"不合吃着他的请受"。但内心却极不平静:"男子汉空有一身本事,不遇明主,屈沉在小人之下,受这般腌臜的气!"对自己之被侮辱被损害流露了强烈的不满。之后,在现实的逼迫下,他有时金刚怒目,敢于手持尖刀到处寻找敌人,有时又特别消沉,忍受着一切。在迂回曲折的道路上,他每前进一步,思想性格上都显示出深刻的变化。最后,走投无路之下,他激动起来:"谁想今日被高俅这贼坑陷了我这一场,文了面,直断送在这里,闪得我有家难奔,有国难投,受此寂寞!"随在粉壁上题诗八句,有云:"身世悲浮梗,功名类转蓬。他年若得志,威镇泰山东!"这是他走向革命的誓辞。他的心底燃烧着革命的火焰,最后终于上了梁山。在梁山上,他火并了王伦,对革命事业起了一定的推动作用。由于他长期的被迫害,对统治阶级的本质认识比较清楚,当统治者下招安"诏书"的时候,他便告诉宋江:"中间未必是好事",对统治阶级不存在任何幻想。

林冲是个纯朴、忠直的人物,他走向革命是经过一段矛盾曲折的道路,他上梁山完全是被迫害的结果。《水浒传》的基本精神是写农民起义英雄都是"逼上梁山"的,而林冲则是体现这种精神最深刻最充分的人物。

鲁智深是渭州经略府的提辖,他的思想性格具有鲜明的阶级倾向,即扶危济困,凌强助弱,对被欺侮者无限同情,对欺侮者极端仇恨。这种倾向贯彻于他一生的行动中。他听到金老女儿被欺骗的消息,气愤得"晚饭也不吃",结果打死了镇关西,救了金老的女儿。为了救宋太公的女儿,他还打了周通。在瓦官寺打死了恶霸邱小乙和崔道成,在野猪林拯救了林冲。他对任何凶恶的压迫者都毫无惧色,他对林冲说:"你却怕他本官太尉,洒家怕他甚鸟!俺若撞见那撮鸟时,且教他吃洒家三百禅杖了去!"连当朝的太尉也不放在眼里。他的革命立场是坚定的,面对着宋江寻求招安的意图,他气愤地说:"便拜辞了,明日一个个各去寻趁罢!"宁肯散伙,也不受招安。鲁智深是一个下层人民的典型,具有纯朴的被压迫阶级的感情。他上梁山不像林冲那样迂回曲折,而是简捷了当,对革命事业忠心耿耿。

武松是另一种英雄人物,他勇敢、刚烈、强硬、不屈,是个"斩头沥血"、"仗义的烈汉"。他生平"只是打天下硬汉,不明道德的人","路见不平,真乃拔刀相助","便死也不怕"。"打虎"是他性格的初步显现,这不仅是写他与虎作斗争,同时也是写他为民除害的性格内容。当然,他的性格更突出地表现在杀西门庆、打蒋门神、大闹飞云浦、血溅鸳鸯楼等几次反霸斗争上。他杀西门庆,从表面上看是为哥哥报仇,是属于个人的冤仇;但从本质上看,却是一场现实斗争,是被压迫者反对压迫者的阶级斗争。他到官府去告,"县吏都是与西门庆有首尾的",拒不接纳词讼,他不得已才动手,这正说明他斗争的正义性。他打蒋门神,虽然是帮助地方小恶霸施恩,但他所打的却是串通张团练、张都监的"倚势豪强"的大恶霸,乃路见不平,仍然是一场反霸斗争。他在斗争中表现了坚定性和彻底性,在杀西门庆的同时,也杀了潘金莲,并收拾了王婆;在打蒋门神的同时,又把蒋门神的妾扔到酒缸中去;大闹飞云浦时,先杀了一个公人,另一个公人吐露了张团练图谋陷害的实情,他也不饶,一并杀了。血溅鸳鸯楼时,他不但杀了张团练、张都监、蒋门神,也杀了后槽、丫环等全家十余口。这种上下、好坏、主奴不分,一概杀尽的做法,未免不近情理,这却是当时广大被压迫人民要求报复心理的反映。

武松的思想品质比其他英雄人物是复杂些,他有浓厚的封建恩义观念，知恩报恩，甚至对别人请自己吃几次酒，也常思图报答，结果受张都监欺骗，几乎丧了性命。这是他性格上的严重缺点。

石秀是上梁山较晚的一个英雄人物。他的主要特征在于那种机智勇敢地献身农民革命的精神。在上梁山之前，他烧了祝家店；上梁山之初，他担任了攻打祝家庄时细作的任务；他机警、伶俐、从容、沉着，深入敌人的阵营，博得钟离老人的信任，探听到盘陀路的机密，为农民起义军解了围。他的机智勇敢的精神更突出地表现在"劫法场"一回里。他被派到北京打听卢俊义的消息，凑巧卢俊义于午时三刻就要处斩，凭着自己的胆略："手举钢刀，杀人似砍瓜切菜，走不迭的，杀翻十数个，一只手拖住卢俊义，投南便走。"英勇果敢，洒脱利落，可与李逵劫法场比美。但他并未走脱，由于道路不熟，被敌人逮捕。在监押之下，他和梁中书作正面的斗争："你这败坏国家害百姓的贼，你这与奴才做奴才的奴才！我听着哥哥将令：早晚便引军来打你城子，踏为平地，把你砍为三截！先教老爷来和你们说知！"其精神、气势，把"厅上众人都唬呆了！"石秀也有缺点，他设计引导杨雄杀潘巧云，尽管潘巧云与海和尚的行为不正当，但对她如此狠毒，却与一个英雄的性格不相称。

阮氏三雄是江湖渔民的典型，他们世代以打渔为生，过着被剥削的生活，对剥削阶级怀着强烈的憎恨和不满。他说："如今那官司一处处动掸便害百姓；但一声下乡村来，倒先把好百姓家养的猪羊鸡鹅尽都吃了，又要盘缠打发他。"并慨叹自己的贫困生活："人生一世，草生一秋，我们只管打渔营生？"从而产生了对梁山英雄的向往："学得他们过一日也好！"他们性格的总特征是"义胆包身，武艺出众，敢赴汤蹈火，同死同生"。这比较集中地表现在他们参加的两次出色的斗争中，即智取生辰纲和反何涛的斗争。他们机警、伶俐、神出鬼没，用水、火、陆战把何涛等打得片甲不留，并活捉了何涛,当面骂何涛是"诈害百姓的蠹虫!"并且训诫说:"休道你是一个小小州尹,也莫说蔡太师差干人来要拿我们,便是蔡京亲自来时,我也搠他三二十个透明的窟窿!"他们坚定、勇敢,表现了一种嫉恶如仇的精神。他们是手足兄弟,生活环境相同,有共同的思想品质,但个性却不同,阮小二沉着稳重,阮小五精明洒落,阮小七泼辣爽快,反抗性更强,因此也更可爱。

《水浒传》中描写了许多英雄人物,他们的性格具有丰富深刻的社会内容。他们的反抗和斗争不仅仅是他们个人的,而是当时广大被压迫人民革命意志、要求、愿望的反映。他们的思想品质在不同程度上是属于被压迫人民的,他们是人民群众的革命英雄,他们的反抗和斗争充分体现了人民的英雄主义。

对宋江形象的再认识

宋江是《水浒传》中的关键人物。否定或肯定《水浒传》,关键在于对宋江形象的评价。舍弃宋江而只评论其他人物的革命精神,则尚未抓住问题的关键。

宋江是个历史人物,但其事迹在史书中却很少记载。有关他的思想性格的叙述更少。在《水浒传》以前的小说和戏曲中对他的描写也不是很多。尽管如此,这些材料仍然是值得珍视的。因为它可以使我们了解宋江的生活和斗争史,了解《水浒传》成书前宋江性格所达到的高度,从而有助于我们认识《水浒传》中宋江性格的成就和价值。

在《宋史》中,只有《侯蒙传》说过和宋江的性格有关的一句话:"其才必过人。"龚开所作《宋江三十六人赞并序》也只是说:"余年少时壮其人,欲存之画赞。"所壮的是什么呢? 是"以其守一,至于极处能出类而拔萃"。"与之盗名而不辞,躬履盗迹而无讳。"不像"世之乱臣贼子畏彰而自走。所为近在一身。而其祸未尝不流四海。"①这种行迹是从"街谈巷语""李嵩辈传写"②和《侯蒙传》中得来。他是在此基础上想像而成,又陈泰《江南曲序》说:

---

① 周密《癸辛杂识》续集。
② 已故余嘉锡先生《宋江三十六人考实》:"此三十六赞,盖自画而自赞之。所谓李嵩辈传写者,言传神写照也,意谓为宋江等作图画,前人已有为之者,非自我作古耳。"

"宋之为人,勇悍狂侠。"①陈泰是元朝人,去宋不远。而且他所谈的是"童年时闻长老言"。或者即龚开所听的"街谈巷语"。那么龚开所壮的应是宋江超人的才华,勇悍的性格。

长期以来,人们流行一种说法,认为历史和小说中宋江的性格有矛盾。实际上并非如此。历史材料中的宋江特点在小说中都保存下来了。小说中的宋江也是有过人之才而勇敢侠义。至于他性格上所谓仁厚的一面,那是小说艺术创造的效果。

《大宋宣和遗事》是记载宋江性格最早、最详细的一部书。从宋江私放晁盖、密受刘唐的金钗、杀阎婆惜、吟反诗、遇九天玄女,写到带领朱仝、雷横、李逵、戴宗反上梁山,并终于被招安、受命征方腊。写了宋江起义的全部过程。宋江的基本性格和传统中的"勇悍狂侠"完全符合,并且和《水浒传》中的描写也是大体一致的。它不但刻画了宋江性格的"勇悍狂侠",而且写到了宋江"广行忠义,殄灭奸邪"的主张。这是以前的历史、传说中所未见的。却是《水浒传》中所保存的。

从这里我们可以了解宋江形象在宋元之际所达到的水平。

在元杂剧中有三十二本以水浒故事为题材的戏剧(其中有一部分可能是明人的创作),今天保存的仅十本。而演宋江故事的只有《宋公明排九宫八卦阵》一本。从这仅有的十本看,每一本都写到宋江,但都不是作主要人物写的,也未具体写出宋江的性格,只是当作全部人物活动的背景。即便如《排九宫八卦阵》名义上写的是宋江,实际上中心人物是李逵。从这十本的情况可以推断其他未见的二十二本戏极可能都写到宋江(其中两本以宋江名题的

①　陈泰《所安遗集补遗》。此书陈垣校长有陆心源写本,未见书,故转引自余先生《宋江三十六人考实》。

如《宋公明劫法场》、《宋公明喜赏新春会》更不必说），宋江在戏中
的地位，也应该与现存的十本戏相同。虽然这些作品主要是写梁
山其他英雄的活动，但是通过这些英雄的活动，最终也歌颂了宋
江。主要歌颂他替天行道，为民除害，反豪强恶霸，纪律严明等。①
有的也写到了他的落后面，如为迫使卢俊义、韩伯龙上梁山而施行
毒计②；受招安后征辽，为国尽忠，问前途于罗真人③；有时敌我不
分，把杨衙内也收留在自己的队伍中④。这里有一种现象值得注
意，那就是元人杂剧中特别突出了宋江的反抗行为，歌颂了他为民
除害的正义行为。这是对宋江形象的一个重要发展。

　　我们把宋江性格的形成作了一个简单的追叙，目的是为了说
明宋江性格形成的历史过程，并充分认识《水浒传》作者对宋江性
格的创造及其价值。从现在的材料看，宋元时期关于宋江的故事、
传说一定还很多，可惜未保存下来。根据现有的资料，我们是否可
以这样推测：在宋元之间宋江性格的基本特点已经确定了，如才能
过人，"勇悍狂侠"，"广行忠义，珍灭奸邪"和为民除害等。《水浒
传》的作者主要是在这些民间文艺传统的基础上，根据自己的生活
经验进行创作的。但是，我们并不同意把《水浒传》当作群众创作
的看法。好像施耐庵或罗贯中只把许多传说、故事综合了起来。
这贬低了施耐庵或罗贯中的创作作用，是不符合事实的，几则简短
的传说和记载与《水浒传》的细微描写比较，相差多么悬殊！并且
宋江的性格也不是一个简单的集合体，它具有作者自己鲜明的创
作个性，宋江之被逼上梁山、被招安的思想矛盾，都倾注了作者自

①　《李逵负荆》、《还牢末》、《双献功》、《燕青博鱼》、《争报恩》、《黄花峪》。

②　《闹铜台》、《大劫牢》。

③　《八卦阵》。

④　《东平府》。

己的真实斗争经验和生活感受。在不同程度上是作者思想观点的体现。同时,我们也不同意把施耐庵或罗贯中对《水浒传》的创造与歌德和莎士比亚对《浮士德》和《哈姆雷特》的创作相比的看法。《浮士德》固然取材于民间传说,《哈姆雷特》也取材于丹麦王子复仇的故事,但是他们却改变了这两个人物原来的全部精神面貌。《水浒传》中的宋江则基本上保持着民间创作的故事情节和性格特征。作者是在不违背这个性格总的倾向下加工的。

《水浒传》中的宋江比它原来的历史记载、传说故事不知要高出多少倍!确是更集中、更典型、更理想化了。这不止是因为作者受到群众斗争的影响,在很大程度上突破了自己阶级的局限,接受了一些人民的观点;还因为他们熟识中国人民的斗争生活史,吸取了历史上群众革命的经验。宋江这个人物的产生不是偶然的,他正是在我国历史上农民起义和农民战争的规模之大,是世界历史上所仅见的这一历史情况下出现的。

宋江的性格是在中国这样一个特定的历史条件下产生的,同时也是在宋元之间的具体时代产生的,因此他的性格不但概括了中国历史生活的广阔复杂内容,也体现了宋元之际的时代特征。

《水浒传》在宋江一出场即有一段较全面的介绍。这就是后来宋江一切行动的根据:"为他面黑身矮,人都唤他做黑宋江。又且于家大孝,为人仗义疏财,人皆称他做孝义黑三郎。……这宋江自在郓城县做押司。他刀笔精通,吏道纯熟;更兼爱习枪棒,学得武艺多般。平生只好结识江湖上好汉,……端的是挥金似土!人问他求钱物,亦不推托;且好做方便,每每排难解纷,只是周全人性命。时常散施棺材药饵,济人贫苦,赒人之急,扶人之困。以此山东、河北闻名,都称他做及时雨;却把他比做天上下的及时雨一般,能救万物。"

　　从这段文字看，他是一个上与统治阶级有联系，下与广大人民关系很密切的人物，他各方面的人都不得罪，正是封建社会人们所谓的"老实的人"、"诚实人"。这样的老好人，要走上背叛道路，可以想见须经过多么矛盾曲折的过程，他不但要突破阶级的局限，也要摆脱几千年传统观念对他思想的束缚。那么，宋江是什么阶级的人物呢？人们都认为他出身于中小地主，我们觉得这与作品所描写的不符合，也与宋江的性格不符合。作品中说："宋太公在村中务农，守些田园过活。"又说："他是个庄农之家。"可见他虽然有田产，但没有依靠剥削为生，而是自己耕作。同时，他又有钱周济别人，那么，他应该是农民的上层，或比较富裕的农民，正因为他是农民的上层，所以思想性格有两面性，既有与统治阶级的血肉联系，也有对农民革命的同情，以致在走向革命道路时，充满了复杂的矛盾和斗争。宋江虽然"有养济万人之度量，怀扫除四海之心机"，但对官厅、法度却怀着一种恐惧的心理。也相信封建阶级的宣传，认为造反是"上逆天理，下违父教"。最初对革命也是采取怀疑态度的。他的迟迟不肯上梁山，正是他的特殊生活样式、特殊的利益、要求、心理、思想、习惯、观点的反映。

　　宋江是不愿革命的，假若没有当时革命斗争的影响，他也不想革命，他完全是在尖锐的阶级斗争的推动下，一步步被迫揭起义旗的。

　　在宋江走向革命的过程中，私放晁盖、杀阎婆惜是两次重要事件，这两件事在他思想中留下深刻的印记，是他走向叛逆的起点。他"舍着条性命"、"担着血海也似干系"，救了晁盖，不过为的是"心腹兄弟"，出于"周全人性命"的一种仗义行为，并不是有意识地向封建秩序挑战，也未考虑到事件的真正后果。所以，后来听说晁盖上梁山落草时，不胜惊叹："那晁盖倒去落了草，直如此大弄!"这里并没有羡慕晁盖反叛的意味,内心也未掀起什么自愧弗如的波澜,而是表现了自己对封建国法的恐惧与忧虑。他后来追忆当时的心境说:"那时小可初闻这个消息,好不惊恐!"

宋江杀阎婆惜,是为了灭口,不暴露他与梁山的关系。这一阶段主要是写宋江怎么突破对封建国法的恐惧而走向叛逆的。但是,宋江对封建政权存在着幻想,希望将来能"遇宽恩大赦",并且也不认识自己行为的正义性。经过一段江湖的浪迹生活以后,就不同了,他内心产生了激烈的矛盾,他想想自己的将来,看看自己的现在,开始对自己的身世、处境不满起来,他告诉武松说:

> 日后但是去边上,一刀一枪,博得个封妻荫子,久后青史上留一个好名,也不枉了为人一世。……兄弟,你如此英雄,决定做得大事业!

这与其说是对武松的期望,不如说是对自己抱负的抒发。未来的抱负如此,而现在却"虽有忠心,不能得进步"。人们都说宋江是个矛盾的性格,这个性格的矛盾性恰当地说应该是从此开始的。他想做"忠臣",而现实社会却不容许,自己就不得不一步步走向革命。

在投奔花荣的路上,被燕顺挽留在青风山,在他的策划下又杀了刘高,这又是有犯"国法"的大事。最后,他和花荣奋战青州统制秦明,并带领人马去打青风寨,这是宋江叛逆性格发展的重要阶段。因为他已经和宋朝官军展开了正面斗争,攻占了宋朝天子的城镇,不反,还待如何?

石勇带来的家书,给即将走向革命的宋江造成新的挫折。在投奔梁山的道路中,他竟然不顾众弟兄的革命前途,而奔丧回家。从此,他思想上又担荷了一项"孝"的传统观念的压力,而且他的

"忠"的观念也随之加重。以前他只是偶尔提到,此后则往往忠孝并提,忠孝不离口。为了显示自己的忠孝,在刺配江州的路上,他绕着梁山泊走;刘唐要杀两个公人,他说:"要陷我于不忠不孝之地";晁盖邀他上山,他认为是"上逆天理,下违父教"。他为尽忠尽孝而置生死于度外。忠孝观念把他奴役到愚顽的境地,宋江要突破这些封建传统观念而走向革命,还必须经过一段艰苦的社会斗争的磨炼。

揭阳岭上被李立麻倒,揭阳镇上受穆弘追逼,浔阳江上遭张横裹挟,一系列现实斗争的折磨,使他又产生对梁山的向往:"早知如此的苦,权且在梁山也罢!"

在浔阳楼上对江饮酒,百感交集。回想自己结识了许多江湖好汉,博得了他们的爱戴和信任,而今天却辜负了他们的希望。年岁已长,而功名未遂,反被刺配江州。生事之悲,身世之苦,都乘兴迸发。长久蕴藏在内心的革命火焰燃烧了,于是他写出了动人心魄的〔西江月〕和反诗:

> 自幼曾攻经史,长成亦有权谋。恰如猛虎卧荒丘,潜伏爪牙忍受。　不幸刺文双颊,那堪配在江州!他年若得报冤仇,血染浔阳江口!

> 心在山东身在吴,飘蓬江海漫嗟吁。他时若遂凌云志,敢笑黄巢不丈夫!

这是宋江性格发展的转折点,从此他是真正要革命了,黑暗的现实教育了他,他的革命思想在一定程度上突破了他的阶级局限和封建道德的束缚,而迸发出燃烧的火花。当然,我们还必须看到,在宋江"凌云志"中包含着个人的反抗和挣扎,所谓"名既不成,利又不就"等等,这种名利思想在宋江身上出现是正常的。

宋江揭起了革命的义旗，以一个革命的领导者出现。"劫法场"、"英雄小聚义"、"智取无为军"，就初次显示了一个领导者的才能，最后也就不由宋江不上梁山泊造反了！

宋江上梁山的极其曲折复杂的道路，是水浒英雄中所仅有的。他是作为一个矛盾性格出现的。这个性格当然是属于他个人的，有它的独特性。但更主要却是社会的，是属于他那个阶级和一定历史范畴的。他性格的内容充分体现了那个时代阶级关系和社会生活的复杂性，因为他的性格是植根于复杂的社会关系中，所以在激烈的阶级斗争中，不同的因素就会在他性格上引起不同的反应。作者特别强调了他上梁山的被动处境和客观情势，不是没有原因的。这正说明他上梁山并不都是他个人行为的结果，而是有它客观的社会因素的。不少人对宋江迟迟不上梁山不满意，但是，我们觉得这正是施耐庵或罗贯中的创造。据《宣和遗事》和元曲中水浒戏的描写，宋江是在杀惜之后立即上山的。而《水浒传》却在杀惜之后，增加了许多情节。这当然是为了写江湖众好汉对宋江的仰慕，把宋江和这些英雄连贯起来。但是，我们觉得更主要是为了展开宋江性格的社会面，写出促成他反叛性格的社会因素。通过宋江与社会各方面的联系，反映了社会生活的各方面，特别是阶级斗争的各方面，他参加革命是他性格逻辑发展的结果，也是反映在他性格上的矛盾着的社会诸因素逻辑发展的结果，而不是个人行为的结果。

宋江作为一个农民起义领袖的性格，在上梁山之前已经形成，而且显示出鲜明的特征。应该说"孝义黑三郎"、"呼保义"、"及时雨"三个绰号，就概括了他性格的三个不同方面。可是，历代人们都特别强调他的"呼保义"，而忽视了其他。如龚开的《赞》和话本《宣和遗事》都只提"呼保义"，元曲中的水浒戏，虽然"呼保义"和

"及时雨"并提,但也是更突出"呼保义"。近来有人也沿袭了这种看法,特别注意了他的"呼群保义"。我们觉得,从《水浒传》的实际描写看,他的"及时雨"的特征是更重要的。作品中虽然不止一次地提到"呼保义",但江湖好汉倾心折服的是他的"及时雨"的行为。《水浒传》作者具体陈述了"及时雨"的内容,而只字未提"呼保义"的意义,不是没有原因的,这正体现了作者的倾向性。所谓"呼群保义,把寨为头",这牵涉到对"呼保义"的理解问题。余嘉锡先生说:"考宋史卷一百六十九职官志:'政和二年,易武阶官以新名,以旧官右班殿直为保义郎',宋江以此为号。盖言其武勇可为使臣云尔。……江起于平民,以流俗所习知之卑秩自名,此犹王莽末,赤眉军之以三老祭酒称其将率耳。"①而且龚开的《赞》是颂扬他不称王,而以卑下的武官自呼,不像董卓那样狂妄篡位,而是为国全忠。我们怎能把他这一"以流俗所习知之卑秩",来说成他性格的主要特征? 还必须提到,在宋江性格上"忠"是个重要因素,"呼保义"中便隐含着"忠"的意思,宋江在农民起义队伍中有号召力的不是"呼保义",而是"及时雨"。也就是说他的"忠"不如"义"在群众中影响大,"义"构成了宋江性格的主要内容。

忠、义是宋江性格上两个重要因素,从现有的材料看,他这两个因素可能形成得很早。《宣和遗事》中已经出现。龚开的《赞并序》中虽然未明确标出,但字里行间也隐约可见;元曲中的水浒戏提到的更多了。这两个因素从哪儿来的呢? 人们都以为来源于宋朝那些占据山林抗金的人民武装如"忠义军"、"忠义社",这当然是可能的。但是,当时的农民起义队伍也有直接被称为忠义军的。

---

① 《宋江三十六人考实》。

据历史记载："相（钟相）与其徒结集为忠义民兵。"①宋高宗也曾称赞当时起义军邵青部下统制官单德忠为"忠义"②。既然当时的农民起义军可以直接被称谓"忠义"，那么宋江的忠义更大的可能是从农民军那里承袭来的。

宋江身上不仅有忠义，还有仁孝的特色。忠、孝、仁、义在宋江性格上都有反映，我们认为忠、孝、仁、义都是我国长期封建社会中形成的封建道德，是维护封建土地所有制和封建等级制度的，但在《水浒传》中具体表现却不同，它除了宣传一些封建道德观念外，也包含着人民自己的道德观念。因此宋江身上的忠孝仁义又不能一笔抹煞。那么宋江身上忠孝仁义特别是起主导作用的忠义的内容是什么呢？从《水浒传》的具体描写看，"忠"有反对"奸臣"、"滥官污吏"、地主恶霸和忠于宋天子的两种意义，"义"也有兄弟友爱、誓同生死和"仗义疏财"、"济困扶危"、"劫富济贫"的两种意思。忽略哪个方面都是不正确的。至于"仁"既包含对下层人民的同情，也有对上层人物的爱好。"孝"则完全是封建阶级的东西，在宋江身上没有一点值得肯定的地方。实际上这些道德观念中有的属于人民，有的属于封建阶级，有的则是封建阶级和人民的互相掺杂着。宋江性格上的这些人民的道德因素，特别是忠义中的有益部分，当革命形势发展起来，便以一种与封建阶级抗争的力量，对天下革命人民产生强大的号召作用。

宋江是带着他的复杂性格上梁山的，上山之后，他性格的矛盾

① 《建炎以来系年要录》卷三一。
② 《三朝北盟会编》卷一四九。"绍兴元年十二月，……纲思得新事编为小说，乃令祥（赵祥）具说青自聚众已后踪迹，并其徒党忠诈及强弱战斗之将。本末甚详，编缀次序，侍上则说之。故上知青可用，而喜单德忠之忠义。"

并未解决。但是,也应该看到上梁山的初期他的思想是比较稳定的。他对晁盖说:"这回只得死心塌地,与哥哥同死同生。"并对梁山的革命做出了一些贡献。

宋江上了梁山,从九天玄女受了天书,接受了"替天行道,为主全忠仗义,为臣辅国安民,去邪归正"的思想,并且当作一生行动的依据。这是宋江性格发展的一个重要阶段,因为这里第一次提出了"替天行道"的问题,明确了革命的目的。

宋江上梁山之初,虽然还不是山寨之主,但是,作者描写的中心却在宋江,宋江实际上已成梁山的领袖。在宋江领导下打了祝家庄、高唐州,取了青州、华州,获得了很大战果,巩固了梁山根据地。晁盖死后,宋江被推为寨主,作为一个革命领袖的性格更突出了。他重新整顿了革命队伍,改聚义厅为忠义堂。树立了"替天行道"的旗号。从此以后,他主要不是以"及时雨"来号召天下好汉,而是以"替天行道"来号召了。革命旗帜更鲜明,因此对革命运动起了更大的推进作用。他先后攻打了北京城、东平府、东昌府,招降了一部分官军将领,造成"山寨十分兴旺"的局面。这期间比较充分地显示了宋江的组织才能和军事才能,显示了宋江鲜明的倾向性。他总是把贪官暴吏与善良百姓严格地分开,随着阶级斗争的尖锐和宋江认识的提高,这种倾向性就更加明朗化了。早在"智取无为军"时,他即告诉手下人:"只恨黄文炳那贼一个,却与无为军百姓无干",而且要替无为军人民"拔了这个刺"。取高唐州后,先传下将令:"休得伤害百姓";一再出榜安民,秋毫无犯。正因为他性格中的阶级倾向性鲜明,才博得被压迫人民的爱戴和拥护:"乡村百姓,扶老携幼,烧香、罗拜迎接。"长江边上渔民也赞扬说:"宋江这伙,端的仁义,只是救贫济老。……若得他来这里,百姓都快活,不吃这伙滥污官吏薅恼!"最后,终于投奔了梁山。

　　这种性格中的阶级倾向性，即他"劫富济贫"的思想的流露。是一种农民的经济平均、政治平等的思想的表现。它与历史上农民起义的具体情况是符合的，体现了我国历史上农民革命的真实面貌。

　　宋江领导的农民革命，经过一段实际斗争，产生了对理想社会的憧憬。这就是阮小五所说的"不怕天，不怕地，不怕官司；论秤分金银，异样穿绸锦，成瓮吃酒，大块吃肉"，"百姓都快活"的社会，也就是七十一回那篇赞文所具体描写的"八方共域，异姓一家"的乌托邦社会。这个社会理想虽然不是由宋江提出来的，但却是由宋江领导的革命，在斗争实践中产生的，当然也包括了宋江的思想。

　　这种乌托邦的社会理想，自然是产生在封建社会小私有者的经济基础之上，依附于封建经济关系，有它不彻底的一面。但在当时却是最革命的思想，它是"反对极端的社会不平等，反对富人与穷人之间，领主与农奴之间，饱食者与饥饿者之间的区别的自发的反应。"①宋江的革命要求完全是自发的，他并不是自觉地认识到他的行动是反对封建制度和地主阶级，也不了解他所憧憬的社会具体应该是什么样子，因为当时的历史条件没有提供这种可能。过去的全部生活教会他们憎恨老爷和官吏，但是没有教会而且也不能教会他们到什么地方去寻找所有这些问题的答案。他们的行动纯粹是"革命本能"。

　　宋江的中心思想是"替天行道"。这一思想包括"全忠仗义"和"辅国安民"两方面内容，而"全忠仗义"又是主要的。从宋江的一生行动看，征辽事迹毕竟不显著，而反对奸臣、滥官污吏，仗义疏

---

① 　恩格斯《反杜林论》，人民出版社 1962 年版，第 109 页。

财，济困扶危，却最鲜明突出。宋江自己对这个口号解释时，也先从这方面着眼："盖为朝廷不明，纵容奸臣当道，谗佞专权，布满滥官污吏，陷害天下百姓。"同样的内容也通过其他英雄反复解释过。那么是否宋江只反对蔡京、童贯、高俅、杨戬，并不反对封建阶级呢？这个问题要从两方面看：从主观上看，宋江是不反对的，而且在当时他也不可能认识到自己的行为是反对封建制度的。但从客观上看，他的实际行动，确是打击了地主阶级和封建制度。他消灭了曾头市、祝家庄的地主武装，还攻州略府和官军展开了正面的斗争。他虽然口里说"天子圣明"，实际上已和宋徽宗处于尖锐对立的地位。

此外，我们还必须看到宋江思想中也含有浓厚的封建落后面，"封妻荫子，青史留名"是其中的一个因素，但主要表现为他的"皇权主义"思想，即"忠义"观念中对国君之忠诚。这种"忠君"观念的形成，自然有它社会历史的原因。不过，也应该看到宋江思想上受封建思想的束缚，比梁山其他英雄是更深一层。他的确是一位整天哼着"臣罪当诛，天子圣明"的封建主义的臣子。

实际上，宋江上梁山之后不久思想又矛盾了，面对着宋朝官军第一次"进剿"，宋江禁不住触动自己的真情，说："某等众弟兄，也只待圣主宽恩，赦宥重罪，忘生报国，万死不辞！"以后，他还对徐宁、呼延灼说过类似的话。到了"英雄排座次"之后，当时梁山泊的革命声势浩大，宋江心中无限喜悦，对众兄弟说："惟愿朝廷早降恩光，赦免逆天大罪，众当竭力捐躯，尽忠报国，死而后已。"这是宋江思想性格继吟反诗之后又一个转折点。假如说这之前他的招安思想还有招降官军将领的作用，那么这之后连这点作用也失去了。重阳节所吟的《满江红》词和浔阳楼上吟的反诗，思想完全不同。从前他以此博得了天下英雄的拥护，这次却遭到众弟兄的激烈反对,他的思想矛盾已达到极其尖锐深刻的程度。

这一阶段是长期潜伏在梁山英雄内部的矛盾的总爆发,这次爆发并非偶然。因为革命形势越发展,革命的前途问题越提得尖锐,到底要走什么路?这是摆在每一个革命英雄面前十分现实的问题。依照宋江的看法,唯一正确的道路是归顺朝廷,为宋天子效忠。依照李逵的看法,则须打到东京,夺了鸟位,让宋江做皇帝。这两条鲜明的路线尖锐地对立着、斗争着,而且越发展斗争越激烈,相应地宋江性格的矛盾越深化。

为了设法受招安,他竟潜入李师师家,企图通过李师师"暗里取事"。看到宋徽宗要"就此一道招安赦书"。这之后,他还领导梁山英雄和官军进行了几次大战役,所谓两赢童贯、三败高俅,把敌人打得丢盔掉甲,但其目的也是为受招安捞得政治资本。最后在朝廷假意的抚恤下接受了招安,并把"替天行道"的旗帜,改为"顺天""护国"。

我们读到这里,不能不为宋江对敌人的卑躬屈膝的作风而愤慨扼腕,也不能不为他的投降活动而气愤填膺。

抛开宋江性格上落后面不谈,单从作者对他的描写上看,也是有很多缺点的。例如:当吟反诗被发现后,为了保全自己的性命,竟至于"披头散发,倒在尿屎坑里滚",装疯;到李师师家,对李师师阿谀奉承等。都是不符合一个农民革命领袖的身份,和宋江的品格不相称的。再如,他几乎是用陷害、欺骗的手段赚得一些英雄上山。这种"权术"与一个宽厚的性格是绝对不调和的。

宋江终于投降了。对宋天子存在幻想,并希望做大宋的"臣子",是他投降的主要思想根据。这种思想并不是找不到现实的原因,和宋江几乎同时的马扩,被农民义军推为山寨之主时,不是也

"率众具香案南向拜,曰,此遥望阙庭禀君命而立事"①吗?

宋江在大事既成之后,不是也"焚一炉香,鸣鼓集众"誓曰:"自今以后,若是各人存心不仁,削绝大义,万望天地行诛,神人共戮,万世不得人身,亿载永沉末劫。但愿共存忠义于心,同著功勋于国。"这种皇权主义思想,正是历史上农民起义领袖容易受招安的一个历史性的原因。同时宋江招安思想的发展,与梁山英雄内部的情况也有关系,宋江在"忘生报国,万死不辞"的口号下,招降了一些官军将领,他们都有志于扫除边患,尽忠国主。他们这些思想同样反映到宋江的性格中,促进了宋江走向投降的道路。

宋江投降之后,真正实现了自己梦寐以求的愿望。应该说他的思想矛盾已经解决了,其实不然。他的愿望与现实之间有很大距离,统治阶级不但没有重用他,反而冷待他,他的悲剧就是从此开始的。此后,他便陷入徘徊、犹疑、痛苦、哀伤和无可奈何之中。敌人要把他们"分遣调开",消灭他们,弟兄们都要再反,这两种力量冲击着他的为主全忠的思想,但却不能从根本上动摇这种思想。征辽的时候,为国家立下汗马功劳,朝廷却不论功封赐,辽主乘机诱降。吴用为之动心,他却说:"纵使宋朝负我,我忠心不负宋朝。"

征方腊与征辽不同。征辽虽然被冷待、侮辱,但是一百零八个结义兄弟还全部幸存。而征方腊却大部牺牲,一部分被调遣开去,他领导的革命队伍彻底解体了。因此他的悲剧性格也就更加重了。一边哭死者,一边劝勉幸存者:"朝廷不肯亏负我们,你只顾尽心竭力与国家出力!"

统治阶级赐给他药酒,他仰天长叹,想到自己"并不曾行半点

---

① 《三朝北盟会编》卷九〇。

异心之事,今日天子轻听谗佞,赐我药酒,问罪何辜?"他又想"一世清名忠义之事",如何一时便坏了!所以叫李逵来,同归于尽。

宋江的一生是矛盾的一生,他既是一个农民革命领袖,又是一个唯君命是听的"忠臣";他既是"义胆包天,忠肝盖地"的人物,又是谨小慎微,唯唯诺诺的腐儒;有时他对封建社会的贪官污吏嫉之如仇,有时又对他们卑躬屈膝;有时他敢揭起"替天行道"的义旗,"兀自要和大宋皇帝做个对头",有时又对宋天子抱着强烈的幻想;他既是封建制度的反叛者,也是它的投降者。他想战胜这个既存的不平等社会,但是没有成功。相反地,这个不平等社会降服了他,他之失败,恰恰说明了农民革命本身的弱点和局限性。

宋江的悲剧是个历史悲剧,他的矛盾性格完全是在历史生活斗争中形成、发展并走向悲剧结局的,它概括了历史上巨大的冲突以及这个冲突的各个方面,展示了封建社会历史生活的丰富画卷。这是一个深刻的现实主义悲剧典型。这个典型所概括的社会生活的深度和广度,在我国文学史上是仅见的。《水浒传》作者以对宋江悲剧性格的创造,考察和分析了封建社会的历史,解剖了封建社会的矛盾。

宋江的悲剧性格与梁山的革命斗争有着深刻的联系。犹如《三国演义》主要是写诸葛亮的政策路线一样,《水浒传》也都写的是宋江的政策路线。在这个路线指导下,梁山的革命事业从开创、发展、壮大走向投降。他的忠义精神促使他走向妥协投降的道路,而其性格的客观意义,却对他的妥协投降路线给以深刻的批判,对农民革命的不彻底性给以深刻的批判。投降以后,宋江的心情是悲戚、沉痛的。封建阶级的每一项举动,都在加重他这种心情,他是按照忠义精神行事的,弟兄们为尽忠大部分都英勇就义,然而每死一个弟兄,就是对招安的一次批判,弟兄们一个个死去,批判也就步步加深。最后,连自己的生命都不能保了,他虽然"忠心不负朝廷",而朝廷却负了他。这就彻底宣判了投降路线的错误,深刻地批判了农民革命的不彻底性,戳穿了招安的骗局,揭示了"农民起义和农民战争得不到如同现在所有的无产阶级和共产党的正确领导。这样,就使当时的农民革命总是陷入失败"①的客观历史规律。

---

① 毛泽东《中国革命和中国共产党》。

谈蒲松龄对题材的处理

《聊斋志异》中的许多小说、特写,都是掇取了民间传说、笔记逸闻撰写而成的。这一点,蒲松龄在《自志》里讲得很清楚,同时目前一些研究者也多指出来了。但是,蒲松龄究竟怎样处理这些题材,却没有人谈。这篇短文便试图就这个问题来谈谈我的看法,或许对当前的文学创作有借鉴作用。蒲松龄对原来的故事并不是单纯地实录,而是通过自己的构思、抉择把它创造成具有丰富的社会意义的精悍、隽永的短篇。他以卓越的艺术天才对原来的题材进行提炼和典型化,赋予了这些题材以不同于原来样式的崭新的内容,揭示了新的生活关系、社会矛盾和冲突。具体地分析、研究蒲松龄是怎样的提炼、构思和加工的,对于了解他的社会艺术思想有着重大的意义。

这里还必须说明的是:蒲松龄所写的某一篇小说并不一定只是取材自一个故事,而往往是参照着其他故事,渗透入自己的生活经验撰写而成的。这样就增加了我们研究的困难。但是,这些故事就某种程度上讲,在当时都是各具类型的,同一个故事在同时代的一些笔记、传说中都有着大同小异的记载和流传,因此,我们根据所了解到的一个或几个故事题材来研究作者加工、提炼和创作的过程,尽管有不够完美的地方,但在一般的意义上也可以概括他在同一篇作品中所摄取的其他故事素材。

蒲松龄是运用概括的方法来处理题材的,通过概括,使原来的故事情节典型化。

我们看,脍炙人口的《胭脂》篇,一般都认为是作者根据"陈御史断狱"的事件再创作的,实际上他也综合了他的老师施愚山的一些经历在其中。它虽然仍旧保持着原故事的赞扬审案官吏贤明的主题,但是,它所反映的社会内容的丰富多彩却远非这一主题所能概括得了,它所具有的内容不知要比原故事深广多少倍!这段故事记载在《双槐岁钞》卷四。原文如下:

> 武昌陈御史孟机智,按闽,有张生者杀人,当死,其色有冤,询之。生曰:"邻居王姬许女,我已纳聘矣。父母殁,我贫无资,彼遂背盟。女执不从,阴遣婢期我某所,归我金币,俾成礼。谋诸同舍杨生,杨生力止,我不果赴,是夕女与婢皆被杀。姬执我送官,不胜拷掠,故诬服。"即遣人执杨生,至,色变股栗,遂伏罪,张生获释。人以为神。智有声正宣间,至右都御史。

在蒲松龄笔下被诬告杀人的不是张生,而是鄂秀才秋隼,女子也不属王家,而是卞氏的胭脂。同时,把"父母殁,我贫无资,彼遂背盟"的男女不能结合的原因,改变为卞家操牛医的职业卑下,"欲占凤于清门,而世族鄙其寒贱,不屑缔盟",从另一个角度揭示出胭脂婚姻未遂的阶级根源。同时鄂秋隼与胭脂也不像张生和许女那样,是先前通过聘礼确定了的,而是偶然在门外看见才产生了爱慕的情感。她看见一个丰采温文的少年,"秋波萦转之",她的女友王氏已经窥察到她的内心秘密,戏谑道:"当寄语委冰焉。"从此,胭脂便陷入期望、疑惧和深沉的沉思之中,以至于染成重病。这个关节的改变引起了整个情节的重大变化,扩大了它的社会"领域",复杂、深刻的社会矛盾通过情节事件严整的逻辑性展开了。王氏去问病,知道了她的病源,答应着令鄂生夜来相聚。不料王氏将这段消息泄露给她的奸夫宿介,并"戏嘱致意鄂生"。宿介乘机冒名夜间去会胭脂,浪荡癫狂欲行奸淫,终未得逞,结果偷得胭脂的绣鞋一只而返。而宿介无意间又将绣鞋遗失,被无赖之徒毛大拾去。毛大窃得事情的内情,也拿着鞋去会胭脂,误走入胭脂父亲卞翁的房舍,逃避不及,回手把卞翁杀死,迂回曲折的案件因此产生。这一系列的事件展开了广阔的生活面,揭示出胭脂悲惨命运的社会根源。在那种罪恶的社会中,像胭脂那样心地纯良、谦恭知礼的女子虽然具有赤诚合理的生活理想,但却不敢、也不可能正面直接地表现出来,只能不自觉地曲折地倾吐和流露。这便给奸夫淫妇以可乘的机会,使自己受到来自各方面的凌辱和迫害,胭脂的性格从而就显现出其深刻的意义。胭脂的思想和行动是与整个封建社会的冲突,这个冲突的特点,就在于封建社会的欺骗性和胭脂对这种欺骗的不自觉上,她不自觉地错爱着欺骗她的人。当宿介冒鄂生的名义夺走她的绣鞋时,她沉痛地说:"身已许君,复何吝惜,但恐画虎成犬,致贻污谤,今亵物已入君手,料不可反,君如负心,但有一死。"她这种不自觉地对欺骗者的真诚的爱,更加深了她的命运的悲剧性。到后来,她父亲被杀,她又笃信凶手就是鄂生,使她与鄂生有不共戴天之仇。当鄂生被捕,邑宰"横加梏械","书生不堪痛楚,以是诬服"时,冤气填胸,每每欲与胭脂当面质证,但当相遇,她竟辄诟詈,鄂生"遂结舌不能自申,由是论死"。作者在提炼这段情节时,把胭脂的不自觉和鄂生的不知罪证的状态,都放在有冤无处诉的形势下加以表现,这样就增强了故事的戏剧性和矛盾的尖锐性,并且从矛盾的内在逻辑规律中显现出他们都没有责任,这是封建社会欺诈、诡骗的结果。

为了更忠于生活的真实,蒲松龄对陈御史断狱中顺利成功的情节也作了改动,因为那样并不能正确地反映出生活中各种复杂的矛盾，也不能真正地表现出陈御史的英明。蒲松龄描写济南太守吴公见到鄂生冤，经过调查、对证、追逼、叱诈，审查出宿介来，"招成报上，无不称吴公之神，铁案如山"。之后，展开了新的情节。原来宿介也是冤屈的，他"闻学使施公贤能称最""因以一词控其冤枉"，"公讨其招供，反复凝思之，拍案曰：'此生冤也！'"，因此"移案再鞫"。施公从王氏口中又诈出了无赖毛大和浪荡子某甲某乙，心中虽然怀疑凶手是毛大，但不敢遽下判断，便设下一个计策，令他们都袒背入城隍庙中，"戒令面壁勿动，杀人者当有神书其背。少间唤出验视，指毛曰：'此真杀人贼也。'盖公先使人以灰涂壁，又以烟煤濯其手，杀人者恐神来书，故匿背于壁而有灰色，临出以手护背而有烟色也"。在这里，蒲松龄主观上是要颂扬施公的贤明，但客观上通过一系列的迂回曲折的案件却暴露了封建社会中全部刑法吏治的凶残。尽管这些判官都是贤明诸公，然而正是在这种贤明的判断下，人们的灵魂和肉体却受到极大的摧残，其他的因循苟且者辈更可想而知了。作者写完之后也不禁沉痛地感叹到："世之居民上者，棋局消日，绸被放衙，下情民艰，更不肯一劳方寸。至鼓动衙开，巍然高坐。彼晓晓者，直以桎梏静之，何怪覆盆之下，多沉冤哉！"蒲松龄从生活出发，提炼了这一题材，穿插了许多新的线索，扩大了社会生活的容量，加强了社会冲突内在的紧张性、尖锐性和复杂性，比原来的题材不知要丰富多少倍！

蒲松龄在处理题材时，有些是像上面所说的，在原故事的基础上进行加工，有些则作了重大的删除，甚至于将主题都改变了。

《促织》的题材来源于《格致镜原》卷九十八引《虎苑》，原文如下：

> 吴俗好斗蟋蟀，用黄金花马为注。里人张生为之屡负，祷于玄坛，夜梦神云："遣吾虎助尔，在北寺门下。"张觉，往寻

之,获黑蟋蟀甚大,每斗辄胜,获利甚丰,久之乃死。

这个故事到了蒲松龄手里,经过他的创造却完全变了样子,原来以表现追逐利益为主的内容,现在变成了反对压迫、反对剥削的具有广阔社会意义的主题。并把这一主题放在特定的历史环境下加以表现,那就是:

> 宣德间,宫中尚促织之戏,岁征民间。此物故非西产,有华阴令欲媚上官,以一头进,试使斗,而才。因责常供,令以责之里正。市中游侠儿得佳者笼养之,昂其值,居为奇货。里胥猾黠,假此科敛丁口,每责一头,辄倾数家之产。

在这种环境的压迫下,淳朴善良、“为人迂讷”的成名及其全家便演成悲剧。蒲松龄以概括的方式提炼了这一题材,反映了当时社会的本质。王渔洋不了解文学的概括作用,只是从他写《池北偶谈》的方法和地主阶级的观点评论说:“宣德治世,宣宗令主,其台阁大臣又三杨蹇夏诸老先生也,顾以草虫纤物殃民至此也? 抑传闻异辞耶?”王渔洋与蒲松龄作品的价值的高低,其根本分界就在这里。

《劳山道士》的故事,在《古今谭概》中有着记载,原书“灵迹部”之“纸月取月留月”条云:

> 《宣室志》云,杨晦八月十二夜谒王先生,先生刻纸如月,施垣上,洞照一室。又唐周生有道术,中秋谓客曰:“我能取月。”以箸数百条,绳而驾之曰:“我梯此取月。”俄以手举衣,怀中月出寸许,清光照烂,寒气入骨。

《三水小牍》云:

> 桂林韩生嗜酒,自言有道术。一日欲自桂过湖,同行者二

人与俱,止郊外僧寺。韩生夜不睡,自抱一篮,持匏杓出就庭下。众往视之。见以杓酌取月光,作倾泻状。韩曰:"今夕月色难得,恐他夕风雨夜黑,留此待缓急尔。"众笑焉。……舟至邵平……会天大风,日暮风益急,灯烛不能张,众大闷。一客……戏骤韩曰:"子所贮月光今安在?"韩抚掌曰:"几忘之。"即狼狈走舟中,取篮杓一挥,则白光燎焉见于梁栋间。

这里同一类型的故事,表现了一种共同的内容:描写各人道术的神灵。蒲松龄采取了这类故事作为题材,但却完全改变了它的内容,他已经不是侧重在写那些虚幻道术的神灵,而是侧重在揭示现实生活中人与人之间的矛盾、对立和冲突。虽然作者也保存着原有的神异道术的部分,并且同样加以提炼,把这些情节提高到诗的境界。但是,它的重心却不在道术本身,而在借助道术进一步表现新的内容,讥讽生活中的自私自利、投机取巧的阴暗丑陋的一面。

此外,《金和尚》见于《分甘余话》,《宫梦弼》、《王者》见于《泾林续记》,《姊妹易嫁》见于《南部新书》,《种梨》见于《搜神记》、《古今谭概》,《张诚》见于《因树屋书影》,《放蝶》见于《觚剩》等等,很多。从这些题材与蒲松龄的著作比较中,可以看出经过提炼后的作品,比它原有的形态表现出极大的不同。这些不同正是作者典型化了的生活关系,是艺术家蒲松龄在社会思想上的敏锐的洞察力和深广的社会概括力的表现。蒲松龄处理文学题材,是以现实生活为法则,在忠于现实生活的基础上,把自己的作品提到新的思想和艺术的高度。

《林四娘》的艺术处理

林四娘是明清之际具有传奇性的人物,不少文人、作家写传记、诗词、小说来歌颂她。大艺术家曹雪芹也通过贾宝玉写了一篇《姽婳将军词》,对她进行了颂赞,把她写成坚贞忠烈的人物,勾勒出了她那栩栩如生、正气凛然的神态。但这毕竟是一首歌词,用来刻画一个人物的道德面貌和思想性格不能不受到一定的限制。真正作为一个典型人物来创造,并且通过这个人物来反映一定时期的历史事件,应当首推蒲松龄的《林四娘》。在蒲松龄笔下,林四娘已经成了一个有个性、有思想的为国死难者,表现了深沉的故国之思和亡国之恨。但是,这却牵涉到林四娘到底是和谁作战而死的,和农民起义军呢?还是和入关的清兵?这关系到林四娘这个人物的思想意义问题,必须弄清楚。根据曹雪芹的看法,林四娘是由于抗击农民起义军而死的。而王渔洋则认为"不幸早死,殡于宫中"(《池北偶谈》)。林云铭却说,她父亲被捕下狱,她"与表兄某,悉力营救,同卧起半载,实无私情。父出狱而疑不释,我因投缳,以明无他",是为了表示贞节而自杀的。陈其年只说是"中道仙去"(《妇人集》),谈得更加模糊。俞樾在他的《俞楼杂纂》卷四十"壶东漫录"中有所考订,说:"《红楼梦》小说有咏林四娘事,此亦实有其人……是林四娘事甚奇,而云(指王渔洋的说法——笔者注)早死,殡于宫中,则与小说家说不甚合,或传闻异辞乎?"也未得解决,只有感叹而已。但是,从《聊斋志异》所表现的看,她确是与衡王府同归于尽的,因此要了解林四娘是为什么死的,还必须和衡王府

为什么被摧毁的问题同时来考察。衡王事不见于《明史》,被清朝统治者列为禁书的《罪惟录》"传四"却有这样一段记载:

> 衡恭王祐楎,宪宗第六子,国青州。母张德妃,在位五十二年。子庄王厚燆以江华王进封。嘉靖中,辞禄五千,以赡宗室之缺,有贤声。恭王支子新乐王载玺,嗜古好修,善文章,常为《皇明圣政颂》五十篇,致美高皇帝。崇祯甲申,贼围城,玺大发帑守城,城全。南都败,弃去不知所终。

这是一段比较全面的记载,值得注意的是这里的"贼"即指入关的清兵,南都是指弘光政权所在地南京。那么,青州是失于清兵,而非失于农民起义军。其他可参证的史料,像同年(甲申)十月顺治朝曾宣谕他平定山东的将领说:

> 衡王府中财物,毋得骚扰。衡王曾否与赵应元同谋,应行详察。有谋则严加看守,另行奏闻。(《清世祖实录》卷一〇)。

赵应元是当时山东农民起义军的首领,这不但说明衡王不是和农民军作战,而且可能和他们有联系。又甲申年十月清兵的塘报说,当地农民军"初八日要立衡王登基"(《明清史料》丙编第五本)。这又进而说明衡王受农民军的拥戴了。这些史料都是记载甲申一年中的事,不会有历史先后失实的错误。那么衡王既与农民军有瓜葛,当然不会与他们作战,曹雪芹可能是根据"崇祯甲申,贼围城"的记载,把甲申年和"贼"联系起来,而误认为是与农民军作战而死的。也可能是为清朝讳。其实衡王府是被清兵摧毁的,林四娘应当是"大发帑守城"中之一员,是和清兵作战而死的。

廓清了这一段历史史实,林四娘的悲痛情绪的社会根源也就明确了。

林四娘是个历史上的人物,蒲松龄则把她作为一个艺术形象来创造。蒲松龄怎样处理这个人物呢？和他写小说的一般惯例相同，自己先直接说明一下故事产生的原因，然后转入人物的创造，让人物以自己的行动去反映一定时期的历史事件。这个故事产生于陈宝钥做青州道金事时，夜间林四娘的来访。陈宝钥出任青州是康熙二年，距离甲申明亡已经十九年了，与作品中林四娘所说"遭难而死，十七年矣"的时间大体相符。当作者进入人物创造时，表现了自己卓越的艺术才能，和其他写林四娘的许多文章比较，最突出的是加深了林四娘的故国之思和亡国之恨。在王渔洋所写的传记中，只提到她"叙述宫中旧事，悲不自胜，引节而歌，声甚哀怨"；林云铭只谈她"所著诗，多感慨凄楚之音，人不忍读"；陈其年也不过说她"词中凭吊故苑，离鸿别鹤之音为多"。然而，在《聊斋志异》里，从她出现和陈宝钥相交，到最后二人依依惜别，都表现了一种深沉的悲痛心绪和哀婉酸恻的情调。更重要的是作者在表现这种思想情绪时，不像王渔洋等人那样，纯客观地对她的行动、品德、容貌和服饰进行描绘，有时虽然在文字之间也带有些感情色彩，那也是他们自己感情的流露，而不是人物行动的体现。蒲松龄则不但加深了这种情感，并且把它典型化、性格化了。通过人物自己的言论、行动、思想、观点、兴趣和爱好来表现国破家亡之痛，因此特别显得深刻、丰富，并具有感人的艺术力量。林四娘流露出自己那种悲惨情绪，是开始于陈宝钥再三恳求她唱的那支《伊凉词》曲子："其声哀婉，歌已，泣下。……闻其歌者，无不流涕。"陈宝钥也为之酸恻，劝慰她"勿以此亡国之音，使人悒悒"。她却答道："声以宣意，哀者不能使乐，亦犹乐者不能使哀。"可见她的思想情感都是内在的，而通过自己的言论、歌曲表现出来。她告诉陈宝钥说："妾衡府宫人也，遭难而死，十七年矣。"并且还记得当年宫中旧事，向人缅述："津津可听，谈及式微之际，则哽咽不能成语。"她的心灵深处蕴藏着多么沉重的悲痛！为了解除自己内心的痛苦，弥补精神上的伤痕，和一般善良、淳朴、受难的妇女一样，她经常诵读经文，"思终身沦落，欲度来生耳！"企图在宗教教义中求得安慰和解脱。陈宝钥曾屡次请求她作诗，她都婉言谢绝。一次夜里，忽然来告别，情绪惨凄，陈宝钥也酸楚涕零，置酒痛饮，她"慷慨而歌，为哀曼之音，一字百转。每至悲处，辄便哽咽。数停数起，而后终曲，饮不能畅"。并且，索笔、构思、挥就一诗，献给陈宝钥，以酬先前之求，掩袂而去。

林四娘并未直接表示对清朝统治者的批判态度，也未正面表示对亡明的怀念，只是通过包蕴着丰富内容的形象、性格流露着在特定历史环境下的思想情绪。然而，"此时无声胜有声"，正是这一典型形象所概括的内在思想情绪，对清朝统治者的批判最深，所表现的故国之思也最切。

蒲松龄在处理这个人物时，不但深化了她所概括的历史事件的内容，而且美化了她的品格。他不像林云铭那样描写林四娘最初做鬼，"青面獠牙"地去捉弄陈宝钥，也不像王渔洋和陈其年那样，把她写成"身萦半臂，足蹑翠靴，锦绦双环，环悬利剑，冷然如聂隐娘、红线一流"的仙侠人物，而是把她写成"长袖宫装"、"谈词风雅"的宫女，并且悉宫商，工度曲，歌词都绝好，具有诗人的情操。这一点，虽然别人也谈到，说她"性耽吟咏"、"即席酬和，落纸如飞"，但是，却没有像蒲松龄这样赋予她的性格以诗人的气质，他写道：

> 每与公评骘诗词，瑕辄疵之，至好句则曼声娇吟。意绪风流，使人忘倦。

作者把她的性格净化了，使她自己的诗也表现了这种气质和独有

的思想、情感,具有她性格的特点。像赠给陈宝钥的那首诗,王渔洋在《池北偶谈》中也有记载,原文如下:

> 静锁深宫忆往年,楼台箫鼓遍烽烟。红颜力薄难为厉,黑海心悲只学禅。细读莲花千百偈,闲看贝叶两三篇。梨园高唱升平曲,君试听之亦惘然。

但在蒲松龄笔下却变了样子:

> 静锁深宫十七年,谁将故国问青天。闲看殿宇封乔木,泣望君王化杜鹃。海国波涛斜夕照,汉家箫鼓静烽烟。红颜力弱难为厉,惠质心悲只问禅。日诵菩提千百句,闲看贝叶两三篇。高唱梨园歌代哭,请君独听亦潸然。

它表现了鲜明的民族意识和深沉的故国之思,这,和她的思想性格完全是统一的。从这里我们可以看出一个作家在处理题材、创造人物时,他的思想水平的高低、艺术修养的深浅、社会知识的多少所起的重要作用。也可以看出蒲松龄自己的思想、艺术修养所达到的高度。应该说,蒲松龄的思想、艺术修养和社会生活知识都超过了清初和他同时的一些文艺家。他通过卓越的艺术才能,创造了林四娘这个人物,把林四娘描写成一个满怀亡国之痛、情感深沉细腻的妇女典型,为明末清初那个沉痛、悲愤的时代,留下了一缕哀怨的音波。

关于《公孙九娘》的描写及其历史背景

《公孙九娘》是《聊斋志异》中最隽秀最动人的篇章之一。它之所以被人喜爱,不只在于取材于农民起义,还在于创造了在农民起义失败中的悲剧性格,通过这些悲剧性格揭露了清朝统治者屠杀手段的凶狠,控诉了清朝统治者对农民起义的残酷镇压。

于七起义是清朝初年山东境内许多次农民革命中规模最大、时间最久的一次。清杨士骧修的《山东通志》卷一一七"岳防志"记载:

> 五年(顺治)栖霞民于七集亡命于锯齿山,肆行剽掠。七年攻宁海,知州刘文淇死之。时海内初定,朝廷以反侧者多,每招抚之。登州知府张尚贤权授于七为栖霞把总,令其擒贼自效。人多畏其强御,折节与交,故事后颇有株累者。十八年春,于七之弟于九与莱阳人宋彝秉有隙,宋诣兵部告变,称七谋不轨,遂檄官兵往捕,会七他出,七妻使于九、于十拒伤官兵。七惧,与其党尹应和及和子秉腾等叛入山。……有旨命靖东将军济席哈,率舒穆禄图喇等及总督祖泽溥统兵会剿,济席哈抵莱阳,图喇领兵七百疾驰至栖霞,获城中从贼者三百余人,因趋鳌山,贼闻风逸去。十二月朔,大军云集列营山下,七负嵎撑拒,凡两月余。康熙元年春,七溃围窜走,尹应和、尹秉腾等俱擒斩,其屯于昆仑、招虎诸山者,副将刘进宝以次捕治之,余众悉降。

虽然作者的立场反动,其所写资料不可全信,但从这段记载中,我们亦可了解于七起义从顺治五年到康熙元年整整坚持了十四年的历史,其中被镇压最惨的一次是顺治十八年。当时的清朝统治者曾调山西总督祖泽溥到山东去镇压,"破其寨,斩馘无算"(《贰臣传》卷三《祖泽溥传》);授济席哈靖东将军,"讨栖霞土寇于七,击破所据嵎岠山寨"(《清史稿》列传二九《济席哈列传》);又派庐凤提督杨捷去征讨,"捕治其党五十余人,诛之"(《清史稿》列传四八《杨捷传》)。他们对广大人民的屠杀惨绝人寰,"知县(莱阳)邹知新力陈于三大帅,保全甚多,然犹戮数百人。既又搜索莱阳、栖霞两邑之与于七相交,凡通一刺者,皆系于县狱,株连绅衿又数十百家,三年始雪"(光绪修《登州府志》卷一三)。这就是《公孙九娘》产生的历史环境。

顺治十八年,蒲松龄正是二十二岁,虽然我们还考查不出来他和于七事件的直接联系,但是他最推崇和最敬仰的施愚山的朋友宋荔裳却是受牵连的一人。王培荀《乡园忆旧录》卷二载:"先生(宋荔裳)与逆贼于七通谋,遂讦之官,系狱二年乃白。"这件事必然对他产生影响,并且实际上给他思想感情造成深刻的印记,因而他就抓住了这一题材,写成了《公孙九娘》。

在《公孙九娘》的开篇,作者便怀着沉痛的心情叙述道:

> 于七一案,连坐被诛者,栖霞、莱阳两县最多。一日俘数百人,尽戮于演武场中,碧血满地,白骨撑天,上官慈悲,捐给棺木,济城工肆,材木一空。以故伏刑东鬼,多葬南郊。

接着转入正文:

> 甲寅间,有莱阳生至稷下,有亲友二、三人,亦在诛数,因市楮帛,酹奠榛墟,就税舍于下院之僧。

甲寅是康熙十三年，距于七事件的发生已经十余年了，这与九娘诗中所谓"十年露冷枫林月"的时间也是符合的。这时蒲松龄已经三十五岁，那么这篇作品最早可能是蒲氏三十五岁写的。其中的莱阳生当然不是作者自己，但却渗透了作者的一些思想、感情和观点。整篇作品是通过莱阳生在稷下僧院的见闻经历为中心线索而贯串起来的，所见所闻都是于七事件的被难者，他的外甥女，"俘至济南，闻父被刑，惊恸而绝"，九娘母子二人"原解赴都，至郡，母不堪困苦死，九娘亦自刭"，"同邑朱生，亦死于于七之难者"，都是"千里柔魂"，"言之怆恻"的人物。莱阳生对他们的遭遇表示深切的同情和愤慨，"叩寓归寝，辗转申旦"，"治装东旋，半载不能自释"，同时也概括了作者自己深邃的内在情绪。

　　但是，《公孙九娘》最重要的成就并不在这里，而在于它创造了在于七事件中牺牲的两个悲剧性格——莱阳生的甥女和公孙九娘。这两个人物在性格上虽然有很大差别，一个谦恭知礼（莱阳生的甥女），一个伶俐活泼（公孙九娘），但在精神面貌上却表现出一个共同倾向，就是有一种难言之隐，总是忍恨吞声，不肯正面表叙。像莱阳生的甥女见了自己的舅舅，或是"迎门啜泣"，或是"凝眸含涕"，或是"殊为恨恨"，除了讲些有负自幼抚养不能报答之话外，别的便很少谈论。她对九娘的介绍也只是说："今亦穷波斯，落落不称意"，此外什么也没讲。但是，作者却通过他们自己的行动去揭示他们这种精神状态的内在秘密，去揭示他们悲剧性格的社会原因。这，集中地表现在九娘和莱阳生成婚之后：

　　　　枕上追述往事，哽咽不成眠，乃占两绝云："昔日罗裳化作尘，空将业果恨前身。十年露冷枫林月，此夜初逢画阁春。""白杨风雨绕孤坟，谁想阳台更作云，忽启缕金箱里看，血腥犹染旧罗裙。"

当莱阳生问她此村何名时，她说：

> 莱霞里，里中多两处新鬼，因以为名。

这是全篇的重心，也是作者对她们悲剧性格的社会根源揭示最深刻之处。它透露了清朝统治者杀戮之惨，和人民对这件事的愤懑不平和遗恨，用死难者的乡里来命名，永志不忘。民国王丕煦修《莱阳县志》卷末"兵革"同样记载着这一事实："今锯齿山前，有村曰'血濯亭'。省城南关，有荒冢曰'栖莱里'，杀戮之惨可知矣。"九娘和莱阳生甥女的冤恨、隐痛即根源于此。

九娘最后与莱阳生分别，曾以遗骨相托，言辞凄切，甥女也出门相送，相对汍澜。他们就是这样地依依、默默含泪而别。作者并未让他笔下的人物说出一句指责时政的话，却是通过他们的思想、情绪、行动和性格对现实社会表示了他们的态度、看法、愤慨和不平，作者把他们的冤恨、痛苦和愤慨性格化了，并通过这些性格，深刻地揭露了当时阴森黑暗的社会现实。这篇作品所创造的两个悲剧性格的意义，就在于它以动人的艺术力量说明了清朝统治者对农民起义镇压的残酷，也说明了被屠杀者虽然忍恨吞声地牺牲了，但死后也不会忘记这件事，他们以自己的血泪伴随着幽咽的声调，对清朝统治者进行了尽情的控诉。

作者在塑造这些人物性格时，特别着重运用抒情的笔调。它是一篇小说，同时在某种意义上又可以说是一首抒情诗。作者描写这些人物的一举一动、一言一行，都注入了自己深厚的感情。像莱阳生重回济南时一段描写：

> 复如稷门，冀有所遇。及抵南郊，日势已晚，息驾庭树，趋诣丛葬所。但见坟兆万宅，迷目榛荒，鬼火狐鸣，骇人心目。

这完全是一种抒情诗的境界，抒发对清统治者的愤慨之情和对被迫害者的怜悯之情。至于篇末的"异史氏曰",我看没有什么更深的含义,不过是说莱阳生之不见谅于公孙九娘,犹如屈原之不见谅于君,太子申生之不见谅于父的情况相同,作者是在为莱阳生鸣冤。全篇的真正意义和艺术力量不在这里,而在对两个悲剧性格的创造。

那么,通过以上的分析,我们可以得出两点认识:其一,蒲松龄对农民起义的死难者是同情的;其二,蒲松龄对清朝统治者的残暴统治抱有强烈的不满。下面想再谈一下他对农民起义的态度。

《聊斋志异》中正面描写农民起义的篇目并不多,但是从侧面作为社会背景而接触到的却不少。无论从正面或侧面的描写看,蒲松龄对农民起义都是反对的,称起义的农民为"盗"、"贼",甚至在《白莲教》、《小二》里说他们"左道惑众",劝诫已经加入农民军的人脱离革命,改邪归正。他父亲蒲槃也曾"屡与谢'贼'(指谢迁——笔者)抗"(《淄川县志》),这必然对他的思想产生一定的影响。但是他对农民起义的死难者却是由衷的同情,除了《公孙九娘》中所表现的之外,在《宅妖》中对谢迁领导的农民军被屠杀也表现了同情。他描写被屠杀的惨状:"尸填墀,血至充门而流","往往白昼见鬼,夜则床下磷飞,墙角鬼哭",这些冤鬼大声疾呼:"我死得苦!""因而满庭皆哭"。一片阴森悲惨的境象,简直变成人间鬼域了。作者对屠杀者的残酷给予谴责,对被屠杀者表示无限的悲悯。《野狗》篇虽然未表现出这样鲜明的态度,但也揭露了那些刽子手的凶狠。可见蒲松龄对农民起义的态度是矛盾的,他一方面反对农民起义、敌视农民起义;一方面当起义农民被屠杀,特别是对受株连者,又表示深切同情。基于这种对被迫害者的同情,他在作品中也就不能不写出一定的历史真实来,写出农民革命所造成的动荡的社会环境:"值大寇叛乱,三年不得归"(《柳生》),

"以流寇之乱,家人离逖"(《庚娘》)等等,到处皆是,不胜枚举。又于咒骂农民起义为"贼"为"盗"的同时,也描写出起义农民的子女的高尚道义行为:"会山左大饥,人相食。女乃出菜、杂粟赡饥者,近村赖以全活,无逃亡焉。"(《小二》)不得不赞叹道:"乃盗也有是女耶!培塿无松柏,此鄙人论耳。"(《柳生》)并且进一步写出农民起义的威力:"官不敢捕,后受抚,邑宰别之为盗户。凡值与良民争,则曲意左袒之,盖恐其复叛也。"(《盗户》)可见,蒲松龄对农民起义的态度是有矛盾的,我们在研究蒲氏思想及其作品时,不能予以简单的肯定或否定,而应当作具体的细致的分析。

《聊斋志异》本事旁证

　　《聊斋志异》是我国文学史上最伟大的短篇小说集,它以四百多篇作品反映了我国 17 世纪广阔的社会生活。但是作品的题材、情节并非尽是蒲松龄独创,而大部分是有所依傍、凭借,是采取了许多野史逸闻、民间传说,并根据现实生活而创作成功的。他自己曾说:"才非干宝,雅爱搜神;情同黄州,喜人谈鬼。闻则命笔,遂以成编。久之,四方同人又以邮筒相寄,因而物以好聚、所积益夥。"(《自志》)就说明他对文学题材长期搜集、积累的功夫。据说他每天带了烟茶到路边安坐,请过往行人给他讲故事,然后把它写成小说(见邹弢《三借庐笔谈》、易宗夔《新世说》)。这种说法虽然不见得可靠,但却反映了人们对他写《聊斋志异》时勤恳搜集题材的看法。当然,蒲松龄的创作主要是取材于现实生活,但是吸收前人和与他同时人的粗糙的艺术素材,加以点染、藻饰,完成自己的创作,是他创作过程的一个重要方面。因此,我们把一些可能是他创作时所依据的素材或后人的某些有关记载提供出来,对研究他如何加工生活、提炼情节、创造人物,以及研究他整个创作过程,都是很有意义的。但是,相类似的故事情节很多,如幽婚的故事,最早的记载是晋人陆氏的《异林》(见《三国志》卷十三《钟繇传》注引),之后的《搜神记》、《续搜神记》、《幽明录》、唐人戴君孚的《广异记》(此书已佚),以及《太平广记》等,都有记载。若有文必录,必然很庞杂。因此,我们选择那些与蒲松龄作品更接近的摘录之,并加以比较,作为资料提供出来,供同志们研究时的参考。

《瞳人语》(卷一)

明沈德符《万历野获编》(道光姚氏扶荔山房刻本)卷二八《鬼怪》类"奇疾"条:

> 古纪奇疾,非理所有者多矣,或以为文人游戏,必非真有其事。以余亲所闻见,则有如穆吏部深者,山东济南人,壬辰进士,罢官里居,忽患异疾。耳中时闻车马之声,则疾大作。一日闻耳内议曰:"今日且遨游郊埛。"即有装驮驴马鳞次而出,其恙顿除。至晚复闻游者回镳尽返,耳中则所苦如故。吏部公屡治不痊,一日忽洗然若失。又苏州吴江县沈参戎名璨者,行三,为吏部宁庵、学宪定庵公爱弟,幼长纨绮,惰于学业,遂入右列。最后分阃广东惠潮,署中有树,大庇数亩,掩映不见天日。沈憎之,欲伐去。其下力谏,谓此木且千年,有神司之,除翳必及祸。沈怒不听,乍施斧,共见巨蟒长数丈,蜿蜒入其鼻中。因发狂颠倒,不能理事,弃其官归,蛇出入鼻孔,日凡数度,其孔肤色光黑,盖以蛇往来致然。一日延方士治之,见一天神如关壮缪状,持刀入战,凡三昼夜,喧嚣之声彻于邻比,其神不胜而出。自此遂听之。家本素封,因之匮乏,凡病十年,宿患忽瘳,蛇亦不知所往。

按:《野获编》所记,只取其病之奇。蒲松龄则改耳疾、鼻疾为眼疾,并推演其情节,作为对轻薄儿的惩罚。

《种梨》(卷一)

晋干宝《搜神记》(学津讨原本)卷一:

吴时有徐光者，尝行术于市里，从人乞瓜，其主勿与。便从索瓣，杖地种之，俄而瓜生，蔓延，生花，成实，乃取食之，因赐观者。鬻者反视所出卖，皆亡耗矣。

按：《古今谭概》"灵迹"部和《春在堂随笔》都有同样的记载。蒲松龄把种瓜的情节改为种梨，用来批判那些吝啬鬼。

《劳山道士》（卷一）

明冯梦龙《古今谭概》（文学古籍刊行影印明叶昆池刻本）"灵迹"部"纸月取月留月"条：

《宣室志》云：杨晦八月十二夜谒王先生，先生刻纸如月，施垣上，洞照一室。又唐周生有道术，中秋谓客曰："我能取月。"以箸数百条，绳而驾之曰："我梯此取月。"俄以手举衣，怀中月出寸许，清光照烂，寒气入骨。《三水小牍》云：桂林韩生嗜酒，自言有道术。一日欲自桂过湖，同行者二人与俱，止郊外僧寺。韩生夜不睡，自抱一篮，持匏杓出就庭下。众往视之，见以杓酌取月光，作倾泻状。韩曰："今夕月色难得，恐他夕风雨夜黑，留此待缓急尔。"众笑焉。及明日空篮散杓如故，益哂其妄。舟至邵平，共坐至江亭上，各命仆市酒期醉。会天大风，日暮风益急，灯烛不能张，众大闷，一客忽念前夕事，戏嬲韩曰："子所贮月光今安在？"韩抚掌曰："几忘之。"即狼狈走舟中，取篮杓一挥，则白光燎焉见于梁栋间。如是连数十挥，一坐遂尽如秋天晴夜，月光激滟，秋毫皆睹。众乃大呼痛饮，达四鼓，韩复酌取而收之篮，夜乃黑如故。

按：蒲松龄吸取了这类情节，赋予丰富的社会内容，讽刺那般投机取巧、心志不诚的人。

《长清僧》(卷一)

唐张鷟《朝野佥载》(宝颜堂秘笈本)卷二云:

> 余杭人陆彦,夏月死十余日,见王,云:"命未尽,放归。"左右曰:"宅舍亡坏不堪。"时沧州人李谈新来,其人合死。王曰:"取谈宅舍与之。"彦遂入谈柩中而苏,遂作吴语,不识妻子,具说其事。遂向余杭访得其家,妻子不认,具陈由来,乃信之。

> 按:这类借尸还魂的故事,又见于《搜神记》、《续搜神记》、《幽明录》、《宣室志》(《太平广记》三七六"竹季贞")、《酉阳杂俎》(续集三"支诺皋"下"李简")等。蒲松龄利用这个故事,加以创造,表现了对长清僧不入靡丽纷华之乡的赞叹!

《妖术》(卷一)

明周玄晖《泾林续记》(涵芬楼秘笈本)云:

> 或云,为此术者乃江西人。素习左道,假算命为名,始寓苏城。人有觉者遂转至松江,寓酒楼上。间三五日携鸡酒鱼肉令主人烹之,焚香明烛,诡云:"祀神必候人静,然后行事。"主人疑为耳报樟柳神之类,不以介意。后邻人于墙隙窥之,见其人开衣包,中取纸剪禽兽无数,布楼板上,披发持刀步罡诵咒毕,以水喷之,诸物蠢动,悉从楼窗飞去,薨薨有声。不一时,左右邻近皆喧嚷相闻矣!其人危坐而俟,将五鼓,复步罡

诵咒，诸物仍飞回堕地，复其故质，收置包中而寝。邻人惊异，知狐怪由此无疑，质明告其主人，且欲闻官。主人虑为所累，微泄其语。因遁去，怪亦渐息。

按：蒲松龄采取这种故事，写《妖术》，不但写妖术之奇幻，而且揭露卜者之害人。

《叶生》(卷一)

宋李昉《太平广记》(中华书局校点排印本)卷三五八"王宙"条引《广异记》云：

天授三年，清河张镒因官，家于衡州。性简静，寡知友。无子，有女二人。其长早亡，幼女倩娘，端妍绝伦。镒外甥太原王宙，幼聪悟，美容范。镒常器重，每曰："他时当以倩娘妻之。"后各长成，宙与倩娘常私感想于寤寐。家人莫知其状。后有宾寮之选者求之，镒许焉。女闻而郁抑，宙亦深恚恨，托以当调，请赴京，止之不可，遂厚遣之。宙阴恨悲恸，诀别上船。日暮，至山郭数里。夜方半，宙不寐，忽闻岸上有一人行声甚速，须臾至船。问之，乃倩娘，徒行跣足而至。宙惊喜发狂，执手问其从来。泣曰："君厚意如此，寝食相感，今将夺我此志，又知君深情不易，思将杀身奉报，是以亡命来奔。"宙非意所望，欣跃特甚。遂匿倩娘于船，连夜遁去。倍道兼行，数月至蜀。凡五年，生两子，与镒绝信。其妻常思父母，涕泣言曰："吾曩日不能相负，弃大义而来奔君。向今五年，恩慈间阻。覆载之下，胡颜独存也？"宙哀之，曰："将归，无苦。"遂俱归衡州。既至，宙独身先至镒家，首谢其事。镒曰："倩娘病在闺中数年,何其诡说也!"宙曰:"见在舟中!"镒大惊,促使人验之。果见倩娘在船中,颜色怡畅,讯使者曰:"大人安否?"家人异之,疾走报镒。室中女闻,喜而起,饰妆更衣,笑而不语,出与相迎,翕然而合为一体,其衣裳皆重。其家以事不正,秘之。惟亲戚间有潜知之者。后四十年间,夫妻皆丧。二男并孝廉擢第,至丞尉。……玄祐少常闻此说,而多异同,或谓其虚。大历末,遇莱芜县令张仲规,因备述其本末。镒则仲规堂叔,而说极备悉,故记之。

按:蒲松龄只取其离魂以报知己的情节,写叶生在科场失败后,化为鬼魂帮助别人应举,"借福泽为文章吐气",以抒发自己半生沦落之悲痛。

《画皮》(卷一)

《闲居杂缀》(引自蒋瑞藻《小说考证》"拾遗")云:

又尝见《潞安志》虎变美妇一则云:崞县崔韬之任祥符,道过禠亭,夜宿孤馆,见一虎入门。韬潜避梁上。虎脱皮变美妇,即枕皮睡。韬下取皮投井中。妇醒失皮,向韬索之。韬阳不知也,固纳为妻。抵任,生二子一女。及官满复过禠亭,谈及往事,妇问皮安在?韬从井中取出。妇披之,复成虎,咆哮而去。钱塘瞿存之佑有诗云:"旅馆相逢不偶然,人间自有恶姻缘。书生耽色何轻命,四载真成抱虎眠。"

又明冯梦龙《古今谭概》(文学古籍刊行社影印明叶昆池刻本)"妖异"部"鬼张"条:

弘治中,高邮张指挥无嗣,求妾未得。偶出湖上,见败船板载一女甚丽,浮波而来。问之,曰:"妾某邑人,舟覆,一家皆没,妾赖板得存,幸救我。"张援得之,甚宠爱,逾年生子。女栉沐必掩户。一日婢从隙窥之,见女取头置膝上,绾结加簪珥,始加于颈。大惊,密以启张。张未信。他日张觇之,果然,知为妖,排户入斩之,乃一败船板耳。子已数岁,无他异,后袭职,至今称鬼张指挥云。

按:《画皮》似综合这两项素材而成,讥讽贪淫好色者。

《陆判》(卷一)

清钮琇《觚剩·豫觚》(临野堂刊本)之"潜窜衿录"条:

永城有张生者,屡就童子试不遇,读书芒砀山天齐寺。攻苦之暇,散步殿庑,见东帝座下判官相貌伟丽,戏拊其背曰:"人间安得如公者,吾与论心订交乎!"是夕生篝灯禅堂,披简孤坐,忽闻扣门声,且曰:"君所愿交者来矣。"启扃而迎,则昼所见判官也。始颇疑惧,继稍款洽,坐谈之顷,温语壮言缅缅动听。生且喜得佳友。由是定更辄来,夜分乃去,率以为常。生久之与习,因自陈坎坷有年,莫测荣枯所诣,乞其搜示冥册。神颦蹙曰:"君无显秩,即一芹犹难撷也,奈何?"生不觉愤悒,坚请为之回斡。神徐曰:"当为君图之。"阅数夕至,曰:"已得之矣。山东某邑有与君同姓者,应于明年入泮。吾互易其籍,可暂得志。然事久必露,君其慎之。"嗣后神不复见,生亦归里,试果获售,悉如神言,浮沉黉宫十余载。忽梦神仓皇前诉曰:"吾因与君一日之契,潜窜衿录。已蒙帝谴,法当远戍,兹行与君永别耳。"生觉而惘然,未几亦以试劣被黜。

又清王晫《今世说》(粤雅堂丛书本)卷四"赏誉"类云:

> 周立五名启隽,江南宜兴人,弱冠时,颧未高,两颐逼而秃,面有槁色。乡人窃笑者曰:"此黄冠相耳。"周闻之,若弗闻也。年三十二,犹困童子试。偕其父荆南,旅宿南城外仓桥侧。梦中见一雄冠绛衣人,右手操刀,左手提一人头,须髯如戟,至榻前易头去,以手所提头函其颈。周大惊,持父足疾呼。及举手摩之,头如故,凛凛者累日。未几,颧渐高,两颐骨渐丰,须鬑鬑然日益长。越年余,又梦一白须老者,冠缁冠,执长尾麈,随一金甲人,语曰:"吾来易尔腹。"语讫,金甲人抽所佩刀,启周腹,出涤其脏腑而复纳之。既纳,以方竹笠覆腹上,复取钉椎钉四角。周梦中闻响声丁丁,而怪其无痛也。钉毕,白须老者挥麈而祝曰:"清虚似镜,原本无尘。"忽钉与笠豁然有声。周寤,自是文学日进,历试两闱皆获售,历官侍讲学士。

按:这两则一写判官助张生应试,一写神人为周某易头涤腹,周某文学日进。蒲松龄据此写成《陆判》,而波澜起伏,文采缤纷。

《凤阳士人》(卷二)

唐白行简《三梦记》(《说郛》卷四)云:

> 天后时,刘幽求为朝邑丞。常奉使,夜归。未及家十余里,适有佛堂院,路出其侧。闻寺中歌笑欢洽。寺垣短缺,尽得睹其中。刘俯身窥之,见十数人,儿女杂坐,罗列盘馔,环绕之而共食。见其妻在座中语笑。刘初愕然,不测其故。久之,且思其不当至此,复不能舍。又熟视容止言笑,无异。将就察之,寺门闭不得入。刘掷瓦击之,中有齑洗,破迸走散,因忽

不见。刘逾垣直入，与从者同视，殿庑皆无人，寺扃如故，刘讶异甚，遂驰归。比至其家，妻方寝。闻刘至，乃叙寒暄讫，妻笑曰："向梦中与数十人游一寺，皆不相识，会食于殿庭。有人自外以瓦砾投之，杯盘狼藉，因而遂觉。"刘亦具陈其见。盖所谓彼梦有所往，而此遇之也。……贞元中，扶风窦质与京兆韦旬，同自亳入秦，宿潼关逆旅。窦梦至华岳祠，见一女巫，黑而长……请为之祝神。窦不获已，遂听之，问其姓，自称赵氏。及觉，具告于韦。明日，至祠下，有巫迎客，容质妆服，皆所梦也。顾谓韦曰："梦有征也。"乃命从者视囊中，得钱二镮，与之。巫抚掌大笑，谓同辈曰："如所梦矣！"……盖所谓两相通梦者矣。

按：《三梦记》共记叙三梦，兹录其二。《凤阳士人》在情节上即综合此三梦而成，篇末云"三梦相符"，其演变之痕迹可见。

《侠女》(卷二)

《阙名笔记》(引自蒋瑞藻《小说考证》卷七)云：

　　清世宗之崩也，实为人所刺。盖其严治吕留良、陆生楠、查嗣庭之狱，既已大干吾民族之义愤，于是甘凤池之流，始相率而起，从事于暗杀。清庭虽竭力搜捕，而终不能去之。当时吕晚村孙女某，剑术之精，尤冠侪辈，相传雍正即为吕女所杀。《聊斋志异·侠女》一则，盖影射此事也。考鄂尔泰传，是日上尚视朝如恒，并无所苦，午后，忽急召鄂入宫，外间已喧传暴崩之耗矣。鄂入朝，马不及被鞍，亟跨骣马行，髀骨被磨损，流血不止。既入宫，留宿三日夜始出，尚未及一餐也。当时天下承平，长君继统，何所危疑，而仓皇至此，知被刺之说之不诬也。

又唐李肇《唐国史补》（学津讨原本）卷中云：

贞元中，长安客有买妾者，居之数年，忽尔不知所之。一夜，提人首而至，告其夫曰："我有父冤，故至于此，今报矣。请归。"泣涕而诀，出门如风。俄顷却至，断所生二子喉而去。

又清王士禛《剑侠传》（《虞初新志》卷九）云：

新城令崔懋，以康熙戊辰往济南。至章邱西之新店，遇一妇人，可三十余，高髻如宫妆，髻上加毡笠，锦衣弓鞋，结束为急装，腰剑，骑黑卫，极神骏。妇人神采四射，其行甚驶。试问何人？停骑漫应曰："不知何许人。""将往何处？"又漫应曰："去处去。"顷刻东逝，疾若飞隼。崔云："惜赴郡匆匆，未暇蹑其踪迹，疑剑侠也。"从侄鹓因述莱阳王生言：顺治初，其县役某，解官银数千两赴济南，以木夹函之，晚将宿逆旅，主人辞焉，且言镇西北里许，有尼庵，凡有行橐者，皆往投宿，因导之往。方入旅店时，门外有男子著红帓头，状貌甚狞。至尼庵，入门，有廓三间，东向，床榻甚设。北为观音大士殿，殿侧有小门，扃焉。叩门久之，有老妪出应。告以故，妪云："但宿西廓，无妨。"久之，持朱封镭山门而入，役相戒勿寝，明灯烛，手弓刀以待曙。至三更，大风骤作，山门砉然而辟，方愕然相顾。俄闻呼门声甚厉，众急持械，谋拒之。廓门已启，视之，即红帓头人也。徒手握束香掷地，众皆仆，比天晓，始苏，银已亡矣。急往市询逆旅主人，主人曰："此人时游市上，无敢谁何者，唯投尼庵客，辄无恙，今当往愬耳。然尼异人，吾须自往求之。"至则妪出问故，曰："非为夜失官银事耶？"曰："然。"入白，顷之尼出，姬挟蒲团敷坐。逆旅主人跪白前事，尼笑曰："此奴敢来此作狡狯，罪合死，吾当为一决。"顾姬入率一黑卫出，取剑臂之，跨卫向南山径去，其行如飞，倏忽不见。市人集观者数百人。移时，尼徒步手人头，驱卫返，驴背负木夹函数千金，殊无所苦。入门呼役曰："来，视汝木夹，官封如故乎？"验之，良是。掷人头地上曰："视此贼不错杀却否？"众聚观，果红帩头人也，罗拜谢去。比东归，再往访之，庵已空无人矣。尼高髻盛妆，衣锦绮，行缠罗袜，年十八九，好女子也。市人云："尼三四年前，挟姬俱来，不知何许人，常有恶少夜入其室，腰斩掷垣外，自是无敢犯者。"

按：《侠女》所写在报一家之深仇大恨，所谓"父官司马，陷仇，被籍吾家"等，似非一般剑侠行为可比。谓暗寓雍正被刺之事，不是没有原因的。然而对侠女的描写，明显有《唐国史补》和《书剑侠事》所载事件的影响在，而其来去神速、"冷若冰霜"的形象，则是蒲松龄更大的创造。

《张诚》（卷二）

清周亮工《因树屋书影》（怀德堂复刊赖古堂原本）卷五：

江阴城溃，征戮抗命者，邑有戚三郎与妇王，笃伉俪，夫妇皆好推施。一子甫五龄。家所向为关帝君祠，戚夫妇虔事之，月朔望，为辨明，即肃香祠下，二十年如一日。城毁，戚被兵执，举戚足带，纠其臂，数被创。拥至通衢，见妻为他兵拽去，戚呼号就之，复被创。前后凡十三创，首亦被刃，推拥过帝祠，不胜步矣。倒地上，兵见其气息仅属，舍之去。戚心独朗朗，念虏事帝,得死楹下足矣。然度难死,帝显赫,或有以援我。日且暮,觉祠中有异,纠臂带忽裂,裂声如弓弦,作霹雳鸣。戚臂左受创,纠缚既断,因得以右扶首。首将堕,喉固未绝,因宛转正之。心朗朗,念帝显赫,真援我也……戚数得帝祐,神理亦渐旺,复至帝祠,能稽首投地矣。肃告帝,谓帝恩我无极,第妻无由见,帝其以梦示。归而梦帝驱之曰:"疾去,数里外有舟待,越月之十四日,终不可见矣。"辨明,力疾负子行,至津亭,见有舣舟柳下,若有待者,其人为成三。戚曰:"若何时?"成曰:"吾之室被掳而南,吾将操舴艋往,独不可往;度邑中失侣者多,应有往者,故迟之。"戚曰:"帝示我矣!予为此子觅母,得附行,幸矣。"具告以梦。成亦手额曰:"帝祐君,合浦珠自当还,吾即不德,藉君庇以分神贶,浮萍断梗,或冀一遇乎!"言讫,相与泣数行下。忧患易感,意气殊相得也。抵升州,舟刺鬼面城下,乃入市,揭示四达之衢曰:"江阴戚三郎,觅妇王,能为驿骑者,予多金。"成亦揭示如戚。有某者,见戚所揭示,往见戚曰:"予我金,告尔妻所在。"戚虽揭示,谬语耳,固无从得金,语某曰:"我实无金,期一见妇耳。"某叹曰:"世固有不持金而求得妇者?"疾起去,戚挽之,以戚为帝所指示,始昧昧至此,实不持金,城屠家破,安得金?某闻成语,戚然悯之曰:"即告尔妻所在,不得尔金,易耳!固尔无金,彼武人,赤手返尔妻耶?"具告以妻所在。戚与成彷徨久之。某忽曰:"子何能?"戚曰:"能书。"某曰:"机在是矣。某公者,矢愿于报恩塔下,倩人书百部《首楞》施四方,方觅人。子诚善书,计可得数金,事或可图欤!曷疾去。"戚乃尾某行,而以子属成。见某公,以情告。试以书,书诚工。某公既善其书,又悯其遇,施十金。某乃踉跄携戚至某标郝总旗所。郝他出,郝妇曰:"……诚有江阴王氏者。予我金,我与尔妇。"戚喜妇无多索,跪献金。妇持金入,……久之出,四顾曰:"……室固无尔妇,安得尔金?"命阍者搒逐之。戚掩涕怨某,相与且去。成方与其子望其与妻俱归,已得故鳖,怒目曰:"不得妇,又失金,不直一死耶? 奈何遂返! 明日与我俱。"明日,戚携子偕成往,匍匐于门,郝方力毬场弄鹰。召入,成瞪目欲裂,鳖而前:"……无家死,失妇死,失金亦死。公不与戚妇,十步之内,以颈血相溅矣!"……郝出,气结,掷金于地曰:"急持去!"成稽首曰:"戚急得妇,不急金,且金归公室一日夜矣,又吐之,公大人,义不为也!"争之益力。郝曰:"义哉! 子为友,乃以死争。计戚所持金,乌足赎妇! 然吾高子行,何计金! 当以妇归子友。"因呼妇出。戚方注目不瞬,谓妻且至,望不类,少近,则成与妻相抱痛哭矣。妇盖成妻也。先是成妻之被掳而南也,过邸舍,书壁曰:"我江阴成三郎妻王氏,为某标郝掳,见者幸以语吾家。"久之,"成"字微落,独存"戊"。某第见戚所揭示,故遽报之戚云。郝见妇反属成,讶曰:"异哉! 子以死争友,而固乃自争! 天下嗜义者,独为人哉! 天合予,子疾去。"成曰:"金出戚,而妇归我,我何去? 去则戚之金不返,我诚我争矣。"郝曰:"奈何?"成曰:"小人勇于力,妻善针黹,公诚能录小人夫妇,愿得二十金与戚,听其觅妇。小人即除马通,妇括爨下甘心矣。"郝曰:"义哉! 然吾无所需子,有张将军者,方觅役,曷为子言之。"郝即趋张所,戚亦随成往。张见成,遽许纳,出二十金予成。卷券成,成以金予戚。戚曰:"子激于义,售夫身,期全吾夫妇耳,顾吾妇何在? 得金安往?"相与絮泣。张曰:"尔姑携金去,得间,当具以语我,我当为觅之。"戚见张位都赫,往来甚伙,意显者苟得留意,忧不得妻耶? 乃叩首曰:"予所赍十金耳,成售身倍其金予我,我义不敢受。然成缘我金而得妻,又不忍分我金。吾侪落魄,得金即随我手逸,金尽而妻终不可得,且负两公义。曷以金留公所,公但为我觅妻,妻得,则成之心尽,我既倍费成金,无所愧于成矣。”张亦领之,乃纳金,令:“尔亦觅所在,来语予,毋独恃予。”阅二日,成方除马通,过坏室,闭诸妇人多操乡里音。成私度曰:“戚妻脱在是,谁复知者?”乃亦操乡里音,过牖下曰:“戚三郎嘱余寻妇,今安所得耶?”妇聆之,迫于监者,不敢答。晚如厕,遗片纸墙隙,复操乡音曰:“此纸纳之隙,留以备明日。”成遥闻之,觉有异,俟人定,趋取纸,书:“戚三郎妻王氏即在此,君急语我夫。”成得之,大惊喜,急闻之戚。戚乃携子先恳之郝,郝与俱往。戚直前跪曰:“连觅妻所在,闻即在府中,愿悯之。”张急询所系妇,首王氏,即戚妇也。呼之出,真戚妇也。戚见妇,惊悸错愕,未敢往就,摇摇不知悲。其子见母出,突奔母怀,仰视大痛,妇亦俯捧儿,哭失声。戚至是,始血泪迸落。戚、成跪张前,戚妇亦遥跪听命。张曰:“是诚尔妻,然是人少有色,故遴为首,约直五十金,半犹不足,望得妇耶?”戚浼郝言之曰:“邑陷家破,安得金? 将军悯之。”且娓娓言帝所以祐之者,复告以梦,期以动张。张曰:“众无一赎,始赎即减定价,何以示来者?”坚不许。戚曰:“成售夫妇身,仅得此金,而又苦不足,天乎! 安所得金?”戚乃大哭,妇哭,而戚子又趦趄往来,哭于父母旁。郝哭,张之厮养哭,张姬妾环屏内者亦哭。久之,张亦潸潸泪下矣。哭声鼎沸间,张突跃起曰:“止! 吾还汝妇,不须金也,城陷家破,尔诚无所得金,且尔数被创,弗死,非帝祐不至是……成以尔售身于吾,尔夫妇还而成留,成即不怨尔,尔何以谢成? 吾既还尔妇,兼还尔友夫妇,……然我有言,尔亦毋我逆。尔之子秀而慧,我怜之,盍以子我。我耄矣,无嗣,诚子我,我不奴视子,不隔膜视子也。"戚急遽未有以应,妇急趋前唾耳语戚。久之,复扬谓戚曰:"子尚需乳耶!"戚遽膝前曰:"将军生全两家夫妇,且欲子下愚子,何不可者!"将军喜,急前抱儿,儿亦嫟将军,不复甚恋父母。将军益喜,呼戚夫妇坐,待以亲串礼。举儿入室,遍拜所亲。已复剑儿出,衣冠焕奕,宾从以下,皆罗拜庆将军有子。戚与成两家谢将军去。计戚初见张将军日,实帝所示十四日内也。人咸以为戚虔于帝之报云。戚归,既安其室,复过某公,为书经塔下者三阅月。因得往来视儿,将军亦多所赠。久之,将军病卒。将军拥高资,族子利之,咸以为戚自有父母,非吾族类也,聋叟其归。戚子亦因之便去。诸母恶族子,竟以所有与戚,戚子所携甚厚,至今为江阴巨室。成亦依戚以终其身。子归后,新帝祠,江上知名之士,咸为诗文纪之,戚尽镌于祠右。予为之记。

按:刘盼遂先生生前曾认为《张诚》的情节即此故事流传之误记。确有道理。这两个故事的主题,都是歌颂人与人之间的义气。不同的是蒲松龄把《书影》中朋友之间的义气,改写成兄弟之间的义气,而且扩大了社会面,反映了封建社会中继母虐待子女的问题。情节离奇曲折,超过《书影》所记。

《赵城虎》(卷二)

明冯梦龙《古今谭概》(文学古籍刊行社影印明叶昆池刻本)"灵迹"部"杖虎"条:

于子仁,湖广武冈州人,洪武乙丑进士,知登州府。部有诉其家人伤于虎者。子仁命卒持牒入山捕虎，卒泣不肯行。子仁笞之，更命他两卒。两卒不得已，入山，焚其牒，火方息而随至，弭耳帖尾，随行入城，观者如堵。虎至庭下，伏不动。子仁厉声叱责，杖之百而舍之。虎复循故道而去。按子仁有异术，以妖惑被讦，逮诏狱死。弃其尸，家人既发丧。一夕忽闻叩门声，问之，则子仁也。自言不死，亦不自晦，日与故旧游宴。或泛舟，不用篙楫，舟自逆水而上，以为戏乐。里人刘氏，其怨家也，以铁索絷之，诣阙奏状。一日忽失子仁所在，但存铁索而已。刘坐欺妄，得重谴云。

按：蒲松龄把于子仁做登州知府时的事转写在赵城虎身上，把原来的纯属灵异的事件，写成具有人情味的义虎能悔过自新、代为其所噬的男子奉养老母的情节。

《林四娘》（卷三）

清王士禛《池北偶谈》（文粹堂本）卷二十一"林四娘"条：

闽陈宝钥，字绿崖，观察青州。一日，燕坐斋中，忽有小鬟，年可十四五，姿首甚美，搴帘入曰："林四娘见。"陈惊愕，莫知所以，逡巡间，四娘已至前万福。蛮髻朱衣，绣半臂，凤嘴靴，腰佩双剑。陈疑其仙侠。不得已，揖就坐。四娘曰："妾，故衡府宫嫔也，生长金陵。衡王昔以千金聘妾入后宫，宠绝伦辈。不幸早死，殡于宫中，不数年，国破，遂北去。妾魂魄犹恋故墟。今宫殿荒芜，聊欲假君亭馆延客。固无益于君，亦无所损于君，愿无疑焉。"陈唯唯。自是日必一至，每张筵，初不见有宾客，但闻笑语酬酢。久之设具宴陈，及陈乡人公车者，十数辈咸在坐。佳肴旨酒,不异人世,然亦不知何从至也。酒酣,四娘叙述宫中旧事,悲不自胜。引节而歌,声甚哀怨。举坐沾衣罢酒。如是年余。一日,黯然有离别之色,告陈曰:"妾尘缘已尽,当往终南。以君情谊厚,一来取别耳。"自后遂绝。有诗一卷,长山李五弦司寇有写本云。又程周量会元记其一诗云:"静锁深宫忆往年,楼台箫鼓遍烽烟。红颜力薄难为厉,黑海心悲只学禅。细读莲花千百偈,闲看贝叶两三篇。梨园高唱升平曲,君试听之亦惘然。"

又清陈维崧《妇人集》(昭代丛书本)云:

……越数日,陈方爇烛坐小斋,而风雨声有自远至者,斋中窸窣如人行声。少顷,双鬟褰帘入唱曰:"林四娘侍儿青儿启事,娘子愿谒使君。"陈惝恍未答,而美人翩然至矣。妖质雪莹,绣文花映,修蛾自敛,斜红半舒,揄袂以前,向陈而拜。拜毕就坐,徐徐启曰:"某金陵林四娘也。幼给事衡王,中道仙去,今暂还旧宫,窃见殿阁毁于有司,花竹沦于禾黍。某故有宫中俦侣,话旧情深,停车无所,敢假片席于使君之堂。某固无能有德于使君,然亦非有害于使君。今与使君为方外交可乎?某有小酒食,愿同醉饱,并及从者,微有薄犒,幸无深讶焉。"陈虽疑且畏,然度无可如何,遂偕行。及下箸则珍肴也,引杯则良酝也,从者视其犒,则朱提青蚨也。始稍稍定。后则夜分必来,更阑即去,数入内与陈夫人姬媵缔交,若娣姒然。陈之客过临淄者,或请接见,无不欢好。即席酬和,落纸如飞,词中凭吊故苑,离鸿别鹤之音为多。噫嘻!此胡为者耶?又谓四娘貌本上流,妆从吴俗。秀髯鬈发,峨如远烟,覆以雾縠,缀以珠璧,身萦半臂,足蹑翠靴,锦绦双环,环悬利剑,冷然如聂隐娘、红线一流。婢东儿青儿皆殊丽，恒侍左右，人无敢调者。居三月，一夕别陈君欲去，且以青儿为托。把酒赋诗，临歧怅别，耸身碧霄，踪影顿绝。青儿后一二来，久亦不至矣。异哉！曾记其一诗云："玉阶小立羞蛾嬺，黄昏月映苍烟绿。金床玉几不归来，空唱人间可哀曲。"

按：同样的故事又见林云铭的《林四娘记》（见书后附录）。林四娘是衡王的妃子，衡王府是怎样被毁灭的，林四娘为什么死的，明亡时期，登、莱、青诸州极为混乱，对此各家众说纷纭。可参看上文《林四娘的艺术处理》）。

《道士》（卷三）

清钮琇《觚剩·秦觚》（临野堂刊本）"神僧"条：

蒲城罗秀才，家贫，授徒馆于邑之东偏。暇日缓步池上，天正清朗，闻树杪飒飒声，风雷骤作。罗生阖户少息，出遇一僧，毡毼披发，覆被肩面，布衲芒鞋，貌甚奇古。生揖之曰："师从何来耶？"僧笑而不答。因邀至书馆，授以一餐，僧曰："明日幸俟我于东岳神祠，当设筵相酬也。"如期而赴，良久僧至。祠内空无一物，时已昏黄，僧乃于袖出圆纸，吹上屋梁，忽成皎月，光彩煜煜四照。向祠东壁以手指画门双扇，门豁然开。长须平头者数人，从壁门出，布席设坐，锦屏绣褥，海错山珍，靡不备具。酒既再行，僧曰："寂寂无以娱宾，可命妓之能歌舞者来。"俄见十六丽姝，亦出自壁门，纤讴乍发，雅乐杂鸣，既而咸呈妙技，或凌屐缘屏，或反腰贴地，或雪飞双剑，或星走三丸。罗本寒素士，观之目眩神骇，逡巡求退。僧举袖一挥，妓仆、器

物俱隐入壁，梁月随人移照，岳祠外听谯楼鼓声已三严矣。罗
向僧拜曰："我师固天上人也。不谓尘途遘兹神异，我将从师
为汗漫游，师许之乎？"僧曰："子有穷相而无仙骨，未易言
此。"罗哀祈再四，仍于袖出一小木龙，令罗乘之，鳞角飞动，倏
长数丈，千林万壑瞬息而过，狂涛怪浪，澎湃盈耳。罗震悚欲
坠。僧已在前途呼曰："可下矣。"下则一海岛茅庵也，翠峰插
汉，孤灯荧然。僧曰："君且止此，我往觅杯茗为君解酲。"庵
外白额虎跳跃而来，张口向罗。僧至，叱去。罗生凄怖欲绝，
涕泣求归。僧曰："我固知君之不能从我游也。然君常饭我，
有薄物奉君，为壶餐之报。"因倾小瓶药丸如豆，断庭前细竹数
寸赠罗，谓曰："君归后殷邦十五鬼井奇祲，用此乃免耳。"罗
祗受假寐，少顷开目，依然身在岳祠门外。残漏未终，天甫向
晓，怅惘步回书馆，竹枝丸药犹在掌中，投置敝箧，不复省视。
阅三载，果遇奇旱。罗益贫困，取僧所赠药，偶向门屈戌磨之，
药化火发，屈戌镕为黄金，重二两许。又以细竹枝画地成圈，
辄得胡饼一枚，啖至三枚，再画则不成矣。日以为常，以此不
致困乏。次年谷稔，遂失竹枝所在。殷邦盖谓嘉靖十五即七
八两年，而鬼井乃秦之分野也。

按：《道士》的内容与此段故事梗概相似，都是写道士的幻术。
但也有所不同，"神僧"所记侧重在报一饭之德；而《道士》所写，包
含有对贪婪好色者嘲讽的意思在。

《王者》（卷三）

明周玄㫷《泾林续记》（涵芬楼秘笈本）云：

世蕃于分宜藏银亦如京邸式，而深广倍之。复积土高丈许，遍布桩木，市太湖石垒垒成山，空处尽栽花木，毫无罅隙可乘，不啻万万而已。其心腹罗龙文富亦敌国。一日闲居，阍者报有宦仆投书。呼之入，两人俱大帽绢衣若承差状。叩头毕，跪阶下不起。叩所自来，云："有密语相闻，乞屏左右。"令登堂问故，袖出一帖，书通家侍生王端明顿首拜。罗沉思素无相识，问尔主安在？云："在门外舟中，欲躬造拜讲心话，而避嫌，弗敢至，敬拱候于彼，屈尊一降，重当面陈衷曲。"罗初有难色，奈来人敦请再三，不得已许之。令僮潜往觇其迹，归报云："有大坐船泊河下，侍从整肃，官吏列侍，若两院按临状。"罗乃具服往拜，主出迎。……罗曰："蒙公见招，必有所谕。"答曰："王某奉主命，奉屈有事相挽，舟现泊郊外，去此仅三里，晤后当自明耳。"……及至，睹宫阙巍峨，仪从森严，宛若王者气象。少顷，闻钟鼓齐鸣，报王升殿，将军先进报命，复传宣罗入，夹陛列甲士，露刃操戈，环侍左右。遥见殿上绛衣大冠者南向坐，罗不得已，行四拜礼。王令左右扶掖升殿赐坐曰："劳卿远涉荒陋，无以致敬，奈何！"罗逊谢，复微问中朝事，罗权宜置对。顷之，左右报别殿宴完。王携罗就座，仪礼严肃，欢饮抵暮，送归原馆。罗私询侍者王何姓？曰："姓刘。""迎予者何官？"曰："大将军如中国总兵。"又问他事，悉谢弗知。天晓罗往谢别，王促膝相对。罗请问何事见招？王曰："某居此穷陬，粮饷缺乏，闻严相公蓄积至富，托公作保，借银百万，散给军士，后当如数奉酬，决不相负，幸勿推托。"罗曰："严银固多，公所须仅百一耳，何敢峻拒！第其银悉藏地窖中，……至若欲遂尊意，则发其藏可也。"王诘银藏何所，罗具对如前状。又问发之何术？罗曰："用夫数百人，掘树、运石、挑土、去桩，则银见矣。第恐工程浩大,时日稽延,未免惊动有司,巡捕官兵或相抗衡,未能万全耳。公请筹之,若其可行,仆归告严公,敢少吝耶!"王闻俯首沉吟曰:"公姑返舍,当更有处。"仍令快船送罗至湖口而别,另觅舟返舍。家人惊喜,询状相对吐舌。此亦一大盗也,赖罗口辨得幸免耳。

又清王士禛《池北偶谈》(文粹堂本)卷二十三"剑侠"条:

某中丞巡抚上江。一日,遣吏赍金三千赴京师。途宿古庙中,扃镝甚固。晨起,已失金所在,而门钥宛然。怪之,归告中丞。中丞怒,亟责偿。官吏告曰:"偿固不敢辞,但事甚疑怪,请予假一月,往踪迹之,愿以妻子为质。"中丞许之。比至失金处,询访久之,无所见。将归矣,忽于市中遇瞽叟,胸悬一牌,云善决大疑。漫问之,叟忽曰:"君失金多少?"曰:"三千金。"曰:"我稍知踪迹,可觅车子乘我,君第随往,冀可得也。"如其言。初行一日,有人烟村落。次日入深山,行不知几百里,无复村疃。至三日,逾亭午,抵一大市镇。叟曰:"至矣。君但入,当自得消息。"不得已,第从其言。比入市,则肩摩毂击,万瓦鳞次。忽一人来讯曰:"君非此间人,奚至此?"告以故,与俱至市口,觅瞽叟,已失所在。乃与曲折行数街,抵大宅,如王公之居。历阶及堂,寂无人,戒令少待。顷之,传呼令入。至后堂,堂中惟设一榻,有伟男子科跣坐其上,发长及骭,童子数人,执扇拂左右侍。拜跪讫,男子讯来意,具对。男子颐指语童子曰:"可将来。"即有少年数辈,扛金至,封识宛然。问曰:"宁欲得金乎?"吏叩头曰:"幸甚,不敢请也。"男子曰:"乍来此,且将息了却去。"即有人引至一院,扃门而去。日予三餐,皆极丰腆。是夜月明如昼,启后户视之,见粉壁上累累有物，审视之，皆人耳鼻也，大惊，然无隙可逸去。彷徨达晓，前人忽来传呼。复至后堂，男子科跣坐如初，谓曰："金不可得矣。然当予汝一纸书。"辄据案作书，掷之，挥出，前人复导至市口，惝恍疑梦中，急觅路归，见中丞历述前事，叱其妄，出书呈之，中丞启缄，忽色变而入。移时传令归舍，并释妻子，豁其赔偿。吏大喜过望。久之，乃知书中大略，斥中丞贪纵，谓勿责吏偿金，否则某月日，夫人夜三更睡觉，发截若干寸，宁忘之乎？问之夫人，良然。始知其剑侠也。

按：此类事件，明、清之际的书籍记载很多，不胜枚举。《王者》所记，当取材于当时的现实生活，借以儆戒那些贪官污吏。

《织成》（卷三）

宋李昉《太平广记》（中华书局校点排印本）卷四一九"柳毅"条引《异闻集》云：

唐仪凤中，有儒生柳毅者，应举下第。将还湘滨。念乡人有客于泾阳者，遂往告别。……见有妇人，牧羊于道畔。毅怪视之，乃殊色也。……毅诘之曰："子何苦而自辱如是？"妇始楚而谢，终泣而对曰："……妾，洞庭龙君小女也。父母配嫁泾川次子，而夫婿乐逸，为婢仆所惑，日以厌薄。既而将诉于舅姑，舅姑爱其子，不能御；迨诉频切，又得罪舅姑，舅姑毁黜以至此。"……又曰："……闻君将还吴，密通洞庭，或以尺书，寄托侍者。"……毅曰："敬闻命矣。"……乃访于洞庭，……因取书进之。洞庭君览毕，以袖掩面而泣，……曰："疾告宫中，无使有声，恐钱塘所知。"毅曰："钱塘何人也？"曰："寡人之爱弟,昔为钱塘长,今则致政矣。"……语未毕,而大声忽发,天坼地裂,宫殿摆簸,云烟沸涌。……俄而祥风庆云,融融怡怡,……红妆千万,笑语熙熙,后有一人,自然蛾眉,……迫而视之,乃前寄辞者。……君笑谓毅曰:"泾水之囚人至矣。"……又有一人,……立于君左右。谓毅曰:"此钱塘也。"毅起,趋拜之。……是夕,遂宿毅于凝光殿。明日,又宴毅于凝碧宫。会友戚,张广乐,具以醪醴,罗以甘洁。……钱塘曰:"泾阳之妻,则洞庭君之爱女也。……将欲求托高义,世为亲戚。"……毅肃然而作,欻然而笑曰:"……奈何箫管方治,亲宾正和,不顾其道,以威加人,岂仆之素望哉!"……明日,毅辞归,洞庭君夫人别宴毅于潜景殿。男女仆妾等悉出预会。夫人泣谓毅曰:"骨肉受君子深恩,恨不得展愧戴,遂至睽别。"使前泾阳女当席拜毅以致谢。夫人又曰:"此别岂有复相遇之日乎?"毅其始虽不诺钱塘之请,然当此席,殊有叹恨之色。宴罢,辞别,满宫凄然。……[毅]徙家金陵,常以鳏旷多感,或谋新匹。有媒氏告之曰:"有卢氏女,……母怜其少,惜其慧美,欲择德以配焉。不识何如?"毅乃卜日就礼。……居月余,毅因晚入户,视其妻,深觉类于龙女,而逸艳丰厚,则又过之。因与话昔事。……毅曰:"夙为洞庭君女传书,至今为忆。"妻曰:"余即洞庭君之女也。"……乃相与觌洞庭。既至,而宾主盛礼,不可具纪。

按:《织成》的故事主要采取《柳毅传》,而把龙女改成洞庭君的爱姬,并强调了他们的结合是由于洞庭君怜惜柳生的才学。

《香玉》(卷三)

《劳山丛拾》(引自蒋瑞藻《小说考证》卷七)云：

上清宫之北，有洞曰烟霞洞，为刘仙姑修真处。仙姑之史不可考。洞前一白牡丹，巨逾围抱，数百年物也。相传前明即墨蓝侍郎者游其地，见花而悦之，拟移植园中，而未言也。是夜，道人梦一白衣女子来别曰："余今当暂别此，至某年月日再来。"及明，蓝宦遣人持柬来取此花。道人异之，志梦中年月于壁。至期，道人又梦女子来曰："余今归矣。"晓起趋视，则旧植花处，果含苞怒发。亟奔告蓝，趋园中视之，则所移植者，果槁死云。洞前花至今犹存，此则近于齐东野语矣。然《聊斋志异·香玉》一则，即本此而作也。

又清袁枚《小仓山房文集》(清刻本)卷二十二《牡丹说》云：

冬月，山之叟，担一牡丹，高可隐人，枝柯鄂韡，蕊丛丛以百数。主人异目视之，为损重赀。虑他处无足当是花者，庭之正中，旧有数本，移其位让焉。幂锦张烛，客来，指以自负。亡何花开，薄若蝉翼，较前大不如。怒而移之山，再移之墙，立枯死。主人惭其故花，且嫌庭之空也，归其原，数日亦死。客过而尤之曰："子不见夫善相花者乎？宜山者山，宜庭者庭，迁而移之，在冬非春，故人与花常两全也。子既貌取以为良，一不当，暴摧折之，移非其时，花之怨以死也诚宜。……牡丹之来也，未尝自曰：'宜重吾价，宜置吾庭，宜黜汝旧以让吾新。'一月之间，忽予忽夺，皆子一人之为，不自怒而怒花，过矣！庭之故花，未必果奇，子之仍复其处，以其犹奇于新也。当其时，新者虽来，旧者不让，较其开靱胜而后移焉，则俱不死。就移焉而不急复故花之位，则其一死，其一不死。子亚亚焉物性之不知，土宜之不辨，喜而左之，怒而右之，主人之喜怒无常，花之性命尽矣。然则子之病，病乎其已尊而物贱也，性果而识暗也。自恃而不谋诸人也。他日，子之庭其无花哉!"主人不能答，请具研削牍，记之以自警焉。

按：同样写牡丹花，蒲松龄却写出了牡丹花之多情，创造了一个牡丹花神香玉，她可以为情而生，为情而死，对朋友表现了一种坚贞不渝的精神。其思想情操高尚而动人。

《姊妹易嫁》(卷三)

宋钱易《南部新书》(学津讨原本)庚集：

吉顼之父哲，为冀州长史，与顼娶南宫县丞崔敬女。崔不许，因有故胁之。花车卒至，崔妻郑氏抱女大哭曰："我家门户底，不曾有吉郎。"女坚卧不起。小女自当，登车而去。顼后入相。

又《姐妹易嫁》篇末附录云：

按：文简封翁讳敏，以孝廉任杭州府学教授。生五子，文简最少。封翁年八十余，文简官少宰，乃受封而卒。其茔地自赵宋时沿葬，历有达者。至文简卒，始卜西山新阡。乾隆壬戌，予与文简裔人共修掖县志，曾亲至毛氏新旧两茔，览其碑表，征事实焉。至文简夫人一段，毕氏《蝉雪集》中所载，亦与此小异。夫人姓官氏。姊陋文简有文无貌，临嫁而悔。妹承父母意，遂代姊归文简。文简既贵，姊自恨，出家为女道士。

妹馈遗之,都不肯受。清修登上寿。文简林下廿余年,颇与过从谈道,相敬重云。任城孙扩图识。

按:蒲松龄根据这件事的简单轮廓结合对生活的观察和认识,创作了优秀的短篇。特别是创造了思想性格完全相反的两姊妹形象,批判了那种嫌贫爱富、以相貌取人的庸俗思想。

《五通》(卷四)

《阙名笔记》(引自蒋瑞藻《小说考证》"拾遗")云:

《聊斋》中《五通》二则,盖识吴人之不通也。先是淮有某醯商,聘蒲公建园,继又聘吴中某名士主持之。相待之间,颇形轩轾。蒲怒,不辞而去,遂作《五通》二则以讥。第二则结语曰:"自此吴中仅存半通,不复为害矣。"半通者,盖诮其不通也。

按:蒲松龄所写的"五通",并非讥诮吴人之不通,而是揭露五通在江南之为害人民,并赞扬万生、金龙大王之女能为民除害也。

《申氏》(卷四)

宋郭茂倩《乐府诗集》(四部丛刊本)卷三十七"相和歌词·瑟调曲"之"东门行":

出东门,不顾(或作愿)归。来入门,怅欲悲。盎中无斗米储,还视架上无悬衣。拔剑东门去,舍中儿母牵衣啼:他家但愿富贵,贱妾与君共铺糜。上用仓浪天故,下当用此黄口儿。今非! 咄行! 吾去为迟! 白发时下难久居。

按:蒲松龄也描写了人们被贫困所迫而偷盗的事,但强调了本来不想偷盗的申氏因为去偷盗反而为民除了祸害,得到了富家的赏赐。认为品行端正的人,必能收到鬼神的保佑。

《金和尚》(卷四)

清王士禛《分甘余话》(《王渔洋遗书》本)卷四云:

国初有一僧,金姓,自京师来青之诸城,自云是旗人金中丞之族,公然与冠盖交往。诸城九仙山古刹,常住腴田数千亩,据而有之。益置膏腴,起甲第。徒众数百人,或居寺中,或以自随。居别墅,鲜衣怒马,歌儿舞女,虽豪家仕族不及也。有金举人者,自吴中来,父事之,愿为之子。此僧以势利横闾里者,几三十年,乃死。中分其资产,半予僧徒,半予假子。有往吊者,举人斩衰稽颡,如俗家礼。余为祭酒日,举人方肄业太学,亦能文之士,而甘为妖髡假子,忘其本生,大可怪也。固书广州大汕事而并记之。

又《金和尚》篇末附录云:

予闻之荷邨先生云:"和尚盖绍兴某县人,少时与侄某流寓青州;久之,复与侄相失,遂祝发为僧。后其侄显达,乃于诸城道中物色得之,劝令改初服,不可。因出赀令有司创建刹宇,且为营别业焉。一时服御华侈,声势炫赫,诚有如《聊斋》所云者。而其嗣孝廉某,实其族子也。"荷邨先生言其名字爵里及其他琐事甚悉。尝以柳泉此传未尽得实,付梓后,欲别为小纪以正之。刻甫竣,而先生遽捐馆舍。予述焉不详,姑撮其大凡如此。丙戌六月二十七日,天都鲍廷博书于严陵舟次。

按:蒲松龄写金和尚的行径是两宗未有,六祖无传,是独门独法,实际上是揭露他的淫欲和权势,揭露他挟持一方的恶霸作风。和上文所引的两条材料比,蒲松龄笔下的金和尚的气派、神态栩栩如生,表现得更加充分,是更大的艺术创造。

《蛰龙》(卷四)

明冯梦龙《古今谭概》(文学古籍刊行社影印明叶昆池刻本)"荒唐"部"龙蜇甲"条:

> 戴主事春,松江人。言其乡有卫舅公者,手大指甲中红触时或曲直,或蜿蜒而动。或惧之曰:"此必承雨濯手,龙集指甲也。"卫因号其指曰赤龙甲。一日,与客泛湖,酒半,雷电绕船,水波震荡。卫戏与坐客语曰:"吾家赤龙将欲去耶?"乃出手船窗外,龙果裂指而去。

按:同样写蛰龙,而蒲松龄却绘影绘形,声色俱现。

《续黄粱》(卷五)

宋洪迈《容斋四笔》(崇祯三年马元调刻本)卷一"西极化人"条云:

> 《列子》载:周穆王时,西极之国有化人来,王敬之若神。化人谒王,同游,王执化人之袪,腾而上者中天,乃止。暨及化人之官,自以居数十年,不思其国。复谒王,同游,意迷精丧,请化人求还。既寤,所坐犹向者之处,侍御犹向者之人。视其前,则酒未清,肴为晞。王问所从来,左右曰:"王默存

耳。"……予然后知唐人所著《南柯太守》、《黄粱梦》、《樱桃青衣》之类,皆本乎此。

又清俞樾《俞楼杂纂》(《春在堂全书》)本)卷四十《壶东漫录》"邯郸庐生事有所本"条:

> 《太平御览》巫部引《幽明录》云:宋世焦湖庙有一柏枕,或云玉枕,枕有小坼。时单父县人杨林为贾客,至庙祈求。庙巫谓曰:"君欲好婚否?"林曰:"幸甚!"巫即遣林近枕边。因入坼中,遂见朱楼琼室,有赵太尉在其中,即嫁女与林,生六子,皆为秘书郎,历数十年,忽如梦觉,犹在枕旁。林怆然久之。唐人邯郸庐生事即本此敷衍。乃庐生事人人知之,杨林事知者鲜矣。

又宋李昉《太平广记》(中华书局标点排印本)卷八二"吕翁"条引《异闻集》云:

> 开元十九年,道者吕翁,经邯郸道上邸舍中。……俄有邑中少年卢生,……亦止邸中,与翁接席,言笑殊畅。……生曰:"当建功树名,出将入相,列鼎而食,选声而听,使族益茂而家用肥,然后可以言其适。"……言讫,而目昏思寐。是时主人方蒸黄粱为馔。翁乃探囊中枕以授之曰:"子枕此,当令子荣适如志。"……生俯首就之。寐中,见其窍大而明朗可处,举身而入。遂至其家。娶清河崔氏女。……明年,举进士,登甲科;……授渭南县尉,……迁汴州岭南道采访使,入京为京兆尹。……与萧令嵩、裴侍中光庭同掌大政十年,嘉谟密令,一日三接,献替启沃,号为贤相。同列者害之,遂诬与边将交结,所图不轨。下狱。府吏引徒至其门,追之甚急。生惶骇不测,泣其妻子曰:"吾家本山东,良田数顷,足以御寒馁,何苦求禄?

而今及此，思复衣短裘，乘青驹，行邯郸道中，不可得也。"引刀欲自裁。其妻救之，得免。……卢生欠伸而寤，见方偃于邸中，顾吕翁在傍，主人蒸黄粱尚未熟，触类如故。蹶然而兴曰："岂其梦寐耶？"翁笑谓曰："人世之事，亦犹是矣。"生然之，良久谢曰："夫宠辱之道，得丧之理，死生之情，尽知之矣。此先生所以窒吾欲也。敢不受教。"再拜而去。

按：从以上三条材料可以看出黄粱梦故事的发展过程，开始只是梦而已，继之是梦中求美妻，而后是梦中宦途显达。蒲松龄则更扩大了这一情节的社会面，写曾孝廉梦中做宰相之后祸国殃民、倚势凌人、卖爵鬻名、枉法霸产，揭露了封建官僚阶级的阴险、狠毒的本质。死后，受冥王的种种惩罚，也是人民思想感情的寄托。

《小猎犬》（卷五）

清王士禛《池北偶谈》（文粹堂本）卷二十六"小猎犬"条：

八座某公未第时，夏日尝昼卧。忽见一小人，骑而入。人马皆可寸余，腰弓矢，臂鹰，鹰大如蝇。继至一人亦如之。牵猎犬，大如巨蚁。二人绕屋盘旋。久之，甲士数千沓至，星旄云罕，缤纷络绎，分左右盂合围，大猎室中，蚊蝇无噍类。其伏匿者，辄缘壁隙抉出之。一朱衣人下辇，坐别榻。众次第献俘获已，遂上辇，肃队而出，甲士皆从，如烟雾而散。起视一无所睹，惟一小猎犬，彷徨壁间。取置筐中，驯甚。饲之不食。卧则伏枕畔，见蝇蚋辄齿去之。

又明冯梦龙《古今谭概》（文学古籍刊行社影印明叶昆池刻本）"妖异"部"鼠殡"条：

《搜神记》:豫章有一家,婢在灶下,忽有人长数寸,来灶间。婢误以履践杀一人。遂有数百人着缞麻持棺迎丧,凶仪皆备,出东门,入园中覆船下,就视,皆是鼠。妇作汤浇杀,遂绝。

按:这两条材料都写的是小动物如鹰、犬、鼠的神灵,有人情味,但蒲松龄不仅是写了这些,而且写了这些小动物能为人驱除虫害,特别突出了小猎犬对人的驯顺和对害虫的疾恶如仇的精神。

《仇大娘》(卷五)

清陈其元《庸闲斋笔记》(清同治刻本)卷一:

余家系出渤海高氏,宋时以勋戚随高宗南渡,籍临安。始祖东园公讳谅者,明初居仁和之黄山,游学至海宁,困甚,偶憩赵家桥上,忽坠于水。陈公明遇设豆腐肆于桥侧。昼寝,梦青龙蟠桥下。惊起,见一男子方入水,急援之。询知世族,乃留之家。公老无子,止一女,因以女女之,而以为子焉。东园公一传为月轩公,讳荣承。外祖姓为陈氏,而世其腐业。业腐者起,必以戌夜。一日者于门隙见双灯野外来,潜出窥之,则一儒衣冠者、一道士也。道士指公室旁一地曰:"此穴最吉,葬之,子孙位极人臣,有一石八斗芝麻官数。"儒冠者曰:"以何为验?"曰:"以鸡卵二枚坎其中,明日此时鸡子出矣。"乃于怀中取卵,埋之而去。次日,公起磨腐,忽忆前事,往探其处,则閗然二鸡雏也,正骇异间,又见双灯遥遥至。雏已出壳,不能埋,急于室中取卵易之,而屏息以伺。二人者至,撏之,则仍卵也。儒冠者咎其言不仇。道士迟疑良久曰:"或气运尚未至耶?"遂去不复返。居久之,公乃奉东园公骨瓮葬其中。二世之后,遂有登科者。至今已三百年,举贡进士至二百数十人,位宰相者三人,官尚书侍郎巡抚布政使者十一人,科第已十三世矣。初葬时,植檀树一株于墓上,堪舆家称为海宁陈氏檀树坟。圣祖仁皇帝南巡时,闻其异,曾驻跸观焉。

按:陈氏始祖的两段故事,与《仇大娘》中之仇禄因坠水被救,应了范公子梦中之兆,范公子因而以女妻之,仇禄因得富贵的情节极相似。蒲松龄应是综合了这两段故事,构成了自己作品中一个方面的内容。但蒲松龄主要是赞扬了仇大娘性格的刚强、公而无私,敢于和一切欺侮孤儿寡妇的黑暗势力作斗争,强调了前妻之女对父亲和继母也应尽奉养的责任。

《老饕》(卷五)

明凌蒙初《初刻拍案惊奇》(王古鲁搜录编注,古典文学出版社排印本)卷三:

> 话说国朝嘉靖年间,直隶河间府交河县,一人姓刘名嵌,呼做刘东山,在北京巡捕衙门里,当一个缉捕军校的头。此人一身好本事,弓马熟娴,发矢再无空落,人号他"连珠箭"。随你异常狠盗,逢着他便如瓮中捉鳖,手到拿来,因此也积趱得有些家事。年三十余,觉得心里不耐烦做此道路,告脱了在本县去别寻生理。一日冬底残年,赶着驴马十余头,到京师转卖,约卖得一百多两银子,交易完了,至顺城门雇骡归家。……睡到五更,把头梳洗结束了,将银子紧缚裹肚内,扎在腰间。肩上挂一张弓,衣外跨一把刀,两膝下藏矢二十簇,

拣一个高大的健骡,腾地骑上,一鞭前走。走了三四十里,来到良乡。只见后头有一人奔马赶来,遇着东山的骡,便按辔少驻,东山举目觑他,却是一个二十岁左右的美少年。……少年在马上问道:"久闻先辈最善捕贼,一生捕得多少? 也曾撞着好汉否?"东山正要夸逞自家手段,这一问揉着痒处,且是他年少可欺,便侈口道:"小弟生平两只手一张弓,拿尽绿林中人,也不记其数,并无一个对手。这些鼠辈,何足道哉! 而今中年心懒,故弃此道路,倘若前途撞着,便中拿个把儿你看手段!"少年但微微冷笑道:"原来如此。"就马上伸手过来,……少年左手拿住,右手轻轻一拽就满,连放连拽,就如一条软绢带。东山大惊失色。……少年拍一拍马,那马腾云也似前面去了。东山望去不见了少年,他是贼窠中弄老了的,见此行止,如何不慌? 私自道:"天教我这番倒了架也! 倘是个不良人,这样神力,如何敌得?……"迤迤行去,行得一二铺,遥望见少年在百步外,正弓挟矢,扯个满月,向东山道:"久闻足下手中无敌,今日请先听箭风。"言未罢,飕的一声,东山左右耳根相闻,肃肃如小鸟,前后飞过,只不伤着东山。又将一箭引扣,正对东山之面,大笑道:"东山晓事人,腰间骡马钱,快送我罢,休得动手!"东山料是敌他不过,先自慌了手脚,只得跳下鞍来,解了腰间所系银袋,双手捧着,膝行至少年马前,叩头道:"银钱谨奉,好汉将去,只求饶命!"少年马上伸手提了银包,大喝道:"要你性命做甚! 快走! 快走! 你老子有事在此,不得同儿子前行了。"拨转马头向北一道烟跑,但见一路黄尘滚滚,霎时不见了。东山呆了半晌,……垂头丧气,有一步没一步的,空手归交河。……夫妻两个商量收拾些本钱,在村郊开个酒铺,卖酒营生,再不去张弓挟矢了。

按：蒲松龄在《老饕》篇末说："此与刘东山盖仿佛焉"，说明了是吸取了刘东山的故事而创作的。内容是劝诫人们不应夸高恃强，而文采波澜却胜过《怕案惊奇》所记许多。

《大力将军》（卷五）

清钮琇《觚剩·粤觚》（临野堂刊本）"雪遘"条：

> 浙江海宁县查孝廉，字伊璜，才华丰艳，而风情潇洒。……家居岁暮，命酒独酌。顷之，愁云四合，雪大如掌。因缓步至门，冀有乘兴佳客，相与赏玩。见一丐者避雪庑下，强直而立。孝廉熟视良久，心窃异之。因呼之入坐而问曰："我闻街市间，有手不曳杖，口若衔枚，敝衣枵腹而无饿寒之色，人皆称为铁丐者，是汝耶？"曰："是也。"问："能饮乎？"曰："能。"……与之约曰："汝以瓯饮，我以卮酬，竭此醹乃止。"丐尽三十余瓯，无醉容，而孝廉颓卧胡床矣。……达旦，雪霁，孝廉酒醒，谓其家人曰："我昨与铁丐对饮甚欢。观其衣，极蓝缕，何以御此严寒？亟以我絮袍与之。"丐披袍而去，亦不求见致谢。……维时天下初定，王师由浙入广，……因请见主帅，备陈粤中形势，……六奇运箸之谋，所投必合；扛鼎之勇，无坚不破。征闽讨蜀，屡立奇功，数年之间，位至通省水陆提督。……康熙初，开府循州，即遣牙将持三千金存其家；另奉书币，邀致孝廉来粤。供帐舟舆，俱极腆备。将度梅岭，吴公子已迎候道左，执礼甚恭。楼船箫鼓，由胥江顺流而南。凡辖下文武僚属，无不愿见查先生，争先馈贻，筐绮囊珠，不可胜纪。去州城二十里，吴躬自出迎，八骏前驰，千兵后拥，导从仪卫，上拟王侯。既迎孝廉至府，则蒲伏泥首，自称："昔年贱丐，

非遇先生，何有今日！幸先生辱临，糜丐之身，未足酬德。"居一载，军事旁午，凡得查先生一言，无不立应。义取之赀，几至钜万。其归也，复以三千金赠行曰："非敢云报，聊以志淮阴少年之感耳。"先是苕中有富人庄廷铖者，购得朱相国史概，博求三吴名士，增益修饰，刊行于世。前列参阅姓氏十余人，以孝廉夙负重名，亦借列焉。未几，私史祸发，凡有事于是书者，论置极典。吴力为孝廉奏辩得免。

按：蒲松龄和钮琇都是写吴六奇的故事，内容相同，然而蒲松龄写得简约，注意剪裁，并具有神奇色彩。

《宫梦弼》（卷六）

明周玄暐《泾林续记》（涵芬楼秘笈本）云：

宛平李荣，家累万金，将银二千锭置石池中，塞于卧房庭前，盖以石板，列植花卉于上。唯妇经目，子亦弗知也。父亡，子纵情花酒，家业荡尽，将宅转售陈翁。母因子方浪费，秘不言。后贫窭日甚，为人佣工，备尝艰苦，严冬衣食不周，痛自悔恨刻责，母知其改行，乃为言藏银处。子大喜，倩人持锹锄同至旧居，求见主人。应门者意有所需索，坚拒不与通。子怒，大哗，声闻于内。陈不得已出接，诘其来由。子具道母语，即欲入内发藏，陈又诘银藏何所，子云："在花药栏土中。"陈曰："银是尔父物，我岂敢妄认第？此房乃吾卧室，子姑少俟，当令内人他适，任子入取。"遂命具酒馔相款，遂耳语童子，令急集家众发土取银，事完来报。酒至，殷勤劝酬，故为延缓。子意不在酒，顷之三四起，陈翁勉留以俟内报。良久僮出云："可入矣。"陈意银必归己橐，与子偕行。至栏边，子视土若新筑者，颇疑之。令人举锹掘地，又甚松，意尤不平。将及石板，忽于石角得银二锭。家众环视，莫不骇然。子益信为主所窃，而此其误遗者耳。及启板则满中皆白银，计其数得一千九百九十八锭足银，计所得，与母言相符。子喜跃过望，即将二锭谢陈翁，余肩负而归。陈业已许之，弗能争也。第恨家人违其主教，骂詈不已。其妇云："适发土起石，吾亲自督率，安得有银，但见清水一泓而已。缘土污吾指，掬水少许于外，净手仍前掩之，方与众窃笑其子妄言，不意水复为银也。"陈始叹息而罢。

又《宫梦弼》篇末附录云：

乡有富者，居积取盈，搜算入骨。窖镪数百，唯恐人知，故衣败絮，啖糠粃以示贫。亲友偶来，亦曾无作鸡黍之事。或言其家不贫，便自作怒，其仇如不戴天。暮年，日餐榆屑一升，臂上皮折垂一寸长，而所窖终不肯发。后渐尪羸。濒死，两子环问之，犹未遽告；迨觉果危急，欲告子，子至，已舌蹇不能声，唯爬抓心头，呵呵而已。死后，子孙不能具棺，遂藁葬焉。呜呼！若窖金而以为富，则大帑数千万，何不可指为我有哉！愚已！

按：此故事的中心情节写富豪埋葬金银，以备家业凋零后子孙生活之资。然而蒲松龄却赋予新的意义，即慷慨好施者即使埋藏的是砖瓦石子，也能变成白银，这是他福善祸淫思想的反映。重要的是他揭露了封建社会的世态炎凉，批判了嫌贫爱富的思想。

《公孙九娘》(卷六)

《天放阁笔记》(引自蒋瑞藻《小说考证》"拾遗")云：

《聊斋·公孙九娘》篇,谓其父罹于七之难。于七一案,死者且万余人,不知乃冤狱也。盖于七登州福山县农家子,家饶于财,好博,且多聚无赖,以为豪举。博徒利七资,遂依之。时清初方办随粮捐,正供之外,复别出余粮,以供地方官之橐。盖巧立名目,以取于民焉。当时金圣叹之死,正坐抗此故。于七既多田,复为众所推服,使出抗议,众随之不肯纳粮。令无如何,禀之府。时登州守某,满人也。阅福山令详文,大骇,以七一农人耳,乃聚众抗粮,不治且为乱,檄县严捕无许脱。县令遂帅兵往。适七生日,众酿钱祝之,集者千余人。兵来,七先已得耗走避,而七弟某及诸客不知也,见兵无故至,乃鸣金聚乡人出问故。县令以为七果叛矣,围村掩捕,千余人无一免。令获七生日送礼簿,按名逐捕。而七弟不胜刑,亦诬服,遂并千余人诛之。所捕者又万余,亦杀焉。大史乃赏登州守及令,七卒未获云。此事予闻之于公宗潼,予在蜀时居停也。

又清杨士骧修《山东通志》卷一一七"兵防志":

五年(顺治)栖霞民于七集亡命于锯齿山中,肆行剽掠。七年攻宁海,知州刘文淇死之。时海内初定,朝廷以反侧者多,每招抚之。登州知府张尚贤权授于七为栖霞把总,令其擒贼自效。人多畏其强御,折节与交,故事后颇有株累者。十八年春,于七之弟于九与莱阳人宋彝秉有隙,宋诣兵部告变,称七谋不轨,遂檄官兵往捕,会七他出,七妻使于九、于十拒伤官兵。七惧,与其党尹应和及和子秉胲等叛入山。……有旨命靖东将军济席哈,率舒穆禄图喇等及总督祖泽溥统兵会剿,济席哈抵莱阳,图喇领兵七百疾驰至栖霞,获城中从贼者三百余人,因趋鳌山,贼闻风逸去。十二月朔,大军云集列营山下,七

负嵎撑拒，凡两月余。康熙元年春，七溃围窜走，尹应和、尹秉
腰等俱擒斩，其屯于昆仑、招虎诸山者副将刘进宝以次捕治
之，余众悉降。

又《清史稿》卷二四二《济席哈传》（中华书局标点排印本）云：

　　十八年（顺治）授靖东将军，讨栖霞土寇于七，击破所据
岠嵎山寨，七窜入海。

又《清史稿》卷二六一《杨捷传》（中华书局标点排印本）云：

　　十八年（顺治）命署杨捷卢凤提督，寻调山东。土寇于七
败窜入海，捷捕治其党五十余人，诛之。

又《莱阳县志》卷末"兵革"云：

　　今锯齿山前，有村曰"血灌亭"，省城南关有荒冢地曰"栖
莱里"，杀戮之惨可知矣。

又清王培荀《乡园忆旧录》（清道光刻本）卷二：

　　宋荔裳先生琬，字玉叔，莱阳人。族中无赖子，夜宿土地
庙，梦神告以先生与逆贼于七通谋，遂讦之官，击狱二年乃白。

按：于七起义从顺治五年到康熙元年，共进行了十四年。其中
被镇压最惨的是顺治十八年。蒲松龄最推崇的施愚山之好友宋荔
裳即是受牵连的一人。这件事必然对他产生影响，并且实际上在
他思想感情中形成深刻的印记。他把自己对这次农民起义被屠杀
的深切同情和悲痛写成《公孙九娘》。

《促织》（卷七）

清陈元龙《格致镜原》（清雍正刻本）卷九八"昆虫类"三引

《虎苑》：

> 吴俗好斗蟋蟀，用黄金花马为注。里人张生为之屡负，祷于玄坛，夜梦神云："遣吾虎助尔，在北寺门下。"张觉，往寻之，获黑蟋蟀甚大，每斗辄胜，获利甚丰。久之乃死。

又明沉德符《万历野获编》（道光姚氏扶荔山房刻本）卷二四《技艺》类"斗物"条：

> 我朝宣宗最娴此戏，曾密诏苏州知府况钟进千个。一时语云："促织瞿瞿叫，宣德皇帝要。"此语至今犹传。

按：蒲松龄即根据这类事实写成《促织》一篇，揭露明朝宣德年间征敛促织，使老百姓家破人亡的残酷政治。

《江城》（卷七）

明谢肇淛《五杂俎》（日本刻本）卷八"人"部：

> 江氏姊妹五人，凶妒恶，人称五虎。有宅素凶，人不敢处。五虎闻之，笑曰："安有是！"入夜，持刀独处中堂，至旦帖然，不闻鬼魅。夫妒妇，鬼物犹畏之，而况于人乎？

按：蒲松龄在篇末云："余于浙绍得晤王子雅，言之竟夜甚详。"则确是有根据的创作。《五杂俎》记载江氏姊妹五人。蒲松龄笔下的江城姊妹三人，而且具体、形象地创造了江城这一妒妇的典型，并把这一故事演成《禳妒咒》俗曲，可见他对这一问题的重视。

《彭海秋》(卷八)

宋李昉《太平广记》(中华书局校点排印本)卷七五"杨居士"条引《宣室志》云:

> 海南郡有杨居士,亡其名,以居士自目。往往游南海枝郡,常寄食于人,亦不知其所止。谓人曰:"我有奇术,汝辈庸人,固不得而识矣。"后常至郡,会太守好奇者,闻居士来,甚喜,且厚其礼,命饮之。……后又会宴于郡室,阅妓乐,而居士不得预。时有数客,亦不在太守召中,因谓居士曰:"先生尝自负有奇术,某向者仰望之不暇,一日遇先生于此,诚幸矣。虽然,今闻太守大宴客于郡斋,而先生不得预其间,即不能设一奇术以动之乎?必先生果无奇术耶!"居士笑曰:"此末术耳。君试观我,我为君召其妓,可以佐酒。"皆曰:"愿为之。"居士因命具酒,使诸客环席而坐,又命小童闭西庑空室,久之乃启之。有三四美人自庑下来,装饰华焕,携乐而至。居士曰:"某之术何如?"诸客人大异之,殆不可测。乃命列坐,奏乐且歌。客或讯其术,居士但笑而不答。时昏晦,至夜分,居士谓诸妓曰:"可归矣。"于是皆起,入西庑下空室中。客相目骇叹,然尚疑其鬼物妖惑。明日,有郡中吏曰:"太守昨夕宴郡阁,妓乐列坐,无何皆仆地,瞬息暴风起,飘其乐器而去。迨至夜分,诸妓方寤,乐器亦归于旧所。太守质问众妓。皆云黑无所见,竟不穷其由。"诸客皆大惊,因尽以事对。或告于太守,太守叹异,即谢而遣之,不敢留于郡中。时开成初也。

按:彭海秋的幻术与杨居士的幻术极相似,但蒲松龄却写了彭

好古出资赎倡女娟娘脱离卖笑生涯的事，则是很有意义的。至于
情节的细腻，境界的幽深，远非《太平广记》的记载能比拟的。

《胡四娘》(卷八)

清周容《春酒堂文存》卷二《鹅笼夫人传》(四明丛书本《春酒
堂遗书》)云：

> 鹅笼夫人者，毗陵某氏女也。幼时，父知女必贵，慎卜婿。
> 得鹅笼文，即婿之。母曰："家云何？"曰："吾恃其文为家也。"
> 家果贫，数年，犹不能展一礼。妹许某，家故豪，遽行聘，僮仆
> 高帽束绦者将百人，筐筐巨里许，媒簪花曳彩，默部署，次第充
> 庭庑，锦绣縠珠钏，金碧光照屋梁，门外雕鞍骏骑，起骄嘶声，
> 宗戚压肩视。或且问乃姊家何似矣。媪婢共围其妹欢笑吃
> 吃，夫人静坐治针黹，无少异容。一日，母出妹所聘币，裁为妹
> 服。忽愠曰："尔姊勿复望此也，身属布矣。"夫人闻之，即屏
> 去丝帛，内外唯布。再数年，鹅笼益落魄。夫人妹已绣鸳鸯
> 枕，大鼓吹，簇凤舆出阁去。夫人静坐治针黹，无少异容。壬
> 子秋，鹅笼岁二十四，举于乡。夫人母谓已出意外，即鹅笼亦
> 急告娶。夫人谓母曰："总迟矣。"于是鹅笼愧而赴京，中两榜
> 俱第一人，名哄天下。南京兆闻状元贫，移公帑金代行聘，官
> 吏奔走执事，宗戚媪婢间，视妹时加甚。夫人仍静坐治针黹，
> 无少异容。已而鹅笼奉特恩赐归，以命服娶，抚按使者已下及
> 郡守俱集驿庭候，鹅笼亲迎。自毗陵抵鹅笼家，绛纱并两岸数
> 十里，县令角带出郊，伏道左。女子显荣，闻见未有也。十年
> 为相，夫人常以礼规放佚，故鹅笼当时犹用寡过闻。壬申，夫
> 人卒于京邸。

按：或谓鹅笼即周延儒，《明史》有传，其故事情节多与《胡四娘》相同。蒲松龄通过写胡四娘揭露当时社会人情的冷暖、世态的炎凉，创造了胡四娘这样一个不在奚落嘲讽下自卑、不在阿谀逢迎前荣耀的端庄凝重的人物。

《柳生》(卷八)

唐李复言《续幽怪录》(龙威秘书本)"定婚店"条：

杜陵韦固，少孤，思早娶妇，多歧，求婚不成。贞观二年，将游清河，旅次宋城南店，客有以前清河司马潘昉女为议者，来旦，期店西龙兴寺门。固以求之意切，且往焉。斜月尚明，有老人倚巾囊，坐于阶上，向月检书。觇之，不识其字，固问曰："老父所寻者何书？固少小苦学，世间之字书无不识者，西国梵字，亦能读之，唯此书目所未睹，如何？"老人笑曰："此非世间书，君何因得见？"固曰："然则何也？"曰："幽冥之书。"固曰："幽冥之人何以到此？"曰："君行自早，非某不当来也。凡幽吏皆主生人之事，可不行其中乎？今道途之行，人鬼各半，自不辨尔。"固曰："然则君何主？"曰："天下之婚牍耳。"固喜曰："固少孤，愿早娶，以广后嗣，尔来十年，多方求之，竟不遂意。今者人有期此，与议潘司马女，可以成乎？"曰："未也。君之妇适三岁矣。年十七当入君门。"固问囊中何物，曰："赤绳子以系夫妇之足，虽仇敌之家，贫贱悬隔，天涯从宦，吴楚异乡，此绳一系，终不可逭。君之脚已系于彼矣，他求何益？"曰："固妻安在？其家何为？"曰："此店北卖菜家姬女耳。"固曰："可见乎？"曰："陈常抱之来卖菜于是，能随我行，当示君。"及明，所期不至。老人卷书揭囊而行，固逐之入菜市。有眇妪抱三岁女来,弊陋亦甚。老人指曰:"此君之妻也",固怒曰:"杀之可乎?"老人曰:"此人命当食大禄,因子而食邑,庸可杀乎?"老人遂隐。固磨一小刀,付其奴曰:"汝素干事,能为我杀彼女,赐汝万钱。"奴曰:"诺。"明日袖刀入菜肆中,于众中刺之而走,一市纷扰,奔走获免。问奴曰:"所刺中否?"曰:"初刺其心,不幸方中眉间耳。"后求婚终不遂。又十四年,以父荫参相州军。刺史王泰,俾摄司户椽,专鞫狱,以为能,因妻以女,可年十六七,容色华丽。固称惬之极。然其眉间常贴一花钿,虽沐浴间处,未尝暂去。岁余,固逼问之。妻潸然曰:"妾郡守之犹子,非其女也。畴昔父曾宰宋城,终其官。时妾在襁褓,母兄次殁,唯一庄在宋城南,与乳母陈氏居,去店近,鬻蔬以给朝夕。陈氏怜小,不忍暂弃,三岁时抱行市中,为狂贼所刺,刀痕尚在,故以花子覆之。七八年间,叔从事卢龙,遂得在左右,以为女嫁君耳。"固曰:"陈氏眇乎?"曰:"然,何以知之?"固曰:"所刺者固也。"乃曰:"奇也!"因尽言之,相敬愈极。……

按:《柳生》的情节与李复言所记基本相同。不过蒲松龄写周生所娶妻子是农民起义军的女儿,干练而有才能,因而赞扬说:"乃盗也有是女耶? 培塿无松柏,此鄙人论耳。"批判了封建的血统观念。

《天宫》(卷九)

宋李昉《太平广记》(中华书局校点排印本)卷二八六"张和"条引《酉阳杂俎》:

　　唐贞元初，蜀郡豪家，富拟卓郑。蜀之名姝，无不毕致。每按图求之，媒盈其门，常恨无可意者。或言坊正张和，大侠也，幽房闺稚无不知之，盍以诚投乎！豪家子乃以金帛夜诣其居，告之。张和欣然许之。异日，与豪家子皆出西郭一舍，入废兰若，有大像巍然。与豪家子升像之座。和引手扪佛乳，揭之，乳壤成穴如碗，即挺身入穴。引豪家子臂，不觉同在穴中。道行数十步，忽睹高门崇墉，状如州县。和扣门五六，有丸髻婉童迎拜曰："主人望翁来久矣。"有顷主人出，紫衣贝带，侍者十余，见和甚谨。和指豪家子曰："此少君子也。汝可善侍，予有切事须返。"不坐而去，言讫已失和所在。豪家子心异之，不敢问。主人延于中堂，珠玑缇绣罗列满目，具陆海珍膳。命酌，进妓交鬟撩鬓，缥然神仙，其舞杯闪毯之令，悉新而多思，有金器，容数升，云擎鲸口，钿以珠粒。豪家子不识，问之。主人笑曰："此次皿也，本拟伯雅。"豪家子竟不解。至三更，主人忽顾妓曰："无废欢笑，予暂有所适。"揖客而起，骑从如州牧，列炬而出。豪家子因私于墙隅。妓中年差暮者，遽就谓曰："嗟乎！君何以至是！我辈已为所掠，醉其幻术，归路永绝。君若要归，但取我教。"受以七尺白练，戒曰："可执此，候主人归，诈祈事设拜，主人必答拜，因以练蒙其颈。"将曙，主人还。豪家子如其教，主人投地乞命曰："死妪负心，终败吾事，今不复居此。"乃驰骑他去，所教妓即与豪家子居。二年忽思归，妓亦不留，大设酒乐饯之。饮阑，妓自持锸，开东墙一穴，亦如佛乳，推豪家子于墙外，乃长安东墙下。遂乞食，方达蜀，其家失已多年，意其异物，道其初，始信。

　　按：蒲松龄在情节上是吸收了《太平广记》中的记载，而内容是取材于现实生活。文中说："即非天上，亦异人间，若必知其确耗,恐无地矣。"那么究竟写的是谁家呢?作者说:"其楼阁形状,绝似严东楼家。"可见他是在揭露严世蕃这类权奸、豪势之家骄奢淫逸的生活的。

《贾奉雉》(卷十)

宋李昉《太平广记》(中华书局校点排印本)卷九"吕文敬"条引《神仙传》云:

> 吕恭字文敬,少好服食,将一奴一婢,于太行山中采药。忽见三人在谷中,问恭曰:"子好长生乎?乃勤苦艰险如是耶!"恭曰:"实好长生,而不遇良方,故采服此药,冀有微益耳。"……"若能随我采药,语公不死之方。"恭即拜曰:"有幸得遇仙人,但恐暗塞多罪,不足教授耳。若见采收,是更生之愿也。"恭即随仙人去二日,乃授恭秘方一首,因遣恭去曰:"可视乡里。"恭即拜辞。三人语恭曰:"公来二日,人间已二百年矣。"恭归家,但见空宅,子孙无复一人也。乃见乡里数世后人赵辅者,问吕恭家人皆何所在。辅曰:"君从何来?乃问此久远人也!吾昔闻先人说云,昔有吕恭者,持奴婢入太行山采药,遂不复还,以为虎狼所食,已二百余年矣。恭有数世子孙吕习者,居在城东十数里,作道士,民多奉事之,推求易得耳。"恭承辅言,到习家,扣门问讯。奴出,问公从何来。恭曰:"此是我家,我昔随仙人去,至今二百余年。"习闻之惊喜,跣出拜曰:"仙人来归,悲喜不能自胜。"公因以神方授习而去。

按:这类故事,神仙志怪等书中记载很多。贾奉雉在郎某的引导下去深山洞府的经历,即在这类故事影响下写成的。但《贾奉雉》一篇的意义并不在此,而在于揭露科举制度的腐朽和官场的黑暗,权贵排斥忠良等。

《颜氏》(卷十)

清俞樾《春在堂随笔》(《春在堂全书》本)卷一云:

> 定远方浚颐《梦园丛说》云:叔平言吾邑(按:指桐城)地当孔道,明季张献忠八次来犯,不能破,良由官民戮力,众志成城故也。时邑侯为直隶进士杨公尔铭,年甫弱冠,丰姿玉映,貌如处子,而折狱明决,善治军事,赏罚无私,战守有法,兵民皆严惮之。每出巡城,着小靴,长不及六寸,扶仆从肩,缓缓而行,人多疑为女子。即《聊斋》所志易钗而弁之颜氏也。大约颜杨音近而讹传之耳。又得凤阳巡抚史可法,庐州守将靖南伯黄得功为外援,献贼相戒不再犯桐城。邑侯杨公以行取入都,代者为张公,忘其名,办善后亦极有法。今杨公、张公、史公、黄公各有专祠。按《聊斋》所记《颜氏》事,初以为小说家装点语耳,今乃知其力守危城,身当大敌,至今犹庙食一方,洵奇女子哉!

按:蒲松龄创造颜氏这个人物,可能吸取了桐城令杨尔铭某些行迹,但他并不描写颜氏力守危城,以反抗农民起义,而是赞扬了她的才略胜过男子,使那些平庸的男子对之自惭形秽。

《蕙芳》(卷十)

晋陶潜《搜神后记》(学津讨原本)卷五"白水素女"条:

晋安帝时候官人谢端，少丧父母，无有亲属，为邻人所养。至年十七八，恭谨自守，不履非法。始出居，未有妻，邻人共悯念之，规为娶妇，未得。端夜卧早起，躬耕力作，不舍昼夜。后于邑下得一大螺，如三升壶，以为异物，取以归，贮瓮中，畜之十数日。端每早至野，还，见其户中有饭饮汤火，如有人为者。端谓邻人为之惠也。数日如此，便往谢邻人。……邻人笑曰："卿已自娶妇，密著室中炊爨，而言吾为之炊耶？"端默然心疑，不知其故。后以鸡鸣出去，平早潜归，于篱外窃窥其家中，见一少女从瓮中出，至灶下燃火。端便入门，径至瓮所视螺，但见女，乃到灶下，问之曰："新妇从何所来，而相为炊？"女大惶惑，欲还瓮中，不能得去。答曰："我天汉中白水素女也。天帝哀卿少孤，恭慎自守，故使我权为守舍炊烹。十年之中，使卿居富得妇，自然还去。而卿无故窃相窥掩，吾形已现，不宜复留，当相委去。虽然，尔后自当少差，勤于田作，渔采治生。留此壳去，以贮米谷，常可不乏。"端请留，终不肯。时天忽风雨，翕然而去。端为立神座，时节祭祀。居常饶足，不致大富耳。于是乡人以女妻之。后仕至令长云。今道中素女祠是也。

又梁任昉《述异记》（龙威秘书本）卷上云：

晋安郡有一书生谢端，为性介洁，不染声色。尝于海岸观涛，得一大螺，大如一石米斛。割之，中有美女曰："予天汉中白水素女。天帝矜卿纯正，令为君作妇。"端以为妖，呵责，遣之。女叹息，升云而去。

按：蒲松龄所写的蕙芳曾"送织女渡河"，与"天汉中白水素女"是同一类型的人物，而且都是取男子的朴讷诚笃而不取家世职业。不同的是蒲松龄创造了蕙芳这样一个多情、知礼的栩栩如生的少女形象,从而增强了作品的生命力。

《爱奴》(卷十一)

篇末附录二则云:

> 章丘朱生,素刚鲠,设帐于某贡士家,每谴弟子,内辄遣婢媪出为乞免,颇不听之。一日,亲诣窗外,与朱关说,朱怒,操戒方,大骂而出。妇惧而奔,朱追之,自后横击臀股,锵然作皮肉声,一何可笑。

> 长山某翁,每岁延师,必以一年束金,合终岁之盈虚,计每日得如干数;又以师离斋、归斋之日,详记籍;岁终,则公同按日而乘除之。马生馆其家,初见操珠盘来,得故甚骇;既暗生一术,反嗔为喜,听其覆算,不少校。翁于是大悦,坚订来岁之约。马假辞以故。有某生号乖谬,马因荐以自代。既就馆,动辄诟骂,翁无奈,悉含忍之。岁杪,携珠盘至。生勃然,忿不可支,姑听其算。翁又以途中日,尽归于西,生不受,拨珠归东,两争不决,操戈相向,两人破头烂额而赴公庭焉。

按:这两则,一记教师的严厉,一记延请教师者的刻薄。蒲松龄则与此相反,他通过写蒋南川鬼妻延师教子,反映冥世对老师的尊敬和厚待,爱奴对徐生的关怀、照顾是蒋夫人心意的体现。

《张不量》(卷十二)

清吴陈琰《旷园杂志》(《说铃后集》本)卷下"张不量"条:

花坞僧济水言：顺治十八年，青州一丐者，为神人敕其行雹。避雹者闻空中语云："毋坏张不量田。"及天霁，他田偃坏，张田独无恙。盖张氏所贷归者，从其自入圈，绝不较，故以"张不量"称之。其事与南宋蒋自量同。蒋，杭人，长崇仁，次崇义，次崇信，兄弟一德，置公量，乞籴者皆令自收米，岁歉亦然。人因目为"蒋自量"。咸淳三年，诏封三蒋为广福侯，至今庙祀盐桥之上。

按：蒲松龄所记，与《旷园杂志》完全相同，表现了他福善祸淫的思想。

《偷桃》(卷十三)

清褚人获《坚瓠集·广集》(柏香书屋刊本)卷三"上天取仙桃"条：

《耳谭》载：嘉靖戊子，鄂城有人自河洛来，善幻术。妇击金谓其夫曰："可上天取仙桃与众看官吃。"其夫将所负绳抛之，绳直立如木。天忽开一门，晴霞绚云闪灼拥簇，绳与门接。其夫缘绳而上，从天官掷桃下，叶犹带露，人皆遍食之，甘美异于常桃。久之，忽闻天上作喧诟声，忽掷其夫之首足肢体片段而下，鲜血淋漓。妇伏地大哭曰："频年作法不逢天怒，今日乃为天狗所伤，亦是众官所使。事关人命，本不敢仇怨，但求舍钱治棺殓可去也。"众皆大惊，酿金一两余给之。妇合肢体成人形，盛以箍篷，嘱肢体曰："可起矣。"肢体应声曰："钱足否？"妇曰："足。"其夫忽起，收拾其绳毕，仍负之而去。人皆绝倒。王行甫所亲见者。

按：《偷桃》所记是蒲松龄"童时赴郡，值春节"，在"演春"的场面中，亲眼看到的。而《坚瓠集》所记是嘉靖年间王行甫亲眼看到的，可见这种幻术是明、清之际普遍流传的，梗概相同，只是枝节有所差异而已。

《口技》(卷十三)

清褚人获《坚瓠集·广集》(柏香书屋刊本)卷二"口戏"条：

俞君宣先生琬纶《挑灯集异》载：万历乙卯夏，于京师与客夜坐，仆子呼一口戏者至。顷之，忽闻壁后鼓乐喧奏；俄而微闻犬吠声由远渐近，须臾犬争食，厨人呼叱之状；又顷则鸡鸣声渐，且晓鸡乱唱，主人开笼，宛然母鸡呼子，雌雄相引；已而忽鹅鸭惊鸣，与鸡声闹和，恍如从蔡州城下过也；顷之，又闻三四月小儿啼声，父呼其母，令乳之，儿复含乳而啼，已而呜呜作吸乳声。闻者无不绝倒。

又清钮琇《觚剩·事觚》(临野堂刊本)"象声"条：

都下有为象声之戏者，其人以尺木来，隔屏听之，一音乍发，众响渐臻。或为开市，则廛主启门，估人评物，街巷谈议，牙侩喧哤，至墟散而息。或为行围，则军帅号召，校卒传呼，弓鸣马嘶，乌啼兽啸，至猎罢而止。自一声两声以及百千声，喧豗杂沓，四座神摇。忽闻尺木拍案，空堂寂如，展屏视之，一人一几而已。吴南村先生尝言："古法之不传于今者有三，啸其一也。"象声之戏，盖得啸之遗意而极于变者，今其人已没而法亦不传。

按：同是写口技，而蒲松龄则着重描写人的声音笑貌，笔法尤

其卓越,委婉曲折,勾魂摄魄,使人物神态并作,跃然纸上。

《蛇人》(卷十三)

清俞樾《茶香室丛钞》(《春在堂全书》本)卷十七"染庄社记"云:

> 国朝周春《辽诗话》附载《染庄社记》,金至宁中,兴平路猛安蒲察孟里撰,出《永平府志》,其事甚奇。云契丹时,辽兴军凤尧者(凤尧姓名,甚奇。周云:凤疑即凤,古风字,尧疑尧字之讹),行货,路收一卵,归置锦囊,系脐下。月余,出蛇如箸,饲之以肉,渐长盈丈,围将尺许,乃纵之于野,尝命以名曰雅。雅知人意,恋恋然,但不能言而去。数岁益大,始食野禽,继而噬人。有司募能捕者。尧知其必雅,乃抵放处,呼其名而至,叙故旧而数其罪。蛇遂俯首伏诛。其血流及近村,土石悉染红,而庄以名。庄老以尧能施恩除害而祀之,雅能知恩伏罪而配焉。按《聊斋志异》所载大青小青事,似即本此。……宋长白《柳亭诗话》云西山潭柘寺,有巨蛇二,呼大青小青,闻磬声即出。是蛇名大青小青,实有之也。

按:蒲松龄采取这类题材,写二青和小青的依恋之情,及不忘故交之意。

《潍水狐》(卷十三)

清钮琇《觚剩·事觚》(临野堂刊本)"豹仙"条:

> 徐州李蟠以文望雄于乡,跌宕自喜。其家去州城一二里。

有赵翁者,所居之村与李村相望,晨夕往来无间也。赵翁颇饶于赀,小筑数十楹,外周以垣,中分两院,而空其半,栏槛曲折,花木幽深。忽一日,有美髯老人从空屋中曳杖而出,自号豹仙,颜如童孺,衣冠甚古,长揖赵翁。偕入其室,则屏帏之丽,几案之精,皆非素有。翁顾视骇愕。豹仙曰:"老夫生无氏族,居无井里,所至之地,安即为乡。昨从天目天台渡江而北,遍访幽栖,曾无惬意,适见君有闲馆,绝远嚣尘,暂顿妾婢于此,当图留珠之报,用酬割宅之恩,幸无讶也。"言未既,美姬渐次出,见焚香于炉,瀹茗于碗,更侍递进,光艳照座。豹仙笑指诸姬曰:"此皆老夫养生之具矣。"赵翁告退,念其礼意既殷,谈论复雅,顿忘怪异,转与亲昵,暇则辄相过从。豹仙自言得道汉时,市朝屡变,转瞬间不觉千有余岁,赖有狐氏八仙,从侍巾栉,红粉四班,命曰:"阴猎逾月则遣一班于三百里外,媚人取精,挹彼注兹,合同而化,运之以气,葆之以神,延生之术实由于此。"赵翁度其必能前知,因叩以吉凶祸福,无不奇中。惊传乡曲,咸以真仙奉之。蟠独不信,一夕痛饮极醉,直造豹所,大呼妖兽,数其惑众之罪。豹则早已避去。其室阒如,而蟠仍毒詈不止也。赵翁隔院闻其声,亟往谆劝,令仆夫乘月扶归。明日豹仙复见。赵翁曰:"吾友无状,深获罪于老仙,醉人当恕,幸无较焉。"豹仙曰:"此君天禄甚高,老夫辈法当退逊,计其年满三十当魁天下,四十六岁位至三公。但其生平有二隐事,实伤阴德,致干天罚。且性近鬼躁,功名虽显,不免淹阻,或至迁谪。若老夫则迹本萍浮,呼当马应,既被谴驱,无庸留滞矣。"辞别出门。有顷,过觇其居,鸟鸣在檐,落红满地,依然一空院也。他日赵以二隐事询李,李嘿而不悦,似有悔咎之色。康熙丁丑,蟠果状元及第,寻以事去官。

　　按:李蟠事《词林辑略》卷二康熙三十六年丁丑科记载:"李蟠字根大,号仙李,江南徐州人,授修撰,罢以事,遣戍。"蒲松龄所记未必即李蟠事,但也不无关系。蒲松龄但取赁房之事,而描写狐的高尚操守,并咒骂县令为蠢驴。

《段氏》(卷十三)

　　清平步青《樵隐昔寱》(香雪崦丛书本)卷二十"永年冀公冶司空夫人"条:

　　　　司空名如锡,字公冶,直隶永年人。顺治丁亥进士,由刑曹外转司道。夫人才而妒,久不孕。室无姬侍,即傅婢亦必择老丑秃瞽者。公无如之何,年五十矣。弟如圭有子三,欲以一嗣公。公素友爱,以所析旧业并仕宦所羡畀如圭理董之,一无所问。如圭妻大喜,据为己物。视公夫妇赘瘤矣。及以京卿内召,请急过家,将治任,略市书帊,夫人偶过如圭室窗外,问(按:疑为"闻"字之讹)其姒詈曰:"礼物何庸多,此已入我囊中,我子物尔,又与老绝户何为?"夫人闻之色变,结舌,几仆于地,强步归,泣下,为公治装,趣入都。既行,夫人自诣诸村落,物色贫家女,年十五六,丰艳宜子者,得五人,以重金购之,携之入都。公方与客簿篆,阍白夫人来,大惊,手中叶满地。入见夫人,曰:"胡为乎来?"夫人曰:"为君送妾来也,此宅湫隘何可栖!"立出金僦大第,徙居之。公喜出望外,不解"周姥"撰诗《螽斯》如是,然不敢问也。夫人次第以五女侍公寝,不当夕者留侍己,数月皆怀妊,逾年生子二女三,又期年生二子。公已佐戎部,夫人傲装归,公挽之。曰:"君留二子一女自娱,我携二子二女归,与二叔夫妻辜榷去矣。"始言所以觅妾之故,为"老绝户"三字也。至家以橐中如圭者按籍征还,不予一物。如圭妻方大悔。后三子先后殇,公以最幼子后之。

按:《段氏》篇末附有济南蒋稼的事,与这个故事基本相同。蒲松龄应即综合这类故事完成自己的创作,反映了封建社会宗法家庭的矛盾。

《乩仙》(卷十三)

明冯梦龙《古今谭概》(文学古籍刊行社影印明叶昆池刻本)"谈资"部"仙对"条:

> 刑部郎中黄晖亦尝召仙,令对:"羊脂白玉天。"乩云:"当出丁家巷田夫口。"公明日往试之,其一耕者锄土甚力,问此何土,耕者曰:"此鳝血黄泥土也。"公大嗟异。他如"雪消狮子瘦,月满兔儿肥。""七里山塘,行到半塘三里半;九溪蛮洞,经过中洞五溪中。""菱角三尖,铁裹一团白玉;石榴独蒂,锦包万颗珍珠。"背觇仙笔,可称名对。

按:蒲松龄所记是"章丘米步云"的事,《古今谭概》所记是刑部郎中黄晖的事,人物不同而内容完全一样,可能这种奇谈是当时普遍流传的。

《人妖》(卷十三)

明谢肇淛《五杂俎》(日本刊本)卷八"人"部:

> 女子诈为男,传记则有之矣;男人诈为女,未之见也。国朝成化间,太原府石州人桑翀,自少缠足,习女工,作寡妇妆,

游行平阳、真定、顺德、济南等四十五州县。凡人家有好女子，即以教女工为名，密处诱戏，与之奸淫。有不从者，即以迷药喷其身，念咒语，使不得动。如是数夕，辄移他处，故久而不败。闻男子声，辄奔避，如是十余年，奸室女以数百。后至晋州，有赵文举者，酷好寡妇，闻而悦之，诈以妻为其妹，延入共宿，中夜启门就之，大呼不从。赵扼其吭，褫其衣，乃一男子也。擒之送官，吐实，且云："其师谷才，山西山阴人也。素为此术，今死矣。"其同党尚有任茂、张端、王大喜、任昉等十余人。狱具，磔于市。

又清褚人获《坚瓠集·余集》（柏香书屋刊本）卷四"人妖公案"条：

成化丁酉，真定府晋州奏犯人桑冲，供系山西太原府石州军籍李大刚侄，幼卖与榆次县桑茂为义男。成化元年，闻大同府山阴县民谷才以男装女，随处教妇女生活，暗行奸宿，一十八年未曾事发。冲投拜为师，将眉脸绞刺，分作三绺，戴上鬏髻，妆作妇人，就彼学女工，描剪花样刺绣等项，尽得其术。随有任茂、张端、杨太、王大喜、任昉、孙咸、孙原七人复投冲学，各散去。讫三年三月，冲历大同、平阳等四十五府州县，探听人家出色女子，即投中人引进，教作女工，默与奸宿。若有秉正不从者，随将迷药喷于女子身上，默念昏迷咒，使之不能言动，即行奸宿，复念醒昏咒，女方醒，冲再三陪情，女子隐忍不言，住两三日又复他之。丁酉七月十三日，至晋州聂村生员高宣家。宣留在南房宿。宣婿赵文举强淫之，冲不从。文举捽冲倒，揣胸无乳，摸有肾囊，告官，械至京都察院，县狱以闻。上以情犯丑恶，命磔于市，并命搜捕任茂等诛之。

按：桑冲乔装女子，暗中奸污妇女事，在明朝末年，是一桩重要案件。蒲松龄应即根据当时社会存在的实际情况，写成《人妖》。

《胭脂》（卷十四）

明黄瑜《双槐岁钞》（《岭南遗书》本）卷四"陈御史断狱"条：

> 武昌陈御史孟机智，按闽，有张生者杀人，当死，其色有冤，询之。生曰："邻居王妪许女，我已纳聘矣。父母殁，我贫无资，彼遂背盟。女执不从，阴遣婢期我某所，归我金币，俾成礼。谋诸同舍杨生，杨生力止，我不果赴。是夕女与婢皆被杀。妪执我送官，不胜拷掠，故诬服。"即遣人执杨生，至，色变股栗，遂伏罪，张生获释。人以为神。智有声宣正间，至右都御史。

按：《胭脂》应即吸取这类公案故事写成的，内容丰富，词采缤纷，情节曲折，是蒲松龄的杰作之一。

《妾击贼》（卷十四）

清平步青《樵隐昔寱》（香雪崦丛书本）卷二十"妾婢击贼"条：

> 益都西鄙某，贵且富，一妾颇婉丽，而大妇悍妒，遇之不慈。顾妾受棰楚唯谨，退无怨言，某矜之，而未有以制其妇也。一夕，贼数人逾垝入，撞扉，扉开。某大惶惧，齿相击，与妇汇缩衾裯，不知所为。妾冥搜室中，得担水杖一，拔关出。群贼集如麻，妾手杖而舞，风鸣钩响，四五人仆地。余贼披靡，奔墙不得上，罗拜乞命。妾柱杖于地，笑曰："如此伎俩亦习作贼，

若等庸足治乎?"启门纵之去。某大惊,问何能尔,则妾故父拳勖大师也,妾尽传其技,千夫敌也。大妇亦骇感。由是善遇之。邻妇或谓妾:"嫂纤弱女耳,击幺麽如腐鼠,奈何俯首受挞楚?"妾曰:"吾分耳,它何知焉?"

按:《池北偶谈》卷二十六有同样的记载。蒲松龄所写,与这两条记载完全相同,宣传了封建阶级等级名分的落后思想。

《阳武侯》(卷十四)

清王士禛《池北偶谈》(文粹堂本)卷八"薛忠武"条:

明鄞国忠武公薛禄,胶州人。其父居海岛,为人牧羊。时闻牧处有鼓乐声出地中,心识之。语忠武弟兄曰:"死即葬我于此。"后如其言葬焉。已而勾军赴北平,其兄不肯行。忠武年少请往。后从靖难师,累功至大将军,封阳武侯,追封鄞国公。其地至今号薛家岛。

按:蒲松龄所写即薛禄的事,不过比王渔洋所记增加了一些灵异的情节。

《雏鸲》(卷十四)

董德镛、孔昭甫《可如之》(此文所引《可如之》两条,皆刘盼遂先生所提供,当时抄录时我们漏写书的版本和作者时代。此次整理,竟未查到原书。据南开大学朱一玄同志说,《明史艺文志补编》载《可如》六卷,明董德镛撰。然书名与作者皆有出入,录以待查)卷一"崇节"条:

泸南畜有秦吉了者，能人言。贡夷将以钱三十万籴焉以归。主人告之曰："吉了，我贫，愿卖汝于夷。"吉了曰："我汉禽也，不欲入夷。"主人业收其值矣，听其携之行。遂绝食，数日死。

按：蒲松龄把秦吉了改成八哥，写八哥对主人的忠诚，骗取王侯的金钱，以资助主人，很富有人情味。与董德镛、孔昭甫笔下的秦吉了只重汉、夷之别的情操不同。

《五羖大夫》（卷十四）

清王士禛《池北偶谈》（文粹堂本）卷二十六"五羖大夫"条：

河津人畅体元者，少时梦神人呼为五羖大夫，颇以自负。及流寇之乱，体元为贼掠，囚絷一室。冬夜寒甚，于壁角得五羊皮覆其身。乃悟神语盖戏之耳。后以明经仕为雒南知县。

按：蒲松龄所写与此完全相同，没有什么创造。

《刘姓》（卷十四）

清张鸣铎修《淄川县志·续义厚传》云：

李永康，字翠石，生有至性，急患难，乐施予。淄城西南三十里龙泉沟，中有孔道，居人将为桥，以便往来。桥横跨两崖，计费千金。康破产以助，乃得讫工。又捐赀修桥于焦村，未成而殁。弟永誉，竭力助成之，从兄志也。乡有豪恶某姓者，与苗姓田相连。苗种桃数株。苗子饲其桃，某怒，以为攘己物也，将讼诸官。康见之，碎其词，力为排解。某犹怒不已。会以阴谴悔悟,乃德康焉。唐太史《龙泉桥记》、蒲明经《聊斋志异》,可按也。邑侯张公嵋书"名高月旦"四字,以表其门。邑人荣之。

按:蒲松龄应是对真实事实的描写。至于刘某因暴行受阴谴的情节,则是他的创造,是他惩恶扬善思想的表现。

《龁石》(卷十四)

清王士禛《池北偶谈》(文粹堂本)卷二十"啖石"条:

仙人煮石,世但传其语耳。予家佣人王嘉禄者,少居劳山中,独坐数年,遂绝烟火,惟啖石为饭,渴即饮溪涧中水。遍身毛生寸许。后以母老归家,渐火食,毛遂脱落。然时时以石为饭。每取一石,映日视之,即知其味甘咸辛苦。……后母终,不知所往。

按:蒲松龄所写即王渔洋家中之事,但内容没有什么意义。

《地震》(卷十四)

清陈康祺《郎潜纪闻初笔》(清光绪十年刻本)卷十一云:

康熙七年六月十七日戌时,山东地大震。栖霞山震。沂水陷穴,广数丈。民间有井倾仄,不可汲,楼台南北易向者。见蒲松龄《聊斋志异》。

按:蒲松龄所写,与此是同一事实。但他写这刹那间的奇变景象更具体,而且写出人们在惶急之际的忘情神态。

《造畜》(卷十四)

宋李昉《太平广记》(中华书局校点排印本)卷二八六"板桥三娘子"条引《河东记》云：

> 唐汴州西有板桥店。店娃三娘子者，不知何从来，寡居，年三十余，无男女，亦无亲属。有舍数间，以鬻餐为业。然而家甚富贵，多有驴畜往来，公私车乘，有不逮者，辄贱其估以济之。人皆谓之有道，故远近行旅多归之。元和中，许州客赵季和，将诣东都，过是宿焉。客有先至者六七人，皆据便榻。季和后至，最得深处一榻。榻邻比主人房壁。既而，三娘子供给诸客甚厚，夜深致酒，与诸客会饮，极欢。季和素不饮酒，亦预言笑。至二更许，诸客醉倦，各就寝。三娘子归室，闭关息烛。人皆熟睡，独季和转展不寐，隔壁闻三娘子悉窣，若动物之声。偶于隙中窥之，即见三娘子向覆器下取烛，挑明之，后于巾厢中，取一幅末耜，并一木牛、一木偶人，各大六七寸，置于灶前，含水噀之，二物便行走。小人则牵牛驾末耜，遂耕床前一席地，来去数出。又于厢中，取出一裹荞麦子，受于小人种之。须臾生，花发麦熟，令小人收割持践，可得七八升。又安置小磨子，硙成面讫，却收木人子于厢中。即取面作烧饼数枚。有顷，鸡鸣，诸客欲发。三娘子先起点灯，置新作烧饼于食床上，与客点心。季和心动，遽辞，开门而去，即潜于户外，窥之。乃见诸客围床，食烧饼未尽，忽一时踣地，作驴鸣，须臾，皆变驴矣。三娘子尽驱入店后，而尽没其货财。季和亦不告于人，私有慕其术者。后月余日，季和自东都回，将至板桥店，预作荞麦烧饼，大小如前。既至，复寓宿焉。三娘子欢悦如初。其

夕，更无他客，主人供待愈厚，夜深，殷勤问所欲。季和曰："明晨发，请随事点心。"三娘子曰："此事无疑，但请稳睡。"半夜后，季和窥见之，一依前所为。天明，三娘子具盘食，果实烧饼数枚于盘中讫，更取他物。季和乘间走下，以先有者易其一枚，彼不知觉也。季和将发，就食，谓三娘子曰："适会某自有烧饼，请撤去主人者，留待他宾。"即取己者食之。方饮次，三娘子送茶出来。季和曰："请主人尝客一片烧饼。"乃拣所易者与啖之。才入口，三娘子据地作驴声，即立变为驴，甚壮健。季和即乘之发，兼尽收木人、木牛子等，然不得其术，试之不成。季和乘策所变驴，周游他处，未尝阻失，日行百里。后四年，乘入关，至华岳庙东五六里，路旁忽见一老人，拍手大笑曰："板桥三娘子，何得作此形骸！"因捉驴谓季和曰："彼虽有过，然遭君亦甚矣！可怜许，请从此放之。"老人乃从驴口鼻边，以两手擘开，三娘子自皮中跳出，宛复旧身，向老人拜讫，走去，更不知所之。

按：这段故事或即蒲松龄《造畜》之所本，而加以提炼之。

《黑鬼》（卷十四）

清赵翼《檐曝杂记》（《瓯北全集》本）卷四"诸番"条：

某家买一黑奴，配以粤婢，生子矣。或戏之曰："尔黑鬼生儿当黑，今儿白，非尔生也。"黑奴果疑，以刀斫儿胫死，而胫骨乃纯黑。于是大恸，始知骨属父而肌肉则母体也。

按：这里所说的黑鬼，应即非洲黑人。蒲松龄所写，反映了买卖人口的残酷制度和对黑人的侮辱。

《邵士梅》(卷十五)

清钮琇《觚剩·吴觚》(临野堂刊本)"邵邑侯前生"条：

邵士梅，济宁人，自记前生为栖霞处士，生四子，年六旬余乃卒。值四子皆出，独孙女垂涕送诀。一青衣卒引见冥王，语之曰："汝后身当复为男，登乙榜，官至邑宰。"遂生邵家，历历皆能忆之。既领乡荐，秉铎青州，适栖霞广文缺，往摄篆。乃寻其故居，巷陌门庭无不认识，四子并已物故，惟孙女孀居，发且白矣。邵具道其故，叙前生及没时景状悉符。女甚贫悴，因解俸金赒之。令吴江，不三月即解组归。自言冥数如此，不可久于官也。

又清王士禛《池北偶谈》(文粹堂本)卷二十四"邵进士三世姻"条：

同年济宁邵士梅，字峄晖，顺治辛卯举人，登己亥进士。自记前生为栖霞人，姓高名东海；又其妻某氏死时自言："当三世为夫妇。再世当生馆陶董家，所居滨河，河曲第三家。君异时官罢后，独寓萧寺缮佛经时，访我于此。"后谒选得登州府教授。一日，檄署栖霞教谕。暇日访东海故居，已不存。求得其孙某，为置田宅。已而迁吴江知县，谢病归，殊无聊赖。有同年知馆陶县，因访之，馆于萧寺。寺有藏经一部，寂寥中取阅之。忽忆妻语，随沿河觅之，果得董姓者于河曲第三家。家有女未字。邵告以故，且求其县宰纵臾，遂娶焉。后十余年，董病且死，与邵诀曰："此去当生襄阳王氏，所居滨江，门前有二柳树。君几年后，访我于此，与君当再合，生二子。"邵记其言。

康熙己未在京师时，屡为予及同年傅侍御彤臣（宸）、潘吏部陈伏（飏言）言之。

按：邵士梅的故事，相同的记载很多，除上文两则外，还有陆次山、朱彝尊、吴长庚等为之写的传。蒲松龄即根据当时所盛传的事实写成的。不同的是蒲松龄特别突出了邵士梅前生的轻财好义、倾囊济贫，为挽救一个藏匿"盗贼"的倡女，被牵连下狱而死。可见蒲松龄的思想倾向与其他记叙者之不同。

《放蝶》（卷十五）

清俞樾《茶香室三钞》（《春在堂全书》本）卷二十九"输蝶免笞"条云：

> 龚炜《巢林笔谈》云：明季如皋令王岕，性好蝶。案下得笞罪者，许以输蝶免。每饮客，辄纵之以为乐。按蒲留仙《聊斋志异》载此，为长山王进士岕生事。

又清钮琇《觚剩·吴觚》（临野堂刊本）"鹤癖"条：

> 长山王进士岕生，素有鹤癖。谒选得令如皋，皋故产鹤，乃大喜。抵任后即于署内购畜十余只，庭空夜静，唳声彻云，俟其蹁跹竞舞，则辍案牍而玩之。忽见一鹤吞蛇，以为鹤固带也。乃谕诸丐户，每人日纳一蛇；有罪应罚镪者，亦许以蛇赎；由是一境之内，捕蛇殆尽。后移癖狸奴，见其面空扑蝶，俯仰可观，遂令百姓捉蝶，因此挂吏议，罢去。

按：蒲松龄所写，其内容更深刻。它揭露了封建社会的县令所推行的暴政，不但虐害人民，而且殃及治内的生物。

《林氏》(卷十五)

清褚人获《坚瓠集·秘集》(柏香书屋刊本)卷四"江西毕氏"条：

> 钩玄,江西毕氏,中岁无子,甚以为忧,然与妻极恩爱,不忍置妾。每醉后与妻过寝,多不省记,妻阴以侍婢代己,即有娠,露于毕,怪而疑之。既产子,欲毙之。妻乃以实告,乃纳而试之,明年又产一子,遂释然,且感其妻。后二子相继举进士,长济川,次济时云。

按:蒲松龄所写与《坚瓠集》所记基本情节相同,内容也相似,都是赞扬女子的贤惠。而蒲松龄却创造了林氏这个有血有肉的形象,她以自己的行动感化丈夫,取得丈夫对自己的衷情,又暗中以侍婢代替自己生子育女,以传宗接代。其中也包含着一种封建的道德观念。

《张贡士》(卷十五)

清王士禛《池北偶谈》(文粹堂本)卷二十六"心头小人"条：

> 安丘明经张某,当昼寝,忽一小人自心头出,身才半尺许,儒衣儒冠,如伶人结束。唱昆曲,音节殊可听。说白,自道名贯,一与己合。所唱节末,皆其生平所经历。四折既毕,诵诗而没。张能忆其梗概,为人述之。

按:蒲松龄所记与此段完全相同,只增加了高西园询问杞园先生有关曲文的问题。

《狐入瓶》(卷十五)

明周玄晖《泾林续记》(涵芬楼秘笈本)云:

　　吴地素无狐。嘉靖丁巳,民间讹传有狐祟,黄昏后即出。人遭之者如梦魇状,或据胸,或扼其吭,愤懑不能发声,甚则啮损面目,爪破肌肤,但不至伤命。有先觉之者,持其杖逐之。则转入邻舍,互相惊恐,彻夜无眠,咸击锣鼓传梆铃以为备。予邻季升夫妇方夜膳毕,妇向厨房洗涤,忽见一怪物,大若猫,黑色,两目耽耽,从梁而下。妇大惊呼,季持棍来索,隐于床边。时比邻俱未寝,闻有警,竞来援。举火细觅,怪渐缩而小如鼠,绕屋奔走,无隙得出,值灶塘中有醋瓶未盖,怪遂窜入其中。众取塞掩之,置汤中煮之,数沸启视,仅得故纸一团,铁线一根而已。他处有获者云:"其形亦相类,而各黏鸟兽毛小许于背。"乃知邪术害民,非真狐也。

　　按:《泾林续记》作者周玄晖,是万历年间昆山人。当时狐祟之说比较流行。蒲松龄采取这种题材,以揭露妖术害人,并非真是狐狸作祟。

《汤公》(卷十六)

清陆次云《北野奇书》(《虞初新志》卷十)"汤聘"条:

　　顺治戊戌进士汤聘,为诸生时,家贫奉母,忽病死,鬼卒拘至东岳。聘哀吁曰:"老母在堂,无人侍养,望帝怜之。"岳帝

曰："汝命止此,冥法森严,难徇汝意。"聘扳案哀号,帝曰："既
是儒家子弟,送孔圣人裁夺。"鬼卒押至宣圣处,曰："生死隶
东岳,功名隶文昌,我不与焉。"回遇大士,哀诉求生,大士曰:
"孝思也,盍允之以警世。"鬼卒曰："彼死数日,尸腐奈何?"大
士命善财取牟尼泥完其尸,善财取泥,若栴檀香,同至其家,尸
果腐烂。一灯荧然,老母垂涕,死七日,尚无以殓。善财以泥
围尸,臭秽顿息,遂有生气。魂归其中,身即蠕动,张目见母,
呜咽不禁。母惊狂叫,邻人咸集。聘曰："母勿怖,男再生
矣。"备言再生之故曰："男本无功名,命限已尽,求报亲恩,大
士命男持戒,许男成进士,但命无禄位,戒以勿仕。"后聘及第,
长斋绣佛,事母而已。迨母死,就真定令,卒于官,岂违勿仕之
戒欤!

按:蒲松龄所写,只取其神奇而已,没有什么意义。

《蒋太史》(卷十六)

清王士禛《池北偶谈》(文粹堂本)卷八"蒋虎臣"条:

翰林修撰蒋虎臣先生超,金坛人,自号华阳山人。幼耽禅
寂,不茹荤酒。祖母梦峨嵋山老僧而生。生数岁,尝梦身是老
僧,所居茅屋一间;屋后流泉绕之,时伸一足入泉洗濯;其上高
山造天。又数梦古佛入己室,与之谈禅。年十五时,有二道人
坐其门,说山人有师在峨嵋二百余岁,恐其堕落云云,久之乃
去。顺治丁亥,先生年二十三,以一甲第三人及第。入翰林二
十余载,率山居;仅自编修进修撰,终于史官。性好山水,遍游
五岳,及黄山、九华、匡卢、天台、武当,不避蛇虎。晚自史馆以

病请告,不归江南,附楚舟,上峡入峨嵋山。以癸丑正月卒于峨嵋之伏虎寺。临化有诗云:"偶向镬汤求避热……"尝自谓蜀相蒋琬之后。在蜀,与修《四川通志》,以琬故,遍叩首巡抚、藩、臬诸司署前。其任诞不羁如此。

按:蒲松龄所写比《池北偶谈》更简单些,不过写蒋超厌弃人生、追求遁世的思想。

《禽侠》(卷十六)

董德镛、孔昭甫《可如之》卷一"任侠"条:

> 奉化黄偃村,有鹳巢于松岭。一日鹳出,巨蛇噬其雏,而据其巢。鹳入,蛇张口复欲噬之,惧而不敢入。俄引一鹰至,见蛇势可畏,忽飞益高,自远作势,侧翼而击者三,蛇乃堕地死,鹰啄其两目而去。

又篇末附录云:

> 济南有营卒,见鹳鸟过,射之,应弦而落。喙中衔鱼,将哺子也。或劝拔矢放之,卒不听。少顷,带矢飞去。后往来近郭间,两年余,贯矢如故。一日,卒坐辕门下,鹳过,矢堕地。卒拾视曰:"此矢固无恙哉?"耳适痒,因以矢代搔,忽大风摧门,门骤阖,触矢贯脑,寻死。

按:蒲松龄的描写与《可如之》中的记载更相近,写大鸟飙然而来,一击而去,来去神速,赞扬了它为被压迫者报仇的精神。

曹雪芹及其《红楼梦》

一、关于曹雪芹的生平

曹雪芹名霑,字梦阮,号雪芹,又号芹溪居士,河北省丰润县人。其先世本是汉人,清兵入关之后,入正白旗为内务府"包衣籍"。他的家庭从曾祖父到他父亲三代都做江宁织造的官。康熙五次"南巡",有四次都住在他家里。可见曹家的豪华生活以及和皇家的亲密关系。

曹雪芹的曾祖是曹玺,祖父是曹寅,曹寅生子曹颙,颙死,又过继曹頫,雪芹应是曹頫之子。雪芹应出生在南京,他曾经跟随祖父在江宁织造衙门,经过一段豪华的生活。不料雍正六年(1728年),不知曹頫为何被抄家丢官,全家回到北京,曹雪芹当然也到北京来了。这时他大约十四岁左右。

雪芹到北京后的具体情况我们了解得很少,只知道他中年景况极穷困,住在西山一带,"举家食粥"(敦诚语),有一个小儿子,也不幸夭折。关于他的死年有两种说法:一说是死于乾隆二十七年(1763年),这是根据脂砚斋甲戌本第一回眉批"壬午除夕,书未成,芹为泪尽而逝。"壬午即乾隆二十七年。另一说是死于乾隆二十八年(1764年),这是根据敦敏《懋斋诗钞》中的《小诗代简寄曹雪芹》,其诗前第三首下注"癸未",这部诗钞是编年的,那么此诗应写在癸未(1764),他应该死在癸未除夕,即乾隆二十八年。

　　他的生年不确切,但根据他的好友敦诚《挽曹雪芹》诗:"四十年华付杳冥"和张宜泉《伤芹溪居士》诗注"年未五十而卒",假定他活了四十七岁,从他死年往上推算,约当生于康熙五十四年(1715年)左右。

　　曹雪芹的家庭给他带来了两方面的影响:一方是他的家庭由极盛到极衰,这一巨大变化,在他思想感情上也产生了深刻的变化,使他对自己的出身的阶级的腐朽和丑恶有了深刻的认识,从而为他的创作准备了良好的基础。一方面在他身上烙下了许多难以磨灭的阶级印记,使他对自己的阶级留下了难以割绝的眷念。在思想上留下了许多虚无的、悲观主义的色彩。

　　根据上文的推算,曹雪芹生活在康熙、雍正、乾隆年间,这就是十八世纪上半期。这一时期清朝的政权已经进入巩固、发展阶段,经济也已经恢复并进一步发展了,资本主义生产关系又开始萌芽,商品经济也在发展,并打破了农村自给自足的自然经济,因而造成了土地更剧烈的兼并,农民和其他各阶层人民的反抗斗争也逐渐兴起,与这种阶级斗争紧密联系,反封建的民主思想也在发展。这就是《红楼梦》反封建思想产生的社会环境和阶级根源。

二、《红楼梦》的思想内容

　　恩格斯在评巴尔扎克时说:"巴尔扎克,我认为比过去、现在和将来的一切左拉都要伟大多的一个现实主义艺术家,在他的《人间喜剧》里,给了我们一部法国社会极堪惊异的现实主义的历史。……从这历史里,甚至在经济的细节上(例如法国大革命后不动产和私有财产之重新分配),我所知道的东西也比从当时所有专门历史学家、经济学家和统计学家的全部著作合拢起来所知道的还要多。"这是从马克思主义世界观和文艺理论对巴尔扎克的作品所作的极其深刻、科学的评价。

同样,毛泽东主席对《红楼梦》也作了非常恰当的科学评价,为我们阅读和研究《红楼梦》指出了准确的方向。他说:对《红楼梦》,"我是当历史看的。"他又说:"《红楼梦》可以读,是一部好书,读《红楼梦》不是读故事,而是读历史,这是一部历史小说。""要不读一点《红楼梦》,你不知道封建社会。读《红楼梦》要了解四句话:'贾不假,白玉为堂金作马。阿房宫,三百里,住不下金陵一个史。东海缺少白玉床,龙王来请金陵王。丰年好大雪(薛),珍珠如玉金如铁。'这四句话是读《红楼梦》的一个纲。""四大家族都写到了。"毛主席这些话是对马克思主义世界观和文艺理论的继承和发展。"当历史看",就是当阶级斗争史看,四句话之为纲,就是阶级斗争的纲。抓住这个纲,才能认识和分析清楚《红楼梦》所反映的封建社会的深刻程度,才能充分估价《红楼梦》的社会价值和历史意义。

《红楼梦》描写封建社会的阶级斗争是非常激烈的,它描写了封建阶级的奢侈豪华生活,描写了他们勾结官府,徇私舞弊的勾当,描写了他们对农民的残酷剥削,描写了他们买卖和迫害奴隶,同时也描写了农民和奴隶的起义和反抗。

我们先分析它是怎样描写封建统治阶级的穷奢极欲生活的。当然还要遵从毛主席的教导,以贾、史、王、薛四大家族为纲。贾家的宁国府和荣国府的后代都是世袭的官,贾政被赐了一个额外忠靖侯主事职衔,并升为工部员外郎,史家是金陵世家史侯,王家是京营节度使王子胜。薛家是皇商,又在户部挂个虚名,支领钱粮。"四家皆联络有亲,一损俱损,一荣俱荣。"一次凤姐和赵嬷嬷议论贾、王两家过去的豪华气派来。赵嬷嬷说:"咱们贾府正在姑苏扬州一带监造海船,修理海塘,只预备接驾一次,把银子花的像淌海水似的!"凤姐说:"我们王府里也预备过一次。那时我爷爷专管各国进贡朝贺的事,凡有外国人来,都是我们家养活。闽、滇、浙所有的洋船货物都是我们家的。"赵嬷嬷又说:"还有现在江南的甄家,嗳哟! 好势派! 独他家接驾四次,⋯⋯别讲银子成了粪土,凭是世上有的,没有不堆山积海的。'罪过可惜'四个字竟顾不得了!"(十六回)薛家"家中有百万之富,现领着内帑钱粮,采办杂料。"另外夏金桂家也是"在户部挂名行商"的皇商。"其家田地不用说,单有几十顷地种桂花;凡这'长安',那城里城外桂花局,俱是他家的;连宫里一应陈设,盆景也是他家贡奉。"《红楼梦》在写这些封建官僚贵族豪华奢侈生活时,集中地写了贾家。

　　贾家穷奢极欲的生活,可以从几件大事中看得很清楚。如秦可卿大出丧,对贾珍来说她不过是个儿媳妇,却买一口棺材约花一千两银子,这口棺材"帮底皆厚八寸,纹若槟榔,味若檀麝,以手扣之,声如玉石"。又因为贾蓉是个监生,"灵幡上写时不好看,便是执事也不多。"又花了一千两银子买了一个龙禁尉的官衔。其他僧道、执事还不算,只这两项就可以想象是多么耗费了。迎接元妃归省,就花了五万两银子(十六回),连元妃看了也惊叹:"太奢华过费了!"(十八回)贾政死后,光"棚杆孝布并请杠人青衣,共使银一千一百十两"(六十四回)。其他尚不计在内。甄家送来的吊祭银子一次就是五百两。贾母八十大寿,连续八天,"宁荣两处,齐开筵宴",请皇亲、国戚、王公、郡主、王妃、公主、国君、夫人及诸官长诰命都参加,而且自皇帝、亲王、驸马,到大小文武官员,莫不有礼。开始还请贾母过目,后来贾母连看也不愿看了。究竟收了多少礼,花了多少钱,就不计其数。只是后来贾琏在最困难的时候向鸳鸯求助说:"因老太太千秋,所有的几千两都使了。"(七十二回)透露了这个数字。就像凤姐这个孙子媳妇过生日，还花"一百五十两有零"（四十三回）。宝钗和宝玉订婚，宝钗的婚礼是金项圈、金珠首饰共八十件，妆蟒四十匹，各色绸缎一百二十匹，四季衣服一百二十件（九十七回），没有价钱。一次，凤姐和平儿议论家中未来的花销说："剩了三四个（贾府姑娘），满破着每人花上七八千银子，环哥娶亲有限，花上三千银子，若不够，那里省一抿子也就够了。老太太的事出来，一应都是全了的，不过零星杂项使费些，满破三五千两。"总计算起来也将近四万两银子。当然最能说明问题的是宁国府被查抄时的那个清单，那是宁府的全部家当（一百五回）。什么观音、寿佛、珍珠、宝贝、海豹、鹅绒、猞猁、狐皮、绫罗、绸缎等，千奇百怪俱全，洋洋大观。

此外，我们从他们日常生活中也可以看出他们穷奢极欲的生活来。像贾政想从古董商冯紫英那里买四件洋货，多少钱呢？冯紫英说："这四件东西，价儿也不贵，两万银子就卖。母珠一万，鲛绡帐五千，'汉宫春晓'与自鸣钟五千。"（九十二回）这些东西不过是封建贵族家庭中的装饰品，然而如此昂贵，这些剥削者所追求的是这样空虚的精神生活。贾府的"大厨房里预备老太太的饭，把天下所有的菜蔬，用水牌写了，天天转着吃"（六十一回）。凤姐在表白自己时说，自己的"金自鸣钟卖了五百六十两银子，没有半个月，大事小事没十件，白填在里头"（七十二回）。平常生活不到半个月就花费五六百两银子，何等豪华！贾政等居丧无聊，便请几个世家兄弟及诸富贵亲友比赛射箭，赌个利物，"大家议定，每日轮流做晚饭之主，天天宰猪割羊，屠鹅杀鸭，好似'临潼斗宝'的一般，都要卖弄自己家里的好厨役，好烹调。"（七十五回）农民都没有什么吃，他们却拿着人民的血汗玩乐。刘姥姥四次进大观园，实际上都起了对贾府的揭露作用。例如刘姥姥初到凤姐屋里，"才入堂屋，只闻一阵香扑了脸来,竟不知是何气味,身子就像在云端里一般。满屋里的东西都是耀眼争光,使人头晕目眩。"(六回)这对一个农村来的农民来说极堪惊讶! 所以刘姥姥"只有点头咂嘴念佛而已"(六回)。吃饭时用的筷子"去了金的,又是银的"(四十回)。用一首民歌:"宁国府,荣国府,金银财宝如粪土。吃不穷,穿不穷,算来总是一场空。"(八十三回)这总结了贾府穷奢极欲、挥金如土的豪华生活,也反映了劳动人民对贾府豪华生活的仇恨和诅咒。

　　封建统治阶级这样奢侈豪华的生活从哪里来的? 作者也描写了他们这种生活完全是建筑在对人民残酷的剥削、压迫和掠夺的基础上的,作者揭露了他们的享乐和人民的痛苦的因果关系,揭露了他们的朗朗笑声中包含着人民的血泪,揭露了他们和广大劳动人民之间的鲜明阶级对立。最明显是乌进孝进地租,乌进孝是贾府的庄头,他交上的地租单子各色物品都有,但贾政还嫌少,乌进孝说:"今年年成实在不好,从三月下雨,接连着直到八月,竟没有一连晴过五六日;九月一场碗大的雹子,方近二三百里地方,连人带房,并牲口粮食,打伤了上千上万的。"(五十三回)这就反映了农民生活的艰苦,虽然逢上天灾,还要缴租,而地主却不肯减免一点租税,反而还嫌少,说什么"这几年添了许多花钱的事,……不和你们要,找谁去?"(五十三回)这说明贾府的剥削是不顾人民死活的。又如当查抄荣国府时,从"东跨所抄的两箱子房地契,又一箱借票,都是违例取利的"。连封建官府爪牙都惊叹:"好个重利盘剥!"(一百五回)湘云拾了一张当票,众姑娘都不认得,薛姨妈给他们解释后,湘云和黛玉说:"这人也太会想钱了! 姨妈家当铺也有这个么?"众人笑道:"这更奇了,'天下老鸹一般黑'。"(五十七回)当面就揭露了他们巧夺豪取的剥削行为。他们的巧夺诈取是无孔不入的,拿着丫鬟小姐的月钱不发,却去放高利贷,据平儿揭露:凤姐"她这几年,只拿着这项银子翻出有几百来。他的公费月例又使不着,十两八两零碎攒了,又放出去。单他这体己利钱,一年不到,上千的银子呢!"这些事例都揭露了四大家族的剥削阶级本质是一样的。

在描写封建统治者对人民残酷剥削的过程中,也描写了人民的苦难生活,以与剥削阶级对比。封建贵族阶级每天花天酒地,穷奢极欲,过着寄生的生活,而农民呢?据刘姥姥说:"我们村庄上种地种菜,每年每日,春夏秋冬,风里雨里,哪里有个坐着的空儿?"(三十九回)即使像大观园里那些"当差的人,关门闭户,起早睡晚,大雨大雪,姑娘们出入,抬轿子,撑船,拉冰床,一应粗重活计,都是他们的差使,一年在园里辛苦到头。"(五十六回)可见豪华大观园里,除了公子小姐的无度的欢乐享受的一面,还有奴隶们无数的悲惨痛苦的一面。一个园子两个世界。刘姥姥到贾母屋里,看到贾母的大柜,感慨说:"那柜子比我们一间房子还大,还高!"(四十回)贾母请她吃一顿螃蟹,她计算道:"这样螃蟹,今年就值五分一斤,十斤五钱,五五二两五,三五一十五,再搭上酒菜,一共倒有二十多两银子。阿弥陀佛!这一顿的银子,够我们庄家人过一年了!"(三十九回)辛勤劳动的农民没有吃也没有穿的,而剥削者却锦衣玉食,这就是封建社会的罪恶。鸳鸯拿出十个黄杨根子整剜的大套杯来,劝刘姥姥喝酒,上面"雕镂奇绝,一色山水树木人物,并有草字以及图印"。问刘姥姥是什么木头的?刘姥姥说:"你们在金门绣户里,哪里认得木头?我们成日家和树林子做街坊,困了枕着他睡,乏了靠着他坐,荒年间饿了还吃他。"(四十一回)封建阶级饮酒取乐的东西,正是农民荒年用来果腹的东西。封建阶级的朗朗笑声中不是包含着农民的血泪吗?这不是一幅极悲惨的境界吗?而且这些公子小姐,还严守着主子与奴才的界限,严格划分了贵与贱的界限,他们对刘姥姥用过的杯子厌恶至极,宝玉对妙玉说:"那茶杯虽然腌臜了,白撂了岂不可惜?依我说,不如就给了那贫婆子罢,他卖了也可以度日。"妙玉则进一步说什么:"幸而那杯子是我没吃过的;若是我吃过的,我就砸碎了也不给他。"(四十一回)这就更表现了她对农民的憎恶和仇恨。黛玉骂的"母蝗虫",到底谁是"母蝗虫"?是刘姥姥,还是这些贵族小姐?刘姥姥到贾府,见了凤姐说:"我今日带了你侄儿,不为别的,因他爹娘连吃的也没有,天气又冷。"(六回)这就反映了在封建阶级富贵荣华的生活掩饰下人民的苦痛。封建阶级的残酷剥削,再加上自然灾害,劳动人民忍无可忍,只有起义反抗,甄士隐因家中失火,携带妻子逃难,"偏值近年水旱不收,贼盗蜂起,抢田夺地,官兵剿捕,连个安身的地方都没有。"(一回)便是这种历史的真实写照。

作者还描写了封建贵族阶级勾结官府,徇私舞弊,残害人民的史实。凤姐有一句话很可以说明整个封建贵族阶级的权势无法无天:"就告我们家谋反也没要紧,……我们这里自然能够平服的。"(六十八回)用作者对薛蟠的评语说:"人命官司,他却说为儿戏,自谓花上几个钱,没有不了的。"(四回)本来封建统治的法律政权,都是为了维护封建阶级的利益,并且镇压劳动人民的。所以凤姐的话一语道破了封建国家机器的阶级本质。像薛蟠这个"呆霸王"就打死了两个人,而逍遥法外。第一个是为争买一个丫环英莲(香菱)而打死人,向审案官贾雨村身上花了上千两银子,才了结此案。第二个是打死了一个酒店里的店小二(当槽儿的),结果通过贾政向知县花上几千两银子,判为酒后误伤了事。贾赦为了贪图几把旧扇子,让贾琏向藏扇子的石呆子去买,呆子一千两一把也不卖,贾雨村知道后,便"讹他拖欠官银,拿他到了衙门里去,说:'所欠官银,变卖家产赔补。'把这扇子抄了来。"把个石呆子逼死了。贾府被查抄的原因是贾珍"强占良民之妻为妾,因其不从,凌逼致死"(一百五回)。贾赦"迎合上司,虐害百姓"。这些封建阶级的人物,不但自己犯了法可以没有事儿,而且还为别人"包揽词讼"。凤姐为了贪图三千两银子,便借贾琏写信给长安节度使云老爷把张金哥与长安守备的儿子已经订好了的婚约退了,让她嫁给长安府太爷的小舅子李少爷,为这两家了结官司,张金哥听前夫被退,便自杀殉情,而其夫也因此投河而死。此外,他们为了解决自己的家庭矛盾还玩弄官府法律等,像尤二姐的前夫张华,凤姐因为贾琏霸占了尤二姐,凤姐便给张华一百银子,挑唆张华去告贾琏"仗财依势,强逼退亲,停妻再娶"之罪,当张华去告时,她又派旺儿去察院送三百两银子,不要真判罪,只是惊唬而已。察院当然就照嘱办理。张华后来得了银子要想回原籍,"官府亦知此情,也不追究,大事完毕"(六十九回)。但凤姐并不甘心,派人把张华治死。什么法律、衙门、察院,一句话封建国家机器,看来都是这些封建贵族手中玩弄的工具,是真正为封建统治者镇压人民的工具。有一次贾芸揭露凤姐说:"若说起来,人命官司不知有多少呢!"这不但是对凤姐,也可以说是对贾府、对四大家族、对整个封建贵族阶级的借助国家机器残害人命的概括。

《红楼梦》里还描写了封建贵族阶级买卖奴隶、迫害奴隶的罪恶史实。《红楼梦》中究竟有多少奴隶?确切数字不清楚,大约有三四百人,而真正统治者不过二三十人。像第三回黛玉刚进荣国府时,作者介绍府中的姑娘如迎春、探春、惜春、黛玉等,"每人除自幼乳母外,另有四个教引嬷嬷,除贴身掌管钗钏盥沐两个丫头外,另有四五个洒扫房屋来往使役的小丫头。"每人有十二个供役使的人,也就是十二个奴隶,可想贾府共有多少个奴隶!

这些奴隶绝大部分都是买来的,个别是别人送的。贾府简直像一个人贩子，高兴即买，不高兴即卖。例如准备元妃省亲时，贾蔷即被派"下姑苏请聘教习，采买女孩子，置办乐器行头等事"（十六回）。结果是买了十二个女孩子。又林之孝"采访聘买得十二个小尼姑、小道姑，都到了"。贾母告诉贾赦："要什么人，我这里有钱，叫他们只管一万八千的买去就是。"（十七回）薛姨妈怕宝钗的丫头不够使，"还要再买一个丫头来给她使"（四十八回）。袭人也是买来的。出卖自己的子女当然是由于生活艰苦走投无路，袭人的话说得很清楚："当日原是你们没饭吃，就剩了我还值几两银子，要不叫你们卖，没有个看着老子娘饿死的理。"（十九回）袭人的话，说明她父母快饿死了才卖她的，同时也透露了她的身价不过是几两银子。和贾赦向石呆子买扇子每把出价五百两比，一个奴隶比贵族手中一个玩物相差很远。既然是奴隶，便没有人的地位，任意驱使，要打就打，要杀就杀，要卖就卖。我们看看奴隶们在这些奴隶主面前受的什么待遇：一次，探春发脾气了，"盘膝坐在矮板榻上，那捧盆丫环走至跟前，便双膝跪下，高举脸盆；那两个丫环也都在旁屈膝捧着巾帕并靶镜脂彩之饰。"（五十五回）尤氏到李纨屋里来，要洗脸，"丫头只弯腰捧着脸盆。李纨道：'怎么这样没规矩？'那丫头赶着跪下。"（七十五回）奴才对主子只能跪不能站，这就是他们定的法规。这些丫环穿得很华丽，像天仙一样，甚至有的也很受尊敬，像鸳鸯那样，连凤姐、贾琏都很尊敬她，但我们要看本质，从本质上看，他们是奴隶，最终也逃不脱一死。这些奴隶在贾府的地位，探春的话表现得最清楚："那些小丫头子们原是玩意儿，喜欢呢，和他玩玩笑笑；不喜欢，可以不理他就是了。他不好了，如同猫儿狗儿抓咬了一下子，可恕就恕；不恕时，也只该叫管家媳妇们，说他去责罚。"（六十回）在他们看来，丫环不过是奴隶，是猫是狗，而他们则是真正的主人，可以玩乐，为所欲为。像贾赦要强娶鸳鸯,鸳鸯坚决不答应,他却说:"凭她嫁到谁家,也难出我的手心。"(四十六回)因为是玩物,可以当礼物送,晴雯是赖大买的,然后由赖嬷嬷送给贾母的。贾琏因为贾蓉为他出主意娶尤二姐的事,便要"买两个绝色的丫环谢你!"(六十四回)因为是玩物,所以可买也可以卖,贾琏命令赖大把那些小尼姑"叫了媒人来,领了去,一卖完事。"(九十三回)薛姨妈在盛怒之下,喝令手下人:"去!快叫个人牙来,多少卖几两银子,拔去肉中刺,眼中钉。"(八十回)夏金桂把丫环秋菱看作是肉中刺、眼中钉,其对被压迫者的仇恨达到极点。他们或者像惜春那样,丫环并没有犯什么错误,她反让人把入画带走,"或打,或杀,或卖,我一概不管。"(七十四回)入画跪地哀求,也不能被宽容,封建统治就是这样残忍。凤姐协理宁国府的时候,有一个差人来的晚了,她"登时放下脸来,叫:'带出去打他二十板子!……说与赖升革他一个月的钱粮。'"(十四回)有一个小丫头见了她就跑,她把小丫头叫来"扬手一巴掌,打在脸上,打的那小丫头子一栽;这边脸上又一下,登时小丫头子两腮紫胀起来。回头向头上拔下根簪子来,向那丫头嘴上乱戳,吓得小丫头哭着哀求。"(四十四回)这与黄世仁的老婆扎喜儿不是一样吗!封建地主阶级都是同样的凶狠。老奴隶焦大,因为骂了贾府,结果被"捆起来,用土和马粪满满的填了一嘴"(七回)。奴隶们对自己所处的环境、地位是有所认识的,龄官曾对提着鸟笼子的贾蔷说:"你们家把好好的人弄了来,关在这牢坑里,学这个还不算,你这会子又弄个雀儿来,也干这个浪事,你分明弄了来打趣形容我们。"(三十六回)这就是对自己牢狱生活的不满。鸳鸯于贾母死后说:"我们这些人不是要叫他们掇弄了么?谁收在屋子里,谁配小子,我是受不得这样折磨的。"(一百一十回)结果自缢而死,以示反抗。晴雯惨叫而亡,金钏投井自尽,都是含辱忍垢而死,但是封建贵族阶级对她们的死却毫无怜惜之情。宝钗对王夫人说："十分过不去，不过多赏她几两银子，发送她，也就尽了主仆之情了。"（三十二回）这是多么凶狠残忍的心肠。

至于封建阶级内部也是勾心斗角，互相倾轧，探春说："咱们倒是一家子亲骨肉呢，一个个不像乌眼鸡似的？恨不得你吃了我，我吃了你！"（七十五回）一句话可以概括封建贵族阶级之间的关系。当然其中也反映了反对封建礼教的叛逆子弟和封建统治者的斗争，像贾政和宝玉，宝玉挨打。

《红楼梦》也揭露了贵族集团勾心斗角的斗争。如长房和二房的矛盾。按世袭的爵位讲，贾赦袭荣国公的官爵，他又是长子，所以荣国府的大权应该掌握在贾赦手里。但是由于贾母跟着贾政在一起生活，因此荣国府的权力便转到贾政这方面来。又由于贾政的大儿子死了，宝玉年岁小，便让贾琏夫妇到贾政这面管理家事，这样就加强了这方面的权力。凤姐是王夫人的侄女，王夫人又是贾政的当家人，所以整个荣国府是王氏家族掌权。这样就造成了邢夫人和王夫人的矛盾，造成了邢夫人和贾琏、凤姐的矛盾，造成了贾赦的不满。如抄检大观园便是这种矛盾的突出表现。邢夫人在大观园，从傻大姐那里捡到绣香囊，为了出王夫人的丑，便用布包起来，让王善宝家的亲自交给王夫人，看王夫人怎么办。结果在王善宝家的建议下，掀起查抄的大波动，想借此机会把大观园的丑事儿都揭出来。不料翻出来是司棋的表哥送给她的。司棋是王善宝的外孙女，是迎春的丫头，而迎春是贾赦妾的女儿。又如邢夫人和贾琏、凤姐的矛盾，邢夫人经常流露出贾琏夫妇为贾政当家并袒护贾政这一方面，很有意见，言语之中，暗含讥讽。再如贾赦的不满，有一次在贾母脸前讲故事说笑话，贾赦讲了一个老太太病了，心痛，请个大夫来扎针，大夫把针扎到胳肘窝里去了，别人问他为什么扎到这里来了？大夫说当母亲的都偏心，所以心不长在中间。贾母听了很不愉快，当贾赦走时把脚扭了，贾母让人去问，说这样还说我偏心呢！这些矛盾说明了什么？说明权的问题，都是争夺荣国府的权。因为贾母住在贾政这方面，一切赏赐都归贾政及其家里的人，而且贾母是最高权威，家人都看贾母眼色行事，贾母既然偏袒贾政，自然就引起贾赦的不满。贾赦和贾政的这种矛盾，是通过邢夫人和贾琏、凤姐、王夫人表现出来，这一矛盾的总爆发是抄检大观园。

嫡庶之间的矛盾，这也是争夺权力的斗争。赵姨娘让马道婆用魇魅等妖术把宝玉凤姐治死，就是为了要夺取荣国府的权力。赵姨娘和马道婆讲："我们娘儿们跟的上这屋里的哪一个儿？我只不服这个主儿（凤姐）！"又说："了不得，了不得！提起这个主儿，这一分家私要不都叫他搬到娘家去，我也不是个人！"并告诉马道婆："果然法子灵验，把他两人绝了，这家私还怕不是我们环儿的？"（二十五回）马道婆才按照他的要求去做。可见他们为了财产权力，能够使出任何卑鄙的手段。

母女间的矛盾。比较突出的是探春和赵姨娘的矛盾，探春是赵姨娘生的，但是为了保持自己的阶级尊严，始终不肯把赵姨娘看作自己的母亲，而看作是奴隶。如探春理家时，她的舅舅赵国基死了，应该赏钱，吴新登家的问要赏多少？李纨说："前日袭人的妈死了，听说赏银四十两，这也赏他四十两罢了。"探春问吴新登家的，过去老太太屋里几个老姨奶奶家里死了人要赏多少？吴新登家的把旧账拿来，原是赏过二十两，探春便说："给他二十两银子。"赵姨娘大闹起来，认为探春是踹着她的头往上爬，她说："你不当家，我也不来问你。你如今现在说一是一，说二是二！如今你舅舅死了，分明太太是好太太，都是你们是尖酸刻薄！"探春气得哭了，说什么："谁是我的舅舅！我的舅舅早升了九省检点！哪里又跑出一个舅舅来？"又说什么："你是太太的奴才，我是按旧规矩办。说办的好，领祖宗的恩典，太太的恩典，若说办的不公，那是他糊涂不知福，也只好凭他抱怨去。"（五十五回）结果只给了二十两。这说明赵姨娘极力想让探春拉扯拉扯自己，而探春却极力想维持封建主子的尊严，这种矛盾是主奴尊卑地位的矛盾。

夫妻之间的矛盾。这就是凤姐和贾琏的矛盾。凤姐和贾琏是郎才女貌的夫妻，但是他们暗中却勾心斗角，不但是个人私生活上各人有各人的打算，在金钱上更是各人都往腰包里搜刮。凤姐有多少体己钱贾琏根本不知道，她放高利贷，贾琏也不知道。而且还想办法从贾琏手中捞钱。贾琏偷偷把贾母的东西典当了一千两银子，事前还被凤姐扣下了二百两。他们之间都是勾心斗角，夫妻关系不过是赤裸裸的金钱关系。

探春说过："咱们倒是一家子亲骨肉呢，一个个不像乌眼鸡似的？恨不得你吃了我，我吃了你！"（七十五回）这话可以概括统治阶级之间的相互关系。

总之，《红楼梦》是反映了封建社会封建阶级的罪恶史，反映了封建阶级对人民压迫剥削的历史，也反映了人民群众不能忍受痛苦而起来斗争和反抗。整部《红楼梦》所描写的封建社会就是大乱迭起、死亡相继的历史过程，最后是不可收拾，土崩瓦解，这就是《红楼梦》的意义和价值。它可以给我们以启发和教育，使我们认识封建社会，认识封建阶级的罪恶本质，激发我们对封建社会和剥削阶级的仇恨和对新社会的热爱。但是他的历史观基本上是唯心主义的，第二回借贾雨村之口把人分为大仁、大恶、一般三类，"大仁者应运而生，大恶者应劫而生，运生世治，劫生世危，尧、舜、禹、汤，皆应运而生，蚩尤、共工、桀、纣……皆应劫而生者。"这是典型的先验论和英雄史观。在这种思想的影响下,他对封建社会的揭露和批判是不彻底的,他所批判和揭露的,往往又是他所同情的。他是带着自己的阶级偏见描写封建社会的,因此揭露封建社会必然灭亡的同时,对封建社会的灭亡却作了宿命论的解释,认为"冤冤相报自非轻,分离聚合皆前定。"(五回〔飞鸟各投林〕)就是说他的历史观基本上是唯心主义的。在塑造的一些主要人物身上也流露了这种观点。宝玉和黛玉要求婚姻自主的爱情悲剧,是封建制度迫害的结果,但作者却用"绛珠仙草"向"神瑛侍者"还泪来解释他们的悲剧根源。

作者对自己出身那个阶级,一方面给以揭露和批判,另一方面却表现了无限惋惜和留恋的情绪。像探春理家,宝钗便赞扬道:"善哉!三年之内,无饥馑矣。"李纨也说:"使之以权,动之以利,再无不尽职的了。"(五十六回)这都是渗透着作者自己的感情。作者是要"补天"的,也就是要补救封建社会。

作者赞扬了宝玉某些叛逆精神,对他的被打也表示同情,但也流露了一种恨铁不成钢的情绪。对宝玉不谈"仕途经济"的思想表示欣赏,但又借警幻仙子的口劝他"留意于孔孟之间,委身于经济之道"(五回)。这都说明作者并未背叛他那个阶级,对他那个阶级在感情上保持着深刻的联系。他憎恶那个社会,又留恋那个社会;批判那个阶级,又同情那个阶级;要"补天",又没有力量;要挽救封建社会,又不可能,这就形成了他精神上的痛苦。怎么解决呢? 求助宗教的麻醉汁,相信老庄思想,认为人生如梦幻,世界上一切都是空的,即"色空"观念。或相信命运,认为一切都是命定的,即宿命论思想。这都是作者世界观极端落后的方面,是应该彻底批判的。

三、关于贾宝玉

贾宝玉是《红楼梦》的中心人物,这个人物渗透着作者自己的思想、观点和生活经历,《红楼梦》思想内容的进步性和落后性、反动性,往往是通过他来体现的。因此,如何评价贾宝玉这个人物,也牵涉到对《红楼梦》内容的评价问题。

贾宝玉生当十八世纪中叶,即康熙五十四年(1715)到乾隆二十七年(1763)之间,正是中国封建社会行将崩溃的前夜,中国已经产生了资本主义生产关系的萌芽,农村土地兼并愈来愈严重,全国各地反封建压迫的斗争此起彼伏。反映这一历史时代的进步要求的初期民主思想和启蒙思想也有所发展。贾宝玉正是和这种思想有着千丝万缕的联系。

贾宝玉是个什么人物? 他是封建社会的贵公子,封建阶级的叛逆者,是对封建社会不满的人物。宝玉在哪些方面对封建社会不满呢?

(一)对封建教育的反抗及其局限性。宝玉首先在受教育的问题上和封建阶级发生冲突。贾政屡次命令宝玉上学,宝玉则屡次借故"逃学"。这件事在书中形成一个鲜明的线索。宝玉是贾府祖业的唯一继承人。宁、荣二公之灵对警幻仙子说:"我等之子孙虽多,竟无可以继业者。唯嫡孙宝玉一人,禀性乖张,生性怪谲,虽聪明灵慧,略可望成,无奈吾家运数合终,恐无人规引入正。"(五回)希望警幻仙子加以规引。贾母叫他做"命根子",也是这个原因。贾政也特别关心他的成长,因为他的好坏,关系到贾府的命运,关系到封建道统的继承问题。

贾政要宝玉读书的目的,是希望他"学个成人的举业,才是终身立身成名之事"（八十一回）。贾政企图通过封建教育把宝玉培养成不仅是他个人的而且是他那个阶级的孝子贤孙。因为宝玉不愿意读八股文,贾政曾不只一次地大发脾气,曾喝令宝玉"自今日起,再不许做诗做对的了,单学习八股文章。限你一年,若毫无长进,你也不用念书了,我也不愿有这样的儿子。"（八十一回）而宝玉偏偏不爱读八股文,而爱读些诗词来抒泄胸怀,陶冶性情,这就逆父之教,是"逆子"。认为那些文章"原非圣贤之制撰,焉能阐发圣贤之奥!"不过是"饵名钓誉之阶",乃"平常深恶"（七十五回）。他骂那些猎取功名富贵的人为"国贼禄鬼","须眉浊物"（三十六回）。诅咒那些"文死谏"、"武死战"的臣子,"只顾他邀名"、"图汗马之功"（三十六回）,而误君误国。他不愿读八股文,不愿做官,不愿成为封建贵族的忠臣孝子。但是这一点反封建的性质,在当时也是不彻底的。并且明显的带有自己的阶级的烙印。他反对读八股文、考试、应举,走"仕途经济"的道路,但是,他并不敢反对读"四书",认为"除了四书,杜撰的也太多呢!"（三回）还是肯定"四书"的。他喜欢读些诗词之类的作品,也不过是抒发自己的闲情逸致,填补精神上的空虚而已。他对封建礼教有所不满,但对"父亲、伯叔、兄弟之伦,因是圣人遗训,不敢违忤"（二十回）。他不愿走"仕途经济"的道路,结交为官做官的,但要走什么路? 则不明确,似乎做一个富贵闲人罢了。

　　（二）追求婚姻自主及其邪恶观念。他要求一种朴素的平等自由的婚姻关系,他和黛玉的感情就是建立在互相尊重和对问题共同认识的基础之上的。这正和贵族阶级提倡的宿命论婚姻相矛盾。《红楼梦》所写的"金玉良缘"就是一种宿命论的婚姻关系。这种宿命论的婚姻始终破坏着他们的感情,造成他们无限的痛苦,黛玉感慨说:"既你我为知己,又何必有'金玉'之论呢? 既有'金玉'之论,也该你我有之,又何必来一宝钗呢?"(三十二回)宝玉在梦中也骂道:"什么'金玉良缘'?我偏说'木石姻缘'!"(三十六回)薛姨妈曾对黛玉说:"千里姻缘一线牵。"这种宿命论的婚姻观念,正是封建贵族阶级的愿望、意志的体现。宝玉和黛玉是坚决反对的,而且是这种婚姻关系的牺牲者。宝玉和黛玉感情的特点:他们有对问题共同认识的思想基础,而且是在长时期中形成的,互相尊重谅解,不同于古代小说中一见钟情的恋爱故事,也不同于把爱情理想寄托在中状元之后。这是它的进步的所在。

　　但是,在追求婚姻自主的过程中,也表现了自己浓厚的阶级色彩。他和黛玉那种半吞半吐、缠绵曲折、神魂颠倒的感情,都是他们自己阶级的思想、感情、教养所促成的,是他们阶级的特征在精神上的反映。而且宝玉和黛玉的感情并不像人们所说的那样专一、纯洁,而是包含着很多龌龊、邪恶的观念。例如他和宝钗思想观念上完全是对立的,但对宝钗姿色之美却极羡慕。不但对宝钗如此,对贾府中一些美貌的女孩子,他都不同程度上存在这种肮脏的念头。他有一句名言说:女子年轻未嫁时是"颗无价珠宝",年老了便成了"鱼眼睛"了。这正反映了他自己对女孩子的色欲追求。例如,他为平儿理妆,给麝月梳头,为一些女孩子献殷勤,用他自己的话说是"作养脂粉"。不像贾琏那样"唯知淫乐悦己",实际上是一种玩弄,而且有时他直接挑逗女子。对贾府中的女孩子是这样,对贾府外的女孩子也是这样。有一次到袭人家去,看见袭人的表妹生得很美,说什么"他实在好的很,怎么也得他在咱们家就好了。"袭人反驳说:"我一个人是奴才命罢了,难道连我的亲戚都是奴才命不成!"(十九回)有时他甚至侮辱女孩子,乱搞。这些事实都揭穿了那些认为他和黛玉爱情专一和纯洁的错误言论。实际上这正是封建贵族阶级堕落的道德观念在他精神上的反映,正是贵族阶级的习性在他精神上的反映。

（三）对被压迫女子的同情及其人性论的观点。宝玉对一些被压迫的女子表示一定程度的关怀和同情，这在他的言行中也明显的表现。他认为"天地间灵淑之气，只钟于女子。"（二十回）他见了香菱，便暗想："可惜这么一个人，没有父母，连自己本姓都忘了，被人拐出来，偏又卖给这个霸王！"（六十二回）当平儿因贾琏和凤姐争斗，无辜被打时，他想到："平儿并无父母兄弟姊妹，独自一人，供应贾琏夫妇二人，贾琏之俗，凤姐之威，他竟能周全妥帖，今儿还遭荼毒，也就薄命的狠了！"（四十四回）此外，他还经常代丫环们开脱罪过，包揽过错。他曾经说，要把"屋里的人，无论家里外头的"，"回老太太全放出去，与本人父母自便"（六十回）。丫环春燕听了喜欢得不得了。他有时还为被压迫者鸣不平，对晴雯的死的原因，他想不通，"想是他过于生得好了？反被这个好带累了！"（七十回）他写了一篇《芙蓉诔》，就是对含冤而死的晴雯的悼念。

他同情一些被压迫的女孩子，但是怎样才能解除这些女孩子的痛苦，难道自己把女孩子的错误都揽在身上就行了吗？像书中所写的"千红一哭，万艳同悲"。不行，他自己就是这些女孩子痛苦的制造者之一。我们计算，他贴身的丫环就有袭人、晴雯、麝月、秋纹四个，其他的打杂的丫环和老嬷嬷很多，估计也在二十人以上，有的甚至连名字他都不知道。平常为侍奉他而劳累不必说，发起脾气来丫环都遭殃。有一次，他生气时问一个丫环叫什么名字，丫环告诉他叫"蕙香"，他说什么"正经叫'晦气'也罢了"（二十一回）。又一次，宝玉回家，因为袭人开门晚了，就狠狠地踢了袭人一脚，嘴里还骂道："下流东西们，我素日担待你们得了意，一点儿也不怕！"（三十回）结果踢得袭人大口吐血。可见当他们对自己照顾不到时，就不同情了。实际上，他同情一些被压迫的女孩子，只是在不违背自己利益的情况下的怜悯而已，这在当时虽然有某种进步意义，但是这种同情、怜悯的思想基础却是人性论。人们经常征引贾宝玉的一段话："女儿是水做的骨肉，男人是泥做的骨肉，我见了女儿便清爽，见了男子便觉得浊臭逼人。"（二回）在男尊女卑和以男性为中心的社会里，这种思想自然有某种积极意义，但在阶级社会里不能以男女划界限，就以贾府而论，女人中也有玩弄权术敲诈勒索的凤姐和昏庸拙劣的尤氏，也有竭力维护封建阶级尊严的探春和严守封建礼教的宝钗。这同是女人有的是主子，有的奴才。这正是一种鲜明的人性论观点。

　　贾宝玉是封建时代的人物，也是封建阶级的人物，他的一些有积极意义的思想、言行，我们是从历史唯物主义观点给以历史的评价，不是要把这些内容搬到今天来用，至于他思想性格上那些落后方面，在今天更有反作用。必须明确，贾宝玉不能培养社会主义人才，我们不但不能向他学习，而且不能接受他思想、言行的影响。列宁在《托尔斯泰与无产阶级斗争》一文中评论托尔斯泰时，号召俄国人民不应该向托尔斯泰学习，"而应该向托尔斯泰所没有了解其重要性的那个阶级、向唯一能摧毁托尔斯泰所憎恨的旧世界的那个阶级、即是向无产阶级学习的时候，才能得到解放。"我们也只能向能够摧毁曹雪芹所憎恨的旧社会的那些工农兵英雄人物学习，因为我们是社会主义革命时代的青年，是无产阶级革命事业的接班人。

论《红楼梦》的语言

读过《红楼梦》的人，对其中的人物，一般都会在自己的记忆中留下深刻的印象。这种印象并不是外貌和服饰，而是思想、品质、神态、音调、性格的特征。这，并不是说《红楼梦》中没有描写人物的外貌和服饰，它是写了一些的，像依照洛神、湘妃、青女、素娥的形貌来写黛玉，依照杨妃的体态来写宝钗等等。然而，这些描写也是为了表现人物的品德、神态和性格的。这种描写的深刻程度，使人们长期不能忘记，并且在心神上与其相互感应。《红楼梦》之所以能产生这样大的艺术力量，从创作技巧来看，作为文学根本材料的语言，起着重大的作用。《红楼梦》的语言力量，不仅是一般地表现了内容，从而构成了艺术形象，而且是特别突出、深刻、鲜明地表现了内容，创造出辉煌的艺术形象。他"善谈吐，风雅游戏，触景生春。闻其奇谈，娓娓然令人终日不倦"（裕瑞：《枣窗闲笔》），而且能"击石作歌声琅琅"（敦城：《四松堂集》卷上《佩刀质酒歌》）。他终日推敲、琢磨，因此他的语言不仅娓娓动人，而且能声震金石。即如他所说的在"悼红轩"中"披阅十载，增删五次"的话，也包括了对语言的锤炼和加工过程。"字字看来皆是血，十年辛苦不寻常"（《甲戌本脂砚斋重评石头记》自题诗），就是他在语言上进行艰苦劳动的自白。《红楼梦》中的每字每句，几乎都是作者用血泪铸成的。陈善评顾恺之的画和张旭的书法云："顾恺之善画，而人以为痴；张长史工书，而人以为颠。予谓此二人所以精于书画者也，庄子曰：'用志不分，乃凝于神。'"（陈善：《扪虱新语》

卷九）曹雪芹对语言所下的工夫，真可以说是达到用志凝神的境地了。他自谓之"满纸荒唐言"，不也"都云作者痴"吗！他运用语言，往往忘情而至于"一心无挂碍，故不知不觉手之舞之足之蹈之"（脂砚斋评庚辰本二九回。以下凡引《红楼梦》的引文，都来自脂评庚辰本。脂评庚辰本有错误，则据程乙本改）。好像自己失去了支配笔墨的能力，完全按照人物的活动需要行事。

曹雪芹对语言的加工和锤炼，主要是从两个方面着手。一个方面是从现实生活中直接摄取语言。当他经历着巨大的社会变革、引起自己思想上剧烈变化，要写他"半世亲见亲闻的几个女子"（一回）时，便同时选择了那最鲜明、最具有特征性的语言，来表现人物性格。另一个方面是吸取了历史遗产中不少有益的东西。他不但小说写得好，而且诗词歌赋、琴棋书画都很精通。他把各种文艺形式概括生活的简洁、洗练、生动、传神的手法，融化到自己的语言之中，形成了自己独具风格的语言。对这样一个伟大作家的作品的语言，进行全面探讨是困难的。我想只根据自己的理解，分几个方面谈谈《红楼梦》语言的特色，或许对学习这位艺术大师的语言会有一定的借鉴意义。

一

《红楼梦》语言最鲜明的特色，是清新和自然。在作者笔下好像无论雅、俗、文、野的语言，都给人以清新、自然的感觉。曹雪芹是最反对陈词滥调和堆砌词藻的，他在第一回即批判了历代文学中那些俗套，在第五回又通过贾母的口对那些陈腐旧套作了更具体的驳斥。他还提出了"新鲜别致"和不敢"失其真传"（一回）的主张。这虽然是对一般文学创作问题谈的，但是，作为文学重要因素的语言,也自然包括在内。我觉得从语言的角度看,所谓"新鲜"、"真传"也者,就是讲的清新和自然。刘勰说:"新奇者,摈古竞今,危侧趣诡者也。"(《文心雕龙·体性》)。曹雪芹在《红楼梦》中不止一次地提出语言的清新问题,宝玉在大观园题词时即嫌恶那般清客所题的是"俗套"、"粗陋"、"太板腐了"、"俗陋不堪"等。而他自己题的"曲径通幽"、"沁芳"、"有凤来仪"、"杏帘在望"、"稻香村"、"蓼汀花溆"及各处的对联,结合具体的环境来看,确是新雅、不落俗套。不论"编新"或"述古",都是为了探讨新奇别致,为了把人物环境更准确地概括出来。结海棠社时,众人评探春名"蕉下客"为"别致有趣",李纨评黛玉的海棠诗为"风流别致"。作菊花诗时,大家共同赞扬出的题目"又新鲜,又大方"。李纨评黛玉的菊花诗是"题目新,诗也新,立意更新"(三八回)。湘云在推敲凸碧堂、凹晶馆的凸、凹二字时,认为"历来用的人最少,如今直用作轩馆之名,更觉新鲜,不落俗套"(七六回)。她又在中秋夜即景联句时赞叹黛玉之"冷月葬诗魂"为"清奇诡谲",黛玉也称扬她的"寒塘渡鹤影"为"何等自然,何等现成,何等有景且又新鲜"(七六回)。这些语言,虽然为了概括人物性格的特征,都是人物之间对各自性格的互相烘托,但是,也体现了曹雪芹对语言的统一观点,体现了曹雪芹的语言个性。因为曹雪芹是用对社会生活的一致态度去评价人物的,虽然人物性格有千差万别,从而语言也有千差万别,但总有自己的同一的语言风格,把所有人物的语言统一起来。曹雪芹的语言个性特征,不仅体现在人物的言行性格之中,也体现在对人物、环境、细节的直接叙述之内,就是说在没有人物对话和活动的地方,也表现了自己的语言的鲜明个性。关于稻香村的描写,便颇具特色。我们试想在豪华富丽的大观园中,忽然出现一带村野,确是别开生面。并且有那披着稻茎黄泥的矮墙,喷火蒸霞的杏花,数楹茅舍,各色树条,青篱古井,佳蔬菜花。这还未尽——

> 忽见路旁有一石碣,亦为留题之备。众人笑道:"更妙,更妙!此处若悬匾待题,则田舍家风一洗尽矣。立此一碣,又觉生色许多……"

语言清奇流利,朴实自然,随处点染,毫不板滞,笔墨所及,立即生色,最后勾出一个石碣,可谓画龙点睛。然而,作者的最终目的,还是为了写人。作者在叙述黛玉进荣国府时,说她只带了两个人来:"一个是自幼奶娘王嬷嬷,一个是十岁的小丫头,亦是自幼随身的,名唤作雪雁。"(三回)并未写她带了丫环、使女一大群,而且名字也不用那些香玉、嫣红等俗字,这正描绘出黛玉的清贵、高洁,所以脂砚斋评为:"新雅不落套,是黛玉之文章也。"(脂砚斋评甲戌本三回)

曹雪芹反对语言的"俗",并不是反对一般俗语,而是反对那些气格卑下的陈词俗调,其中包括一些粗陋不堪的尘杂语和板滞无生气的古雅语。对人民生活中一般有生命的俗语则十分重视,并大量采用,用起来同样清新活泼。鸳鸯"三宣牙牌令"时,刘姥姥共对了四句:"是个庄家人吧!""大火烧了毛毛虫。""一个萝卜,一头蒜。""花儿落了结个大倭瓜!"都是农民生活中的语言,所道着的事物都是庄稼人常见的萝卜、倭瓜、蒜之类,然而又多么新鲜、活泼!恰合刘姥姥的身份。即如刘姥姥对贾母的称谓,既不同于凤姐的"老祖宗",也不同于僧尼的"老菩萨",而直以"老寿星"呼之,又多么生动。这些通俗语言都逼真地描绘出一个久经世故的农村妇女的形象。

曹雪芹对古代语言也采用得不少,但是却经过自己的抉择、提炼,赋予它以新的生命。一篇《芙蓉诔》大部分是化《楚辞》而来的,然而其中所用的古语、词汇、花草、名物等也都栩栩有生意。就这种文体说,也是古代诔文的俗套,然而在他笔下表现得却不同,年是"太平不易之元",月是"蓉桂竞芳之月",日是"无可奈何之日"。自称"浊玉",又以"群芳之蕊,冰鲛之縠,沁芳之泉,枫露之茗"致祭。真是奇想、奇笔、奇语,可以说化腐朽为神奇了。这,恰恰足以表现晴雯的非凡品格。

当然,曹雪芹并不是一味追求新奇,他所谓的新奇,是要求把不同人物和人物在不同环境中思想感情的新的变化,准确地表现出来。绝非标新立异,以至于走向险怪的邪路。探春即说:"俗了又不好,特新了刁钻古怪也不好。"(三七回)宝钗也说:"诗固然怕说熟话,更不可过于求生,只要头一件立意新,自然措词就不俗了。"(三七回)曹雪芹很少运用孤僻的语言,也没有刁钻古怪的词汇,相反地却十分质朴自然。它的清新正是人物真实情感的自然流露。

质朴、自然是《红楼梦》语言的基本格调。它那种质朴的程度,犹如自然万物所发出的天籁之音,毫无人工斧凿的痕迹。这种朴素的自然美是作者在作品中再三强调的。大观园题词时,宝玉对稻香村曾发了下面一段议论:

> 此处置一田庄,分明见得人力穿凿扭捏而成:远无邻村,近不负郭,背山山无脉,临水水无源,高无隐寺之塔,下无通市之桥,峭然孤出,似非大观,争似先处有自然之理,得自然之气?虽种竹引泉,亦不伤于穿凿。古人云:"天然图画"四字,正畏非其地而强为地,非其山而强为山,虽百般精巧,而终不相宜……(一七回)

这正是作者从质朴、率真的角度批评稻香村之做作、扭捏,而非自然之趣。又麝月代芳官梳妆,宝玉则说:"他本来面目极好,到别弄紧衬了。"(五八回)宝钗说自己"怕熏香,好好的衣服熏的烟燎火气的"(八回)。都是反对艳装浓饰,主张自然美,正如脂砚斋批的"太白所谓'清水出芙蓉'"(脂砚斋评甲戌本二八回)也。这些都是作者对环境对人的看法,同时也可以看做是他对用来描写环境和人的工具的语言的看法。他要求语言的"朴"和"真",反对人工的雕琢和藻饰。因为只有朴素自然的语言,才能表现出环境和人的本来面目来,才能保持"真"。黛玉教香菱作诗云:

> 词句究竟还是末事,第一是立意要紧。若意趣真了,连词句不用修饰,自是好的:这叫做"不以词害意"。(四八回)

这说明语言的特色决定于思想感情,思想情感真了,语言随之流露,自然是朴直、率真的。语言是思想感情的自然流露,没有真思想感情,也就没有"真"语言,不能"为文而造情"(《文心雕龙·情采》)。元春归省一段便很动人。贾妃到贾母正室,欲行家礼,被贾母等跪下劝止。贾妃"满眼垂泪",与贾母、王夫人相见,"三个人满心里皆有许多话,只是俱说不出,只管呜咽对泣"。在旁边的凤姐、李纨和迎春三姊妹等,也"围绕垂泪无言"。

> 半日,贾妃方忍悲强笑,安慰贾母、王夫人道:"当日既送我到那不得见人的去处,好容易今日回家,娘儿们一会不说说笑笑,反倒哭起来,一会子我去了,又不知多早晚才来!"说到这句不禁又哽咽起来。……

因问宝玉为什么不见,随命太监把他引进来。贾妃——

> 携手拦于怀内,又抚其头颈笑道:"比先竟长了好

些——"一语未终,泪如雨下。(一八回)

这里没有任何雕饰和做作,全是依照人物的真情实感写来,然而却字字沉痛,语语本色,即"意趣真了,连词句不用修饰,自是好的"之意。脂砚斋评语最得当:"说完不可,不先说不可,说之不痛不可,最难说者是此时贾妃口中之语,只如此一说方千贴万妥,一字不可更改,一字不可增减,入情入神之至。"(脂砚斋评庚辰本一八回)曹雪芹并不是不讲究词藻美,宝钗即称赞过《鲁智深醉闹五台山》那出戏中《寄生草》一支曲子"词藻更妙"(二二回)。黛玉也赞赏过《西厢记》的"词藻警人,余香满口"(二三回)。但是,这样词藻之所以美,还是因为它包含着丰富真实的思想内容,是真趣的自然流露,并非堆砌词藻。

曹雪芹标榜语言的朴直,也不是为朴直而朴直,探春让宝玉给她买玩意儿时说:"拣那朴而不俗,直而不作者"(二七回)。这当然表现了探春之为人,同时在某种程度上也可以看做是作者对语言的看法,语言过于求"朴",便尘下,过于求"直",便做作。曹雪芹之追求朴直,是为了传人物思想、性格的真,舍此,便不是他所谓的朴与直了。例如宝玉之呆傻,"此是宝玉本色"(周春:《阅〈红楼梦〉随笔》),脂批所谓"情情(此情字应是感字之误)衷肠,本来面目也"(脂砚斋评甲辰本二八回)。

二

《红楼梦》的语言是朴直自然的,但并非自然形态的语言。作者也不是掇取自然形态的语言来进行创作的,相反,他对自己所运用的语言都下了很深的去粗存精的锤炼工夫,对每字每句,以至于章、节之间的意、趣、神、色,都进行了反复地琢磨和推敲。当然,这与雕章琢句不同。雕章琢句是人工的装饰，是他最反对的。他这样做的目的，是为了每字每句都能逼真地传达出人物的神态，以打动人们的感官。为此，他采用了诗家炼字、炼句、炼意的方法。香菱在向黛玉谈学诗心得时，曾谈到"大漠孤烟直，长河落日圆"、"日落江湖白，潮来天地青"、"渡头余落日，墟里上孤烟"中之"直"、"圆"、"白"、"青"、"余"、"上"诸字用得好，看来"似无理"，想来必得这几个字"才形容得尽"，"念在嘴里倒象有几千斤重的一个橄榄"（四八回）。香菱学诗所下的苦工，像反复推敲、琢磨，以至于梦寐以求等，也可以说是曹雪芹在语言上炼字、炼句的顽强精神的体现。曹雪芹对小说的语言的锤炼，同样像对诗那样用苦心，一丝不苟。他写宝玉要收拾书房，"便猴向凤姐身上要牌"（一四回）。又写贾府及王公世族去铁槛寺送殡路上，"只见从那边两骑马压地飞来"（一五回）。"猴"和"压"虽然都是普通字，但曹雪芹用来却非常洗练。想来马如何能压地？人虽然像猴，但也与猴不同。可是若不用猴字，宝玉那种娇憨的神态便传达不出来，若不用压字，那两骑马奔腾而来的气派也表现不尽。凤姐协理宁国府时，忽见家人中缺一员，喝命传来，冷笑道："我说是谁误了，原来是你！"（一四回）"原来是你"是普通话，但用来却有千斤之重，且出于凤姐之口，尤其可畏。又写凤姐往往"眉立"，眉如何能立？然而眉非立，便不能表现凤姐之威。刘姥姥初见凤姐时，看到凤姐屋中的钟，不认识，听其音，像打箩柜筛面，察其摆，又像秤砣，"正呆时"忽然像金钟铜磬一般响了八九下。妙在"正呆时"这"三个字有劲"（脂砚斋评甲戌本六回），它表现了一个乡村妇女对贵族之家的一切陈设头晕目眩，也表现了这个家庭的豪华富丽，使庄农人家只有出神或"惟点头咂嘴念佛而已"（六回）。黛玉"魁夺菊花诗"时，在大家大吃大嚼之际，却"拣了一个小小的海棠冻石蕉叶杯"。一个"拣"字,写出了黛玉之孤高,不善饮。她之所以喝一小杯,不过是随缘遣兴罢了。

　　曹雪芹在炼字方面,不只是注意斟酌一个字的稳妥轻重,还注意它的新巧,往往言简意赅,一字双关。黛玉讥笑湘云说话咬舌:"连个'二'哥哥也叫不出来,只是'爱'哥哥,'爱'哥哥的。"(二〇回)"二"字字义双关,既有它的本义,在这里也有"爱"的意思,通过一个咬舌者道出,极为巧妙,意义又那么丰富。湘云念"二"为"爱",说明她的甜;黛玉讥笑她,说明自己的妒。三个人的关系用一个"二"字表现出来,极其简练。宝玉的丫环偶尔得罪了黛玉,黛玉气恼地说:"今儿得罪了我的事小,倘或明儿宝姑娘、什么贝姑娘来,也得罪了,事情不大了?""宝"和"贝"凑在一起,多么俏皮!而通过黛玉的口讲出来,既嘲讽了宝玉对宝钗的亲昵,也表现了自己的忌妒,意味无穷,倒真像嚼橄榄了。

　　曹雪芹不但炼字,而且也炼句。他对每一句话都极尽推敲之能事,使它毫无杂质,琅琅成声。红玉怀着喜幸之心为凤姐到平儿那里办了一件事,归来回话说:

　　　　平姐姐说,奶奶刚出来了,他就把银子收了起来,才张材家的来讨,当面称了给他拿去了。……平姐姐教我回奶奶,才旺儿进来讨奶奶的示下,好往那家子去。平姐姐就把那话按着奶奶的主意打发他去了。……平姐姐说,我们奶奶问这里奶奶好。原是我们二爷不在家,虽然迟了两天,只管请奶奶放心,等五奶奶好些,我们奶奶还会了五奶奶来瞧奶奶呢。五奶奶前儿打发了人来说,舅奶奶带了信来了,问奶奶好,还要和这里的姑奶奶寻两丸延年神验万全丹。若有了,奶奶打发人来,只管送在我们奶奶这里,明儿有人去,就顺路给那边舅奶奶带去的。(二七回)

这一回话,用了一大堆奶奶,个个着实,字字生色,活灵活现,真是驾驭语言的能手。曹雪芹并不是在做文字游戏,他对遣词造句最严肃。他反对那些"把一句话拉长了作两三截儿,咬文咬字,拿着腔儿,哼哼唧唧","扭扭捏捏的蚊子似的"(二七回)装腔作势。认为那样并不美,真正语言的美,应该"简断"(二七回)。试想除了这段文字,还有什么话能表现出红玉这时的得意神情? 还有什么话能表现出红玉这时的喜幸之心? 尽管她的父母是"一个天聋,一个地哑",然而她却有自己在贾府生活的特殊环境,这种环境规定了她的语言,从她的语言中又反映了她那种卑下的地位和企图往上爬的特殊生活背景。

曹雪芹极重视炼字、炼句,同时更重视炼意。并且炼意是首要的,因为"意趣"真了,其他方面自然也是好的。所以在炼意上《红楼梦》的成就更出色。宝玉和黛玉推敲《芙蓉诔》中之"红绡帐里,公子情深;黄土垄中,女儿薄命"两句时,黛玉起初以为未免熟滥,不如用真事实景,改作"茜纱窗下,公子多情"。宝玉虽极口称赞,但感到黛玉居此则可,自己实不敢当,并且唐突闺阁,随改为"茜纱窗下,小姐多情;黄土垄中,丫环薄命"。黛玉以为事与自己无涉,且小姐、丫环也不典雅。宝玉最后改道:

> "莫若说'茜纱窗下,我本无缘;黄土垄中,卿何薄命'。"黛玉听了移神变色。心中虽有无限的狐疑乱拟,外面却不肯露出,反连忙笑着点头称说:"果改的好! 再不必乱改了……"(七九回)

他们反复推敲、琢磨,目的是为了追求"意趣"的真,最后把这种"意趣"提炼到最高度,使黛玉听了愕然失色。这个"意"是什么呢? 是诔晴雯,更是诔黛玉,诔晴雯是名,诔黛玉是实。点破了宝黛爱情的悲剧。其提炼的结果是人们想象不到的。作者敢道人之所不敢道,敢为人之所不敢为,警言幻语连缀成篇。其笔调之超拔,如天马脱羁,驰骋跌宕,穷极变化而自如。

三

　　概括、含蓄是《红楼梦》语言的另一特色。概括与含蓄是一个问题的两方面,概括性高的语言,必然有丰富的社会生活容量,因此显得蕴藉、深厚、耐人寻味。相反,概括性弱的语言,生活的容量狭窄,相应地显得单薄浅露,索然无味。《红楼梦》的语言有高度的概括性,因此特别蕴藉含蓄,所谓"言有尽而意无穷","文外之重旨者也"(《文心雕龙·隐秀》),使人像嚼橄榄一样,有无穷玩味的余地。曹雪芹对语言的概括性有明确的看法,他曾通过宝钗的口赞扬黛玉的语言说:

　　　　更有颦儿这促狭嘴,他用《春秋》的法子,将市俗的粗话,撮其要,删其繁,再加润色,比方出来,一句是一句,这"母蝗虫"三字,把昨儿那些形景都现出来了。(四二回)

这种对市俗粗话的"撮要"、"删繁"和"润色",即对语言的加工、抉择和去粗存精的过程,即追求语言的简洁、凝练而有概括性,也就是鲁迅所提出的"简约严明"(鲁迅:《魏晋风度及文学与酒及药之关系》)。他所举的"母蝗虫"三字自然表现了黛玉这个贵族小姐对农村妇女的嘲笑和贬斥,但我们觉得更有概括力的还不在此,而在下面一段话。惜春画大观园,要向诗社请一年的假,李纨嫌长——

　　　　黛玉道:"论理,一年也不多。这园子盖才盖了一年,如今要画,自然也得二年的工夫呢! 又要研墨,又要蘸笔,又要铺纸,又要着颜色,又要——"刚说到这句,黛玉也自己掌不住笑道:"又要照着这个样儿慢慢的画,可不得二年的工夫么?"众人听了,都拍手笑个不住。宝钗笑道:"又要照着这个慢慢的画。这落后一句最妙。……你们细想,颦儿这几句话,虽是淡的,回想却有滋味……"(四二回)

黛玉的一言一语都有分量,每一句每一个字都经过细心的选择,增删一个字都不可能,此即"撮要"、"删繁"。画总是要画的,妙在"慢慢的画",所以需要二年工夫。话自然没有什么稀奇,但却抓住"慢"的要点。表面是赞成时间长,实质是反对时间长,所以"虽是淡的,回想却有滋味"。这种无穷的韵味,正表现出语言概括的深度。"诉肺腑"一段写宝玉、黛玉的爱情极细腻,他们在封建势力的压力下,不敢正面表示态度。宝玉不敢直接向黛玉求爱,黛玉也不会正面接受他的爱情。他们只能侧面试探,结果宝玉说出"你放心"三个字,引起黛玉的步步追问。"放心"二字的含义是他们争论的中心,可是始终未正面揭示出来,全在神传心会之中。所写的只是宝玉的汗,黛玉的泪,以及宝黛二人的出神怔望、无语沉默等。最后挤出黛玉的"有什么可说的? 你的话我早知道了"两句,用来概括他们全部的思想感情的活动。这样复杂的情感,要让一个平庸的作家来写,不知要浪费多少笔墨也未见得能写出来,但曹雪芹只用了几句话,就把他们的情感写尽了,于无言中表现言,于无语中表现语。黛玉临死之前,贾母来看她,她没有更多的话可说,只喘吁吁地说了一句:"老太太,你白疼了我了!"贾母用好话安慰她,她回答这种无用的安慰只是:"微微一笑,把眼睛又闭上了。"紫鹃劝她安心保重,宝玉不会和宝钗成亲,不要听人胡言乱语,她的反应也只是:"微微一笑,也不答言。"(九七回)黛玉本来是最爱哭的,这时却转哭为笑了,这种笑反映了她对冷酷现实的清醒认识和绝望,反映了她的悲痛发展到更深沉的境地。对这样一刹那的反常的心理变化,作者只用简括的语言予以概括,每一句每一个动作,都显示出强烈的艺术力量,都是对封建社会的控诉。

文学语言最忌浅露,语言太露便一泻无余,毫无韵味。应以有限的语言概括无限的内容。曹雪芹从不把语言的内涵淘泄净尽,总是留有令人回味的余地。即如大观园题辞一个大场面,也不一次写完,仍留几处,将来补题。这与曹雪芹对语言的看法有密切关系。曹雪芹反对语言的浅薄与显露,宝钗即批评过"秦人旧舍"四字"太露了",黛玉也嫌恶放翁诗"浅近"。他主张蕴藉含蓄,宝钗即说"泻玉"不如"沁芳""蕴藉含蓄"(一七回),李纨赞扬宝钗的海棠诗"含蓄浑厚"(三七回)。这种语言特色,结合着具体人物性格看,就更鲜明。宝钗被公认为高贵蕴藉的人物,在她的性格上体现这种语言特色很突出。看看宝钗对袭人的态度吧!"便在炕上坐了,慢慢的闲言中套问他年纪、家乡等语,留神窥察其言语、志量,深可敬爱。"(二一回)宝钗对袭人是极其称许的,但作者只用了"便在炕上坐了"、"深可敬爱"两句来抒写她的感情的倾向。特别是"深可敬爱","四字包罗许多文章笔墨!不似近之开口便云:'非诸女子之可比者'"(脂砚斋评庚辰本二一回)。宝玉和黛玉经过一番吵闹之后,宝玉向黛玉赔了不是,来到贾母跟前。因为宝玉偶然把宝钗比作杨妃,引起宝钗的恼怒,而黛玉却喜形于色。接着有这样一段描写:

> 林黛玉……改口笑道:"宝姐姐,你听两出什么戏?"宝钗因见黛玉面上有得意之态,一定是听了宝玉方才奚落之言,遂了他的心愿。忽又见问他这话,便笑道:"我看的是李逵骂了宋江,后来又赔不是。"宝玉便笑道:"姐姐通今博古,色色都

知道,怎么连这一出戏的名子也不知道,就说了这么一串子。这叫'负荆请罪'!"宝钗笑道:"原来这叫作'负荆请罪'! 你们通今博古,才知道'负荆请罪',我不知道什么是'负荆请罪'。"一句话还未说完,宝玉、黛玉二人心里有病,听了这话,早把脸羞红了。凤姐于这些上虽不通达,但只看他三人形景,便知其意,便也笑着问人道:"你们大暑天,谁还吃生姜呢?"众人不解其意,便说道:"没有吃生姜。"凤姐故意用手摸着腮,诧异道:"既没人吃生姜,怎么这么辣辣的?"宝玉、黛玉二人听了这话,越发不好过了。宝钗再要说话,见宝玉十分讨愧,形景改变,也就不好再说,只得一笑收住。(三〇回)

宝玉、黛玉、宝钗三人的谈话,全是在隐喻中进行的,在座的人都不了解。凤姐了解,也是以另一种隐喻的方式参与其事。整个思想情感都在人物的神传心会之中,它像一股潜流,在人们不自觉中流过,然而却可以细心地感受到它的声音和韵律。《红楼梦》的语言总是以简洁的文笔概括更多的意义,它所包含的内容、思想远远超乎文字之外。我们可以根据自己的生活经验、情绪,发挥无尽的想象,构成广阔的境界,感受到作者没有说尽的东西。而且越是含义丰富、深刻的语言,就越意味深长、耐人咀嚼。黛玉听了《牡丹亭》的曲子,"细嚼'如花美眷,似水流年'八个字的滋味。……不觉心痛神痴,眼中落泪"(二三回)。宝玉和黛玉吵嘴,听了贾母"不是冤家不聚头"的话,"好似参禅的一般,都低头细嚼这句的滋味,都不觉潸然泣下"(二九回)。宝钗评黛玉的话"虽是淡的,回想却有滋味"(四二回)。都是《红楼梦》语言所达到的发人深思、耐人寻味的动人的艺术境界。

四

　　《红楼梦》语言蕴藉含蓄,可是语义绝不含混,而是极鲜明准确。这是由作者鲜明的思想感情决定的。刘勰曾讲过这样的话:"夫情动而言形,理发而文见,盖沿隐以至显,因内而符外者也。"(《文心雕龙·体性》)由于思想情感鲜明,用以表达这种思想情感的语言也就鲜明,客观事物的内在意义也就显现出来了。作家语言的鲜明,是为了充分显示事物的内在意义,事物的内在意义越鲜明,作家对事物的解释和评价就越明确。鲜明、准确是对文学语言的基本要求。因为语言首先要说得对,说得合情合理,才能表现出作家对社会、生活的态度和观点。然后,才谈得上说得好和妙,才谈得上其他因素。曹雪芹是十分注意这个方面的,宝玉在为蘅芜院题辞时即说:"此处并没有什么兰麝、明月、洲渚之类,若要这样不着迹说起来,就题二百联也不能完。……如此说,匾上则莫若'蘅芷清芬'四字……"(一七回)。又在为怡红院题辞时也说:"此处蕉棠两植,其意暗蓄红绿二字在内,若只说蕉,则棠无着落,若只说棠,蕉亦无着落。固有蕉无棠不可,有棠无蕉更不可。……依我题'红香绿玉'四字方两全其妙。"(一七回)这些话都说明曹雪芹在探求怎样鲜明、准确地创造人物环境。文学语言最忌泛,泛便不能准确地概括出人物环境的特点来;文学语言也最忌露,因此有蕉棠的地方,不能直题"蕉棠",而题"红香绿玉",这样不但概括出蕉棠的特点来,而且色彩鲜明。

　　《红楼梦》语言的鲜明,特别表现在人物性格的塑造上。人们在评价《红楼梦》人物刻画的成就时,往往举宝玉、黛玉为例。这两个人物自然是很出色的,但除此之外,我觉得凤姐是最突出的一个。作品中许多重要章节都是专门写凤姐的。作者在塑造凤姐这个人物时,无论写她的骄傲放纵,如协理宁国府;或写她的虚情假意,如迎拜尤二姐;或写她奉承阿谀,如对贾母王夫人;或写她凶狠毒辣,如对丫环使女等;都足以表现她"两面三刀"的性格。即如对贾琏来说,也总是采取驾凌和征服之势。但在具体情况下,又有极大的不同。像贾琏送黛玉归葬父亲回来时,她在房中接待的一段描写便很出色。她笑道:

> 国舅老爷大喜! 国舅老爷一路风尘辛苦。小的听见昨日的头起报马来报,说今日大驾归府。略预备了一杯水酒掸尘,不知赐光谬领否? (一六回)

这等语气,这样神情,令人可怕可畏! 凤姐之威,使贾琏卑缩如小儿,一言不能答,但云"岂敢,岂敢,多承,多承"而已。凤姐是这样一个倨傲的人,但见了尤二姐,却表现了一种出乎意料的谦恭:

> 我今来求姐姐进去,和我一样:同居、同处、同分、同例、同侍公婆、同谏丈夫,喜则同喜、悲则同悲。情似亲妹,和比骨肉。(六八回)

谁都知道,凤姐迎尤二姐入荣国府是不怀好意的,但是她表面上却这样通情达理。作者在这里连用了八个"同"字,把人世间的亲密关系写尽了,把凤姐的阴险、狠毒、莫测高深的计谋也写尽了。

《红楼梦》语言的鲜明,不仅表现在人物自己的言论中,也表现在作者的叙述中。曹雪芹通过自己对事件、人物的客观叙述,即充分地表现了对社会生活、对事物的解释和评价。宝玉到袭人家去找袭人,袭人全家都慌了,袭人却从容接待:"将自己的坐褥拿了","用自己的脚炉垫了脚","又将自己的手炉掀开焚上","然后将自己的茶杯斟了茶,送与宝玉"(一九回)。作者对宝玉和袭人的关系未作正面交代,只连用了四个"自己",便把他们的关系表现得清清楚楚。袭人的母亲本来打算把她赎回来,看到这般景况也就打消了主意。在叙述秦可卿房中的陈设时,每一件都是依照秦可卿的思想、情趣写的,然而每一件都表现了秦可卿的淫靡的生活情调,使人见了"便觉诧异"(周春:《阅〈红楼梦〉随笔》),这即是作者对秦可卿的深切贬责。这种在陈叙的过程中,便表现了作者的鲜明态度,即鲁迅在评《儒林外史》时所说的"无一贬词,而情伪毕露"(鲁迅:《中国小说史略》)者也。

《红楼梦》语言的准确程度,达到惊人的境地。大观园题辞时,诸清客赞扬大观园的建筑"真搜神夺巧之至"(一七回)。这与其说是从建筑艺术角度讲的,倒不如说是从语言艺术角度讲的。用"搜神夺巧"四字来概括《红楼梦》语言的准确性,是再稳妥不过了。顾恺之论绘画说:"画手挥五弦易,目送归鸿难。"(刘义庆:《世说新语·巧艺》)同样,文学也是描摹肖像易,而传达神态难。因为精神是内在的,不深入人物的内心,便不能深得其奥秘。《红楼梦》语言的高超,即在于能状貌传神。看看宝玉由于看宝钗的红麝串子而痴呆凝神的描写吧:

> 林黛玉笑道:"……只因听见天上一声叫唤,出来瞧了瞧,原来是个呆雁。"薛宝钗道:"雁在哪里呢?我也瞧一瞧。"林黛玉道:"我才出来,他就忒儿一声飞了。"口里说着,将手里的帕子一甩,向宝玉脸上甩来,宝玉不防,正打在眼上,"哎哟"了一声。(二八回)

"巧"在正当宝玉对宝钗玉腕凝神之际,黛玉却用手帕甩在宝玉脸上,唬了宝玉一跳。这样便把宝玉对宝钗姿色的羡慕和黛玉的嫉妒准确地传达出来。宝钗对宝玉赞扬《鲁智深醉闹五台山》词藻

之美,宝玉听了得意忘形,拍膝画圈,黛玉则道:

> 安静看戏吧! 还没唱山门,你倒先唱装疯了。

把宝玉赞宝钗之忘情比作装疯,与把宝玉对宝钗之出神比作呆雁,以及在遣词造句、意趣神色上的精巧等,都有异曲同工之妙。刘姥姥初进荣国府时,见凤姐端端正正在炕上坐着,平儿捧上一杯茶来,她——

> 也不接茶,也不抬头,只管拨手炉内的灰,慢慢的问道:"怎么还不请进来?"(六回)

神情逼肖,可谓勾魂摄魄。这些描写都是把人物的形与神巧妙地统一起来,而且浓淡、深浅、疏密都点染得十分准确,犹顾恺之论画所谓"有一毫小失,则神气与之俱变矣"(顾恺之:《魏晋胜流画赞》)。《红楼梦》语言之卓异处,往往就在于它不但能表现人物在特定环境下的思想活动,而且能表现出特定环境下人物刹那间的感情变化,妙在表现得那样深刻入微,恰如其分。

　　《红楼梦》语言的恰如其分还表现在人物性格的刻画上。不同性格的人说不同的话,语言的差异是由性格的不同特点决定的。人物的言行不超出思想性格范围之外,而又能充分地表现他的性格。宝玉一生的言行都不是平凡的。他的思想言论在当时社会条件下都是新颖和奇特的,所以他的话,被称为"混账话"。黛玉的语言以犀利见称,这恰好与她的反抗的性格相一致。宝钗的浑厚、凤姐的泼辣等语言特点,与她们各自的性格也是极其吻合的。其他人物也莫不如此。即如平儿这个丫环,她待人处事,一言一行,不多不少,恰是她应该做和能做到的。探春理家时,因为吴新登的媳妇轻慢了她,她便哭泣大闹起来,有三个丫环捧了沐盆手帕靶镜等物,双膝跪着侍奉她洗脸,平儿这时怎样表现呢?"便忙上来与

探春挽袖卸镯。又接过一条大手巾来,将探春面前衣襟掩了。"忽
然有人来回学里要支宝玉和贾环一年的公费,平儿赶着说:"你忙
什么? 你睁着眼看见姑娘洗脸,你不出去伺候着,倒先说话来! 二
奶奶跟前你也这么没眼色来着?"探春告诉她,在她主子面前吴新
登媳妇未见得敢如此放肆。平儿忙笑道:"他有这一次,管包腿上
的筋早折了两根。""那是他们瞅着大奶奶是个菩萨,姑娘又是个
腼腆小姐,固然是托懒来混。"接着又赔笑道:"姑娘知道,二奶奶
本来事多,那里照看的这些? 保不住不忽略。俗话说,'旁观者
清'。这几年姑娘冷眼看着,或者该添该减的去处,二奶奶没行到,
姑娘竟一添减,头一件,于太太的事有益;第二件,也不枉姑娘待我
们奶奶的情义了。"探春让她去告诉她奶奶,把宝玉、贾环、贾兰学
里的公费蠲了。她紧接着说:"早就该免。旧年奶奶原说要免的,
因年下忙,就忘了。"众媳妇、丫环端上饭来,探春让她回去。她也
忙着上菜,并说二奶奶打发我来,"原是叫我帮着妹妹们伏侍奶奶
姑娘的"。(以上引文皆见五五回)探春让她去和她奶奶商量,关
于大观园兴利除弊的事,她则说:"这件事须得姑娘说出来。我们
奶奶虽有此心,也未必好出口。此刻姑娘们在园里住着,不能多弄
些玩意儿去陪衬,反叫人去监管修理,图省钱,这话断不好出口。"
(五六回)看看平儿这一套话,多么灵活! 一面维护着探春,一面
又尊重凤姐,不阿不谀,不亢不卑,恰巧表现了她所处的特殊地位。
宝钗对她说:

　　你张开嘴,我瞧瞧你的牙齿舌头是什么作的。从早起来
到这会子,你说这些话,一套一个样子;也不奉承三姑娘,也没
见你说你奶奶才短想不到;也并没有三姑娘说一句你就说一
句是;横竖三姑娘一套说出,你就有一套话进去;总是三姑娘
想的到的,你奶奶也想到了,只是必有个不可办的原故。……

他这远愁近虑,不亢不卑。他奶奶便不是和咱们好,听他这一
番话,也必要自愧的变好了,不和也变和了。(五六回)

宝钗的话正是作者对平儿这段语言的看法,说明生活在夹缝间的
平儿只能如此言行,才能使探春消了气,才能博得凤姐的偏疼,才
能在贾府立住脚。马克思在谈到欧仁·苏在小说中引用罪犯的语
言时说:"罪犯的巢穴和他们的言谈反映罪犯的性格,这些巢穴和
言谈是罪犯日常生活的不可分离的一部分。"(《马克思恩格斯全
集》第 2 卷《神圣家族》)平儿的语言同样反映了她的性格,反映了
她的生活背景和社会地位。

　　《红楼梦》语言是为了塑造性格的需要而形成的,和人物性格
的特征是一致的。语言不朴素清新,便不能表现出作品中那些具
有卓异、超俗的思想品质的人物;不蕴藉含蓄,便不能概括出性格
之间和性格本身的内在矛盾;不鲜明准确,也不能显示出人物思想
感情的鲜明倾向性。从《红楼梦》各个人物自己的语言里,或作者
对人物叙述的语言里,我们可以追溯出人物的生活环境,了解人物
的情感、爱憎等。因为这些语言都反映了人物的特殊思想观点、生
活经验、教养和心理等,都反映了人物的特殊生活史。这就是鲁迅
所称赞的:"《水浒》和《红楼梦》有些地方,是能使读者由说话看出
人来的。"(鲁迅:《花边文学·看书琐记》)也就是语言的性格化。
所以,《红楼梦》作为一部伟大现实主义的作品,每个人物的语言,
都显示了丰富深刻的社会因素。

五

　　《红楼梦》语言的性格化,十分突出,所以鲁迅称赞曹雪芹是
这方面"好手段的小说家"。但是,性格化还不能概括《红楼梦》语

言的全部特征。因为任何一部以写人物为中心的文学作品,都应该在语言上达到这样的要求。既然《水浒传》的语言也性格化,那么《红楼梦》与《水浒传》又有什么不同呢? 作家在赋予人物语言以性格的同时,还必然要表现出自己统一的语言风格。这种语言风格是贯彻在作品的始终的,每个人物的语言都统一于其中。这就是为什么同是以写人物为中心的作品,我们一般习惯称关汉卿的语言质朴有意境,王实甫的语言华丽有文采,施耐庵的语言简洁洗练,吴敬梓的语言犀利辛辣的原因。同样,曹雪芹的语言则具体表现为以上所谈的几个方面。

《红楼梦》是用北京话写的,但,这不能构成为它的语言特色。因为方言并不是我们衡量语言的标准和尺度。衡量语言的标准和尺度是要看语言的社会容量和生活表现力,要看语言是否生动、深刻、丰富、准确地概括出生活的特点和规律。北京话之不能成为《红楼梦》语言的特色,犹如山东话之不能成为《水浒传》语言的特色和两湖话之不能成为屈原语言的特色一样。当然,这不妨碍人们指出某某作品是用某地方言写的。但,我们评价的着眼点却不在此。

《红楼梦》表现了我们民族的思想情感和心理状态,采取了普遍为人所理解的朴素、自然、鲜明、准确、概括性高的语言,表现了封建社会叛逆者的生活理想和斗争要求。《红楼梦》语言之所以美,原因就在这里。曹雪芹采取了人民的语言,又提炼、丰富和发展了人民的语言,对祖国的语言作出了巨大的贡献。

当然《红楼梦》的语言不是没有缺点的,其中有些还是因袭了我国传统小说的公式和旧套,像宝玉初见黛玉的形貌是:"两湾半蹙鹅眉,一对多情杏眼。态生两靥之愁,娇袭一身之病。泪光点点,娇喘微微。闲静如姣花照水,行动似弱柳扶风。心较比干多一窍,病如西子胜三分。"(三回)又像写警幻仙子出场的那篇赋等,多是陈词滥调,毫无生气。我们要继承曹雪芹的语言遗产,当然应抛弃这些腐朽的东西,吸收其中有生气的因素。我们要学习曹雪芹如何朴实、鲜明、深刻地描写人物和发掘社会生活,如何丰富、准确地概括社会的重大历史变化,并且要在吸取他的语言的基础上加以发展,以我们今天的豪言壮语,来表现我们这个英雄的时代。

《红楼梦》和古代文学的关系

《红楼梦》是我国古代文学中最伟大的作品,这是为客观实践证明了的。它之所以取得如此高的成就,首先由于作者曹雪芹对他所处的时代的社会生活有清醒的认识,对封建社会的历史有深刻的理解,他是在广阔的现实生活和丰富的社会史的基础上完成他的巨著的;同时,也由于他吸取和借鉴了古代文学优秀的传统和成就,综合运用了这些思想材料和艺术方法,来丰富自己的创作,使自己的创作达到前所未有的高度。《红楼梦》吸取了我国古代文学一切优秀的传统。从文学史的角度看,它应当是它之前的文学艺术的总结。要全面论述《红楼梦》和古代文学的关系的问题,是笔者的能力所不及的,也是这篇文章所容纳不了的。我们只是试图就自己所见到的,从几个重要方面加以探讨,以求正于专家学者。

一

在我国丰富的古代文学中,和《红楼梦》关系最密切的,笔者认为应该是《楚辞》和《庄子》。这两部书是战国时期文学成就最高的作品,它们所表现的思想感情的奔放、想象的奇特、形象的瑰丽,一赋一文,相互辉映,堪称作当时文学的双璧,对后代文学的发展影响很大。《红楼梦》自然不能例外,它受《庄》、《骚》的影响是既深且广的。

先就《楚辞》来讲，《离骚》、《九章》、《九歌》在内容上，反映了战国末期的文学家屈原为了坚持自己的政治理想而和楚国腐朽、顽固的贵族集团的坚决斗争精神，反映了他对高尚情操的砥砺和对理想的执著；在表现形式上，他赋予自己的理想以灵巫的形象，以美丽的女性象征自己的理想。《九歌》所写娱神的活动，含有浓厚的人神恋爱的成分，《离骚》中的高丘神女、宓妃、简狄、二姚等则是自己理想的寄托，通过对这些女子的追求的失败，表达自己追求政治理想幻灭后的悲痛心情。这种文学传统影响到宋玉，便创作了《神女赋》。这篇《神女赋》把《离骚》、《九歌》中的神境，改变成了爱情的梦境，并且把对爱情的追求集中在一个巫山神女身上。在描写神女的面貌和叙述人对神女相感相求的过程等方面，都比屈原的作品前进了一步。到了汉朝，张衡作了一篇《定情赋》，蔡邕作了一篇《检逸赋》（这两篇作品今天仅存残文，《定情赋》见《艺文类聚》卷十八、《文选·洛神赋》注，《检逸赋》见《艺文类聚》卷十八、《北堂书钞》卷一百十），他们都把自己的理想幻化成一个美丽的女性，在幻想、追求、失败的过程中，寄托自己的情思。到了三国时代，曹植继承了这种传统，创作了《洛神赋》。这篇赋也写了一个梦境，在梦幻境界中，有次序地描写洛神的美丽、高洁和他本人的持礼、犹豫，他们的互相追求，最后终于绝望等。作者借此以抒发自己追求理想失败后的人生悲哀。晋朝的陶渊明则作了一篇《闲情赋》，其主要内容和《定情赋》、《检逸赋》相似，描写一个女性的美丽和对这个美丽女性的追求，而且在情调和修辞上都直接吸取了《离骚》的成分。《楚辞》的这种思想精神不但影响到辞赋，也影响到诗歌，像张衡的《四愁诗》、繁钦的《定情诗》，曹植的《美女篇》等等，都是以美丽的女性象征个人的理想与品德，并对之表现了渴慕仰望之情的。

　　《红楼梦》明显地继承了《楚辞》这方面的传统,它的中心人物、曹雪芹的抒情主人公贾宝玉,他那种愤世嫉俗的思想,那种与封建腐朽势力顽强的斗争精神,那种高尚的品格,与《楚辞》中屈原所标榜、坚持和赞许的,可以说是一脉相承。不同的是曹雪芹是18世纪中叶的人物,他作品中的主人公所具有的反对封建伦理、反对封建教育、反对男尊女卑、要求男女平等、追求婚姻自主等思想,则是新的历史时期赋予他的新的内容。曹雪芹在《红楼梦》卷首说:"忽念及当日所有之女子,一一细考校去,觉其行止见识皆出于我之上。"又通过宝玉的口说:"女儿是水做的骨肉","凡山川日月之精秀,只钟于女子"。把女子的品德看得如此高尚,并作为自己理想的象征,表现了对他们的爱慕和景仰,同样有《楚辞》的精神在。当然,曹雪芹从当时的社会生活出发,创作了众多的少女形象,描写了她们摇曳多姿的性格,对她们的不平、反抗和遭遇,都寄以深切的同情,这比《楚辞》的内容具有新的时代特色。特别是宝玉把黛玉看成是自己思想、生活的同调,对她倾注着自己全部的感情,并由衷地表现了对她的尊敬和信任,但是在顽固的封建势力压迫下,终于失败了,演成了一出动人心弦的悲剧。它反映了我国18世纪中叶新旧两种社会力量、两种社会思想的搏斗。这次搏斗以新的社会力量暂时失败而告终。曹雪芹借此抒发了对当时社会的愤慨和不平、希望和失望。

　　和《神女赋》、《洛神赋》把《离骚》的神境变成梦境相似,《红楼梦》也描写了一个梦境,即太虚幻境。贾宝玉神游太虚幻境,遇见警幻仙子一段,不但是对警幻仙子形貌的描写,并且其内容情节的处理,也多学习了《洛神赋》的表现方法,是《洛神赋》境界的扩大。曹植和洛神的相感相求,巫山云雨,既而欢情未了,阴阳顿隔。大梦破灭之后,仍"遗情想象,顾望怀愁"。这种神情,在贾宝玉神游太虚幻境中更充分地体现出来。不但太虚幻境一段,整个《红楼梦》都把全部社会生活寓于梦幻之境。通过梦幻的形式,设置了宏伟的艺术结构,展开了广阔的社会生活,表现了复杂的人与人之间的社会关系,概括了作者对理想的探索和追求。在反映现实生活的深度和广度上,则是《神女赋》、《洛神赋》绝对不能比拟的。

　　《红楼梦》对《楚辞》精神的吸取,更具体地表现在《芙蓉诔》的创作上。这篇诔文是曹雪芹心血的结晶,他曾通过宝玉的口说:"远师楚人之大言《招魂》、《离骚》"及"《秋水》、《大人先生传》"等法","随意所之,信笔而去,喜则以为戏,悲则以言志,辞穷意尽为止,何必效世俗之拘拘于方寸之间哉!"既说明了他取法于前人,又说明了自己的独创性。其中赞扬晴雯的高洁说:

　　　　其为质,则金玉不足喻其贵;其为性,则冰雪不足喻其洁;其为神,则星日不足喻其精;其为貌,则花月不足喻其色。

此即司马迁所谓"其志洁,其行廉,……其志洁,故其称物芳,其行廉,故死而不容自疏。濯淖污泥之中,蝉蜕于浊秽,浮游尘埃之外,不获世之滋垢,皭然泥而不滓者也。推此志也,虽与日月争光可也"。(《史记·屈原列传》)司马迁对屈原的称颂,同样也可以用来概括晴雯一生的行迹。又诔文中赞扬晴雯高标见嫉,遭谗被害说:

　　　　孰料鸠鸩恶其高,鹰鸷翻遭罦罬;薋葹妒其臭,茞兰竟被芟殂!……诼谣謑诟,荆棘蓬榛蔓延户牖。……既忳幽沉于不尽,复含罔屈于无穷。高标见嫉,闺帏恨比长沙;直烈遭危,巾帼惨于羽野。

也同样有屈原在政治上被打击后的精神情操的影响在。应该注意的是诔文中对鲧的看法。鲧本来是尧时的"四凶"之一,因为治水无功，被舜杀死于羽山之野。从屈原开始则把他作为一个刚直的人物来歌颂："鲧婞直以亡身兮，终然夭乎羽之野。"这段诔文也把他作为正面人物加以赞扬，并用他的婞直比拟晴雯，可见曹雪芹在思想上受益于屈原之深。又诔文中招魂那一段，全是学习《楚辞》的《招魂》，同时也融合了《离骚》中神游天界追求美女的部分。曹雪芹通过对晴雯的召唤，表现了对一个与封建制度不妥协者的同情和悲哀：

> 天何如是之苍苍兮，乘玉虬以游乎穹窿耶？地何如是之茫茫兮，驾瑶象以降乎泉壤耶？望伞盖之陆离兮，抑箕尾之光耶？列羽葆而为前导兮，卫危虚于傍耶？驱丰隆以为庇兮，从望舒以临耶？（按：原文作"驱丰隆以为庇从兮，望舒月以临耶"疑抄写有误，故改之。）

"爱格爱诚"，悲悼痛绝，把《楚辞》的精神提到一个新的境界。这不但是诔晴雯，也是诔黛玉，诔一切天真纯洁无辜被残害的女子，所谓"千红一哭，万艳同悲"者也！

在描写环境方面，《红楼梦》也吸取了楚辞的一些表现手法，用芳草衬托美人，"大观园试才题对额"中关于蘅芜院的一段描写，就是把楚辞中的各种芳草具体环境化了。如：

> 且一株花木也无，只见许多异草：或有牵藤的，或有引蔓的，或垂山巅，或穿石隙，甚至垂檐绕柱，萦砌盘阶，或如翠带飘飘，或如金绳盘屈，或实若丹砂，或花如金桂，味芬气馥，非凡香之可比。贾政不禁道："有趣！只是不大认识。"有的说："是薜荔藤萝。"贾政道："薜荔藤萝不得如此异香。"宝玉道："果然不是。这些之中也有藤萝薜荔，那香的是杜若蘅芜，那一种大约是茝兰，这一种大约是清葛，那一种是金䔧草，这一

种是玉蕗藤,红的自然是紫芸,绿的定是青芷。想来《离骚》、
《文选》等书上所有那些异草……"

其中连用了许多"或"字,自然是学习了《诗·北山》、杜甫《北征》、
韩愈《南山》诗的表现手法,但更重要的是他创造了一个环境,这
个环境是用各种奇异的芳草装饰成的。作者明确地说:"想来那
《离骚》、《文选》所有的那些异草"等等,就说明他是吸取了《楚
辞》的一些描写手法。不同的是《楚辞》只以芳草象征美人,而曹
雪芹既以这些芳草象征宝钗的性格,又以这些芳草创造了一个宝
钗活动的环境。宝钗虽然远没有在此出现,但是环绕她、促使她活
动的环境已经形成了。

《红楼梦》吸取了《楚辞》的创作精神和表现方法,塑造了几百
个人物,通过他们的活动,概括了封建社会末期的社会面貌,概括
了封建末世的历史变化。

二

《红楼梦》和《庄子》的关系也极其密切,曹雪芹吸取了不少
《庄子》的营养,以丰富自己的创作。这不但表现在艺术形式上,
更重要的是表现在思想内容上。庄子思想的一个重要方面是反对
儒家学说,反对儒家所标榜的圣人以及圣人所提倡的那些仁义道
德等。司马迁所谓"剽剥儒墨,虽当世宿学不能自免也"(《史记·
老子韩非列传》)。这种思想突出地表现在《胠箧》篇中,而正是这
一篇被曹雪芹用来作为抒发他的主人公思想的重要材料。《红楼
梦》中有一段关于宝玉续《南华经》的描写,表现了他对庄子文章
思想的领会。当宝玉读到"故绝圣弃智,大盗乃止;擿玉毁珠,小盗
不起。焚符破玺,而民朴鄙;掊斗折衡,而民不争;殚残天下之圣

法,而民始可与论议……"一则时,竟"意趣洋洋",在思想上产生了共鸣。所谓"圣法"即仁义道德。他认为"圣"、"智"是天下祸乱的根源,应当"绝圣弃智","殚残天下之圣法",即把仁义道德全部毁掉。这种思想在某种程度上,构成了《红楼梦》反对仁义道德、礼法纲常的有力精神武器。如《红楼梦》中关于元妃省亲那一段,写清朝最高统治者自认为是"至孝纯仁",为了让被他霸占了的嫔妃和她们的父母"略尽骨肉私情",准许她们回家省亲。但省亲的礼节完全按皇家的规矩行事,既行国礼,又行家礼,父母跪拜女儿,女儿垂帘行参,"满心里皆有许多话,只是俱说不出"。唯有啜泣哽咽而已。这种场面虽然叫做"遂天伦之愿",而元春却感到"终无意趣"。贾母等虽然不忍分别,"怎奈皇家规范,违错不得",只有含泪望着元春离去。统治者所宣扬的"体仁沐德"就是如此!作者揭露了仁、孝的虚伪性和反动性,揭露了最高统治者、圣者是人间苦难的制造者,他虽然没有明确地说要"殚残天下之圣法",但是通过他的艺术描写,却使人认识到所谓仁义道德等是完全要不得的。《红楼梦》还描写了封建礼法的森严和在这种森严礼法掩饰下贵族阶级的丑言秽行。贾敬死了,在办丧事期间,贾珍和贾蓉"为礼法所拘,不免在灵旁藉草苫块,恨苦居丧;人散后,仍乘空寻他小姨子厮混"。贾蓉还为自己的淫乱行为辩护说:"从古至今连汉朝和唐朝,人还说脏唐臭汉,何况咱们这宗人家。"可谓不知羞耻到了极点。尤氏曾指责说:"你们家下大小的人,只会讲外面儿的虚礼假体面,究竟做出来的事都够使的了。"一句话揭穿了礼法的虚伪性,所谓"礼法"云云,不过是贵族阶级丑言秽行的遮羞布而已。当然,《红楼梦》反对封建伦理道德,并不是从庄子的思想出发的,但在思想精神上确是有前后相承的关系。曹雪芹是适应了他那个时代反封建的思想潮流,吸取了他那个时代进步的民主思想,形成了自己的世界观,并从而对封建道德、礼法、纲常等进行批判的。因此,他比庄子对儒家思想的批判更深刻更彻底,而且不仅仅批判了儒家思想,还批判了建立在儒家思想基础之上的全部封建制度,批判了封建社会整个上层建筑。

庄子思想的另一方面是反对功名富贵,他把仕进做官看做是对人生的最大束缚和侮辱。据《史记·老子韩非列传》记载,他曾却楚王之聘,又据《秋水》篇记载,他曾向惠施解释决不代惠施为相:

> 惠子相梁,庄子往见之。或谓惠子曰:"庄子来,欲代子相。"于是惠子恐,搜于国中三日三夜。庄子往见之,曰:"南方有鸟,其名为鹓鶵,子知之乎?夫鹓鶵,发于南海,而飞于北海;非梧桐不止,非练实不食,非醴泉不饮。于是鸱得腐鼠,鹓鶵过之,仰而视之曰:'吓!'今子欲以子之梁国而吓我邪?"

他以鹓鶵自况,嘲笑惠施所居的相位,不过如鸱鸦所得的一只腐鼠而已。同样他在《逍遥游》中说:"故夫知效一官,行比一乡,德合一君,而征一国者,其自视也亦若此矣。"对追逐于仕途中的人物表示极大的蔑视。这种思想和《红楼梦》中表现的也大体一致。曹雪芹的抒情主人公贾宝玉,就曾指斥那班追名逐利的官僚们为"国贼禄鬼",他笔下的那些官吏,如"沽清正之名而暗结虎狼之属"的应天府贾雨村,趋附权贵的长安节度云光,卖官鬻爵的内监戴权,为虎作伥的赵堂官,贪图几千两银子私贿的太平县知县,残害百姓的平安州节度,权谋倾诈的忠顺王,结党营私的北静王等,都是"国贼禄鬼"的典型。贾宝玉"本就懒与士大夫诸男人交接",对这些利禄之徒更表示深恶痛绝。当湘云劝他留心此道时,他顿时拉下脸来,当面给她难堪。面对宝钗的规谏,他辱骂道:"好好一个清静洁白的女儿,也学的沽名钓誉,入了国贼禄鬼之流!"在对待功名利禄这个原则问题上,不论亲疏都表现了鲜明严峻的态度。曹雪芹不但鄙弃仕进的途径,而且揭露了这一套学问的真相,认为这"总是前人无故生事,立言竖辞,原为引导后世的须眉浊物"而捏造出来的,因而斥之为"混账话"。但是应该指出,曹雪芹的思想和庄子有很大不同。庄子处在战国那个动乱的社会,他之厌恶功名富贵,不愿做官,完全是为了"保身""全生"。为了活命,他"宁游戏污渎之中自快,无为有国者所羁"。他的人格并不高,是极端利己主义的。曹雪芹处在封建末世,他出于对社会的关心,对现实政治腐朽的不满,才以一支辛辣的笔揭露官场的黑暗,揭露官僚士大夫利欲熏心的丑行,表现了一种不与世俗同流合污的精神,所谓"矙然泥而不滓者也",他的人格是纯洁的,思想是高尚的。二者的思想本质决然不同,泾渭分明。

庄子主张"任自然",反对对事物进行任何雕饰。他认为只有未经人力加工过的自然才有价值。这种观点在《红楼梦》中也得到了反映。不过,曹雪芹扬弃了庄子那种返璞归真、反对一切物质文明的复古倒退的思想,而发展成为自己的自然美的美学观点,主张用自然、质朴的形式不加粉饰地真实地反映社会生活。作者曾特别强调质朴、自然地再现生活,例如他对大观园中稻香村的设置即发了这样一段议论:

> 此处置一田庄,分明见得人力穿凿扭捏而成:远无邻村,近不负郭,背山山无脉,临水水无源,高无隐寺之塔,下无通市之桥,峭然孤出,似非大观,争似先处有自然之理,得自然之气?虽种竹引泉,亦不伤于穿凿。古人云:"天然图画"四字,正畏非其地而强为地,非其山而强为山,虽百般精巧,而终不相宜。

　　就是批评稻香村之做作、扭捏，而不合自然之趣，也就是不符合生活真实。又如麝月代芳官梳妆，宝玉则说："他本来面目极好，到别弄紧衬了。"宝钗说自己"怕熏香，好好的衣服熏的烟燎火气的"。都是反对艳装浓饰，主张自然美。《红楼梦》中对人物和景物的描写都以自然、质朴见长，它所展开的生活面宛如自然万物的天籁之音，毫无人工斧凿的痕迹。在作者看来，只有朴实、不加雕琢、按照生活本来的面貌描写生活，才能表现出生活的"真"，也就是所谓"美"。一部《红楼梦》就是在这种文学观点指导下创作的，因此，它是我国 18 世纪社会生活真实、生动的再现。

　　庄子在艺术创作上，特别注意一志凝神，即意志专一、全神贯注。像"以神遇而不以目求"的庖丁解牛（《养生主》），"用志不分，乃凝于神"的痀偻承蜩（《达生》），"以天合天"的梓庆为鐻（《达生》），"尽垩而鼻不伤"的匠石运斤（《徐无鬼》），都是对艺术创作的精神集中状态以及技术纯熟的作用的阐述。《红楼梦》也继承了这种一志凝神的精神来描写人物，达到了艺术上的高超境界。如宝玉当听到黛玉向他倾诉肺腑之言后：

　　　　出了神，见袭人和他说话，并未看出是何人来，便一把拉住说道："好妹妹，我的这心事……"袭人听了这话，唬得魄消魂散，只教神天菩萨坑死我了，便推他……宝玉一时醒过，方知是袭人送扇子来。

宝玉听了黛玉的心声之后，全神贯注，一时竟忘情，黛玉走了也不知道，反把袭人当成黛玉。这种传神之笔，正是作者创作时一志凝神的表现。又如宝玉偷看龄官画"蔷"一段描写也很出色：

　　　　里面的原是早已痴了，画完一个又画一个，已经画了有几千个"蔷"。外面的不觉也看痴了，两个眼睛珠儿只管随着簪子动。

龄官聚精会神在画"蔷"字,宝玉则聚精会神在看她画,至于一场
骤雨之后,竟不知自己的衣服全被湿透了。这种描写,不但表现了
人物的凝神而忘情,作者自己也达到了忘我的境地。由于创作的
专心致志,技巧的卓越纯熟,作者的笔完全能按照人物的精神活动
挥洒自如,按照生活的逻辑规律涂抹点染,而把自己排斥在外。一
部《红楼梦》都是作者"用志不分,乃凝于神"的创作,曹雪芹把自
己的全副精力都集中在要描写的人物和社会生活上,把全部的思
想、情感、血肉都贯注于要描写的对象之中,"字字看来皆是血,十
年辛苦不寻常",《红楼梦》是曹雪芹心血的结晶。

　　庄子在体裁上善于用寓言、重言、卮言进行写作。《天下》篇
即说他"以天下为沉浊,不可与庄语,以卮言为曼衍,以重言为真,
以寓言为广"。寓言、重言、卮言的作用虽然不尽相同,但在概括社
会生活方面却有共同的特点,即以隐喻的形式表现一种发人深思
的内容。这种文学形式同样影响了曹雪芹,他也由于当时政治的
黑暗,深怕触犯清代的文网,才采用了这种形式,犹如尤侗写《钧天
乐》时所谓"莫须有想当然,子虚子墨同列传,游戏文成聊寓言"一
样,都有说不出的政治苦衷。曹雪芹在《红楼梦》卷首即声称这部
作品是"假语村言"、"真事隐去",所谓"假作真时真亦假,无为有
处有还无"。又说娲皇补天剩下一块石头,"石上字迹分明,编述
历历",被空空道人"从头至尾抄录回来,问世传奇"。还说绛珠仙
草向神瑛侍者还泪等等,就是卮言、重言、寓言的综合运用。整部
《红楼梦》或隐或显地寓于这种形式之中。其中所包含的深刻内
容,作者唯恐读者不了解,所以开篇即指出:"满纸荒唐言,一把辛
酸泪! 都云作者痴,谁解其中味?"篇末又说:"说到辛酸处,荒唐
愈可悲。由来同一梦,休笑世人痴!"(按以下所举例子亦有八十

回以后者)首尾一贯。《红楼梦》全部的丰富、深刻的思想内容都寓于"谬悠之说,荒唐之言,无端崖之辞"(《庄子·天下》)之中。

三

《楚辞》、《庄子》之外,给《红楼梦》创作以深刻影响的,应该是李义山的诗。李义山诗的内容以爱情见长,意境以新奇著称,曹雪芹吸取了他诗歌的特点,来描写自己作品中的人物和环境,创造典型环境中的典型性格。如宝玉到潇湘馆来,见黛玉屋里挂着一幅单条,上面写有"斗寒图"三个字,宝玉问黛玉是什么出处,黛玉说:"岂不闻青女素娥俱耐冷,月中霜里斗婵娟。"指出了是李义山《霜月》诗中的两句。同时,描绘了这幅画境:

> 上面画着一个嫦娥,带着一个侍者;又一个仙女,也有一个侍者,捧着一个长长的衣囊似的;二人身旁边略有些云护,别无点缀,全仿李龙眠白描笔意。

这是对这首诗的意境的想象和再创造,用来烘托黛玉的环境和性格。下面接着写到:

> 但见黛玉身上穿着月白绣花小毛皮袄,加上银鼠坎肩;头上挽着随常云髻,簪上一枝赤金匾簪,别无花朵;腰下系着杨妃色绣花绵裙。

便是完全按照青女、素娥的形象来具体描写黛玉了。这时正是黛玉和宝玉的爱情发展的顶端,从此便第一次传说宝玉定亲的事,黛玉几乎因之丧命。之后,黛玉在婚姻问题上的遭际就每况愈下了。这是黛玉性格发展的转折点,曹雪芹化用李义山这两句诗的意境,把黛玉的思想、情操、精神升华了,提高到一个新的境界。

又如宝玉、黛玉跟随贾母游宴大观园时，看到河里的残荷败叶，宝玉建议叫人拔掉，黛玉说：

> 我最不喜欢李义山的诗，只喜他这一句："留得残荷听雨声。"偏你们又不留着残荷了。

宝玉称赞道："果然好句！"下文即描写：

> 到了花溆的萝港之下，觉得阴森透骨，两滩上衰草残菱，更助秋情。

按李义山《宿骆氏亭寄怀崔雍崔衮》诗云："秋阴不散霜飞晚，留得枯荷听雨声。"这一段景物的描写，即把李义山这两句诗的情景环境化了，不但衬托了宝、黛二人的心情和爱好，而且反映了他们反对雕饰、追求自然美的观点。

即便如黛玉的《葬花》诗，人们多认为在遣词造意上是学习了刘希夷的《代悲白头翁》和唐寅的《落花》诗写成的，这当然是有道理的，但我认为在情景上也深受李义山诗的影响。李义山《落花》诗云："高阁客竟去，小园花乱飞。参差连曲陌，迢递送斜晖。肠断未忍扫，眼穿仍欲归。芳心向春尽，所得是沾衣。"又《天涯》诗云："莺啼如有泪，为湿最高花。"黛玉的《葬花》诗在精神上和李义山的这类诗是一致的。不同的是曹雪芹把这类诗的情景性格化了，使它成为黛玉悲剧性格的一部分，用来抒发黛玉对不幸遭遇的不满，对封建社会的愤慨。其意义和李义山诗所表现的没落情调，是不可同日而语的。

在抒发人物的内在情感和表现人物的精神状态方面，曹雪芹往往吸取李义山诗的情景，而赋予更丰富的意义，黛玉的一生是爱落泪的，这是她作为一个贵族阶级小姐抒发自己的感伤、悲痛的形式，是她对理想生活充满希望而这种希望得不到实现时的情感的流露。希望与现实的距离越来越远,她的泪水也逐渐枯竭了。她自己也说:"心里只管酸痛,眼泪却不多。"到焚稿时,她的生命已经燃烧到了终点,不但没有泪,而且只有憎恨了。此情此景正是李义山《无题》所谓"春蚕到死丝方尽,蜡炬成灰泪始干"的境界了。曹雪芹把这两句诗的内容,通过具体的人物性格体现出来,塑造了黛玉这个贵族小姐的悲剧形象。又宝玉和黛玉由于封建势力的压抑,长期不敢倾吐真情,经常憋得满脸是汗、是泪,最后终于在宝玉热切的要求下,黛玉才说了一句:"有什么可说的? 你的话我都知道了。"即李义山《无题》所谓"心有灵犀一点通"也。它反映了宝、黛二人在特殊情况下的心理状态。宝玉生日,大家到大观园游戏,其中一项是"射覆"。宝琴覆,香菱射;探春覆,宝钗射。亦即李义山《无题》所谓"分曹射覆蜡灯红",它反映了贵族家庭的生活情调。

　　当然,《红楼梦》和李义山诗的密切关系,决不止这些,在描写爱情的真挚上,在意境的新奇上,在总的精神上,都和李义山的诗是一脉相承的。即如全书以甄贾为缘起,其中也不无李义山《无题》之"贾氏窥帘韩掾少,宓妃(即甄后)留枕魏王才"的精神在。不过,曹雪芹写的是小说,他把李义山诗的情景通过塑造众多的人物体现出来,反映了广阔的社会生活,展现了更高的境界,这是一个杰出的创造。

　　苏轼的诗文也给《红楼梦》的创作以很大影响。苏轼在思想上多承受着老庄和佛家的传统,生活态度上表现出超脱、随缘自适的精神。在文学上主张文应"如行云流水,初无定质,但常行于所当行,常止于所不可不止"(《答谢民师书》)。认为文应该称意:"意之所到,则笔力曲折无不尽意。"(何薳:《春渚纪闻》引苏轼语)要创造一个"文理自然,姿态横生"(《答谢民师书》)的境界。他的诗文创作就具体体现了他的思想和主张。《红楼梦》明显地受有苏轼思想和创作实践的影响。它承受有老庄、佛家思想的传统自不待言，至于文笔，和苏轼的诗文也是一致的。裕瑞《枣窗闲笔》记载曹雪芹"善谈吐，风雅游戏，触景生春。闻其谈，娓娓然令人终日不倦"。这虽然讲的是他的言谈，但是以言谈为基础，他的文笔又何尝不如此！曹雪芹的文笔诚如行云流水，滔滔不绝，而且能曲尽人意，俚趣横生，形成《红楼梦》艺术上的重要特色。

《红楼梦》受苏轼创作的影响，我们可以从贾母与全家人中秋赏月一回得到说明。这一回在情景、文笔方面多吸取苏轼《水调歌头》（丙辰中秋，欢饮达旦，大醉，作此篇，兼怀子由）和《赤壁赋》。当明月初上时，贾母曾有这样一段感慨：

> 往年你老爷们不在家，咱们请过姨太太来，大家赏月，却十分热闹；忽一时想起你老爷来，又不免想到母子夫妻儿女不能一处，也都没兴；及至今年，你老爷来了，正该大家团圆取乐，又不便请他们娘儿们来说说笑笑；况且他们今年又添了两口人，也难丢了他们，跑到这里来；偏又把凤丫头病了，有他一个人在这里说说笑笑；还抵得十个人的空儿；可见天下事总难十全。

这段描写，文字极其自然流畅，毫无雕饰。特别是其情景和苏轼《水调歌头》中之"人有悲欢离合，月有阴晴圆缺，此事古难全，但愿人长久，千里共婵娟"是相通的。曹雪芹把这首词的情景，用朴素的语言表现出来，抒发了贾母感伤、没落的情绪。

在赏月的过程中，贾母看见月到中天，因而想到："如此好月，不可不闻笛。"说话之间：

> 猛不防那壁厢桂花树下，呜呜咽咽悠悠扬扬，吹出笛声

来。越显的这明月清风,天空地净,真令人烦心顿解,万虑齐除。都肃然危坐,点头相赏。约两盏茶时,方才止住,大家称赞不已。

这种对月下闻笛情景的描写,可谓委婉曲折无不尽意。犹如苏轼《前赤壁赋》中之"客有吹洞箫者,倚歌而和之,其声呜呜然,如怨如慕,如泣如诉,余音袅袅,不绝如缕,舞幽壑之潜蛟,泣孤舟之嫠妇。苏子愀然,正襟危坐"等等,都倾泻着一种悲凉的情调。当夜深风寒,贾母颇有伤感之意,但仍留恋夜景,不肯离开:

> 夜静月明,各人随心想向,彼此都不禁有凄凉寂寞之意,半日方知贾母感伤,才忙转身陪笑发语解释,又命斟暖酒且住了笛。……只见贾母已朦胧双眼,似有睡去之态。尤氏方住了,忙和王夫人轻轻的请醒。贾母睁眼笑道:"我不困,白闭闭眼养神。你们只管说,我听着呢。"王夫人等笑道:"夜已四更了,风露也太清冷,老太太歇着吧,明日再赏十六,也不辜负这月色。"贾母道:"那里就四更了?"王夫人笑道:"实在四更天了……"

这段描写是作者对《前赤壁赋》中之"洗盏更酌,肴核既尽,杯盘狼藉,相与枕藉乎舟中,不知东方之既白"的情景的丰富和扩大。贾母那种不知疲倦的神态和作者那种"娓娓然令人终日不倦"的文笔,姿态横生,有异曲同工之妙。

又黛玉和湘云在月光之下、池水之边,乘兴联句时,有这样一段描写:

> 只见天下一轮皓月,池中一轮水月,上下争辉,如置身于水晶宫鲛绡室之内。微风一过,粼粼然池面皱碧铺纹,真令人神清气净。湘云笑道:"怎得这会子坐上船吃酒到好! 这要是

我家里,这样我就立刻坐船了。"

这种情景则如《前赤壁赋》中:"清风徐来,水波不兴,举酒属客,诵明月之诗,歌窈窕之章。少焉月出于东山之上,徘徊于斗牛之间。白露横江,水光接天。"黛玉和湘云的中秋联句,宛若"明月之诗"、"窈窕之章"。情景相似,历历可见。《前赤壁赋》是苏轼被贬到黄州时写的。他的情绪是低沉的,思想是消极的,用这篇小赋来抒发人生幻灭之感,以清风明月来填补自己心境的空虚。贾母中秋赏月是当贾府即将衰败之时,所谓"凸碧堂品笛感凄清,凹晶馆联诗悲寂寞"。她虽然还想和从前一样过一个热热闹闹的团圆节,但是人们病的病了,散的散了,即使自己强打精神,怎奈人们终无意趣,在精神、情感上和苏轼有相通之处。但是,《前赤壁赋》只是个人抒情,而《红楼梦》则通过抒情,描写人们对中秋赏月之无兴致,名为团圆,实则离散悲伤,反映了贾府必然衰落的历史命运,具有丰富深刻的社会意义。在文笔方面,极善于描情状物,曲尽人意,创造出"文理自然,姿态横生"的境界。

这里只是以一个重要章节为例,然而举一隅以概其余,整部《红楼梦》又何尝不如此!作者在思想生活上那种企图冲破封建秩序的超脱态度,那种要求发展个性的放荡不羁的精神,以及在文笔上那种如行云流水滔滔不绝的格调,是贯穿《红楼梦》全书的。《红楼梦》明显地吸取了苏轼的文学创作和精神。

四

我国古典诗词给《红楼梦》创作以有力影响的,绝对不止这些。韩愈、晏几道、辛弃疾等人的创作也给《红楼梦》以丰富滋养,对《红楼梦》的成书,起了一定的哺育作用。韩愈《谁氏子》诗云:

"非痴非狂谁氏子,去入王屋称道士。白头老母遮门啼,挽断彩袖留不止。翠眉新妇年二十,载送还家哭穿市。……"《红楼梦》第一百十七回"阻超凡佳人双护玉"和一百十九回"中乡魁宝玉却尘缘"所写,应即借鉴了这首诗,进行创造,形成了宝玉和老母、娇妻生离死别的场面。又晏几道《鹧鸪天》词云:"从别后,忆相逢,几回魂梦与君同。今宵剩把银釭照,犹恐相逢是梦中。"《红楼梦》中"薛宝钗出闺成大礼"一则,宝玉被骗,以为娶的真是黛玉,当揭开盖头"睁眼一看,好像是宝钗,心中不信,自己一手持灯,一手擦眼一看,可不是宝钗吗!……此时心无主意,自己反以为是梦中了"。作者化用了这阕词的情景,借以表现宝玉对黛玉梦寐以求的心情,并揭露贾母、凤姐等人的骗术。辛稼轩《夜游宫》(苦俗客)云:"几个相知可喜,才厮见,说山说水。颠倒烂熟,只这是怎奈向,一回说、一回美。有个尖新底,说底话、非名即利。说的口干罪过你,且不罪、俺略起、去洗耳。"书中贾雨村要见宝玉,宝玉说:"我也不过俗中又俗的一个俗人罢了。"湘云劝宝玉:"也该会会这些为官做宦的,谈讲谈讲那些仕途经济……"宝玉听了,大觉逆耳,讥讽说:"姑娘请别的屋里坐坐吧,我这里仔细腌臢了你这知经济的人!"而且据袭人说,上次宝钗也劝过一回,"他也不管人脸上过不去,咳了一声,拿起脚来就走了"。曹雪芹所写与辛稼轩这阕词的精神一脉相承,创造了贾宝玉蔑视功名利禄的超凡脱俗的性格。又如辛稼轩《恋绣衾》(无题)"合手下、安排了,那筵席、须有散时"之于《红楼梦》中小红所谓"千里搭长棚,没有个不散的筵席"。唐寅《宫词》"花开花落悄无人,强把新诗教鹦鹉"之于《红楼梦》中黛玉教鹦鹉念诗等等,在情景上极其相似。曹雪芹融汇了这些情景,为创作自己笔下的人物和环境服务。如果把《红楼梦》比作一幅五光十色的织锦,那么这些情景便是这幅织锦中灿烂的锦线,而《红楼梦》正是由这无数锦线织成的具有人物生活图景的巨幅锦绣。

《红楼梦》和古代文学的关系是极其密切的。它是我国古代文学优良传统发展的必然结果。曹雪芹善于吸取古代文学的优良传统，在新的历史条件下加以创造，成为自己描写生活、表现生活的重要因素。特别是在反封建的精神上，《红楼梦》和古代民主文学是一脉相承的。有了《红楼梦》，我国古代文学的民主性精华得到大发扬！研究《红楼梦》和古代文学的关系，不仅对了解这部伟大作品的独特成就有重大意义，并且可以理解曹雪芹在我国文学史上"继往开来"的历史地位。

《红楼梦》的政治倾向

《红楼梦》是一部具有鲜明政治倾向的小说。这种政治倾向表现为政治思想领域中新的、进步的势力与旧的、腐朽势力的斗争。这种鲜明的政治倾向,在"四人帮"把持文艺阵地的时期,在他们反动文艺思想的影响下,却被抹煞了。像洪广思就单纯统计《红楼梦》中被迫害死的几十条人命和计算四大家族每年的剥削量,把《红楼梦》看成是纯客观的一部历史资料,这就抹煞了作为一部现实主义小说的典型概括的意义。又象柏青则花了很大功夫捕风捉影地研究《红楼梦》与雍正夺嫡的关系。在"四人帮"阴谋篡党夺权的情况下,他们抛开《红楼梦》的思想内容,而在"夺嫡"问题上大做文章,其目的不是昭然若揭了吗? 恩格斯曾赞扬说:"悲剧之父埃斯库罗斯和喜剧之父阿里斯托芬都是强烈的倾向诗人,但丁和塞万提斯也是如此;而席勒的《阴谋与恋爱》的主要价值就在于它是第一部德国的政治的倾向戏剧。"而且进一步说:"我认为倾向应当是不要特别地说出,而要让它自己从场面和情节中流露出来,同时作家不必把他所描写的社会冲突的将来历史上的解决硬塞给与读者。"(《给明娜·考茨基的信》)他不但重视文学作品的倾向性,而且指出应当如何表现倾向性。但是洪广思等人虽然口头上也讲"政治历史小说",实际上他们抹煞了文学作品形象思维的特点,抹煞了作为现实主义小说典型概括的特点,把《红楼梦》看成是一部自然主义的暴露文学。因此,从典型人物、典型事件人手,分析《红楼梦》的鲜明政治倾向及其在当时的意义,肃清"四人帮"在《红楼梦》评论中散布的流毒和影响仍然是十分必要的。

《红楼梦》产生在十八世纪中叶清代乾隆朝那个特定的历史环境中。那个历史时期,八旗皇族的土地所有制开始衰落,大地主对土地的买卖经营逐渐发展;官营手工业大量被皇族"监督",造成了严重的财政困难,城市私营手工业的发展,却对社会经济起了一定的推进作用,皇族所控制的商业和对外贸易停滞不前,私营商业则趋向繁荣;银用货币的逐渐被使用,商品经济关系在增长;手工业开始和农业分离,我国农业和家庭手工业相结合的特殊形态逐渐被打破。一句话,清朝建国初期曾经被摧残了的资本主义生产关系的萌芽开始复苏。马克思曾经指出:"在不同的所有制形式上,在生存的社会条件上,耸立着由各种不同感情、幻想、思想方式和世界观构成的整个上层建筑。"(《路易·波拿巴的雾月十八日》)作为这种新的萌芽状态的"所有制形式"在上层建筑领域里的反映,出现了新的感情、幻想,新的思想方式。这种新的因素是从旧营垒中产生的,它一方面对封建制度有冲击作用,另一方面也摆脱不了旧营垒和传统思想的影响。新的要冲破旧的,而旧的又束缚着新的。这是一个新与旧、进步与保守、先进与反动激烈斗争的时代。

这个时代在上层建筑领域中最腐朽、最保守、最反动的思想是程朱理学。理学是封建社会后期儒家思想的发展,"宋儒,今之尧舜周孔也"(《习斋记余》卷三)就是讲理学是儒学嫡传。理学的核心是"存天理,灭人欲。"(《朱子语类》)他们把反动的伦理纲常说成是"天理",而把一切违背、反抗"三纲五常"的思想要求,看成是万恶的"人欲",企图用反动的伦理纲常扼杀一切反封建的斗争。这种伦理纲常是清代社会的精神支柱,是全部封建制度的政治思想基础。曹雪芹站在新的进步的立场上，代表新的感情、幻想，新的思想方式向旧的反动的历史潮流进行了猛烈的冲击，对保守、腐朽的政治法律、文化教育、伦理道德、宗教信仰、恋爱婚姻等整个上层建筑，进行了彻底的批判。在批判中渗透了自己的理想、愿望和对未来的憧憬，"从批判旧世界中发现新世界。"（马克思《致卢格》）

一　对政治法律的批判

清朝的政治法律制度，都是在"存天理，灭人欲"这个反动哲学思想基础上形成的。所谓"灭人欲"，主要是针对农民起义的，在他们看来，农民造反是最大的"人欲"；同时也是针对其他阶级或阶层的反迫害反摧残的斗争的。清朝的政治法律制度的确立，都是从镇压和消灭一切反封建斗争的总目标出发的，他们的最终目的是"存天理"，即永久维护其封建统治秩序。

乾隆年间《大清律例》的重修，乃是集历代刑法之大成。它说明清朝统治者对人民的统治和镇压更加严密和残酷，说明地主官僚阶级鱼肉人民的贪酷欲望得到了更有力的法律的保障。"告示出的越厉害，越是想钱的法儿。"这是下层人民在长期被压迫被剥削的过程中对封建的司法制度和司法机关最清醒的认识。那末，清朝统治者所制定的刑律、法典越严密、完备，越说明他们想更严酷地榨取、敲剥人民，以满足自己贪得无厌的私欲。

封建社会的政治法律，从根本上讲都是维护官僚地主阶级利益的，官僚地主阶级内部的根本利益是完全一致的。但是，在通过政治法律去镇压、勒索人民的问题上，他们又各怀鬼胎，互耍阴谋，因此造成了最高统治者这个立法人和大官僚、地方官吏等这些执法人之间的错综复杂的矛盾。官吏这类执法人，为了个人的私利，可以对国家法律进行各种解释和补充，也就是"徇私枉法"。而最高统治者这个立法人，则深怕"以天生有限之物力，民间易尽之脂膏，尽归贪吏私橐。"（《清圣祖圣训》卷十）便大惩贪污之风，以充实他的"公橐"，因此形成了无休止的明争暗斗。至于那"以钻营为取进之阶，以苟且为服官之计"（《清史稿·洪亮吉传》）的龈龈营私的作风，更是极为普遍和严重。在这种上下各级官吏竞相压榨、迫害下，人民的苦难就更深重了。

《红楼梦》的作者就深刻地揭露了在反动的政治法律的压迫下人民的苦难遭遇。毛泽东同志曾经指出："军队、警察、法庭等项国家机器，是阶级压迫阶级的工具"（《论人民民主专政》）。封建的司法制度和司法机关就是封建国家机器中重要的组成部分，它直接行使官僚地主阶级专政的职能，是镇压人民的残酷工具。《红楼梦》就尖锐地批判了作为官僚地主阶级向人民专政的官府、法律的阶级实质，深刻地揭露了官府、法律等封建国家机器是人民苦难的根源。尽管作者在卷首声明："此书不敢干涉朝廷"，"亦非伤时骂世之旨"，那不过是在清代文网严密的情况下，为了逃避政治迫害所散布的烟幕，所谓"假作真时真亦假，无为有处有还无"，以假饰真，真寓于假。和尤侗写《钧天乐》时声明："莫须有想当然，子虚子墨同列传，游戏文成聊寓言"的道理一样，都是由于政治上的苦衷，而不得已焉。实际上他的笔锋是直接指向那个"朝廷"，指向那个"时世"的。他有时直书"自临浊世"，更多的情况是通过具体的描写抨击"时政"。这种描写自第四回"葫芦僧判断葫芦案"开其端绪，而贯穿于全书。

"葫芦僧判断葫芦案"在表现作者创作意图和思想的前五回中是关键的一回，是作者有意的安排，匠心的经营，是他着意打进去的一个楔子,是全书的序幕。这一回描写了贾、史、王、薛四大家族依靠他们的豪富、权势,互相勾结起来利用政权、司法机关压迫、剥削、残害人民的罪行。这种封建家族在当时具有时代的特征,因为在我国封建宗法社会中,一些政治集团往往是由几个同姓家族结成的,他们上可以倾动朝廷,下能够操纵官府,"扶持遮饰俱有照应"。康熙年间大官僚徐乾学、高士奇相比昵,就有"'九州贡赋归东海,万国金珠献澹人'之谣。"(昭梿《啸亭杂录》卷一"优容大臣")徐是昆山人,高字澹人,所以说"归东海"、"献澹人"。又大官僚马齐、马武兄弟"权重一时,时谚云:二马吃尽天下草。"(昭梿《啸亭杂录》卷九"马太傅")《红楼梦》中贾、史、王、薛四大家族正是这种历史现象的典型概括。毛泽东同志曾深刻指出:"在封建国家中,皇帝有至高无上的权力,在各地方分设官职以掌兵、刑、钱、谷等事,并依靠地主绅士作为全部封建统治的基础。"(《中国革命和中国共产党》)毛泽东同志的话揭露了官僚地主阶级专政的实质。一纸"护官符"所反映的就是这种官僚地主阶级在政治法律方面对人民的专政。

在这种官僚地主阶级专政下,广大人民则处于水深火热之中,官僚地主阶级的所谓"盛世",不过是广大人民的地狱。他们的斩断杀伐、奸淫抢掠,事实上都得到政权、法律的保障。冯渊、英莲就是在这种残酷的政治法律迫害下的牺牲者。冯渊被呆霸王薛蟠白白打死了,家里人"告了一年的状,竟无人做主",不能伸冤,而薛蟠"却视为儿戏,自谓花上几个钱,没有不了的",逍遥法外,像没事人一般。英莲从五岁被拐出来,受了拐子七八年的折磨,问她底细时,"他说是打怕了的,万不敢说,……再四哄他,他又哭了,只说:'我原不记得小时的事!'"这是一幅多么悲惨的景象!后来被卖给冯渊,偏偏又逢上这个"弄性尚气"的霸王,"打了个落花流水,生拖死拽,把个英莲拖去,如今也不知死活。"这是封建帝王和作为他的统治基础的地主绅士统治下的血淋淋的阶级压迫的事实。面对这一事实,"从前的官府,都因碍着情分脸面",置之不理。贾雨村则由于自己升任应天府尹,全系"贾府王府之力,此薛蟠即贾府之亲",便"徇情枉法,胡乱判断了此案"。从此贾雨村便成了贾府的座上客,薛蟠依然淫逸无度,冯渊仍旧含冤九泉,英莲由火坑又陷入无边苦海。这说明官僚地主阶级专政是广大人民苦难的根源,说明官僚地主阶级"灭人欲",是为了满足自己最大的私欲。

曹雪芹在描写"护官符"这个案件时,匠心地用"葫芦僧判断葫芦案"这个回目。"葫芦"是古代俗语"葫芦提"一词的简化,就是糊里糊涂的意思。那么在作者看来,这个案件的处理就是是非颠倒、皂白不分的。脂砚斋甲戌本对这个故事批道:"起用葫芦字样,收用葫芦字样,盖云一部书皆系葫芦提之意也,此亦系寓意处。"可谓深得作者的原意。那就是说《红楼梦》全书都是写四大封建家族依靠政治法律任意压迫、残害人民的罪行,葫芦僧判案不过开其端绪而已。

"财富是间接地但也是更可靠地运用它的权力的",它可以"直接收买官吏",或者"政府和交易所结成联盟"(恩格斯《家庭、私有制和国家的起源》)。这是恩格斯对资产阶级国家的分析。在封建社会中,官僚地主阶级也同样利用它的财富支配着政府和官吏,为非作歹,欺压人民,残害百姓。就以薛蟠这个霸王来说,他除了打死冯渊、抢走英莲之外,还打死了酒店里"当槽儿"的张三。案子证据确凿,无法抵赖,薛家却"花了好些钱,各衙门打通了",又用威胁利诱的手段买通了证人、书吏,改轻了"尸格",果然把"死罪撕掳开了"。清代"五刑赎罪之例"规定:"若过失杀伤人,自答罪至绞罪者,并准收赎。"这实际上是为有钱的官僚地主阶级特设的方便之门,是怂恿他们为非作歹的官样文章。而张三的母亲呢?她只靠张三当酒保来维持生活,在公堂上她"哭着乱嚷",要求官府秉公裁断,而知县却喝令众衙役:"撵他出去!"这就是封建官吏和法律的阶级实质。贾赦贪图几把古扇,贾雨村便乘机献媚,把个"穷得连饭也没的吃"的石呆子,抓到衙门里,"讹他拖欠官银","把这扇子抄了来",送给贾赦,逼得石呆子家破人亡。王熙凤贪图三千两银子,包揽词讼,指使长安节度使云光,拆散了地主女儿张金哥和长安守备的儿子订立的婚约,逼得他们一个悬梁自杀,一个投河而死。特别是王熙凤发现贾琏偷娶尤二姐之后,指使张华到察院去控告一段,可以说是她自编自导的一出闹剧。为了要挟、讹诈贾珍父子,王熙凤让张华告贾琏"国孝家孝之中,背旨瞒亲,仗财倚势,强逼退亲,停妻再娶"之罪。背后又让家人拿三百两银子去打点察院,要他们"只虚张声势,惊唬而已"。她既唆使张华坚持要人,让察院把尤二姐判归张华,又派人将张华吓跑,让察院不予追究。"都察院又素与王子腾相好","都和贾、王两处有瓜葛","深知原委",因此便完全按照王熙凤的意旨行事。"有司衙门"、"察院"都被王熙凤遥控着。王熙凤曾狂妄地说:"便告我们家谋反也没事的",有恃无恐到了极点。这生动地说明了所谓"朝廷公堂",是为官僚地主阶级的财富支配着,它完全掌握在官僚地主阶级手中,并为他们任意拨弄,它是官僚地主阶级向人民专政的工具。

曹雪芹揭露和抨击封建的司法制度和司法机关,从思想、艺术上讲是有他的渊源的。《聊斋志异》中的《席方平》写封建官府的黑暗腐朽:"金光盖地,因使阎摩殿上尽是阴霾;铜臭熏天,遂教枉死城中全无日月。"另外像《潞令》、《梅女》、《梦狼》、《成仙》、《向呆》、《石清虚》、《红玉》等都揭露了贪官蠹役、土豪劣绅压迫、残害人民的罪恶行径。《儒林外史》中的南昌太守,念念不忘的是"三年清知府,十万雪花银";彭泽县令对来告抢劫盐船的案子,不但不处理,反而打了来告者二十大板。这都是封建社会末期政治、法律更加腐朽、窳败的表现,具有那个时代的特征。《红楼梦》不仅是真实的反映,而且包含着作者曹雪芹对这个问题的深刻认识。他通过鬼判官说:我们阴间"不比你们阳间,瞻情顾意有许多关碍处。"他认识到封建的司法制度和司法机关是维护官僚地主阶级利益的,是他们手中任意拨弄的工具,是被压迫人民苦难的根源。

二　对阶级剥削的批判

清朝统治者倡导的反动理学家的"存天理",就是存三纲五常,存孔孟之道,存剥削有理、压迫有理,就是反抗无理。他们"灭人欲",正是为了满足自己肆无忌惮的贪欲。清代中叶,随着社会经济的恢复与发展,官僚地主阶级从广大人民身上榨取的血汗财富也越来越多。清初一些有地的农民,这时也逐渐被兼并,当时人说:"近日田之归于富户者,大约十之五、六,旧时有田之人,今俱为佃耕之户。"(《皇朝经世文编》卷三九,户政)他们还"放债以权子母之利,刀锥相竞以鱼肉乡曲。"(乾隆《历城县志》卷五)结果造成"富者日益其富,贫者日见其贫"(《东华录》乾隆五一年五月辛未)的现象。这些官僚地主阶级的生活更其穷奢极欲,他们的女婢每"日至高春,晨睡方起,即索饮人参龙眼等汤,梳盥甫毕,已向午矣。制食必精庖为之,乃始下箸,食后辄按牙歌曲……又复理晚妆寻夜宴。"(钮琇《觚剩》卷五)一些旗籍官僚都依靠钱粮供养,宴饮无度,"弹筝击筑,衣绣策肥,日从宾客子弟饮。"(金德纯《旗军志》)

而广大人民则处在饥寒交迫的死亡线上,他们一年生产之后,"公税私租偿债之外,其场遽空者什八九。"(乾隆《震泽县志》卷二五)如果"一遇旱潦,尽所有以供富民之租,犹不能足。既无立锥以自存,又鬻妻子为乞丐以偿丁负。"(《皇朝经世文编》卷三〇,户政)可见,这些官僚地主阶级的生活穷奢极欲之时,正是广大人民困苦欲死之日。这些情况,在《红楼梦》中都有不同程度的反映。

　　《红楼梦》卷首即说:"今之人,贫者日为衣食所累,富者又怀不足之心。"又说:"昔贫今富人劳碌","贫富不一,性情参商。"揭露出当时向两极分化的阶级关系。《红楼梦》揭示了封建社会末期阶级的对立,一方面是官僚贵族阶级的豪华奢侈生活,一方面是被压迫被剥削人民的苦难。元妃省亲,只是"置办花烛彩灯并各色帘栊帐幔"和"采买女孩子,置办乐器行头",就用了五万两银子。大观园变成了"玻璃世界,珠宝乾坤",甚至元妃见了也发出"奢华过费"的感叹。贾母八十寿辰,"所有的几千两银子都使了"。秦可卿大出丧,作者并未具体写耗费了多少钱,但贾珍说得很明白:"不过尽我所有罢了!"在日常生活中,贾珍和一些纨裤子弟比赛射箭,以做饭为赌注,"天天宰猪割羊,屠鹅戮鸭,好似'临潼斗宝'一般",用人民的血汗取乐。贾母的饭"把天下所有的菜蔬,用水牌写了,天天转着吃"。他们吃一顿茄鲞,"到得十来只鸡来配它"。连家有"百万之富"的薛姨妈都说:"你们府也都想绝了,吃碗汤还有这些样子。"王熙凤说得更露骨:"老祖宗只是嫌人肉酸,若不嫌人肉酸……"从形式上看,贾府这群贵族、寄生虫并未真正吃人,但是从《红楼梦》的具体描写看,他们的一粥一饭都是榨取人民的膏血,他们的华灯美筵都是建立在穷苦人民的骸骨之上的,穷苦人民确是他们刀俎间的鱼肉。

　　《红楼梦》的作者有意识地在揭示贫富之间的尖锐对立,特别是官僚贵族阶级和农民的对立。这些大官僚、大贵族,一年四季每月每日都在吃喝玩乐,而农民呢?"种地种菜,每年每日,春夏秋冬,风里雨里,那有个坐着的空儿?"官僚贵族家里的大柜,比农民"一间房子还大、还高"!他们用来糊窗的软烟罗、霞影纱,农民"想他做衣裳也不能"。他们吃一顿螃蟹,"够我们庄稼人过一年了"!他们寻欢作乐的木制套杯,那木头是农民生活的必需品,"困了枕着他睡,乏了靠着他坐,荒年间饿了还吃他。"官僚贵族阶级用来宴饮取乐的,正是农民荒年用来救命的,官僚贵族的朗朗笑声中包含着农民的血泪!作者通过群众的口说:"宁国府,荣国府,金银财宝如粪土。吃不穷,穿不穷,算来总是一场空!"发出了对这些寄生阶级即将垮台、完蛋的诅咒!

《红楼梦》不但揭示了封建社会末期阶级的对立,而且进一步揭示了官僚贵族阶级对人民的残酷压榨和剥削。《红楼梦》中所揭露的官僚贵族阶级对人民的压榨和剥削,主要是通过地租和高利贷。其中所写的地租剥削,不仅是乌进孝交租一处,前前后后许多地方都提到。如二十四回写小红的父母"现在收管各处房田事务"。七十二回贾琏说:"几处房租、地税,通在九月才得呢。"七十五回王夫人说:"这一二年旱涝不定,屯里的米都不能按数交上来。"八十八回周瑞"经管地租庄子银钱出入,每年也有三五十万来往"。九十二回贾政说:"衣租食税"。九十三回管地租的人说:"十月里的租子,奴才已经赶上来了。"一○六回贾政"再查东省地租,近年所交不及祖上一半。"这好象一条线时隐时现地贯串于全书的始终,说明贾府穷奢极欲的生活完全建立在对广大农民残酷的剥削基础之上。当然,最说明问题的还是乌进孝交租那一段。乌进孝是个庄头,对贾府来说他是奴隶,对庄上的农民来说却是半个主子。他所交给贾府的财物之多,已足够令人触目惊心的了,但还不包括他自己的搜刮在内。从他交租的单子看,贵族官僚阶级的生活,从吃、穿、烧、用、花到玩,都是农民的血汗。即使在旱、涝、雹三灾严重的情况下,他们也毫不放松剥削,反而凶相毕露地说:"这一二年倒赔了许多,不和你们要找谁去!"活现出一副剥削有理的反动嘴脸,把自己的敲骨吸髓的剥削看成是天经地义的行为,也就是所谓"存天理"。

《红楼梦》中也有不少地方揭露高利贷剥削的。这些官僚贵族阶级唯利是图,无孔不入。他们"把钱当命","若提起钱势二字,连骨肉都不认了"。何况对下层人民呢!贾琏的脾气"油锅里的钱还要找出来花呢"!何况一般情况下的搜刮呢!当然,最苛毒的还要算女管家王熙凤,她银钱一过手,就克扣一二百银子,连她的丈夫都说:"你们太也狠了",可见她比贾琏更胜一筹。她在家里等着,"那三百银子的利钱,旺儿媳妇送进来"。她扣下丫环的些许月例钱,去牟取暴利,据平儿揭发:"这几年拿着这项银子,……利钱一年不到,上千的银子呢!"她说自己"千凑万挪"才不至于住到破窑里去。所谓"千凑万挪"就是指她费尽心机地钻营搜刮。贾府被抄时,从"东跨所抄两箱子房地契,又一箱借票,都是违例取利的。"这种"违例取利"的具体情况,《红楼梦》的作者虽没进一步揭示,但当时却有这样的记载:"八折出借,滚算月利,不及一年,利过于本。"(佚名《心政录》卷三)从此当可推断贾府剥削的残酷程度,无怪乎连封建官府的酷吏都惊讶:"好个重利盘剥!"作者通过自己笔下的人物无情地揭露说:"天下人都被你算计了去!"

《红楼梦》还揭露了典当剥削。典当是封建社会最残酷的剥削形式之一,是榨取穷苦人民膏血的最凶恶的手段。据历史记载,乾隆年间"京城内外官民大小当铺六、七百座"(《东华录》乾隆九年十月己酉）。四大家族之一薛家，就是干这桩事儿的。他们蝇营狗苟，巧取豪夺，连他们的不了解内情的后代听了都感到新奇，惊叹："人也太会想钱了！"作者不但描绘出他们钻营、不择手段的剥削，而且指出："天下老鸹一般黑"，揭露了他们的共同的剥削本质。

在官僚、贵族阶级的残酷压榨、剥削下，广大农民呢？天灾人祸造成"方近一千三百里地，连人带房，并牲口粮食，打伤了上千上万的"，"连吃的都没有"，"都要饿死了"。宝钗说："人急造反"，《红楼梦》的作者认识到这一阶级斗争的客观情况，描写出犹如"地火在地下运行"（鲁迅《野草·题辞》）的人民的反抗斗争。王熙凤就预感到"再放一年，都要生吃了我呢。"湖州一带"鼠盗蜂起，无非抢田夺地"。平安州界"一伙强盗，已将东西劫去。"恒王的故事虽属明代，但却有清代社会的投影。所谓"黄巾、赤眉一干流贼余党，复又乌合，抢掠山左一带。"并且"颇有诡谲智术"，杀了恒王，吓得青州城内文武官员都要献城投降。这不但写出了农民起义的燎原之势，而且写出了他们的智谋和威力。

《红楼梦》的作者并不赞成农民起义，相反却仇恨农民起义，诬蔑农民起义为"鼠盗"，为"贼党"，歌颂与农民起义为敌的林四娘。（这与《聊斋志异·林四娘》所写与清兵作战不同）他也不反对剥削，他曾借宝玉之口对探春说："只管安富尊荣才是。"但是为什么他能写出封建社会末期阶级对立的现象，能揭露出官僚、贵族阶级对人民的残酷剥削呢？那是出于他对被剥削阶级的深切同情，基于对社会贫富悬殊的不平等现象的极端不满。他曾经"劝人生济困扶穷"，他笔下的人物宝玉就想把那些道士们的传道的法器"出去散给穷人"。可见作者鲜明的思想倾向。他还通过宝玉的嘴说："物不平则鸣"，他笔下的正面人物湘云为邢岫烟被虐待，想

"出去打个报不平儿"。由于对社会的不平,他愤愤不满,才挥笔濡墨给予封建社会以无情的揭露。他的这种平等思想具有时代的特征。和他同时的思想家唐甄就曾说过:"天地之道故平,平则万物各得其所。及其不平也,此厚则彼薄,此乐则彼忧,为高台者必有洿池,为安乘者必有茧足。王公之家一宴之味,费上农一岁之获,犹食之而不甘。吴西之民,非凶岁为麋粥,杂以莜秆之灰,无食者见之以为天下之美味也。人之生也无不同也,今若此,不平甚矣!"(《潜书·大命》)《红楼梦》作者的思想正是这种进步思潮的反映。他是基于对被剥削阶级的同情,基于对社会不平的不满,来揭露官僚贵族阶级对下层人民的残酷剥削的,他是顺应历史的进步思潮来批判压迫有理剥削有理的反动思想的。

三 对封建伦理的批判

封建伦理道德是封建统治者用以强化统治的有力工具,是维护封建统治秩序的主要思想武器。它的基本内容即三纲五常,即君臣、父子、夫妇,仁、义、礼、智、信。它的核心即所谓君君、臣臣、父父、子子。宋代理学家朱熹把封建的纲常提到永世不变的地位,而且是被"理"所规定的伦理原则,谁也不能逃脱,他认为"君臣父子,定位不易,事之常也。君令臣行,父传子继,道之经也。"(《晦庵先生文集》卷十四《甲寅行宫便殿奏札》一)清代统治者极其重视利用封建的纲常巩固自己的统治,康熙对朱熹那一套就曾"崇礼表彰"。他们严格地确定这种君臣、父子的尊卑长幼关系,是为了防止"犯上作乱",为了防止人民起来造反,最终目的还是为了巩固君权,巩固封建君主专政。这种思想体系起源于孔子,强化于朱熹,抬高于清代。清代统治者把朱熹列为"十哲之次",但他的权威却被推崇在"十哲"之上。

《红楼梦》的作者对这种伦理纲常表现了极大的怀疑和轻蔑，他通过具体的描写给予这套反动的思想体系以深刻有力的批判。有时他直接指斥孔子和朱熹。他的理想人物宝玉在续《南华经》时就尖锐地批驳孔子这个"圣者"、"智者"，指出"圣"、"智"是天下祸乱的根源，决心"绝圣弃智"，"殚残天下之圣法"。这段文字虽然是庄周的话，但宝玉读了却"意趣洋洋"，正是作者在思想上与之发生了共鸣，是作者借庄周的话来抒发自己的思想情感，表现了对孔子大胆的批判精神。他又借探春的口说："登利禄之场，处运筹之界者，窃尧舜之词，背孔孟之道。"那就是说，为了自己一时的需要，可以随便剽窃尧、舜、孔、孟的话，而违反孔孟的原意。尧、舜、孔、孟的话，可以为我所用，不是唐突"圣人"吗！对当时处于权威地位的朱熹的著作，他直接了当地指斥为"虚比浮词"。朱熹的言论被看作是客观世界的法则——"天理"，他却斥责为毫无根据的空话，表现了强烈的战斗精神。

对孔子、朱熹等所宣扬的君君、臣臣、父父、子子那一套说教，作者在卷首虽然声明本书所写的都是"君仁臣良，父慈子孝，凡伦常所关之处，皆是称功颂德，眷眷无穷。"好像是按照孔子、朱熹所规定的伦理纲常写的，但实际上他通过具体的描写却深刻地揭露和鞭挞了伦理纲常，揭露了这种伦理纲常的虚伪、欺骗和残酷。

"君"在封建纲常中是至高无上的，什么父为子纲，夫为妻纲，都是为了巩固君权，君权是统辖一切的，是全部纲常之纲。《红楼梦》的作者以饱和着血和泪的笔揭露封建君主，戳穿了他们以仁孝治天下的反动实质。他们自认为是"至孝纯仁"，为了让被他们霸占了的嫔妃才人和他们的父母"略尽骨肉私情"、"遂天伦之愿"，便准许他们回家省亲。但省亲的结果怎样呢？完全是按照皇家规矩行事,既行国礼,又行家礼,父母跪拜女儿,女儿垂帘行参,"满心里皆有许多话,只是俱说不出。"只有啼泣呜咽,全家一片哭声,这个"金门玉户神仙府,桂殿兰宫妃子家",一时却成了悲惨世界。最后还是元春说了一句话:"当日既送我到那不得见人的去处……"一语道破了封建统治阶级尊崇为最神圣的"宫廷",不过是人间地狱,封建帝王不过是人们悲惨生活的制造者。封建统治者虽然让嫔妃回家"尽骨肉私情",而元春却感到"终无意趣"。贾母等虽不忍分别,"怎奈皇家规矩,违错不得",只得含泪而去。所谓"天伦之乐",不过如此!所谓"体仁沐德",不过如此!同样的内容,八十三回贾母等入宫探视元春的病情,九十五回贾母等入宫和将死的元春告别时,都表现了出来。作者把批判的笔锋指向了封建的"皇家规矩"、"国家制度",在国家制度的钳制下,骨肉之间要留恋片刻都不可能,女儿死了,"又不敢啼哭"。所谓"仁"是什么,"孝"是什么,不是很清楚吗?它的虚伪性、反动性不是也很清楚吗?

　　清代的封建君主,为了巩固自己的统治,曾多次南巡,在当时这被誉为极大的"盛典"。《红楼梦》中写了"太祖皇帝仿舜巡的故事",就是这段历史生活的反映。据赵嬷嬷回忆,当时"把银子花的像淌海水似的","凭是世上有的,没有不堆山塞海的。"哪儿来的这么多钱?还不是搜刮人民的膏血。这样的"盛典",在作者看来,不过个"虚热闹",真是"罪过可惜"!直接指斥为犯罪行为!清代的思想家黄宗羲批判封建君主说:"敲剥天下之骨髓,离散天下之子女,以奉我一人之淫乐,视为当然。""然则为天下之大害者,'君'而已矣!"(《明夷待访录·原君》)《红楼梦》作者通过艺术描写,揭示了同样的道理,可谓异曲同工。

　　"臣"是封建君主统治人民的爪牙和工具。封建统治者根据孔孟之道为臣立了一个效忠国君的标准,就是"文死谏"、"武死战",而封建臣子也以此相标榜。长期以来竟成了做"忠臣"应守的大名节。《红楼梦》揭露了他们的欺骗性,认为"必定有昏君,他方谏,他只顾邀名,猛拚一死,将来弃君于何地?必定有刀兵,他方战,猛拚一死,他只顾图汗马之名,将来弃国于何地?"这就戳穿了所谓"忠臣"的假面具,戳穿了他们所标榜的名节,不过是邀功取宠的幌子。在这种思想指导下,《红楼梦》中所描写的臣僚没有一个好的。像"沽清正之名而暗结虎狼之属"的应天府尹贾雨村,趋附权贵的长安节度使云光,卖官鬻爵的内监戴权,乘火打劫的赵堂官,受了几千银子私贿的太平县知县,虐害百姓的平安州节度,少了个戏子就活不下去的忠顺王,标榜风雅并善于结党营私的北静王,还有那袭了世职的王子腾、史鼎、贾赦、贾珍和工部员外贾政等等。这些被封建君主信任和重用的臣子,作者通过他的理想人物宝玉说,都是"国贼禄鬼"、"混囤浊物,可有可无",一笔把他们抹煞掉了。

"父权"是封建宗法制度的基础,是君权在封建家庭中的体现。封建阶级为控制管教自己的儿子,经常采取训斥、责骂、毒打等一系列严厉的手段。《红楼梦》深刻地批判了父权,揭露了在"父慈子孝"掩饰下的冷酷的伦常关系。从贾家祖辈来讲,当年贾代善打贾政"谁没看见的"?对贾赦"也是天天打"。至于贾代化打贾敬,更不用说,"什么儿子,竟是审贼"!到贾政这一代,仍然继承了祖风,叫宝玉满口是"畜牲"、"孽障",从来没有一句正面称呼。见了宝玉"眼都红紫了",直要用板子打死,用绳子勒死,"亦绝将来之患"。把儿子看成贼,看成祸患,以至于要除祸灭贼,这就是父权的淫威!做儿子的怎样呢?以宝玉来讲,他往常间"高谈阔论",一见了贾政"便惟唯唯而已",竟像个"避猫鼠儿"似的,贾政一走，他又指手划脚，"如同开了锁的猴儿一般"。见了父亲，有如见了阎王，吓得连话都讲不出来，这就是儿子的处境。所谓"父"何尝慈！而"子"又何尝孝！在宝玉思想中，虽然"只是父亲、伯叔、兄弟，因孔子是亘古第一人说下的，不可忤慢。"但实际上他并不是心悦诚服的，他对贾政毕恭毕敬，乃是由于在父权的淫威下之不得已。他骑马去舅舅家时，告诉跟随的人："咱们打这角门走罢，省得到了老爷的书房门口又下来。"这是一种越礼的行为，反映了宝玉对父权不满的潜在的意识活动。对于伯叔的关系，宝玉是经常忤慢的，他曾对秦钟说："以后不必论叔侄，只论兄弟朋友就是了。"他"竟一味随心所欲"地这样讲，也具体地这样做。贾家的规矩，"凡做兄弟的都怕哥哥"，而宝玉却不让人怕他，自己也并不想"要为子弟之表率"。这些都是作者对父子、伯叔、兄弟等伦常关系的态度，表现了他对这种伦常关系的不满和反对。

母亲的权力在封建纲常中不居首位，但在"尊卑有别，长幼有序"的宗法家庭里也极端重要。贾母就是贾府中的最高权威。《红楼梦》也对母权提出了挑战，芳官的干娘打芳官说："一日叫娘，终身是母。"宝玉批驳她是"铁心石头肠子"，"不能照看反到折挫"，对这种封建伦理表现了极大的不满。对自己的母亲王夫人，他也毫不留情，嘲笑她"叫金刚菩萨支使糊涂了"。贾政说宝玉"无法无天"，赖嬷嬷说他"天不怕，地不怕"，并不是说宝玉眼中没有封建皇帝，不怕封建皇帝，乃是说他目无伦理纲常，而这却被封建统治阶级看成是永久不变的"天理"。

《红楼梦》揭露和批判了封建的伦常关系，揭示出封建的君权、父权等已经不能维持封建社会秩序，整个伦理纲常都陷入了严重的危机。在批判封建纲常的过程中，也渗透了作者的理想，宝玉深感被封建纲常束缚之苦，黛玉就说他"子之遭兮不自由"！他想摆脱这种束缚,在梦游太虚幻境时说:"我就在这里过一生,纵然失了家也愿意,强如天天被父母师傅打呢。"就是作者对未来生活的幻想。

四 对封建文化教育的批判

清代统治者为了巩固他们的统治,在文化教育领域中也加强了控制。作为当时统治阶级的统治思想"存天理,灭人欲",在这个领域中也表现得特别突出。封建统治阶级为了把自己的后代培养成"文章经济"、"为忠为孝"的人物,使他们能按照自己阶级的意志传宗接代,便将朱注《四书》当作书院学校和科举考试的教条,用来"黜异端以崇正学"、"讲法律以警愚顽"(《康熙《学宫圣谕》中之两条)。以求"遏人欲于将萌,而不使其潜滋、暗长于隐微之中"(《中庸章句》)。这是当时封建统治阶级的历史思潮。《红楼梦》的作者是逆潮流而动的,他反对封建统治阶级倡导的"理",主张抒发个性,抒发反封建秩序的思想感情。《红楼梦》卷首云:"背父兄教育之恩,负师友规训之德",就是说明他没有按照封建教育的要求去做。他笔下的人物宝玉被人称为"愚顽"、"不通俗务",被世人"百口嘲谤,万目睚眦",也是因为他的思想、言行和孔、孟、朱熹一类儒学的要求大相悖谬。

贾政曾喝令宝玉"只是把《四书》一气讲明背熟,是最要紧的"。从表面上看,宝玉好象不反对读《四书》,因为他讲过"除《四书》外,杜撰的太多!"但从实质上看,他对《四书》是十分厌恶的,对贾政的训斥总是阳奉阴违,何尝一日听从过! 当贾政要检查他的功课时,他慌了手脚,计算一下:"上本《孟子》就有一半是夹生的,若凭空提一句,断不能接背的;至下《孟》,就有一大半了。"可见宝玉对儒家的"经典"，并无虔诚态度，完全是敷衍，偶尔一读，不过是应付理学家父亲的督责而已，哪里有什么超凡入圣的想法！更有意义的是他用读《四书》作幌子来掩饰自己的异端行为。他看《西厢记》，当黛玉问看的是什么时，他却说："不过是《中庸》、《大学》。"口头上作搪塞的是孔孟"经典"，实际上醉心的却是为孔孟思想所不容的《西厢》。儒家"经典"是幌子，反儒家思想的书籍是实际内容，作者反对儒家"经典"的思想何其鲜明！

《红楼梦》的作者不但反对读《四书》，而且严厉地批判了朱熹对儒家"经典"的注释，揭示出这些注释不过是用封建的伦理来扼杀人们反封建的思想意识。宝玉读书，"看着小注，又看讲章"，感到"在这个上竟没有头脑！"当贾代儒让他讲"后生可畏"和"吾未见好德如好色者"两句时，他听了"却有些刺心"，特别是后一句，感到"这句话没有什么讲头"。其实封建阶级不过是让他讲出："德乃天理，色是人欲，人那里肯把天理好的像人欲似的？"的道理，而宝玉在思想上却产生了强烈的抵触情绪。这就说明朱熹的注释是根本违背人们的思想要求的。宝玉经常说："除《四书》外，杜撰的太多！"所谓《四书》之外，除了指那些被认为"既非经传，复非子史，辗转相承，皆杜撰无根之语"（顾炎武《日知录》卷十六）的八股文之外，同时也包括朱注。他是认为《四书》本文之外都是杜撰。这就尖锐地批判了朱注的凭空捏造和虚拟妄作。袭人指责宝玉"又说只除'明明德'外无书，都是前人自己不能解圣人之书，另出己意混编纂出来的。"就更明确地点出了那些注释是前人不了解圣人意旨的胡扯八道。袭人还指责宝玉"只管批驳诮谤"，"背前背后混批评"。这"混批评"、"批驳诮谤"都应当是指对朱注的批判。在朱注《四书》被最高统治者奉为封建"法典"的情况下，《红楼梦》的作者敢于批判朱注，确是大胆的斗争精神。这比他稍前的思想家傅山之批判理学家的注释为"明王道,辟异端,是道学家门面,却自己只作得义袭工夫"(《霜红龛集》卷三十六《杂记》)更前进了一步。

清代统治者除了法定朱注《四书》为学校的教材,还规定必须据朱注《四书》作八股文来取士,并且以功名利禄为诱饵,引导士大夫走读《四书》、做八股文、应举、求禄的道路。这给当时的思想界造成极其恶劣的影响。李颙在《匡时急务》中说:"自教化陵夷,父兄之所督,师友之所导,当事之所鼓舞,子弟之所习尚,举不越乎词章名利,此外茫不知学校为何设,读书为何事。"(《二曲全集》卷十二)宝玉的处境就是如此。贾政教训宝玉说:"比如应试选举,到底以文章为主。……自今日起,再不许做诗做对的了,单要学习八股文章。"在起身赴外任时,还"选了百十篇命他读"。宝玉的态度怎样呢?他对这一套"平素深恶",说"原非圣贤之制撰,焉能发圣贤之微奥","不过拿些经书凑搭凑搭","东拉西扯,弄的牛鬼蛇神"。至于"应试选举",用它来考查一个人的品德学问,那更是扯淡,"不过作后人饵名钓誉之阶",完全是"拿他诓功名,混饭吃"罢了。在当时那种把八股文看得有如圣经贤传,认为八股文若做好了,"要诗就诗,要赋就赋,都是一鞭一条痕,一掴一掌血"(《儒林外史》)的情况下,《红楼梦》的作者借宝玉之口,抒发了自己的见解,揭露了科举考试的腐朽本质,戳穿了八股文的神圣面纱。

理学家提倡读《四书》、八股文,以取得功名利禄,同时他们也崇尚"空谈",认为谈谈讲讲也可以增进仕途学问。这就是颜元所批评的"讲话多而践履少"(《存学篇·理性评》)。贾政之所以愿意宝玉多和贾雨村接触,就是为了让他多"谈谈讲讲些仕途经济",他指责宝玉"全无一点慷慨挥洒谈吐",也是指宝玉不善于这套仕途学问,即所谓"世事洞明皆学问,人情练达即文章"。但宝玉和这一套却全异其趣,他"本就懒与士大夫诸男人交接",一见了这些道学家"仍是葳葳蕤蕤",连话都讲不出来。当别人劝他留心此道时,他顿时拉下脸来,当面给人家难堪。为此,他曾驱逐过和自己极亲昵的湘云说:"姑娘请别的姊妹屋里坐坐,我这里仔细污了你知经济学问的!"为此,他曾辱骂过威严端庄的宝钗说:"好好的一个清净洁白女儿,也学的钓名沽誉,入了国贼禄鬼之流!"在作者看来,走仕途经济的道路,还是鄙弃这条道路,是泾渭分明,不容混淆的。在这个原则问题上,不论亲疏都表现出鲜明严峻的态度。作者不但鄙弃这一套学问,而且揭露这一套学问的真相,认为这"总是前人无故生事,立言坚辞,原为引导后世的须眉浊物"而捏造出来,因而斥之为"混账话"。

《红楼梦》的作者对这些为做官而读书的利禄之徒,是深恶痛绝的,骂他们是"禄蠹",对儒家的所谓"经典",也是十分疾恨的,他通过笔下的人物说:"除《四书》外,竟将别的书焚了。"作者对《四书》的态度是表面上承认它,实际上却否定它。那么曹雪芹的的确确有"焚书谤儒"的思想。这是他反对儒家"经典"的思想发展的极致。

《红楼梦》的作者反对读《四书》,批判朱熹对儒家"经典"的注释,反对走读书求禄的道路,批判仕途经济那套学问。那末他主张读什么书,走什么道路呢? 这还要从他的理想人物宝玉的言行来看。宝玉"素喜好些杂书"、"杂学傍收",特别喜好"古今小说"和那"传奇角本",一见了便"如得了珍宝"一般,读起来,"过目成诵",连饭都不想吃。他读书和腐朽、反动的儒者之泥古不同,认为"古人中也有失误之处,较量不得许多。"要根据自己的理解,阐发新意。他做文章"又不稀罕那功名,不为世人观阅称赞","却任意纂著",所以汪洋恣肆,跌宕流畅。《芙蓉诔》就是在这种思想指导下写成的。这些都是反传统的新思想。在人生的道路上,宝玉"不习文,也不学武",说什么"丢了印平常",可谓粪土王侯!他"放荡弛纵,任性恣情",可谓目无礼法!他不愿做忠臣孝子,即所谓"于国于家无望"。但是他的前途究竟是什么,却很渺茫。在探讨人生的程途上也充满了痛苦、哀伤、希望和失望,有时他甚至说:"我想这个人,生他做什么;天地间没有了我,倒也干净!"反映了他找不到出路时精神上的苦闷。还是黛玉解释的好:"有了人,便有无数的烦恼生出来:恐怖、颠倒、梦想,更有许多缠碍。"这应当是作者对他的前途的探讨,指出有了人就有矛盾,有缠碍,有梦想和希望。这正是作者自己冲破反动理学的束缚对未来的憧憬。

五 对封建礼法的批判

清代统治者在用政治法律对人们进行暴力统治的同时,又用封建礼法来规范人们的思想。"礼",就是亲亲、尊尊、长长,男女有别,也就是分别贵贱等级。用这一套"礼"来区别人与人之间的复杂关系,确定每一个阶级的人应受的约束,使他们各守本分,不得逾越,也就是节制"人欲"。清代统治者把封建的道德观念用法律的形式固定下来,形成一整套礼节、规矩。徐珂《清稗类钞》说:"旗俗,家庭之间礼法最繁重。"他们用这种繁重的礼法来维护他们的尊严,保持那森严的等级制度。

《红楼梦》的作者描写了贾府这个"诗礼之家"的繁文缛节。在那巍峨的院宇里,从主子到奴隶,长幼、尊卑都有鲜明的界限;从晨昏定省,到逢年过节、婚丧大事和宗祠祭祀都有固定的仪式;不论谁都不敢"犯法违礼",什么事都要守"规矩",循"旧例",一切似乎都有条不紊。但作者却透过表面安稳平和的家庭生活,看到了封建礼法的残酷和虚伪,透过"温情脉脉的纱幕",看到了那一个个"乌眼鸡似的"嘴脸。"诗礼之家"的贾府恰恰是当时社会的缩影。

《红楼梦》中所描写的封建礼法,首先是针对被压迫的奴隶阶级的,它是套在奴隶们颈上的一条无形锁链,是官僚地主阶级镇压奴隶的精神武器。所谓分别贵贱等级,主要是主奴的界限,是压迫者和被压迫者的界限。当时的历史记载:"主仆之分,等于冠履,上下之辨,关乎纲纪。"(《枣阳县志》卷三十"志余")李纨也说:"大小都有个天理",就是把主和奴的关系看成是"天理",看成是永远不变的客观法则。王熙凤要正主奴的名分,针对焦大对贾府的责骂说:"到底主子奴才的名分,也要有点体统儿才好。"对看守花果的婆子怠慢主子,她气愤地说:"这名分上太岂有此理!"所谓"名分",就是尊卑的界限,这是绝对不容混淆的。有一次,两个看屋子的老婆子因为触犯了尤氏,王熙凤便立刻叫人把她们捆起来,关进马圈里,等待尤氏发落,说什么"我怕你脸上过不去,所以等你开发,不过是个礼。……凭他是什么好奴才,到底错不过这个礼去。"事后,贾母还称赞说:"这才是凤丫头知礼处。"可见"礼"是维护封建阶级的尊卑,践踏奴隶体魄的工具。王熙凤协理宁国府时,一个奴仆因为来迟了一点,便被认为违背了"礼法",喝令打他二十大板,革去一个月的钱粮。在严格的礼法钳制下,奴隶在主子们谈话期间连嘴都不能插,平儿就责备迎春奶母的儿媳说:"姑娘们这里说话,也没有你我插口的理。"奴隶见了主子只能毕恭毕敬地站着,不能乱说乱动。王熙凤就责骂一个小丫头"你见了我不说规规矩矩站住,怎么往前跑。"然后就打了两个耳光。更有甚者,奴隶和主子赌输赢玩耍,奴隶赢了还得把钱还给主子。莺儿和贾环赶围棋,贾环输了,要抢钱,莺儿不给,宝钗说:"越大越没规矩,难道爷们还

赖你，还不放下钱来呢。"这本来是是非颠倒、曲直混淆的事，但在
封建阶级看来就是规矩、礼法。有一次尤氏到李纨屋里去洗脸，丫
头只弯腰捧着脸盆，李纨道："怎么这样没规矩？"那丫头赶着跪
下。奴隶们服侍主子，只能跪着，不能站着，这也就是礼法。封建
贵族阶级就依靠这一套礼法来维持他们的权力和尊严，而奴隶们
却在这套礼法的控制下，受尽屈辱。整个贾府就是用这些"礼法"
编织成的奴隶的"牢坑"。《红楼梦》的作者揭露了这种礼法的残
酷性，对受礼法残害的奴隶寄以深切的同情。他的理想人物宝玉
就说："若拿出做上的规矩来镇唬，似乎无情太甚。"他反对用礼法
来威吓女奴，认为那样做未免太残酷了。作者甚至借受礼法之毒
害极深的袭人之口说："想来都是一个人，不过名分里头差些，何苦
这样毒？"表现了对这种严格主奴界限的礼法的愤慨和不满。

　　《红楼梦》具体描写了奴隶们对礼法的不满，并纷纷起来冲破
名分等级的限制，向贵族阶级作坚决的斗争。清代法律规定："凡
奴婢骂家长者绞"（《大清律例·刑律》），贾府中的奴隶敢于置生
死于不顾，向封建的礼法名教挑战。艺人龄官当着宝玉、贾蔷两个
主子的面揭露说："你们家把好好的人弄了来，关在这牢坑里。"直
把这个大观园看成是封建礼法统治下奴隶们的牢坑，从根本上戳
穿了这"花柳繁华地，温柔富贵乡"的真实面貌。兴儿在尤二姐面
前对贾府的主子逐个评论、褒贬，特别是对王熙凤揭露得最深刻，
说她"嘴甜心苦，两面三刀，上头一脸笑，脚下使绊子，明是一盆火，
暗是一把刀，都占全了。"把主奴名分完全置于身外，大胆地揭露了
封建阶级的本质。在贾府里揭露主子的奴隶岂止龄官、兴儿等人，
据王熙凤说，敢于"笑话打趣"主子的大有人在，"众丫环媳妇，无
不言三语四，指桑说槐，暗来讥刺"。鲍二和何三打架，贾珍对他们
各打五十鞭子，撵了出去。下人们议论："也有说贾珍护短的；也有

说不会调停的；也有说他本不是好人，……必是鲍二的女人伏侍不到了。"冷嘲热讽，恣意评判，无所顾忌。王熙凤病了，探春、李纨、宝钗三人代她理家，奴隶们都抱怨说："刚刚的倒了一个巡海夜叉，又添了三个镇山太岁。"揭露了这些"体面"的贵族主子都不过是些吃人的魑魅魍魉。奴隶们都冲破礼法名教的束缚，纷纷起来抗争，"各处大小人儿都作起反来了，一处不了又一处。"森严、肃穆的贾府，一时大乱起来，不可收拾。

官僚贵族阶级对他们本阶级内部也施行礼法统治，用所谓亲亲、尊尊、长长、男女有别那一套去教育他们的子女，以维护他们之间井然有序的关系。贾母曾对甄家的管家说："你我这样人家的孩子们，……见了外人必是要还出个正经礼数来的，……若一味他只管没里没外，不与大人争光，凭他生的怎样，也是该打死的。"不行出个正经礼数来，就要打死，可见封建阶级内部礼法的严峻。林之孝家的听见宝玉嘴里叫起那些大姑娘的名字来，便规劝宝玉说："到底是老太太、太太的人，还是嘴里尊重些才是"，"便是老太太、太太屋里的猫儿狗儿轻易也伤他不的"，认为这样"才是读书知礼呢！"不但对贾母、王夫人送来的丫环不能叫名字，而且对她们屋里的猫狗也要尊重。这种要求虽然滑稽，但却就是她们所标榜的亲亲、尊尊、长长的具体形式。袭人这个王夫人的"心耳神意"，对宝玉和湘云等开开玩笑，便大为不满，说什么"姊妹们和气也有个分寸礼节"。这也就是他们所标榜的男女有别。封建贵族阶级自己对这一套学问是极其习惯的，他们言谈行止，讲个故事，说个笑话，莫不合乎礼数。有一次王熙凤为了逗着贾母开心，说贾母小时鬓角上碰破的那指头顶大的窝儿，是为了"好盛福寿"。像老寿星一样，他头上本来是个窝儿，因为万福万寿盛满了，反倒凸出来了。拿着老祖宗的生理缺点取笑，可谓无理之极，所以王夫人说她"越法无礼了"。但实际则于礼数上毫无差错,贾母高兴地说:"家常没人,娘儿们原该这样,横竖礼体不错就罢了。"脂砚斋批道:"似无礼而礼法井井。"表面看似乎无礼,实则尊亲、敬长的礼数井然有序。封建贵族阶级对这一套可以说习惯成自然。

《红楼梦》不但描写了他们追求的森严礼法,而且揭露了在森严礼法掩饰下他们的丑言秽行。所谓亲亲、尊尊、长长等,戳穿了不过是一套阿谀奉承、吹吹捧捧的恶劣作风。他们表面讲的是一套,实际行的又是一套,他们言行的矛盾,就暴露了这套礼法的虚伪性。秦可卿死的时候,贾珍"惟恐各诰命来往亏了礼数",便请王熙凤来协理,那天屋里"不过几个近亲堂客邢夫人王夫人凤姐并族中的内眷陪坐",他却突然闯了进来,"唬的众婆娘唿的一声往后藏之不迭。"他嘴上讲怕"亏了礼数",而实际行动哪有什么礼数!贾敬死了,办丧事期间,贾珍和贾蓉"为礼法所拘,不免在灵傍藉草枕块、恨苦居丧;人散后,仍乘空寻他小姨子厮混。"按所谓周公、孔子之礼,孝乃百行之先,居丧期间不但不能胡作非为,并一般的歌舞、宴饮都不准许。贾珍、贾蓉重孝在身却去内帏厮混,贾蓉还为自己的淫乱行为辩护说:"从古至今连汉朝和唐朝,人还说脏唐臭汉,何况咱们这宗人家。"可以说不知羞耻到了极点。尤二姐说:"还亏你是大家公子哥儿,每日念书学礼的。"一句话揭穿了礼法的虚伪性。所谓"礼法",不过是贵族官僚阶级丑言秽行的遮羞布而已。但是,真正了解情况的还是他们本阶级内部的人,尤氏就曾说:"你们家下大小的人,只会讲外面儿的虚礼假体面,究竟作出来的事都够使的了!"这两句话,无疑包含着曹雪芹自己的观点和认识,是曹雪芹对封建礼法看法的反映。正象鲁迅谈自己的创作经验时所说:"因为从旧垒中来,情形看得较分明,反戈一击,易制强敌的死命。"(《写在〈坟〉后面》)。曹雪芹也是从旧营垒中叛逆出来的,对封建统治阶级那套礼法的本质认识最清楚,反戈一击,恰中要害。

《红楼梦》还揭露了在森严礼法掩饰下贵族阶级内部的尔虞我诈、勾心斗角的关系。他们互相倾轧的原因,就是争夺"钱势",在"钱势"面前,所谓"礼义"云云被扯得粉碎。贾母就说:"咱们家的男男女女,都是一个富贵心,两只体面眼。"邢夫人因为自己的儿子、媳妇贾琏、凤姐袒护贾政一边,而怀恨在心,言语中暗含讥讽。贾赦因为贾母喜欢贾政,便耿耿于怀,借用讲笑话的机会讥刺贾母"偏心"。邢夫人疾恨王夫人在贾府中的地位,便想借抄大观园之机将王夫人一军。赵姨娘为了夺取荣国府的大权,企图让马道婆用魇魅术把宝玉和凤姐治死。贾琏、王熙凤夫妻二人为了各自搜刮"体己",而互相猜忌,同床异梦。他们父子、兄弟、夫妻、母女、妯娌、嫡庶之间,明枪暗箭,蚕食鲸吞,各不相让,探春揭示得好:"咱们倒是一家子亲骨肉呢,一个个不像乌眼鸡,恨不得你吃了我,我吃了你。"所谓亲亲、尊尊、长长等那一套掩饰下的,不过是封建家族内部的弱肉强食而已。

《红楼梦》的作者揭露礼法的虚伪性,批判礼法的残酷性,他的态度很鲜明,就是反对封建礼法。他笔下的人物宝玉说:"我最怕这些俗套子",脂砚斋批说,宝玉"重情不重礼",一语道破了作者的思想实质。作者把礼看成"俗套子",并且用"情"来反对"礼",也就是用"人欲"来反对"天理"。他反对礼法的束缚,特别反对用礼法桎梏奴隶的行动,而希望突破这种束缚和桎梏,焕发出新的思想和感情。他的理想人物宝玉,据兴儿说"见了我们,喜欢时,没上没下,大家乱玩一阵,不喜欢,各自走了,他也不理人。我们坐着卧着,见了他也不理,他也不责备。""只管随便"。有时,小厮们见了他竟"一个上来解荷包,那一个就解扇囊,不容分说,将宝玉所佩之物,尽行解去。"宝玉毫无主子的威仪,突破了主奴尊卑的界限,表现了人与人之间的平等关系。这是宝玉离经叛道的行为,也是作者对正当的人与人之间关系的探求。

六 对男尊女卑的批判

轻视妇女,虐待妇女,迫害妇女,是孔孟之道反动内容的一个重要方面,是反动理学家所宣扬的三纲之一。早在春秋时代,孔子就极端仇恨妇女,说什么"唯女子与小人为难养也,近之则不逊,远之则怨。"(《论语·阳货》)认为妇女很难对付,远了近了都不行。到了宋代以后,理学家对妇女的迫害就更加深重,他们把妇女看成洪水猛兽,似乎有动摇封建制度的危险,因此特别提倡夫权,以加强控制。"到了清朝,儒者真是愈加厉害"(鲁迅《我之节烈观》),他们把这种反动思想发展到了顶端。他们为了巩固至高无上的君权,便提倡严格的夫权,为了巩固封建君主对广大人民的地主阶级专政,便在社会上树立男子对女子的绝对统治权力。他们对妇女的迫害是通过文化教育,伦理道德等各个渠道进行的,《女四书》的编辑刊行,《列女传》、《贤媛集》等书的广泛流传,就说明清代统治阶级给妇女增加了新的精神枷锁。他们宣扬宋程颐所提倡的"饿死事极小,失节事极大";鼓吹什么"女子无才便是德,总以贞静为主";说什么"男人们读书明理,辅国安民",女子"只该做些针黹纺绩的事才是";又说什么"咱们这样人家的姑娘,倒不要这些才华"。他们用这些反动的伦理道德观念钳制女子的思想,使她们成为家庭的奴隶,成为男子的附属物。正象恩格斯分析伊奥尼亚人那样:"少女们只学习纺织缝纫,至多也不过学些读写而已。她们差不多是过着深居简出的生活,只能与别的妇女有所交际。女子所住的房间是在屋子的隔离部分,在最高一层楼上或在偏屋中,男子、尤其是陌生人很不容易入内,要是有男子来到家里,妇女就躲藏到那里去。妇女没有奴婢作伴,不能离家外出;他们在家里是严受监视。"(《家庭、私有制和国家的起源》)通过这种牢狱式的生活,统治阶级企图把女子的言行、思想、意识的一切生机全部扼杀。这种对女子的残酷迫害,是封建统治阶级在政治、思想上更趋反动的表现,是他们的统治政权"色厉内荏"的表现。

《红楼梦》的作者曹雪芹对女子的这种处境和遭遇寄予深切的同情。和封建阶级蔑视女子、虐待女子的反动思潮相反,他提出了尊重女子,提高女子地位的新思想。而且歌颂了女子的多才多艺,赞扬了女子反迫害反虐待的斗争精神。他在《红楼梦》卷首就说:"忽念及当日所有之女子,一一细考较去,觉其行止见识皆出于我之上。"在女子面前自惭形秽。他笔下的人物宝玉则进一步明确地说:"女儿是水做的骨肉,男人是泥做的骨肉,我见了女儿便清爽,见了男子便觉浊臭逼人!"并从而得出结论说:"凡山川日月之精秀,只钟于女子,须眉男子不过是些渣滓浊沫而已。"把女子提到比男子更高的地位。推崇女子,鄙弃男子。这就把几千年来男女不正当的地位颠倒过来,对封建统治阶级宣扬的"男尊女卑"、"夫为妇纲"的纲常伦理是一个猛烈的冲击。他不但把女子提到比男子更高的地位,而且认为女子是社会上最高尚的人,最尊贵的人。宝玉就曾感叹说:"老天老天,你有多少精华灵秀,生出这些人上之人来。"他还说:"这女儿两个字极尊贵极清净的,比那阿弥陀佛元始天尊这两个宝号还更尊荣无对的呢。"女子是至高无上的,尊贵无比的,这对历史上女子所处的极卑下的地位是一个批判。当然,女子并不是一个阶级,但是蔑视女子,迫害女子这种现象,却是阶级社会产生的。恩格斯指出:"阶级压迫是同男性对女性的奴役同时发生的"(《家庭、私有制和国家的起源》)。因此,提高女子的地位,批判男子,就带有反对阶级压迫的性质。

和封建贵族阶级认为"女子无才便是德"的道德标准相反,曹雪芹笔下的女子不少都是多才多艺的。她们知识的丰富,才华的卓异,是男子所不及的。黛玉所读的书,从经史子集、诗词歌赋到杂戏小说,莫不浏览,而且重在"领略这其中的趣味",评论那文章的优劣,独抒己见,不拘泥于世俗的观点。湘云作诗联句最是能手,联起句来,口若悬河,才情纵横,满座的人都为之倾倒,黛玉赞扬说:"你也有才尽之时",可见她的才情倾泻难尽。此外,宝琴知识渊博,惜春长于绘画。即便如封建卫道者宝钗,作者也通过宝玉的口多次赞扬她"无书不知","通今博古,色色都知道"。作者所描写的这些人物的知识和才能并不是天赋的,而是在学习和实践中获得的。宝钗就曾自己说明受家庭读书环境的影响。黛玉比别人聪明一点,但也是从勤学中得来,仅以弹琴来说,因为小时"听得讲究过",所以学得快。还有探春,她是贵族小姐中最有经济才能的人,目光敏锐,能洞察未来。她预见到这个封建家族必然败亡的命运:"可知这样大族人家,若从外头杀来,一时是杀不死的。……必须先从家里自杀自灭起来,才能一败涂地!"对封建贵族阶级内部尔虞我诈、勾心斗角的关系,她认识得最清楚:"一个个不像乌眼鸡? 恨不得你吃了我,我吃了你!"经过一段管家之后,他更体会到封建贵族之家里"说不出的烦难,更厉害。"在封建贵族阶级中,她的头脑最清醒,是地主阶级中的改革家。曹雪芹通过这些具体的描写,批判了封建阶级所宣扬的"女子无才便是德"的反动谬论。

和封建阶级要求女子深居绣房,甘心做男子的附属物相反,曹雪芹笔下的女子有些是不甘心自己所处的地位,而追求与男子平等。刘姥姥到潇湘馆,惊异道:"这那像个小姐的绣房? 竟比上等的书房还好!"把黛玉的生活情趣和男子等同了,正是作者要提高女子地位的思想表现。探春在发起组织海棠社的启事中说:"孰谓雄才莲社,独许须眉,不教雅会东山,让余脂粉邪?"明确地提出女子应当与男子平等的主张。探春最不甘心自己所处的女子的地位,总想冲出封建家庭,摆脱封建伦理所加给自己精神上的压力,她说:"我但凡是个男人,可以出得去,我必早走了,立一番事业,那时自有我一番道理;偏我是女孩儿家,一句多话也没有我乱说的。"流露出自己对女子所处的被蔑视的地位的愤慨和不满,也表现了作者要求男女平等的思想。

　　和封建阶级所主张的父母之命、媒妁之言的封建婚姻相反,曹雪芹笔下的女子提出了婚姻自主的要求。本来在封建社会中地主阶级是从自己的利益出发为女儿婚配的,根本不考虑女儿的意愿。正象恩格斯所分析的,他们认为"结婚是一种政治行为,是一种借新的联姻来扩大自己势力的机会,起决定作用的是家世的利益,而决不是个人的意愿。"(《家庭、私有制和国家的起源》)尤三姐就是坚决反对这种"政治"交易的。她公开声言"要拣一个素日可心如意的人",若任凭封建家长选择,虽然"富比石崇、才过子建、貌比潘安的,我心里进不去,也白过了一世!"蔑视钱势、才貌,而追求自己所喜爱的人,这是一种新的婚姻理想。宝玉和黛玉的婚姻理想是建立在"木石同盟"的基础之上的,他们用互相间思想感情的"同盟",来反对作为贵族阶级"政治行为"象征的"金玉良缘"。封建贵族阶级为了强化他们这种"政治行为",特别宣扬"天命观",薛姨妈就说:"千里姻缘一线牵",人是无能为力的。王夫人也说:"嫁鸡随鸡,嫁狗随狗",命该如此。宝玉和黛玉对此提出了大胆的怀疑和反抗。黛玉就曾思虑过:"既你我相为知己,则又何必有金玉之论哉!"并责问说,何以"重物不重人"? 对"天命观"提出了质疑。宝玉在梦中叫骂："和尚道士的话如何信得？什么'金玉姻缘'？我偏说'木石姻缘'！"和"天命观"尖锐相对抗。迎春是遵照父母之命、媒妁之言嫁孙绍祖的，在孙绍祖的凶狠折磨下，对天命注定的婚姻关系也产生了强烈的不满："我不信我的命就这样不好！"当然，作者不止是在婚姻问题上反对"天命观"，而是在整个女子的处境、地位上反对"天命观"。

曹雪芹对他本阶级的女子的命运和前途是极其关心的，并且企图探讨她们未来的出路。他的这种情绪，最明显地通过紫鹃和黛玉表现出来。紫鹃对黛玉说："公子王孙虽多，那一个不是三房五妾，今儿朝东，明儿朝西，要一个天仙来也不过三夜五夕也丢在脖子后头了，甚至于为妾为丫头反目成仇的。若娘家有人有势的还好，若是姑娘这样的人，有老太太一日还好，一日若没了老太太，也只是凭人去欺负了。"这就是贵族小姐的命运。黛玉听后哭了一夜，她是为自己可怕的前途而哭，为自己可悲的命运而哭。作者还具体描写了遭受这种命运折磨的迎春。作者同情她们的遭际，关心她们的结局，怎样才能摆脱这种悲惨的命运呢？他指出了两条道路：未出嫁的，就找一个彼此"知心"的丈夫；已经出嫁并受丈夫折磨的，就让她们长期搬回大观园里住。紫鹃对黛玉说："别的都容易，最难得的是从小儿一处长大，脾气情性都彼此知道的了。……岂不闻俗语说'万两黄金容易得，知心一个也难求'！"黛玉听了，表面嗔怒，内心却极高兴，因为这正道出了她生活的一线希望。所谓"知心"，就是互相了解，思想观点一致，也就是指作者所说的"独有黛玉自幼不曾劝他去立身扬名等语，所以深敬黛玉。"这是她婚姻理想的核心，也是她想摆脱悲惨命运反对天命观的思想武器。但作者还是想假贵族阶级的手来解除女子的不幸遭遇。黛玉把自己婚姻理想的实现，也寄托在还活着的老太太身上。

封建贵族阶级是扼煞妇女幸福生活的刽子手,岂能挽救她们于死亡的边缘! 这正是作者思想上的局限。

《红楼梦》的作者尊重女子、赞扬女子、提高女子地位的思想,并不是偶然产生的,而是随着历史的进步潮流出现的。由于商业经济的发展,资本主义生产关系的萌芽,那种完全封建的女子对男子的依附关系,也在发生变化,开始出现提高女子地位,主张男女平等的思想。早在明代,杰出的思想家李贽就曾说:"谓人有男女则可,谓见有男女,岂可乎? 谓见有长短则可,谓男子之见尽长,女子之见尽短,又岂可乎?"(《焚书》卷三)对反动儒家重男轻女的思想给以尖锐的批判,提出男女平等的主张。明代的戏剧家徐渭在他的《女状元》中宣称:"裙钗伴,立地撑天,说什么男儿汉";"世间好事属何人,不在男儿在女子。"通过具体的描写赞扬了女子的才能。明末短篇小说《卖油郎独占花魁》中描写秦重对莘瑶琴那种体贴、诚恳的态度,那种"怜香惜玉的真心",是历史上文学作品中所少见的。这些思想都对《红楼梦》的作者产生了重要影响。

七　对奴婢制度的批判

奴婢制度是清王朝整个政治制度的重要组成部分,是他们镇压奴隶,巩固自己统治的一个重要方面。清朝奴隶之多是历代封建王朝所罕见的,这是由于清朝在十七世纪前半期才由奴隶制向封建制转变所留下的残余。这些奴婢的来源,最初主要是战争中的俘虏和反抗清廷的罪犯的妻妾子女。据历史资料记载:"国初时俘掠辽沈之民,悉为满臣奴隶"(昭梿《啸亭杂录》卷二);又说"国初罪死、免死为奴者,多发给藩邸勋门。"(郭则沄《知寒轩谭荟》稿本甲集卷三)后来则发展到可以买卖,《大清律》就规定奴隶可以用财物买卖的条文。最高统治者的赏赐和他的僚属们用金钱购买,就是贵族勋戚之家众多奴隶的原因。为了巩固奴婢制度,维护官僚地主阶级对奴婢的特权,清代统治者还制定了许多法律条文。《大清律·刑律》规定,官僚地主家里买得的奴隶及"投靠养育年久或婢女招配有子息者,俱系家奴,世世子孙,永远服役"。还定出对付奴隶"不遵约束,傲慢、顽梗","背主私逃"等等的严酷刑罚。在残酷的奴婢制度下,这些处于社会最底层的奴婢们,在政治、经济、思想、精神上受到最严重的迫害和摧残。

　　《红楼梦》的作者就揭露了这种奴婢制度的残酷。贾府这个封建家族从上至下也有三四百丁,主子不过二三十人,其他都是奴隶。这些奴隶或是世代为奴的"家生子",或是父母"因家无衣食将子女入京贱鬻者"(《东华录》康熙十八年)。他们完全被剥夺了人身自由,主子掌握着对他们的生杀予夺和婚姻的权利,他们就同土地、房屋和物品等财物一样,任凭主子摆布。主子一不随心,就捆起来、打板子、扣月钱或卖出去。王熙凤就经常打人的嘴巴,用簪子乱戳丫头的嘴,还设计了跪瓦子、用暴日晒、烙铁烙等虐待奴婢的刑罚。他们有的把奴婢看作"肉中刺,眼中钉",一心要把她们拔掉。有的横了心,对奴婢"或打、或杀、或卖,我一概不管"。他们把奴婢看成"是些玩艺儿","如同猫儿狗儿",可以随便玩弄。贾母就因为喜欢傻大姐"爽利便捷,又喜他出言可以发笑",所以"常闷来便叫他来取笑一回"。拿奴婢的生理缺点开心。奴婢们稍有些不随主子的心意,便"死无葬身之地"。龄官针对贾蔷送给她的会"衔旗串戏"的雀儿说:"你们家把好好儿的人弄了来,关在这牢坑里,学这个还不算,你这会子又弄个雀儿来,也干这个浪事!你分明弄了来打趣形容我们。"表达了奴婢们的愤怒和不满,也反映了曹雪芹对这个贵族之家里的奴婢的处境的深刻认识。

压迫越深,反抗越强。《红楼梦》的作者就深刻地批判了残害奴婢的罪恶制度,赞扬了奴婢的反抗和斗争。

《红楼梦》批判了纳妾制度。恩格斯指出:"一夫多妻制是富人及显贵人物的特权。"(《家庭、私有制和国家的起源》)贾家的男性主子哪一个不是三妻四妾的?不但贾赦"左一个小老婆,右一个小老婆放在屋里",就连假道学家贾政也有周、赵两个姨娘,邢夫人恬不知耻地说:"大家子三妻四妾的也多",竟把纳妾看作是理所当然的行为,赤裸裸地暴露出贵族阶级荒淫无耻的嘴脸。曹雪芹通过创造鸳鸯这个典型人物,批判了纳妾制度。鸳鸯面对贵族阶级"又体面又尊贵"的妾的地位毫不动心,对她嫂子把做妾看成"天大的喜事"大不以为然。她的头脑始终很清醒,因为她看到了贾府老老少少姨娘们的处境。平儿、香菱都是由奴转为妾的,但是她们除了更蒙受一层被作践被毒打的痛苦外,还得到了什么呢?赵姨娘、周姨娘是老一辈的妾,是"两个苦瓠子",还生儿育女,但是自己的地位不但没有丝毫改变,甚至在自己的子女面前都得以奴才自居。所以在鸳鸯看来,这所谓"半个主子"的地位,不过是个"火坑",进去就会把人烧死,是死路一条。而那些羡慕人家的女儿当小老婆的人,不过是为了"一家子都仗他横行霸道"罢了。这就揭露了姨娘地位的实质。由于她有这种认识,因此在主子的淫威面前毫不动摇。她不但不愿做贾赦的小老婆,即使做贾赦的大老婆,她"也不能去"。她蔑视主子奶奶的地位,蔑视贵夫人的地位,把封建阶级认为的"富贵尊荣",视如粪土。姊妹们担心她是"家生子",难逃魔掌。她却极为坚强:"家生女儿怎么样,'牛不吃水强按头',我不愿意,难道杀我的老子娘不成!"表现了一种无所畏惧的反抗精神。鸳鸯并不是在择偶,而是在抵御纳妾制度对一个女婢的迫害。

　　《红楼梦》批判了奴性。封建贵族阶级对奴隶实行分化政策，豢养了少数奴才作为他们的鹰犬。贾府中的男女管家就是这类人物。他们有的家中有"齐整宽阔"的花园，有的也使用丫环，真是"奴才还有奴才呢！"他们狐假虎威，奴性十足，影响所及，连一些下层奴婢也沾染了这类不良作风。曹雪芹通过他笔下的典型人物晴雯，尖锐地批判了这种奴性。晴雯虽然身为奴婢，却毫无奴颜媚骨，而且对别人身上的奴性也疾恨如仇，她嘲笑得到王夫人"赏"两件衣服而兴冲冲的秋纹说："这屋里的人难道谁又比谁高贵些？把好的给他，剩下的才给我，我宁可不要，冲撞了太太，我也不受这口软气。"她不但批判了奴性，而且菲薄了主子。对袭人这个受封建思想影响很深的人物，她忌恨在心，经常冷嘲热讽，说她"连个姑娘还没挣上去"，"不过奴才罢咧"；又说她是"西洋花点子哈巴儿"，深刻地揭露了她的奴才性。抄检大观园时，她指着为虎作伥的王善保家的骂道："只没看见你这个有头有脸的大管事的奶奶！"揭穿了她依靠奶奶权势的画皮。晴雯的言行违背了封建阶级所规定的奴隶道德，因此被看作是"大不成个体统"的人，受到残酷的迫害。她临死时还说："我死了也不甘心"，"我太不服"。对封建贵族阶级发出了强烈的抗议。

　　《红楼梦》批判了指配婚姻。贾府奴婢的婚姻，不但奴婢自己没有选择的权利，而且连父母之命、媒妁之言的形式也没有，完全由主子指配。来旺儿就曾拿着二十五个够年龄的女婢名单，请求主子指配。曹雪芹创作了一个敢于触犯封建阶级的戒规、追求婚姻自主的奴婢典型司棋。司棋置封建家族对奴隶的禁例于不顾，而与表兄潘又安私情往来。当潘又安给她的信被抄出来后，她"并无畏惧惭愧之意"，"心里没事人似的"，对封建阶级的冷嘲热讽并不放在眼里，使那个巡海夜叉王熙凤"倒觉可异"。司棋的婚姻观点,属于被压迫阶级的。为了追求理想婚姻,置生死于度外。

《红楼梦》也批判了其他方面对奴婢的迫害和侮辱。玉钏儿由于姐姐金钏儿被王夫人逼死,迁怒于宝玉,见了宝玉"满脸怒色,正眼也不看,……怎么丧谤",又对宝玉说:"不用和我甜嘴蜜舌的,我可不信这样话。"表现了被压迫者的愤怒和反抗。赵姨娘漫骂芳官为"不过娼妇粉头之流",激起了葵官等其他四个小艺人的气愤。他们联合起来,"皆是一党","只顾他们情分上义愤",共同反击封建阶级对他们的侮辱。《红楼梦》揭示了奴婢们在反压迫反残害的斗争中的阶级情谊。他们互相支持,彼此同情,一人有难,共同关心。鸳鸯抗婚时告诉平儿说:"这是咱们好,比如袭人、琥珀、素云……然我心里仍然照旧,有话有事并不瞒你们。"向阶级姊妹倾吐内心的苦衷,博得平儿、袭人极大的同情。晴雯被撵出去后,小丫头们说:"我们不能别的法子救他,只亲去瞧瞧也不枉素日疼了我们一场。"为了关心阶级姊妹,不顾主子的责骂。金钏死,带给玉钏等人多大的悲哀,袭人"听说点头赞叹,想素日同气之情,不觉流下泪来。"同气相投。王夫人责骂奴婢们"连伙聚党",是从反面道出了奴婢们的共同阶级感情。

《红楼梦》的作者对这些被迫害、被蹂躏的女婢是深切同情的,关心他们的遭遇,尊重他们的人格。他笔下的人物宝玉最"知作养脂粉","每每甘心为诸丫环充役",又偏爱在女子"身上留心用意争胜要强",而且经常为女婢的"过失"承担责任,以免被主子们责罚。宝玉为藕官在大观园烧纸钱担责,说是自己让她烧的,为了祈求病好的快。又为五儿、彩云、玉钏赠送和偷窃玫瑰露和茯苓霜担责,说是自己和丫环们玩,悄悄偷了来的。袭人赞叹道:"也到是件阴骘事,保全人的贼名儿。"他看见龄官划"蔷"字,心里想:"可恨我不能替他分些过来。"他劝麝月对那些所谓"不知礼"的女婢，"耽代他们是粗笨可怜的人就完了。"他似乎要把女婢的所有痛苦和不幸都承担起来，要解救奴婢于水火之中。对香菱，他想："没父母，连自己的本姓都不知道了，被人拐出来，偏偏卖给这个霸王！"对平儿，他想："并无父母兄弟姊妹，独自一人，供应贾琏夫妇二人。"对鸳鸯的被迫害，他"只默默地歪在床上"，一句话没有，好像无动于衷，但是"此时无声胜有声"，这正表现了他忧心如焚，表现了他精神世界最大的不平静。对晴雯，他深怀敬意，把她比作孔子，政治家诸葛亮，爱国英雄岳飞，还比作桀骜不驯的鹰鸷，怀才不遇的贾谊，刚直不屈的鲧等等，把一个奴婢和封建时代某些圣贤等同起来，是对封建传统思想的重大叛逆。对晴雯的死，他怀着最大的愤慨质问说："我不知晴雯犯了何等滔天大罪！"对封建贵族阶级发出了强烈的控诉。对其他丫环之被打、被杀、被撵、被卖，他或者"如丧魂魄一般"，或者"恨不能一死"，或者"倒在床上大哭起来"。总之，牵动心弦。他曾经表示"便为这些人死了，也是情愿的"。流露了为支持、同情这些无辜的奴婢而自我牺牲的精神。宝玉的这些言行、态度，同时也就是作者的思想感情。作者对这些奴婢极为同情、关怀，对她们的思想、观点、品格竭力赞扬、歌颂，并充分表现了她们的反抗和斗争。他自己也曾明确地说："觉其行止见识皆出于我之上"，这就把孔子那一套"唯上智与下愚不移"，把奴隶看成群氓的唯心史观一笔驳倒了。

曹雪芹在批判迫害奴婢的奴隶制度的同时，也在探讨奴婢的出路。他从自己直接的观察和感受出发，认识到贾府是奴隶们的"牢坑"，奴婢们要摆脱自己的苦难，就应该跳出这个"牢坑"。他通过宝玉的口常说，把怡红院里的丫环"都要回太太全放出去，与本人父母自便。"这个做法，虽然不是通过奴婢的双手砸烂这个"牢坑"，而是幻想封建阶级把她们放出去，不是真正的奴隶解放。

但在当时的历史条件下，却闪烁着民主思想的光辉，是曹雪芹思想发展的一个新的顶端。

八　对宗教迷信的批判

宋明理学是儒、佛、道的混合物。它是孔孟的纲常名教的嫡传，同时也吸收了道教的清静、术数（推算命运）和佛教禅宗（明心见性）的哲学形成的。理学本身就包含着佛、道的思想成分，所以顾炎武说："所谓理学，禅学也。"（《与施愚山书》）正因为理学和佛、道有这种血缘关系，所以清代统治者在大力提倡理学的同时，也醉心于佛、道，传播佛、道思想，以致造成极盛的宗教迷信的社会风气。据说顺治就是到五台山出家当了和尚的，康熙曾五次巡幸五台山礼佛朝圣。雍正喜谈符瑞，他的群臣就捏造了许多祥云吉鸟出现的谎言谬说，以献媚取宠。他又好神仙长生之术，让一些方士入内供奉，并尊之为什么"妙应真人"等等。上行下效，比曹雪芹稍晚的洪亮吉说当时统治集团"类皆惑于因果，遁入虚无，以蔬食为家规，以谈禅为国政，一二人倡于前，千百人和于后，甚有出则官服，入则僧衣，惑智惊愚，骇人观听。"（《清史稿·洪亮吉传》）可见，当时宗教迷信风气之盛。

《红楼梦》里描写了很多宗教迷信活动，如炼丹服药，礼经拜佛，扶乩参禅，求签问卜，算卦测字，驱妖捉怪等，几乎应有尽有。同时还创造了许多尼姑、道士一类人物形象。作者对这些宗教迷信活动，采取批判态度，他没有说他们一句好话，而是一味地鞭挞和批判。

"僧侣总是同封建主携手同行的。"（《共产党宣言》）他揭露了宗教不过是封建地主阶级统治人民和维护自己阶级利益的工具。

对被压迫者来说,宗教是他们精神上的枷锁,对压迫者来说,宗教是他们手中杀人不见血的软刀子。贾母、贾政、王夫人等就是利用和尚、道士"金玉良缘"的说法,迫害宝玉、黛玉的理想婚姻,从政治上维护封建家族的利益。贾雨村利用扶乩,欺骗老百姓,使受害者有冤无处伸。王夫人在"最爱斋僧敬道"的幌子下,逼死了金钏、晴雯,赶走了四儿、芳官。王熙凤干脆声称:"从来不信什么阴司地狱报应的",为了三千两银子,害了两条人命。可见,宗教不过是剥削阶级手中随意玩弄的工具,需要时拿来挥舞一番,不需要时,便一脚踢开。贾母年已八十,为了延年益寿,贪图无穷尽的奢侈享乐生活,便祈求神佛的保祐,到"几处庙里念保安延寿经",让人们抄《心经》,散发《金刚经》,过生日买鸟雀放生,以修善积德。为了永保儿孙康宁,她还为宝玉做些"因果善事",每天舍五斤香油供奉菩萨,并吩咐人们,当宝玉出门时,"拿几串钱交给他的小子们,一路施舍给僧道贫苦之人。"但是,作者却揭露了她伪善的面目,他们一方面买鸟雀放生,一方面却把大批奴婢象鸟雀一样禁锢在大观园里,任意役使、打骂和杀害;一方面沿途施舍,一方面却残酷地剥削着佃农的血汗。多少条人命和无数农民的血汗,岂是那几笼鸟雀、几串钱能抵偿得了的?所谓宗教云云,不过是地主阶级掩饰自己凶残面目的遮羞布而已。

《红楼梦》进一步揭露了封建阶级信奉宗教的虚伪性和欺骗性。他们信奉宗教除了为维护自己阶级的利益之外,还把宗教作为自己豪华生活的点缀,或者作为自己求仙得道的阶梯。元妃省亲时,贾家挥霍巨金建造大观园,园中的景致"或山下得幽尼佛寺,或林中藏女道丹房",并在一个角落安排个栊翠庵,作为园林的一景。"佛寺"、"丹房"竟成了园景,还谈什么礼佛敬道?为供奉娘娘,从苏州"采访聘得十二个小尼姑、小道姑。"尼姑、道姑居然可以买得,还说什么"佛门轻易难入"? 他们还赶着念佛诵经,就和排演杂戏一样。这些无疑是对封建阶级信奉宗教的讽刺。贾敬为了成仙得道,"只爱烧丹炼汞","在都中城外和道士们胡羼。"结果因为吃了"秘制的丹砂",中毒而死。玄真观的道士却说:"这恐是虔心得道,已出苦海,脱出皮囊自了去也。"真正成仙得道,贾府的主子们应当庆幸,然而事实正相反,他们竟把帮助贾敬"升仙"的道士锁了起来,并为这个功成圆满的神仙"破孝开吊",大办起丧事来。作者用饶有讽刺意味的笔墨,记叙了这场滑稽剧,最后画龙点睛地写道:"贾敬导气之术;总属虚诞,更至参星礼斗,守庚申,服灵砂,妄作虚为,过于劳神费力,反因此伤了性命的。如今虽死,肚中坚硬似铁,面皮嘴唇,烧的紫绛皱裂。"什么修道成仙,除了揭露贾敬的愚蠢之外,也说明所谓宗教云云,不过是个大骗局。

《红楼梦》中的尼姑、道婆、道士们,没有一个好人。清虚观的张道士,"是当日荣国府国公的替身,曾经先皇御口亲呼为'大幻仙人',如今现掌'道录司',又是当今封为'终了真人',现今王公藩镇都称他为'神仙'。"这个曾经受两代皇帝之封的阔道士,是个十足的趋炎附势的帮闲者。当元妃叫打三天平安醮时,他那清虚观竟成了游艺场,贾母带着那些奶奶姑娘们到那里去散心,他前后趋承,丑态百出。宝玉的干妈马道婆是个骗子加恶棍,一贯利用"邪魔外道",骗取人家的银子;还参与了赵姨娘和王夫人嫡庶之间的斗争,妄图用"魇魔法"害死宝玉和凤姐,以取得五十多两银子的报酬。最后事情暴露了,被"送到锦衣府去,问出许多官员家大户太太姑娘们的隐情事来。"那个馒头庵的老尼静虚,善于"扯篷拉纤",与王熙凤合谋害死了张金哥一对未婚夫妻。水月庵的智通和地藏庵的圆信是"两个拐子",她们"拐两个女孩子去做活使唤"。卖膏药的王道士是个江湖骗子,吹嘘他的膏药多么灵验,其实他不打自招地说:"连膏药也是假的,我有真药,我还吃了作神仙呢,有真的跑到这里来混!"就是那个妙玉,也是个嫌贫爱富,趋炎附势的小人,"欲洁何曾洁,云空未必空",正概括出她的虚伪本质。

《红楼梦》的作者对宗教迷信是深恶痛绝的,他通过自己笔下的人物对宗教迷信作了极为深刻的揭露。道士超度柳湘莲,大家都说是些"妖术邪法"。妙玉待人厚此薄彼,宝玉说:"佛法平等",揭露了佛教"平等"之说不过是个幌子。邢岫烟进一步揭露她"僧不僧,俗不俗,女不女,男不男"四不像的虚伪本质。她为宝玉失掉"玉"扶乩,结果是"仙机隐语",谁也解不出是什么意思,讽刺扶乩之不可信。有人提议通过算卦测字找"玉",邢岫烟说:"若说那外头测字打卦的,是不中用的!"揭露那不过是迷信玩艺儿。那包勇干脆大嚷:"那三姑六婆是再要不得的!"当然,最能体现作者思想观点的,还是黛玉和宝玉。黛玉在谈到和尚给她治病的方法时说:"说了这些不经之谈",根本不相信那一套。宝玉是个"毁僧谤道"的人物,他曾嫌"和尚们脏",并曾叫骂道:"只教神天菩萨坑死我了!"他有时也念佛,如当听到说黛玉的病见好时,他随口念了一声"阿弥陀佛",紫鹃笑道:"你也念起佛来,真是新闻!"念佛竟成了新闻,可见他并不相信神佛。他曾经说:"我素日独恨俗人不知原故混供神,混盖庙。这都是当日有钱的老公们和那些有钱的愚妇们,听见有个神,就盖庙来供着,也不知那神是何人,因听些野史小说,便信真了。"神是人造的,神庙都是地主阶级根据不可信的传说混盖的。这表现了曹雪芹朴素的唯物主义思想。宝玉还说:"我们老太太、太太都是善人,就是合家大小,也都好善喜舍,最爱修庙塑神的。"这就把批判的笔锋直接指向了贾氏家族,把他们崇拜宗教的"圣洁"光圈戳穿了。

　　《红楼梦》的作者对宗教迷信是揭露和批判的,《红楼梦》也确是一部"毁僧谤道"的书。当然,曹雪芹并不是一个自觉的宗教反对派和无神论者,有时他为了寻找精神上的解脱,也相信神仙,宣扬天命,但他从对实际生活的深入观察出发,对宗教迷信所作的揭露和批判,却闪烁着唯物主义思想的光辉!曹雪芹这种"毁僧谤道"思想的产生,并不是偶然的,而是和当时进步的思潮相联系的。颜元就曾批评佛道讲静修说:"有耳目则不能无视听,佛……不能使人无耳目,安在其能空乎? 道……不能使耳目不视听,安在其能静乎?"(《存人编》卷一《第二唤》)曹雪芹的思想正是这种进步思潮的反映,但是他通过具体形象所揭露和批判的,却比颜元所批评的要深刻得多。

九　余论

　　《红楼梦》批判了封建社会的政治法律、文化教育、伦理道德、宗教迷信、恋爱婚姻等方面的反动、腐朽和堕落,揭露和批判了封建社会上层建筑。《红楼梦》的政治倾向主要表现在政治思想领域里反封建的斗争,在政治思想领域里又集中表现在和当时作为统治阶级的统治思想封建理学的斗争。这是封建和反封建两种思想的斗争,是封建阶级和反封建阶级两个阶级的斗争,是被压迫阶级反对压迫阶级在政治思想方面统治、专政的斗争。当时的思想家戴震曾经揭露封建统治者以理杀人的罪行说:"今之治人者,……尊者以理责卑,长者以理责幼,贵者以理责贱,虽失,谓之顺。卑者、幼者、贱者以理争之,虽得,谓之逆。……于是……在下之罪,人人不胜指数。人死于法,犹有怜之;死于理,其谁怜之!"(《孟子字义疏正》卷上)戴震的话一针见血地道破了理学在政治上的反动性。曹雪芹极为同情被"理"所杀害的人,并为他们的悲惨遭遇而愤慨,而不平,而大声疾呼!

曹雪芹所以能全面深刻地揭露封建社会的各种矛盾和斗争,乃是由于他世界观中的进步方面在起作用。曹雪芹哲学思想中具有朴素的辩证法因素,他通过湘云的口说明自己对宇宙的看法:"从古到今,开天辟地","阳尽了就成阴,阴尽了就成阳",即充满了对立物的矛盾。"比如天是阳,地就是阴;水是阴,火就是阳;日是阳,月就是阴。""走兽飞禽:雄为阳,雌为阴;牝为阴,牡为阳。"就连"那些蚊子、虼蚤、蠓虫儿、花儿、草儿、瓦片儿、砖头儿,也有阴阳。"可见世界上一切事物都是由对立面的矛盾构成的。同时,在一切事物内部,也都存在着对立性,"比如那一个树叶儿,还分阴阳呢:那边向上朝阳的便是阳,这边背阴覆下的便是阴。"又比如扇子,"这边正面就是阳,那边反面就是阴。"这些观点,都具有朴素的辩证法因素。辩证法的基本观点,是对立面经过斗争而互相转化。曹雪芹也承认这一点,秦可卿就曾说:"月满则亏,水满则溢,又道是登高必跌重。"就是他这种观点的表露。曹雪芹社会思想中朦胧地意识到阶级的对立,这种思想意识在创作实践中逐渐趋向鲜明。宝玉在去铁槛寺的路上,看见"庄人家无多房舍"和各种农具,感叹道:"谁知盘中餐,粒粒皆辛苦!"正是作者经过一段观察之后,思想认识上的一个飞跃。又宝玉去探望晴雯时,闻到有膻臭之气的茶碗,尝到一味苦涩的茶水,而晴雯却"如得了甘露一般,一气灌下去了",领悟到"饱饫烹宰,饥厌糟糠"的道理,也是作者思想认识所达到的新的高度。又宝玉和秦钟初次会面,深恨相见之晚,一个想:"富贵二字,不料遭我荼毒了",一个想:"贫窭二字陷人,亦世间之大不快事"。是作者感受到阶级陷人,并为此而愤愤不平。曹雪芹就是以朴素的辩证法观点和朦胧地意识到阶级对立的思想做指导进行创作的。他广泛而深刻地表现了封建社会的阶级矛盾和阶级斗争,全面地描绘了清朝中期的社会生活,描绘了这个社会盛极而衰的急剧的历史转变过程。

曹雪芹并不是"市民",也没有"工商皆本"的思想。他是在阶级斗争激化的时刻,从贵族阶级中分化出来的人物。他的一些进步思想的出现,并不是偶然的,这一方面如上文所叙是"从把他们浮载在上面的历史潮流里汲取来的。"(恩格斯《给拉萨尔的信》)另一方面也是在当时严酷的阶级压迫下产生的。列宁在分析一种思想产生的条件时指出:"某一个国家内的自由愈少,公开的阶级斗争表现得愈薄弱,……则政治的乌托邦,通常也容易发生。"(《两种乌托邦》)曹雪芹的思想虽然不是乌托邦,但是他的理想、愿望和对未来的憧憬,确是在列宁所分析的那样条件下产生的。曹雪芹的思想是随着阶级斗争的激化而不断深化的,随着自己生活地位的日益跌落而不断转变的,"举家食粥"之日,应当正是他思想认识最清醒之时。他创作《红楼梦》,曾经"披阅十载,增删五次",是"字字看来皆是血,十年辛苦不寻常"。十年的创作、修改、加工的过程,实际上是他对社会各种复杂矛盾斗争的认识不断加深的过程,是他思想认识不断提高的过程。曹雪芹的思想产生于特定历史环境中的阶级斗争,也发展、提高于特定历史环境中的阶级斗争,阶级斗争玉成了曹雪芹。

曹雪芹的思想并不都是进步的,相反有许多落后、腐朽的东西。他为新的发展不足所苦,也为旧的传统的惰力所苦。他处在一个新旧交替的时代,旧的传统的东西和新的萌芽状态的东西,在他思想上同时存在。这不是偶然现象,而是那个时代新旧两种势力的斗争在他思想上的反映,具有那个时代的特征。他揭露和批判封建社会丑恶和腐朽的现象,但是这种揭露和批判却是不彻底的。他是带着自己的阶级偏见描绘封建社会的,因此,他所揭露和批判的,往往又是他所同情和惋惜的。探春理家就寄托了作者挽回封建社会的希望。宝钗赞扬说:"善哉!三年之内,无饥馑矣。"李纨也说:"使之以权,动之以利,再无不尽职的了。"乃是作者自己情绪的表露。作者的重要思想是要"补天",补封建社会之天,也就是挽救封建社会。

曹雪芹对贵族阶级也是鄙弃的、厌恶的,写出了他们不配有好的命运。他对宝玉、黛玉的叛逆思想倾注着满腔热情并加以赞扬,对他们的不幸遭遇表示深切的同情。但同时也流露出一种惋惜的情绪,黛玉就曾劝宝玉说:"你可都改了罢!"可见作者并未彻底背叛他那个阶级,对他那个阶级在感情上保持着千丝万缕的联系。

曹雪芹揭露封建社会,又留恋封建社会;批判贵族阶级,又同情贵族阶级;要"补天",又没有力量;要挽救封建社会,又不可能;这就形成了他精神上的痛苦。为了求得解脱,有时便借助宗教,相信老庄思想,认为人生如梦幻,世界上一切都是空的,即"色空"观念;或相信命运,认为一切都是命定的,所谓"分离聚合皆前定",即宿命论思想。这都是极端腐朽、落后的思想,应该彻底批判。

曹雪芹的成就是杰出的,他创作的《红楼梦》有划时代的意义。它的出现,标志着我国封建社会的终结和新的时代的即将来临,标志着我国古典文学的总结和新的启蒙文学的开端。《红楼梦》的主要价值在于它所表现的鲜明的反封建的政治倾向和批判精神,它从封建叛逆者的立场出发,对整个封建社会的上层建筑进行了全面深刻地揭露和批判。《红楼梦》是一部封建社会的审判书。

鲁迅的小说和《儒林外史》

　　熟识鲁迅小说的人,往往会发现它在内容上、手法上和人物描写上,都深深地受到《儒林外史》的影响,有许多与《儒林外史》相似的地方,同时也表现了与《儒林外史》鲜明不同的特色。这正是鲁迅创造性地继承我国古典文学优良传统的结果。鲁迅是十分注意批判地继承文学遗产的。为了接受遗产,他做了许多古籍的搜集、校订和文学史的编撰工作,并且发表了不少关于如何继承遗产的精辟意见。在他全部对古典文学的整理、研究工作中,《中国小说史略》是成就最高的。其中对每一部重要作品,都通过自己新颖的思想,作了深刻的探讨和分析。特别是对《儒林外史》的评价最高、剖析最透。可以看出,鲁迅对《儒林外史》是特别喜爱的。鲁迅喜爱《儒林外史》的原因是:他对《儒林外史》中所描写的"士林"的思想、生活、习性最熟识最了解,对他以前受过功名利禄毒害的人的精神状态观察得很深入;同时与革命形势发展的需要有密切关系,因为鲁迅在《儒林外史》中发现了反礼教的精神和知识分子严重被摧残被压迫的事实,这恰恰是五四运动反封建思想的一个重要方面。假若说,鲁迅在杂文方面比较多地继承了魏晋的文风,特别是嵇康散文特征的话,那么在小说方面是继承了中国古典小说,特别是《儒林外史》的写作特点。

一

鲁迅的小说在内容上吸取了《儒林外史》些什么呢？我以为突出的是反封建礼教的精神。当然，反礼教是五四运动重要的革命内容之一，是当时现实生活提出的尖锐问题。鲁迅的革命思想首先根源于现实生活。但是，不可否认也有历史传统的因素。这种历史传统的因素就包括魏晋文人的"非汤武而薄周孔"和《儒林外史》中反封建伦理的思想。

《儒林外史》中反封建伦理、反礼教的思想，比较鲜明地表现在"徽州府烈妇殉夫"一节里。在这一节里，吴敬梓创造了两个人物，即王玉辉和他的女儿三姑娘。王玉辉是个迂腐的封建礼教的信奉者，当他女儿要殉节的时候，他不但不劝阻，反而鼓励她去做。说什么"心去意难留"，认为是青史留名的事。他的妻子骂他是呆子，他反说自己的妻子是呆子。女儿死了以后，他大叫"死的好！死的好！"这就揭露了礼教吃人的残酷本质。吴敬梓描写的人物是逼真的，揭露的伦理制度的残酷也是深刻的，但是吴敬梓在思想上并不认识这种制度吃人的本质，而完全是按照生活本来的面貌朴朴实实地描绘出来的。鲁迅则是站在革命民主主义者的立场，从当时革命的任务出发，明确提出了礼教吃人的问题。他在《灯下漫笔》一文中，正面谈到他对中国历史的看法：

> 所谓中国的文明者，其实不过是安排给阔人享用的人肉的筵宴。所谓中国者，其实不过是安排这人肉的筵宴的厨房……大小无数的人肉的筵宴，即从有文明以来一直排到现在，人们就在这会场中吃人，被吃，以凶人的愚妄的欢呼，将悲惨的弱者的呼号遮掩……（《坟》）

鲁迅基于这种对历史的清醒看法,同时吸取了《儒林外史》中反礼教的精神,并根据现实生活所提出的问题,加以分析、提炼,创造了《狂人日记》中的狂人和《长明灯》中的疯子两个形象,喊出了"救救孩子"的呼声!

狂人和疯子体现了鲁迅对中国历史的看法,狂人说:"我翻开历史一查,这历史没有年代,歪歪斜斜的每页上都写着'仁义道德'几个字。我横竖睡不着,仔细看了半夜,才从字缝里看出字来,满本都写着两个字是'吃人'!"吴敬梓所写的礼教吃人,也就是狂人所说的"吃人的是我哥哥!我是吃人的人的兄弟!我自己被人吃了,可仍然是吃人的人的兄弟!"骨肉相食,亲族相食是一个道理。三姑娘死后,地方士绅为她举行了隆重的仪式:建节孝坊,入节孝祠,在明伦堂大摆宴席等。这座宴席,就是鲁迅所揭示的中国历史是"安排给阔人享用的人肉的筵宴",是吃人的宴席。王玉辉一生要纂"三部书",鲁迅在《狂人日记》中则点染了古久先生那个"陈年流水簿子",在《明灯》中则突出了那个据说是从梁武帝时即点起来的"长明灯",以及在《祝福》中鲁四老爷书房中那部《近思录集注》与《四书衬》等,都不过是一千多年来中国封建旧礼教的体现,是传统旧道德的象征。三姑娘是个淳朴的妇女,她的死并不是由于对封建礼教的虔诚,而是考虑到未来生活无着落,不得不死。吴敬梓在描写三姑娘死后,整个社会仍是平平淡淡;鲁迅笔下的许多人物,在被封建制度吃掉之后,社会的反映更是冷漠无情。这说明鲁迅对中国半封建半殖民地的批判更严峻,更深刻。

《儒林外史》中的许多人物,都具有那种"精神胜利法"。"精神胜利法"是我国半封建半殖民地社会的产物,但是作为一种剥削阶级的奴才性在封建社会已经出现了。吴敬梓笔下的一些无耻文人和市井恶棍都在不同程度上表现了这个精神形态。鲁迅在塑造阿Q这个人物时，自然是摄取了近代史上如李鸿章等官僚地主阶级的磕头外交、投降卖国的精神特质，同时也吸取了《儒林外史》中有关这方面的描写。像牛浦看见牛玉圃体面，便联宗称牛玉圃为叔公，但在子午宫的道士面前却又装做老爷。这种一忽儿自居为老爷，一忽儿又甘心做孙子，正和鲁迅笔下的阿Q精神是一致的，牛浦在子午宫道士面前夸耀道：

> 我一向在安东县董老爷衙门里。那董老爷好不好客！记得我一初到他那里时候，才送了帖子进去，他就连忙叫两个差人出来请我的轿。我不曾坐轿，却骑的是个驴。我要下驴，差人不肯，两个人牵了我的驴头，一路走上去；走到暖阁上，走的地板格登格登的一路响。董老爷已是开了宅门，自己迎了出来，同我手揽着手，走了进去，留我住了二十多天……

这也正是阿Q常对别人夸耀的"我们先前——比你阔的多啦！"这种阿Q精神在《儒林外史》中那些假名士身上随处可见。

他们只许自己谈名士，不许别人谈名士，只有自己才配谈，别人不配谈的自尊自大，也正是阿Q的精神世界。不同的是鲁迅把这些无耻文人、市井无赖的精神状态集中到农民阿Q身上，通过阿Q反映了更深刻的社会面貌，反映了半封建半殖民地时代农村的社会关系，揭露了封建阶级对农民的残酷压迫和剥削。

鲁迅受《儒林外史》影响最显著的方面还在于那些有关知识分子的描写。鲁迅曾经写了五四前后三代知识分子的形象。我们若认真考察一下，他笔下这些知识分子的形象，大部分都与《儒林外史》有着深刻的联系。像《白光》中的陈士成和《孔乙己》中的孔乙己，都是科举制度的牺牲者。陈士成落第发疯，正与《儒林外史》中范进中举发疯的精神状态相似。陈士成在未落第之前所作的那些非非之想,如:"隽了秀才,上省去乡试,一径联捷上去,……绅士们既然千方百计的来攀亲,人们又都像看见神明似的敬畏,深悔先前的轻薄,发昏,……赶走了租住在自己破宅门里的杂姓——那是不劳说赶,自己就搬的——屋宇全新了,门口是旗杆和匾额,……要清高可以做京官,否则不如谋外放。"正是范进中举后实际上所得到的。范进考了二十余次,直考到"花白胡须"才得中乡试,陈士成考了十六场,也短发斑白了,还未考上。陈士成落第后嗒然沮丧地说:"又完了!"范进中试后精神失常地喊:"好,我中了!"这两个不同时代的知识分子,虽然考试的最后结果不同,但在精神面貌上何其相似!又像《在酒楼上》的吕纬甫和《孤独者》中的魏连殳,都是有理想、有才情并对社会有反抗精神的人物,结果被强大的封建势力压垮,变成两个"敷敷衍衍,模模糊糊"的人。从这两个人的行迹、遭遇来看,也吸收了一些《儒林外史》中关于余有达、余有重和匡超人、蘧𫍯夫等的描写在内。吕纬甫为了满足他母亲的封建观念的要求,对已经死了三年的弟弟迁葬,尽管发现墓穴里除了一堆木丝和小木片之外,别无所有,也仍然按照母亲的意志去做。余氏兄弟二人本来也是廉能知重、耿介不群的人,反对五河县的恶劣风俗,对风水之说尤其厌恶,常为"人家因寻地艰难,每每耽误着先人,不能就葬"而忿然不平。但是,当他们安葬自己的父母时,却非常乐于倾听深通风水之说的同族余敷、余殷的意见,且听得津津有味。还不放心,最后又找了个有名的风水先生,才择地安葬了。这些人物开始时都是正直而有骨气的,后来在腐朽势力面前退缩下来。鲁迅在创造吕纬甫和魏连殳这两个人物时,也摄取了《儒林外史》中有关其他正直人物如杜少卿、虞育德、萧云仙、迟衡山等的描写方法。杜少卿、虞育德等人都是怀有封建阶级的理想和抱负的,要改变当时的社会,但在强大的封建传统压力下失望了。杜少卿在送别虞育德时曾说：

> "老叔已去，小侄从今无所依归矣。"虞博士也不胜凄
> 然。……说道："少卿，我不瞒你说。我本赤贫之士，在南京来
> 做了六七年博士，每年积几两俸金，只挣了三担米的一块田。
> 我此番去，或是部郎，或是州县，我多则做三年，少则做两年，
> 再积些俸银，添得两十担米，每年养着我夫妻两个不得饿死，
> 就罢了。子孙们的事，我也不去管他。……"

这种悲凉失望的情调，和《在酒楼上》的"我"与吕纬甫告别时的情
绪是一样的：

> "你借此还可以支持生活么？"我一面准备走，一面问。
> "是的。——我每月有二十元，也不大能够敷衍。"
> "那么，你以后预备怎么办呢？"
> "以后？——我不知道。你看我们那时预想的事可有一
> 件如意？我现在什么也不知道，连明天怎样也不知道，连后一
> 分……"

鲁迅在这个人物身上寄予了自己满腔的悲愤和同情，描写了封建
社会给中国知识分子的损害和创伤，批判了他们的软弱性。魏连
殳开始经常"发些没有顾忌的议论"，以至于招致了匿名人的攻
击、学界的流言和学校的解职，为社会所不容。最后走投无路，不
得不做杜师长的顾问。从此便发生了一个大转变，无所不为。《儒
林外史》中的匡超人和蘧𬳶夫也是这样。匡超人和魏连殳相同，比
其他人物更多地担荷着封建传统思想的压力，他淳厚、愚孝、靠自
己的劳动来维持贫苦的家庭生活，后来由于社会风习的熏染，也读
起八股文来，并终于中了举。此后，便虚伪、奸诈、欺骗，无所不用
其极，也和魏连殳做了师长顾问后的表现有某些相似：

　　"你可知道魏大人自从交运之后，人就和先前两样了，脸
也抬高起来，气昂昂的。对人也不再先前那么迂。你知道，他
先前不是像一个哑子，见我是叫老太太的么？后来就叫'老家
伙'。唉唉，真是有趣。人送他仙居术，他自己是不吃的，就摔
在院子里，——就是这地方，——叫道，'老家伙，你吃
去罢。'"

他们都在封建势力的威逼下变了质，堕落起来。蘧𬴂夫起初也是
对功名利禄不满的人，反对科举制度和八股文章，为此并曾引起妻
子鲁小姐的大不愉快。后来见表叔娄三公子和娄四公子求做名
士，结果"落得一场扫兴，因把这做名士的心也看淡了"，便一心要
谈举业，遂与利禄场中之马二先生等人交往起来。也正如魏连殳
所说的："我已经躬行我先前所憎恶，所反对的一切，拒斥我先前所
崇仰，所主张的一切了。"这样，他们就和周围的环境适应起来。他
们的境遇变了，他们的思想观点也随之改变，希望变成失望。当
然，鲁迅所写的是中国民主革命的知识分子形象，与旧时代的封建
士大夫不同，他们具有革命的热情和反封建的强烈要求。可是，在
他们身上确实存在着《儒林外史》的深刻影响。鲁迅在《娜拉走后
怎样》一文中说：

　　　　可惜中国太难改变了，即使搬动一张桌子，改装一个火
　　炉，几乎也要血；而且即使有了血，也未必一定能搬动。
　　（《坟》）

鲁迅这段话表明他对中国社会历史的深刻理解，可以用来说明吕
纬甫和魏连殳的悲剧根源，也可以用来说明《儒林外史》中许多正
面人物的悲剧根源。《儒林外史》所描写的那许多想改变那个社
会的名士，最后都风流云散，"花坛酒社，都没有那些才俊之人；礼

乐文章,也不见那些贤人讲究"。剩下的只是市井中新出现的几个
奇人。也正是鲁迅自题《彷徨》诗所说:"寂寞新文苑,平安旧战
场,两间余一卒,荷戟独彷徨。"鲁迅这时的愤慨悲凉的心境与吴敬
梓当时的心境何其相似! 不同的是吴敬梓为其迂腐的政治理想不
能实现而哀伤,鲁迅则以一个彻底的革命民主主义思想家的姿态
坚持战斗。

鲁迅所写的像吕纬甫和魏连殳一类的知识分子,还有《幸福的
家庭》中的文学家,《端午节》中的方玄绰,《伤逝》中的涓生。文学
家感到将来没有出路,便把"绿格纸"拿来给孩子"拭眼泪和鼻
涕";方玄绰因为生活无着落,只能捧着《尝试集》咿唔咿唔地念;
涓生那只能用"遗忘"和"说谎"来寻找自己精神上的安慰等都在
不同程度上具有《儒林外史》中封建文人的影子。至于《肥皂》中
的四铭,《高老夫子》中的高尔础,《弟兄》中的张沛君,则是一些腐
朽的道学家和伪善者,他们的精神面貌与《儒林外史》中的人物更
接近。在他们身上可以发现杨执中、权勿用等人的生活情调。像
《理水》中那些"学者名流"对"禹"的争论,也与张静斋、汤知县、范
进之争论刘基哪一年中进士,是同样无知的。

吴敬梓写完《儒林外史》之后,无限感慨地说:"看官! 难道自
今以后,就没有一个贤人君子可以入得《儒林外史》的么?"鲁迅对
这句话深有感触,所以在《中国小说史略》中加以引用。其实,他
所写的那些知识分子,都可以入得《儒林外史》,无论是正面人物
或反面人物,有时使我们感到确是可以作为旧民主革命时期的一
部续《儒林外史》看。

但是,鲁迅在描写知识分子时,和吴敬梓却有着很大的不同。
他不只是批判知识分子的丑恶灵魂、习性,批判社会制度造成知识
分子思想、道德、品质的变化等,而是在寻求是什么力量可以解除

人民的苦难这个问题上，来表现知识分子的。是联系着现实生活中的重大问题，在鲜明的历史背景上，在他的主人公经受严酷的历史考验中，来表现知识分子的。他对自己笔下的知识分子的弱点，给以冷峻的鞭挞，对他们的失望和痛苦，则寄予深切的同情。他满怀热情地在探讨知识分子的前途和出路，在探讨知识分子在那个时代环境中，应该有什么样的命运。通过他笔下的知识分子的遭受、苦闷和变化，使人们深深地感受到新社会在孕育过程中的苦痛。这是作为一个革命民主主义作家鲁迅的革命彻底性和深刻性的表现，是吴敬梓所不能望其项背的。

二

鲁迅对《儒林外史》的吸取，不但在内容方面，而且表现在描写手法和艺术方面。鲁迅小说在艺术上吸取了《儒林外史》些什么呢？这从鲁迅对《儒林外史》的评价中可以看出来。鲁迅在《中国小说史略》中说：

> 迨吴敬梓《儒林外史》出，乃秉持公心，指摘时弊，机锋所向，尤在士林；其文又戚而能谐，婉而多讽，于是说部中乃始有足称讽刺之书……既多据自所闻见，而笔又足以达之，故能烛幽索隐，物无遁形，凡官师、儒者、名士、山人，间亦有市井细民，皆现身纸上；声态并作，使彼世相，如在目前。（《清之讽刺小说》）

鲁迅所指出的《儒林外史》这些优点，应该就是他对《儒林外史》吸取的一些方面。鲁迅对《儒林外史》评价最高的地方，正是他吸取最多的地方。鲁迅认为《儒林外史》最高的成就是讽刺，认为从

《儒林外史》出现以后,中国才有称得起真正讽刺的作品,《儒林外史》在中国文学史上有开创的意义。因此,他在这方面受《儒林外史》的影响也最深。鲁迅有两篇论讽刺的文章,他对讽刺的看法,一定程度上是从《儒林外史》的艺术表现中总结出来的。他在第一篇《论讽刺》的文章中说:"所谓讽刺作品,大抵倒是写实。非写实决不能成为所谓'讽刺'。"并且举《儒林外史》为例说:"《儒林外史》写范举人因为守孝,连象牙筷也不肯用,但吃饭时,他却'在燕窝碗里拣了一个大虾圆子送在嘴里'。"(《且介亭杂文二集》)他在第二篇《什么是讽刺》的文章中,进一步说:"'讽刺'的生命是真实;不必是曾有的实事,但必须是会有的实情。……它所写的事情是公然的,也是常见的,平时是谁都不以为奇的,而且自然是谁都毫不注意的。不过这事情在那时却已经是不合理,可笑,可鄙,甚而至于可恶。但这么行下来了,习惯了,虽在大庭广众之间,谁也不觉得奇怪;现在给它特别一提,就动人。"最后得出结论说:"在或一时代的社会里,事情越平常,就越普遍,也就愈合于作讽刺。"(《且介亭杂文二集》)这种对讽刺的理解,不正是《儒林外史》的实际表现吗?《儒林外史》中那些无耻文人和虚假名士到处招摇撞骗,而社会上习以为常,不以为奇,经吴敬梓一提,便动人,真相毕现。这在某种程度上是鲁迅理论认识的根据,同时也通过他的创作实践体现出来。像《儒林外史》中的万里,以秀才的身份冒充中书,向高翰林、施御史、秦中书夸耀自己。一次在秦中书家里吃酒看戏,看到"请宴":

> 只见那贴旦装了一个红娘,一扭一捏,走上场来。长班又上来打了一个抢跪,禀了一声"赏坐",那吹手们才坐下去。这红娘才唱了一声,只听得大门口忽然一棒锣声,又有红黑帽子吆喝了进来。众人都疑惑:"'请宴'里面从没有这个做法

的!"只见管家跑进来,说不出话来。

在当时的社会中,欺诈蒙骗的事是太普遍了,人们并未注意到万里的中书会是假的,当二十几个快手把他锁套了去,才揭穿了他的假象,这是极大的讽刺。然而经凤四老爹了解,他是因为家中生活艰难,没奈何才这样做的,并因此竟把他的假中书设法变成真中书,这是又进一层的讽刺。鲁迅在《马上支日记》中说:

> 一做戏,则前台的架子,总与在后台的面目不相同。但看客虽然明知是戏,只要做得像,也仍然能够为它悲喜,于是这出戏就做下去了;有谁来揭穿的,他们反以为扫兴。(《华盖集续编》)

万中书看的是戏,自己做的也是戏,而且做得很像,吴敬梓把它揭穿,因此"令人扫兴",看客高翰林就感叹说:"才请宴就钱别,弄得宴还不算请,别到戗过了!"鲁迅做的也是这种揭穿工作,像对高老夫子、四铭、张沛君这类假"道学家",都是用同样的方法进行讽刺的。高老夫子的女学生和四铭的秀儿、招儿,都是他们各自的看客,对他们的假面具都有清楚的认识,并给他们以大胆无情的揭露和嘲笑。

鲁迅极力赞扬《儒林外史》"秉持公心,指摘时弊"的严峻、公正的批判精神,而且感慨"是后亦鲜有以公心讽世之书如《儒林外史》者"。吴敬梓以冷静的头脑观察和分析现实,对封建社会中一切卑鄙、黑暗和罪恶的现象,都以辛辣的揭露和批判。他揭露和批判的尺度是极其严格的,否定人物不必说,即便是肯定人物,若有可求疵之处,立刻笔墨加之,毫不容情。像批判杜少卿之"贤否不明",批判萧云仙之到处请人题诗以求传名,批判虞博士之无原则地帮助别人等。在吴敬梓笔下,毫无个人的恩怨问题,全是一片诚心,爱憎分明,感情强烈,犹鲁迅之所谓"热情"(《什么是讽刺》)。鲁迅呢?他对自己所处的那个社会总是公正地分析,深刻地解剖,发掘了农民性格中的革命力量,又鞭挞了他们的不觉悟,歌颂了知识分子的革命热情,又批判了他们的软弱性。他对半封建半殖民地社会辨析之明晰程度,可谓间不容发,比吴敬梓更严峻、深刻得多了。而且他所秉持的公心,是被压迫人民之心,是当时民主革命的要求,因此在批判封建社会的尖锐和揭露封建社会的深广方面,都达到了空前的高度。他批判了辛亥革命的缺点,也揭示了辛亥革命失败的原因。这可以说是对《儒林外史》现实主义创作原则的创造性的继承和发展。

鲁迅在评价《儒林外史》时,还提到它的"戚而能谐,婉而多讽"的笔法。即在对社会的深切忧虑中含谐谑,于委婉的叙述中寓讽刺,也就是中国史家寓论断于叙事的史笔。鲁迅在《论讽刺》中提出"直写事实"就是"讽刺"的看法,也就是要求作家于叙述事实之外,不另表示自己的观点。这种看法体现在他自己的创作实践之中,也包括对《儒林外史》的讽刺艺术的深刻理解在内。《儒林外史》的笔法,即在叙述之中寓褒贬,此外再无多余的笔墨。像严贡生用云片糕欺骗船家,严监生临死还怕消耗了灯油等,吴敬梓并未正面表示意见,只是"直写事实",而剥削阶级那种欺诈、吝啬的本质却清楚地显示出来,鲁迅所谓"无一贬辞,而情伪毕露"者也。鲁迅笔下的人物,如赵太爷夜晚也"定例不准点灯",偶然的例外是"阿Q来做短工的时候,准其点灯春米"。赵七爷竟说:"倘若赵子龙在世,天下便不会乱到这地步了。"其他如七大人、慰老爷、举人老爷等的言行,都是在叙述中给以深刻讽刺的。这种"直写事实"的方法,实质上也是鲁迅所谓的"曲笔",因为看来只是在叙述人物的活动,而内容却包含着深意,也就是讽刺。在鲁迅笔下,哪怕是人物的潜意识活动,也不放松,立刻把它勾勒出来。四铭买那块肥皂的心灵深处的秘密不是也揭露无遗了吗?用鲁迅评《儒林外史》的话说:"烛幽索隐,物无遁形","诚微辞之妙选,亦狙击之辣手矣"!

《儒林外史》在人物塑造方面,最善于表现人物的精神、灵魂。鲁迅给他们下了八个字的评语:"现身纸上,声态并作。"这是非常准确的。吴敬梓总是极力展开人物的精神世界,深入人物的灵魂去解剖人物。像周进在举业上蹭蹬潦倒、受尽奚落,最后连馆也坐不住了,不得不跟着姊丈金有余去经商,到了京城的贡院,"见两块号板摆的齐齐整整,不觉眼睛里一阵酸酸的,长叹一声,一头撞在号板上,直僵僵不醒人事"。范进去应举,家里人挨了三天饿,回来后到集上去卖鸡,当人们来寻他,告诉他中了时,他不耐烦地说:"你晓得我今日没有米,要卖这只鸡去救命,为什么拿这话来混我?"都深入地刻画了他们为科举制度奴役的精神和灵魂。王玉辉把女儿逼死之后,到苏州去散心,路上见一个少年妇女,便想起自己的女儿来,"心里哽咽,那热泪直滚出来"。严监生身患重病,还每天夜里算账直到三更,躺在床上盘算田上收早稻,以至于病势日重,"自觉得心里虚怯,长叹了一口气,把脸朝床里面睡下"。也描绘了他们被礼教腐蚀和为蓄啬丧命的精神世界。鲁迅也非常善于刻画人物的灵魂和精神。他不但塑造了"阿Q精神",而且也发掘了中国封建社会农村妇女和知识分子的精神状态。祥林嫂见了"我"的第一句问话,就是:"一个人死了之后,究竟有没有灵魂的?"单四嫂子的宝儿死后,她知道"还魂是不能有的事"。鲁迅就描写了这些丧失了灵魂的人的灵魂。祥林嫂去土地庙里捐了门槛之后,鲁四老爷还不让她拿祭祀的酒盅和筷子,引起她精神上的极大变化:"她像是受了炮烙似的缩手,脸色同时变作灰黑,也不再去取烛台,只是失神的站着。""第二天,不但眼睛窈陷下去,连精神也不济了。而且很胆怯,不独怕暗夜,怕黑影,即使见人,虽是自己的主人,也总惴惴的,有如在白天出穴游行的小鼠;否则呆坐着,直是一个木偶人。"单四嫂子在宝儿死后,怀念至极:"叹一口气,自言自语的说,'宝儿,你该还在这里,你给我梦里见见吧。'于是合上眼,想赶快睡去,会她宝儿,苦苦的呼吸通过了静和大和空虚,自己听得明白。"这两个淳朴善良的妇女,在封建社会受摧残受损害后在精神上引起的巨大变化,被鲁迅深刻地表现出来。又如闰土一见到"我","脸上现出欢喜和凄凉的神情,动着嘴唇,却没有作声",接着终于恭敬起来,叫了一声"老爷!……"又回过头去,拖出躲在背后的孩子来说:"水生,给老爷磕头。""我"和闰土分别将三十年了,这三十年的社会状况反映在闰土精神面貌上的变化,使"我""打了一个寒噤"。这样,鲁迅把人物写活了,把社会写活了。此外,像对华老栓、华大妈等许多人物的描写,同样有这种特点。鲁迅小说之所以着重描写人物的精神、灵魂,一方面是由于他开始文学活动的动机,"在改变他们的精神"(《呐喊·自序》),一方面也由于向《儒林外史》吸取、学习的结果。

鲁迅在谈到自己小说的特点时,曾说:

> 我力避行文的唠叨,只要觉得够将意思传给别人了,就宁可什么陪衬拖带也没有。中国旧戏上,没有背景,新年卖给孩子看的花纸上,只有主要的几个人(但现在的花纸却多有背景了),我深信对于我的目的,这方法是适宜的,所以我不去描写风月,对话也决不说到一大篇。(《南腔北调集·我怎么做起小说来》)

鲁迅这段话表明,他写小说只写几个主要人物,不写背景。他这种写人物的方法，固然与中国传统的艺术有渊源关系。但是，我觉得与《儒林外史》的关系更密切。因为他所举的"旧戏"和"年画"的例子，更接近《儒林外史》。吴敬梓很少写背景，着重在写意，他随笔点染，备极传神。像周进在薛家集坐馆一段，主要是写夏总甲、申祥甫、王举人等几个人物的活动。若说还有一点背景的描写，那就是周进和王举人谈话时，面前的一张桌子、一个条凳和和尚献上的两杯茶。然而这又极像中国旧戏舞台上的简单摆设。由此，我们可以联想到鲁迅笔下的鲁镇。《祝福》中所描写的新年前鲁镇上层人物鲁四老爷等忙着过年的"新气象"，正与薛家集新年后夏总甲、申祥甫等张罗庆祝新年相似。其中也只写了几个主要人物的活动，如祥林嫂、鲁四老爷、柳妈等，没有其他背景。这正是民间年画的特点。《孔乙己》中除了孔乙己、掌柜和"我"之外，只多写了咸亨酒店中的一个柜台。这与中国旧戏舞台上的简单陈设也相近。《儒林外史》只是在马二先生游西湖时，对景物的描写多一些，然而这些描写也是为了写马二先生的活动，写马二先生对西湖景致"全无会心，颇煞风景，而茫茫然大嚼而归，迂腐之本色固在"（《中国小说史略·清之讽刺小说》）。而且，在马二先生的全部活动中，茶馆是最主要的立脚点，他七次入茶馆，七次吃茶，可是并未写茶馆中的桌椅杯盘之类。鲁迅在《药》里也以茶馆为中心，展开康大叔、驼背五少爷、华老栓、华大妈几个人物的活动，同样"什么陪衬拖带也没有"。当然，《儒林外史》中不是一点背景也没有写，有些关于背景的描写，是人物活动的一部分，并且着重写风俗景物，是一幅风俗画。像对五河县风俗的描写就是如此。鲁迅所谓"掊击习俗者亦屡见"（《中国小说史略·清之讽刺小说》）。同样，鲁迅在《故乡》和《社戏》里对景物的描写也是比较多的，然而仍带有社会风俗的画面，有浓重的乡土气息。而且写得简约、凝练，与他所说的旧戏、年画上表现的境界是一致的。

鲁迅在艺术手法上强调"白描",他说:

> "白描"却并没有秘诀。如果要说有,也不过是和障眼法反一调:有真意,去粉饰,少做作,勿卖弄而已。(《南腔北调集·作文秘诀》)

鲁迅所说的"白描",并非轻描淡写,而是要求描写的"真",要求把生活现象朴实地写出来。这与他在《论讽刺》中所说的"直写事实"的基本精神是一致的。《儒林外史》同样具有这种艺术手法上的特征。吴敬梓是不加粉饰地再现生活,人物怎样活动,便怎样写,不故作惊人之笔。当人物活动结束之后,他们的思想行为就自然形成了对自己的褒贬。像古貌古心的杨执中,怪模怪样的权勿用,开头巾店的景兰江,盐务巡商支剑峰等,都是以自己的言行形成了对自己的批判。而鲁迅的《孤独者》、《在酒楼上》、《祝福》、《故乡》等,则是从"我"的角度去写的。有的全是写人物的活动,有的则插入与人物有关的几件事,其写法亦如他评《儒林外史》所说的:"驱使各种人物,行列而来,事与其来俱起,亦与其去俱讫。"(《中国小说史略·清之讽刺小说》)直是在朴实地写人物、事件从开始、发展到结束的历程,毫无做作之笔,而人物和社会生活面却逼真地显现出来。其艺术力量也最为强烈。

三

鲁迅对《儒林外史》的吸取是多方面的,他的小说从内容到形式都受有《儒林外史》的深刻影响。但是,应当说明,鲁迅与吴敬梓所处的具体历史环境不同,时代不同,思想观点也不同,因此,他的作品的内容和形式,又与吴敬梓有很大差异。他们在艺术传统上有渊源关系,但是他们的素材却是取自现实生活。鲁迅处在半封建半殖民地社会,正当旧民主主义革命与新民主主义革命的交替时期,他将当时"所谓上流社会的堕落和下层社会的不幸,陆续用短篇小说的形式发表出来了"(《集外集拾遗·英译本〈短篇小说选集〉自序》)。与吴敬梓在清代"多据自所闻见"而写,完全是两种不同的社会生活,因此他们作品中所揭示的人物的精神状态和社会面貌也显然不同。同时,鲁迅当时是彻底的革命民主主义思想家,他站在被压迫人民的立场上,从革命的利益出发,去观察和分析社会,因此所描写的社会生活的深度和广度,远远不是吴敬梓所能比拟的。鲁迅不像吴敬梓那样一般地批判封建社会,而且批判了辛亥革命。在艺术上,鲁迅的作品达到炉火纯青的境地,比《儒林外史》百尺竿头更进一步。这都是现实生活和鲁迅自己的思想玉成了他的创作,同时他对中国文学传统的继承,也是促成这种成就的重要因素。他在《且介亭杂文二集》中说:

> 《儒林外史》作者的手段何尝在罗贯中下,然而留学生漫天塞地以来,这部书就好像不永久,也不伟大了。伟大也要有人懂。(《叶紫作〈丰收〉序》)

这里包含着他对《儒林外史》不被人理解的愤慨,包含着他对《儒林外史》的深刻理解,也包含着他对《儒林外史》的高度评价。他就是在这种无限愤慨、深刻理解和高度评价的基础上继承和发扬了《儒林外史》的创作精神和艺术手法的。

论关汉卿的杂剧

一

关汉卿是我国文学史上一位杰出的现实主义剧作家。作为一个伟大的现实主义者,关汉卿的作品所反映的问题,与他所处的时代有着深刻的联系,它真实、深刻地反映了那个时代。

关汉卿所经历的时代,一般地都认为他是由金入元的人。当然他的大部分时期是生活在元代。那么,这一历史时期的社会情况如何呢? 这是怎样一个时代呢?

这是一个少数民族入主中原,在政治、经济、文化上对全国人民进行压迫、剥削、奴役的时代,这是一个城市商品经济在榨取农村自然经济的基础上更趋发达的时代,这是一个阶级矛盾更尖锐、更深刻、更复杂化的时代。在这个时代里,金元统治者以杀戮掠夺的野蛮手段统治着全国人民,特别是蒙古统治者的凶残比女真族尤有过之。虽然当他们的反动统治政权确立之后,接受了一些汉族官僚、地主的献策,也制订了一些法令条款,但是,这些法令条款仍然带有掠夺的性质。一切政策法令都具有杀戮掠夺的色彩,这是蒙古统治者统治政权的特点。他们来到中原之后,为了破坏人民的抗敌斗争,分全国人民为蒙古人、色目人、汉人(包括我国北方的汉人、女真、契丹人)和南人四类,从中挑拨、离间各族人民的团结。同时,为了加强政治上的压迫,曾"申严汉人军器之禁","申严汉人田猎之禁", "禁江南民挟弓矢"(《元史·世祖本纪》), 禁"诸民间有藏铁尺铁骨朵及含刀铁柱杖者", 禁"习用角抵之戏'(《元史·刑法志》)。在文艺上则一味采取摧残的政策, 对于"诸妄撰词曲诬人, 以犯上恶言者, 处死"; 对于"诸乱制词曲为讥议者, 流"; 对于"诸民间子弟不务生业, 辄于城市坊镇演唱词话, 教习杂戏, 聚众淫谑, 并禁治之"(《元史·刑法志》)。在这种严森的法令下, 全国人民的灾难是极深重的了。伴随着这种尖锐的民族矛盾而来的, 并不是阶级矛盾的缓和, 恰巧相反阶级矛盾更加深了, 中原的封建地主阶级与蒙族统治者相勾结, 对人民群众施以最残暴的迫害和奴役, 他们利用蒙族统治者在经济上和文化上的落后性, 以加强自己的经济、政治的地位。蒙族统治者也利用他们的卑鄙企图来统治全国人民。他们狼狈为奸地纠合在一起, 掠夺和兼并土地, 对人民进行野蛮的剥削。人民不堪其苦相继逃亡, 而他们则对"逃民苟免差税, 重加之罪"(《元史·世祖本纪》)。这样就迫使人民不得不起来反抗, 当时"江南盗贼, 凡四百余处"(《元史·世祖本纪》)便是实例。因此说, 随着民族矛盾的尖锐化, 阶级矛盾也更急遽、更深刻、更突出了。与此同时, 新的市民阶层也在发展着。市民阶层的出现, 与商品经济的发达紧密地结合着。我国的城市商品经济从中唐以后, 便蓬勃地发展起来, 元朝更是如此。当时许多大城市的形成, 便是商品经济发展的有力证明。就以元剧活动的中心大都来看, "外国巨价异物及百物之输入此城者, 世界诸城无能与比。……百物输入之众, 有如川流之不息。……每城皆有商人来此买卖质物, 盖此城为商业繁盛之城也。"(《马可波罗行纪》冯承钧译本)。但是, 这类"亚洲城市的兴旺, ……完全与政府的消费有连带的关系"(马克思:《剩余价值学说史》)。可以说完全是统治阶级奢侈淫逸的消费的结果, 它的发展完全是建立在剥削城市人民和乡村农民的基础之上的。这时期的官僚、地主、富农，同时也就是城市的行东、债主、工厂作坊的把持人。而城市人民则大多数是来自农村的中下层农民，从当时的社会关系看，他们和农民同样是最被压迫最被剥削的阶级，他们的反抗斗争，同样也反映着农民的情绪和愿望。当然，当时社会的主要阶级矛盾，还是地主和农民的矛盾，而市民阶层的蓬勃发展，就促进了这种矛盾的更加复杂化。这就是当时的历史特点，关汉卿便生活在这样一个历史环境里。

关汉卿和当时其他的士人一样，在政治上找不到出路，便把自己的生活道路转向下层社会"书会"这一群众艺术的组织中来。在这里，他发挥了高度的艺术才能，创作和编订了大量的俚曲杂剧。《录鬼簿》贾仲明吊词说他是"驱梨园领袖，总编修师首，捻杂剧班头。"就说明了他在这方面的重要成就。他不但能创作和编订杂剧，而且也能亲自登场表演，《元曲选》臧晋叔序就说他"至躬践排场，面傅粉墨，以为我家生活，偶倡优而不辞。"由于他有了这样的生活实践，就使他的戏剧创作更提高和丰富起来。他长期地生活在下层社会之中，对勾栏、瓦子里的人物的气质、习惯和爱好都十分熟识，他自己也随着这些人的习惯、爱好施展着他的才艺。他在自己所作的套曲〔南吕一枝花〕（不伏老）中说，他会吟诗、蹴鞠、弹丝品竹、歌舞等等各种技艺，他的确是一个人民群众的艺术家。但是，最重要的是他的戏剧成就，王国维《曲录》著录他的杂剧有六十三种之多，足见他创作精力的充沛。可惜现传的仅十八种，真正是他创作的共计有：《单刀会》、《西蜀梦》、《绯衣梦》、《拜月亭》、《调风月》、《望江亭》、《窦娥冤》、《金线池》、《鲁斋郎》、《蝴蝶梦》、《救风尘》、《谢天香》、《玉镜台》、《哭存孝》、《陈母教子》十五种。在这十五本戏中，由于作者自己长期地对被压迫人民精神、道

德、灵魂的透彻观察，所以能以自己高度的艺术才华，深刻、真实地
描绘出人们的精神面貌，从而也反映了元朝那个苦闷、沉滞、动乱
和黑暗的时代。

二

　　金元统治者、特别是元统治者，对全国人民的残酷迫害、剥削
和奴役，就造成了整个社会的恐怖和苦闷，为了突破这种苦闷，人
民群众除了在实际行动上表现得极为英勇之外，在精神上也幻想
着英雄豪杰来改变这种现实，关汉卿便在这一人民的幻想和愿望
的基础上创造出像关羽、张飞、刘备一些英雄人物。作为一个人
物、一个英雄的典型，在他们的性格上体现着对统治者的鲜明的仇
和恨，体现着时代和阶级的许多特征。

　　关羽是一个历史人物，虽然经过历代讲唱家的琢磨创造，具有
一定的性格特征，但只有通过关汉卿《单刀会》这本杂剧，才把他
塑造成一个更完整的英勇威武、忠贞不屈的英雄形象。关汉卿笔
下关羽性格的特征表现在他的一切行动之中，可以说无往而不是
忠贞正义的，即使鲁肃讨荆州他不还，也是忠贞正义的。因为这与
他复刘兴汉的总政治目的相联系的，他的一切行动都是为了保卫
汉家江山。当鲁肃向他讨荆州时，他怒气填胸地从历史上证明：汉
家的领土应归汉家、祖先的基业不容侵犯。他说："想着俺汉高皇
图王霸业，汉光武秉正除邪，汉献帝将董卓诛，汉皇叔把温侯灭，俺
哥哥合情受汉家基业。"（〔沉醉东风〕）慷慨陈词，势不可犯。为了
保卫壮丽的江山，他不惜抛头颅、洒热血。在宴会上，鲁肃暗藏甲
士，待机行动，关羽则把剑在手，正指鲁肃说：

　　　　则为你三寸不烂舌，恼犯我三尺无情铁，这剑饥餐上将

头,渴饮仇人血。〔雁儿落〕

当鲁肃的阴谋被揭穿之后,他辞严义正地对鲁肃说:

> 说与你两件事先生记者,百忙里趁不了老兄心,急且里倒
> 不了俺汉家节。〔离亭宴带歇拍煞〕

与关羽的忠贞正义密切结合着的另一特征是勇敢,关羽的勇敢与
张飞却表现得不同,张飞粗鲁,勇而无谋,关羽则于勇敢之中含有
一定的策略。当他接到鲁肃的约请之后,就预料这个"筵宴不寻
常",事实上,这并不是筵会,而是战场,但他却不顾一切地蹙眉飘
髯单刀匹马去赴会。在渡江之时,作者对这一勇敢正义胸襟磊落
的英雄有一段极生动的描写:

> 大江东去浪千叠,引着这数十人驾着这小舟一叶,又不比
> 九重龙凤阙,可正是千丈虎狼穴,大丈夫心烈,我觑这单刀会
> 似赛村社。〔双调新水令〕
>
> 水涌山叠,年少周郎何处也,不觉的灰飞烟灭,可怜黄盖
> 转伤嗟,破曹的樯橹一时绝,鏖兵的江水犹然热,好教我情惨
> 切,二十年流不尽的英雄血。〔驻马听〕

在这里,作者对这一英雄性格的刻画可以说再深刻不过了。这种
英勇威武,诚可谓气壮山河。关羽的英勇就表现在他勇往直前永
不回头的精神上,好像他永远是所向无敌,势如破竹。这一点,在
《三国演义》中有同样的描写,他不但过五关斩六将是英勇的,即
便走麦城也是英勇的。

最后,他终于悠悠然凯旋了。作为一个英雄的典型,他的英勇
无畏、忠贞不屈的形象在通篇作品中表现得十分鲜明突出,清钱谦
益评说:"侯单刀往赴,掀髯谈笑。肃慑伏莫敢出气,尽撤陆口伏

兵,送侯还营。其词曲发扬蹈厉,观者咸拊手击节。"(《重编义勇武安王集》)这是一段比较恰当的评语。关羽的英勇豪迈、忠贞不屈、永往直前的性格,都是关汉卿匠心创造的结果,只有通过关汉卿的创造才赋予这一历史人物的性格以如此深刻的意义。

关汉卿所创造的具有深刻社会意义的英雄性格,不仅仅是关羽,另外还有张飞和刘备。

张飞和刘备是作者在《西蜀梦》中所创造的人物,写关羽、张飞被害后,幽魂不灭,到西蜀去见刘备,决心共同报仇。这样的描写,从人物刻画的角度来说,是相当深入和成功的。其中主要是张飞、刘备二人,这两个人物在性格上与关羽有所不同,他们性格的主要面不在勇敢豪迈,而在报仇雪恨和感伤郁愤。应该说,报仇雪恨是这两个人物性格的最本质的方面。关羽、张飞死后,刘备追念二位兄弟,精神恍惚染成重病,因而立定报仇雪恨的志愿说:"杀的那东吴家死尸骸堰住江心水,下溜头淋流着血汁……"(〔尾〕)又当张飞的幽魂去见刘备商量报仇雪恨时,也立下誓愿:"直取了汉上才还国,不杀了贼臣不讲和,若是都拿了,好生的将护,省可里拖磨。"(〔耍孩儿〕)他的一举一动都"分明的报冤仇"。好像张飞身上始终是杀气腾腾血迹斑斑,他说:

> 饱谙世里慵开口,会尽人间只点头,火速的驱车校戈矛,驻马向长江雪浪流。活拿住糜芳与糜竺,阆州里张达槛车内囚,杵尖上排定四颗头,腔子内血向成都闹市里流,强如与俺一千小盏黄封头。〔尾〕

这种仇恨,史籍的记载和《三国演义》的描写都不如此深刻,它富有时代的特殊意义,为了了解这一点,我们必须联系金、元之间以至于元代前期的时代特征来谈谈。在"金崇庆末,河朔大乱,凡二十余年,数千里间,人民杀戮几尽,其存者以户口计,千百不一余。……又多转徙南北,寒饥路隅,甚至髡钳黥灼于臧获之间者,皆是也。"(刘因《静修先生文集》卷十七《武强尉孙君墓铭》)可见金统治者对中原人民的凶残杀戮和疯狂掳掠。这种情况到了元朝就更加厉害,当太祖时"国兵践蹂中原,河南北尤甚,民罹俘戮,无所逃命。"(《元史·邱处机传》)随着元朝统治者势力的增长,其残杀掠夺的面积也就扩大,至金哀宗时期便从河北引申到河南,当"世祖时在藩邸,极知汉地不治,河南尤甚。"(《元史·史天泽传》)金亡之后,元统治者又大举南犯,至世祖至元十六年灭宋,此后整个中国便沦为蒙族统治者的铁蹄之下,其杀戮之风随及于南方,"是时江南新附,诸将市功,且利俘获,往往滥及无辜,或强籍新民以为奴隶。"(《元史·雷膺传》)金元统治者、特别是元统治者的杀戮之风已遍及全国,其杀戮手段的凶狠残暴是骇人听闻的,刘因《杂诗》云:"遗民心胆破,讳说战争初"(《静修先生文集》卷七)便是这一史实的生动说明,而这就是关汉卿创造的刘备和张飞性格中报仇雪恨特征的社会历史根源。

张飞、刘备性格中的另一特征,是感伤郁愤。刘备作为一个处于困境的国君,他的感伤郁愤虽然在《三国演义》里也有所表现,但却不如此深重。张飞这位英雄不但在《三国演义》里、即在其他一切记载三国故事的书籍里,都是与感伤绝缘的,他似乎永远是乐观的,偶尔有些不痛快,也要在与敌人厮杀中发泄出来。很显然,这样一个特征与元朝那个时代也有着深刻的联系,也是由于金元统治者的残酷统治和疯狂杀戮所形成的。不但关汉卿的作品,即便同时代其他作家的作品也表现了同样的思想情绪,如元遗山的诗以及当时的散曲小令等,曹明善〔清江引〕(先题)云:"长门柳丝千万结,风起花如雪,离别复离别,攀折复攀折,苦无多旧时枝叶也。"(《乐府群玉》)像这样的作品举不胜举。可见这是当时人民群众心灵上的共同特征,而张飞的性格就体现了这一特征,形成了一个"天曹不受,地府难收,无一个去就"(〔倘秀才〕)的"壮志难酬"的悲歌慷慨的人物。

张飞和刘备在性格上虽然具有共同的感伤郁愤报仇雪恨的特征,但他们并不是毫无区别的,张飞作为一个被害者,在这方面表现得更突出深刻。

关汉卿始终是笔歌墨舞地雕镂塑造他的英雄形象,这些英雄形象充满了正义勇敢的斗争精神,充满了报仇雪恨对敌不屈的英雄气魄。而这就是他的生命力之所在,也就是数百年来为人民群众所喜爱的原因。

三

关汉卿的剧作不只是塑造了一些英雄豪杰的形象,而是更多地塑造了一些被压迫妇女的形象。妇女问题是关汉卿杂剧所反映的中心问题,在现存的十五本戏中(包括《鲁斋郎》),有十二本是以妇女为主角,有十本是正面地反映妇女问题的。当然这些作品所联系的社会生活内容,却远非妇女问题所能局限。

关汉卿之所以如此重视妇女问题,并不是偶然的,而是有其社会现实根据的。妇女问题,是中国封建社会中最严重最突出的问题之一,这一问题,到宋以后表现得更尖锐了。这一时期的封建地主士大夫为了巩固自己的腐朽的统治地位,在政治上想尽办法来延长自己的寿命。表现在妇女问题上,则是大力提倡封建礼教,借以加强夫权、父权的威力,从而达到巩固其反动统治的卑鄙目的。这种对封建礼教的提倡,并未因蒙古统治者的入主中原而冲淡,相反地却更加强起来。他们为了取宠于自己的主子,便向主子献策,使他们所提倡的礼教在其主子的支持下与统治者的掠夺政策结合起来了。这样就更造成妇女命运的悲惨,如《窦娥冤》、《拜月亭》、《绯衣梦》等剧所反映的便是证明。同时,由于蒙族统治者及汉族地主阶级的奢侈淫佚的消费生活所造成的城市经济的发达,也给妇女带来很大的痛苦。妇女在被压迫被剥削得无路可走时,或卖身为娼妓,或终生为侍女,供蒙族统治者及汉族封建地主士大夫阶级的侮辱、玩弄和蹂躏,对她们的纯洁心灵给以非人性的摧残。当时,在蒙族统治之下的封建地主士大夫,对蒙族统治者完全是采取一种依附的趋炎附势的态度,表现了充分的奴性,这种对统治者表现充分奴性的人,在人民和妇女面前却是主子,因此,他们对妇女的残酷压迫、蹂躏和侮辱,实质上也是一种阶级压迫的表现,是他们在政治上思想上更趋反动的表现。这种情况我们可以在《救风尘》、《谢天香》、《调风月》等剧中得到说明。

由此可见,封建社会里的妇女问题,在元朝是更突出更尖锐了。作为一个现实主义者,关汉卿便捕捉着这一现实问题,加以综合、概括和提高,塑造出许多可贵的令人崇敬的妇女形象。关汉卿所创造的妇女形象,包括当时社会的各个阶层,从娼妓、丫环、寡妇、小姐、童养媳到贤妻良母,而且每人都有鲜明的个性。在关汉卿以前,还没有一位作家这样广泛地接触到妇女问题,这的确值得比较详细地加以叙述了。

这里,我们首先来谈窦娥。

窦娥是一个没落儒生的女儿,为了抵债,质与蔡婆婆作童养媳。十七岁结婚,婚后不久丈夫死掉,独守寡居,又被恶霸张驴儿逼迫、诬告,在残暴的刑法下负屈含冤而死。从当时的社会关系上看,她是中国被剥削被压迫的善良妇女中的一个缩影,她的一系列的被压迫、被剥削、被侮辱、被损害的历史,同时也可以说是中国广大劳动妇女被迫害的历史。

窦娥性格的时代意义,就在于它反映了元朝封建社会的社会生活和阶级关系,揭露了统治阶级对人民群众在政治、经济、精神上的压迫、剥削和奴役,从而就批判并否定了在蒙族统治者统治下的封建社会的腐朽制度。

作为一个在旧中国受多种压迫的善良妇女,窦娥的性格是最坚强最有韧性的;但是,作为一个封建社会的妇女,她的世界观不可能超脱时代的限制,她的精神品质上也具有一定程度的封建伦理观念。这种最坚强最有韧性的思想性格和一定程度的封建伦理观念,就完整地统一在窦娥身上。

窦娥的悲剧命运,开始于残酷的高利贷剥削,那种一年倍息的超经济的剥削,今天看来好像奇闻,但却是历史的真实。史籍记载:"君兴以来,贾人出子钱致求赢余,岁有倍称之积,如羊出羔……债家执券日夕取偿,至于卖田业,鬻妻子,有不能给者。"(《遗山先生文集》卷二六《顺天万户张公勋德第二碑》)这种残酷的高利贷剥削,使她七岁时便在幼小的心灵上植下了悲剧命运的种子。她被迫做了童养媳,十年后结了婚,不久丈夫夭亡,这对她精神上的损伤是不可估量的。虽然窦娥遭受到这许多不幸,但是她还勇敢地生活下去,而且对婆母是那样的孝顺,那样有礼节。她是这样的善良温顺。这,与她那种沉静的高尚品格是相一致的。苦难的窦娥对现实生活的要求并不多,她只要求起码的可以生存的条件。但是,这种起码的要求也为现实所不容,不久便有地痞恶霸张驴儿来逼婚。她对这种非人性的强迫婚姻,表现出不可阻挠的抗拒力量,使张驴儿不敢动手。但是,这种反抗并不能得到社会各阶层的任何支持,其结果必然导致更悲惨的遭遇。果然,她被诬

告犯了杀人之罪,受到滥官污吏凶狠的杖责:

> 呀! 是谁人唱叫扬疾,不由我不魄散魂飞,恰消停、才苏醒、又昏迷,捱千般打拷,万种凌逼,一杖下、一道血、一层皮。〔感皇恩〕

> 打的我肉都飞,血淋漓,腹中冤枉有谁知。则我这小妇人,毒药来从何处也,天那! 怎么的覆盆不照太阳晖。〔采茶歌〕

统治阶级这种对人性的摧残,可以说惨绝人寰了。窦娥在忍无可忍的极端痛苦之下,"劝普天下前婚后嫁婆娘每,都看取我这般傍州例!"让天下被侮辱被压迫的妇女,都从她的事件中吸取教训,这是多么沉痛的呼声。窦娥对那种疯狂的兽性行为,并不是逆来顺受,而是不屈不挠地进行斗争,她直觉地认为"想人心不可欺,冤枉事天地知",所以要"争到头竟到底"。但是,现实生活打破了她这种直觉,使她比较清醒地认识到当时社会的本质,对这样是非颠倒、黑白混淆的社会给以深刻的揭露:

> 有日月朝暮悬,有鬼神掌着生死权,天地也只合把清浊分辨,可怎生糊突了盗跖颜渊。为善的受贫穷更命短,造恶的享富贵又寿延。天地也做得个怕硬欺软,却元来也这般顺水推船。地也你不分好歹何为地,天也你错勘贤愚枉做天! 哎,只落得两泪涟涟。〔滚绣球〕

这是对当时罪恶社会的一种控诉,也是一种抵抗。在这种罪恶的统治之下,她的反抗就越坚强,她的性格也相应的更深化。她尖锐地指出"这都是官吏每无心正法,使百姓有口难言","呀! 这的是衙门从古向南开,就中无个不冤哉!"给几千年来中国封建社会的吏治作了一个极精确的总结。她愤恨已极,因此沉痛地说:"从今

后,把金牌势剑从头摆,将滥官污吏都杀坏,与天子分忧,万民除害。"(〔鸳鸯煞尾〕)

窦娥是一个具有坚强反抗性的被剥削、被压迫的善良妇女。与中国一切被压迫的妇女一样,她的反抗和斗争,在旧社会既得不到任何同情和支持,也找不到斗争的未来出路。在无可奈何的时候,只是"劝今人早将来世修",在张驴儿诬害她时,则感叹道:"空悲戚,没理会,人生死是轮回。"这些都表现了一定的消极因素。但是,从这里我们可以体会到被迫害者多么沉痛的悲愤和不满!这种情绪在旧社会被迫害的妇女中是有它的普遍意义的。当现实生活对她迫害太深的时候,她意识到了社会的罪恶,但他把战胜这种凶恶社会的希望和出路寄托于上天,希望上天有灵验,能对万恶的官吏给以诛伐。与中国一切被迫害的善良妇女一样,窦娥对婆母和丈夫是十分孝敬和忠贞的,以至于当她临刑之前和被斩之后阴魂出现,都不忘她的丈夫和婆母。当然,这在一定意义上是属于封建伦理的范畴,但更主要的是表现了窦娥的善良。然而正是这样善良、奉公守法的人,却为封建刑法所不容,这就更深化了窦娥性格的悲剧性,更加深了戏剧的艺术效果。

窦娥是中国封建社会被压迫、被剥削、被侮辱、被损害的妇女的典型。她的性格中所蕴贮的反抗和要求,以及思想上所具有的一定程度的封建伦理观念,也体现了封建社会中国妇女在思想性格上所具有的优点和缺点。关汉卿在刻画这一性格时,在揭示这一悲剧的社会根源时,对封建统治阶级给以猛烈的攻击,并展示出它未来的崩溃,这就是本篇剧作的悲剧意义。

关汉卿不只是创造了窦娥这样一个苦难的童养媳、寡妇的典型,同时还创造了许多妓女的形象,描画出她们精神灵魂中的隐痛和坚强不屈的斗争精神。其中最有代表性的是《救风尘》中的赵盼儿。作为一个人物,赵盼儿典型地体现了封建社会被损害的妓女的内心情绪,她们"待嫁一个老实的,又怕尽世儿难成对;待嫁一个聪俊的,又怕半路里轻抛弃。"(〔油葫芦〕)她们不但不能掌握自己的命运,而且完全处于迷惘之中。同时,赵盼儿也典型地体现了这些被损害妓女的正义、勇敢和智慧的品质。她为了拯救被骗走的同行姊妹宋引章,曾奋然舍身前往。这种正义勇敢的行为,是基于她的阶级的同情。当她接到宋引章的求援信之后,立刻表示说:"你做的个见死不救,可不羞杀桃园中杀白马宰乌牛。"(〔醋葫芦〕)她以不拯救桃园结义的姊妹的苦难为耻,这是一种多么磊落的胸襟!

赵盼儿的形象给我们最鲜明的感觉,是她到郑州之后。她来到客店,找到骗娶者周舍。因为从前她曾经破坏过周舍的欺骗企图,因此周舍见了便要打她,她却十分镇静,应付自如,说了一套奉承话,又说:"我一房一卧来嫁你,你倒打我?"周舍听后,气消了八分。同时又解释以前的破坏是因为嫉妒,如今又如何怀念,为周舍不茶不食等等。周舍更甜上心来。正当此时,她气愤地要走,周舍则慌忙向她陪礼。她乘机抓住周舍这一花街柳巷的色鬼,诱使他坐在自己的身边中,"将他搊一搊拈一拈,搂一搂抱一抱,着那厮通身酥遍体麻。将他鼻凹儿抹上一块砂糖,着那厮舔又舔不着,吃又吃不着。"结果被宋引章看见,把她大骂了一场,她借此提出必须将引章休了才能成婚的条件。周舍果然写了休书,盼儿赚得引章跑了出来。这是一场尖锐的斗争,在这场斗争中,表现赵盼儿勇敢和机智的性格真是奇矫活突。

与赵盼儿的性格品质相同的人物是《望江亭》中的谭记儿。谭记儿是个寡妇,改嫁与潭州官吏白士中。恶霸杨衙内见色嫉妒,骗得势剑金牌去取白士中首级。大敌当前,谭记儿也十分镇静。

她眉头一皱,计上心来,乔装作渔妇,中秋月夜来到杨衙内船泊的江边,恰巧遇见杨衙内的差人李稍,便顺口道个"万福",李稍应声说:"有些面善。"她拉紧一步道:"你怎么不认的我了?"步步牵引,最后说,愿将金色鲤鱼向相公献新,求通消息。结果在李稍引导下见了杨衙内。杨衙内一见倾心,请她喝酒,谭记儿乘他色欲酒兴之时百般引逗,一忽儿说要与他做夫妻,一忽儿又说自己"冰清玉洁"。使杨衙内欲近不得,不近不行,心魂颠倒,精神恍惚。终于把他灌醉,赚得势剑金牌并文书,胜利而归。这一场最细致最复杂的斗争,反映在谭记儿性格上也是最细致最复杂的。虽然,她以一个孤身的女子深入虎穴,在与敌人周旋中,却始终一贯地表现了生龙活虎的性格。

谭记儿的性格和赵盼儿基本上是相同的,她们同样具有正义、勇敢和智慧的品质;同样以艳妆浓抹的计策战胜敌人;同样对胜利怀着极大的信心,在敌人面前表现着深谋远虑、镇静自如;同样地蔑视敌人,把凶残的敌人驾驭得像驯顺的羔羊;同样以尖锐、细致、复杂的斗争赚得敌人的公文、证据,凯旋而归。就戏剧的内容看,都是对未来充满着希望、喜悦和信心的喜剧,给人们精神上以启发和鼓舞的作用。当然,她们之间并不是没有区别的。谭记儿以一个孤身的女子与一个大恶霸作斗争,便更显示了她的勇敢的精神。而赵盼儿肯舍生去拯救同行姊妹,就更突出了她的正义行为。作者在处理谭记儿、赵盼儿所谋划的斗争策略时,并不是把这样一个社会斗争的未来结果预先给与读者,而是让他从人物事件的进行中逐步揭示出来。通过实际斗争的行动来揭示人物的性格,使人物性格表现得更真实、突出和鲜明,这是关汉卿剧作的现实主义倾向主要表征之一。

关汉卿所创造的妓女形象,除了赵盼儿之外,还有孤耿刚毅的杜蕊娘和聪明才智的谢天香,作者同样揭示了她们心灵中之隐痛及其对罪恶势力的反抗。谢天香为了避免她的掌命司——礼案令史——的迫害,希图"做个哑猱儿"。杜蕊娘在反抗之中揭露妓院生活的本质为"恶劣乖毒狠"。这都是对当时社会情况的逼真描述。

作者也塑造了燕燕这样一个侍女的形象,写出了燕燕被她的主子侮辱后那种倔强、练达、不屈的精神。

作为一个现实主义者,一个妇女生活的熟识者,关汉卿不止一次地把目光投到小姐这一阶层的人物身上。他揭示了封建地主阶级的女儿受封建礼教的束缚在深闺中的苦闷,以及她们企图冲破这种束缚、追求幸福生活的善良愿望。这一主题,在封建社会的闺阁小姐阶层是有其普遍意义的。关汉卿的杂剧比较最成功地表现这一主题的,是以王瑞兰为主要人物的《拜月亭》。

《拜月亭》是以金宣宗南迁这一历史事件为背景的。金朝在蒙古军队已迫近中都时,不得不暂时迁都汴梁,以避强敌。据史籍记载,这一历史时期的社会秩序是极其紊乱的,人民遭受的苦难也是极其深重的。当时"河南初破,被俘虏者不可胜计,及闻大军北还,逃者十八九。……逃民无所得食,踣死道路者踵相蹑也。"(《元文类》卷五十七宋子贞:《中书令耶律公神道碑》)元遗山的诗也记叙说:"山无洞穴水无船,单骑驱人动数千。直使今年留得在,更教何处过明年。"(《元遗山诗集》卷六《续小娘歌》)又记叙说:"白骨纵横似乱麻,几年桑梓变龙沙。只知河朔生灵尽,破屋疏烟却数家。"(《元遗山诗集》卷十二《癸巳五月三日北渡》三首之三)在这种兵荒马乱的环境中,逃亡的人民,由于入侵者的疯狂追逐,大抵母女失散,兄妹逃亡,以至于喊声载道,哭号连天。特别是妇女,更是被掠夺的对象。元遗山诗记叙说:"道旁僵卧满累囚,过去旃车似水流。红粉哭随回鹘马，为谁一步一回头。"(《元遗山诗集》卷十二《癸巳五月三日北渡》三首之一) 王瑞兰也在逃亡中和母亲失散了，听说是"有儿夫的不掳掠，无家长的落便宜。"(〔金盏儿〕) 因此便与蒋世隆相识，二人结成患难之交，约定当别人"不问时权做兄弟，问着后道做夫妻。"(〔金盏儿〕) 在逃亡中相依为命。世隆半途生病，瑞兰亲奉汤药，情感极为诚笃。

以我们今天的眼光看，这的确是一对美满的夫妻。但是，正是这种美满夫妻，在旧中国，不但在社会动乱时期做不成，即使在社会秩序安定后也是不被允许的。因为封建制度在男女婚姻关系上是主张父母之命媒妁之言的，是维护男子对女子的统治关系的，而王瑞兰和蒋世隆正违背了这种关系。何况蒋世隆家世贫寒，与作为尚书的女儿王瑞兰比，在经济地位上也相差悬殊。所以，当番将与金议和，奉令出征的王尚书回来见到女儿与世隆在一起，就坚决地勒令她回家，锁入深闺，生生拆散了这一对美满的婚姻。

所谓"闺房"，在封建社会实质上就是牢狱。封建统治阶级就通过这一环境来压迫和奴役善良的妇女，给她们制订许多违背人性的信条，限制她们的言行，不准她们越出闺门一步。善良的妇女不甘于被压迫、被奴役、被束缚，她们要冲出去，要求合乎人性的生活，而封建统治阶级却极力维持这一门户，堵塞这一门户，企图永久地压迫、奴役和束缚她们，这样就形成了一种不可调和的冲突。这一冲突也就是所谓的"闺怨"的实际内容，也是《拜月亭》所表现出来的基本冲突。由于被压迫、被奴役、被束缚的善良妇女不屈不挠的反抗、斗争，就往往冲出闺门而到花园中来，瑞兰也冲到花园中来了。在沉静的月夜里，对景伤情，引逗起她怀念世隆的心思，使她在精神上更显得沉郁痛苦，其凄惋之情极令人歆动。但是，在这个冷酷的社会里，在这个幽静的月夜中，有谁真正了解她的心思呢？她只有焚香拜月，暗诉衷情：

> 天那！这一炷香则愿削减了俺尊君狠切，这一炷香则愿
> 俺那抛闪下的男儿轻些。那一个耶娘不间叠，不似俺忒阵嗫
> 劣缺。（〔倘秀才〕）愿天下心厮爱的夫妇永无分离，教俺两口
> 儿早得团圆。

这是她的真切心愿的倾诉。在她看来，她的婚姻之所以不能自由，
主要原因就在于她父亲的百般阻挠，认为她父亲是"他则图今生
贵，岂问咱夙世缘。违着孩儿心，只要遂他家愿。"（四折〔庆东
原〕）她诅咒说："阿谁无个老父，谁无个尊君，谁无个亲耶，从头儿
看来，都不似俺耶狠爹爹！"（三折〔二煞〕）对她父亲的怨恨可以说
是入骨三分了。当然，作为一个封建礼教的维持者和执行者的家
长，她的父亲的确是凶狠残暴的，但是，她不了解这不仅是她父亲
一个人的问题，而是整个封建制度的问题，是整个封建制度的凶狠
残暴。他的生活地位决定他不可能理解：压迫的原因不是个别的
人，而是全部经济体系。这正是当时的历史真实，作者准确地反映
出来。

最后，王瑞兰在斗争中，得到胜利，与世隆成了婚，虽然这种婚
姻是通过统治阶级的内部关系的调整而成就的。

王瑞兰性格的重要特色，就在于她的深刻的反封建性，明人李
贽评论说："自当与天地相终始，有此世界，即离不得此传奇。"
（《焚书》卷四）这虽然是对明传奇《幽闺记》讲的，而《幽闺记》的
基本思想和情节都是承袭关剧《拜月亭》而来的，因此同样可以用
来作为对《拜月亭》的时代意义的解释。

关汉卿所塑造的小姐阶层的人物，还有《绯衣梦》中的王闰香
和《玉镜台》中的刘倩英。王闰香的性格及其反封建的倾向与王

瑞兰基本上是相同的,《玉镜台》的内容虽然与《拜月亭》、《绯衣梦》不同,但是,作为一个地主阶级的小姐,她的反愚弄、反迫害的斗争精神却与王瑞兰、王闰香是一致的。应该说,这些人物也是关汉卿比较成功的创造。

关汉卿也创造了一些贤妻良母的典型,那就是《陈母教子》中的陈母,《蝴蝶梦》中的王母和《哭存孝》中的邓夫人。作者描写陈母性格的刚强正直,一丝不苟,对子女的教导十分严格,将未曾作官先受民财的儿子痛加体罚。写王母那种仁义贤德,和对前妻之子的宽厚。本来在旧中国,继母虐待儿女是普遍的现象,关汉卿以相反的题材创作,显然是有其实际意义的。作者写邓夫人的聪明智慧和对陷害她丈夫的康君立、李存信的仇恨也是十分突出的。当然,这些人物对旧社会都有不屈服和反抗的一面。就以王母来说吧,她不但自己坚强不屈,而且也以此来教导她的儿子,即使给她儿子起的名字也是刚强的,连包公都不能不慨叹说:"庶民人家取这等刚硬名字!"

关汉卿所创造的妇女形象,大抵都具有正义、勇敢、坚强、不屈的精神。他对这些妇女的反抗斗争的意志寄以热情地赞美和歌颂,对她们的苦难遭遇则给以深切地关怀和同情。同时,他还以大胆地追求和探索,来找寻她们的生活之路,找寻她们摆脱压迫的方向。他认为妓女、丫环都应该弃贱从良,跳出人间的苦海,过真正人的生活。闺阁小姐都必须冲破封建礼教的束缚,寻求她们互相尊重、互相敬爱的理想伴侣。他是从被压迫人民的角度出发,因此他这种看法也就反映了那一历史时期人民群众的思想、意志和观点。

四

作为一个现实主义者，关汉卿以很多的笔墨来塑造和礼赞他的勇敢、正义、坚贞、不屈的正面人物，同时，他也以相当大的精力注视着凶恶、残暴、卑鄙、龌龊的统治阶级的反面的人物。前文已经谈过，元朝统治阶级是十分凶残、荒淫的，他们在中原完全以掠夺杀戮的手段来维持它的统治局面。他们的政权确立之初，国家既没有税收，官吏也没有俸禄，完全以掠夺来充实国库和自己的私囊。后来虽然和汉族的反动地主进一步地结合，制订了一些政策法令，但是这些政策法令本身也都具有杀戮掠夺的色彩。总之，掠夺杀戮是当时统治阶级的基本特征，史籍记载他们"既平江南，以兵戍列城，其长军之官，皆世守不易，故多与富民树党，因夺民田宅居室，蠹有司政事。"（《元史·兵志》）又宋本《绩溪县尹张公旧政记》载："万夫长、千夫长、百夫长，恃世守，凌轹有司，欺细民，细民畏之过守令，其卒群聚为虐。或讼之有司，举令甲，召其偏裨共弊，则诺而不至，事率中浸，民苦无可奈何！"（《元文类》卷三十一）这些统治者在民间或城市奸淫掳掠无所不为，窃夺别人的妻室是普遍的现象，往往"杀人之夫而夺其妻。"（《元史·杨惟中传》）这就是当时统治阶级的真正面貌，关汉卿便在这一基础上概括出他们性格的本质，创造了一切统治阶级的典型。

鲁斋郎是一个最丑恶、最凶暴的统治阶级的代表人物。在作品的开篇他就自我介绍说："小官嫌官小不做，嫌马瘦不骑，但行处引的是花腿闲汉，弹弓粘竿，㧌儿小鹞，每日价飞鹰走犬，街市闲行，但见人家好的玩器……我则借三日玩看了……人家有那骏马雕鞍，我使人牵来则骑三日……"同样，他也在"街市闲行"时看中了银匠李四的妻子,以欺骗威胁的手段赚到了手。日久生厌之后,又以相同的办法掠夺了孔目张圭的妻子,并将李四的妻子以自己妹子的名义送给张圭。这是一种多么凶残的灭绝人性的行为!然而正是这种行为,在封建社会统治阶级之间却是最普遍、最平常的现象。这在史籍的记载中,元剧的反映中,都可以得到说明。但是,人民群众在这种高压的手段下,并不敢申冤告状,虽然他们内心的隐痛"似没头鹅热地上蚰蜒",表面上却仍当苦笑应承。因为这些统治者"他官职大的忒稀诧",连官司们"题起他名儿也怕",他们的手段太凶残了:

　　　　动不动挑人眼、剔人骨、剥人皮。〔感皇恩〕

在这种残暴的统治者的迫害之下,人民群众就"身亡家破,财散人离。"(〔梁州第七〕)实际上张圭和李四的家庭就在鲁斋郎迫害下家破人亡了。作为一个现实主义者,关汉卿真实地揭露了统治阶级的凶狠、残暴和人民生活的悲惨、苦痛的因果关系。

　　此外,关汉卿还创造了一些像葛彪、杨衙内、张驴儿等反面人物,这些人物在行动上与鲁斋郎有一个共同的特征,就是杀戮和掠夺。葛彪是一个"打死人,不偿命"的权豪势要,因为王姓老人在街上绊了他的马,就把老人打死。杨衙内则是一个专以敲诈为事的恶霸,他骗取了势剑金牌,去斩白士中的首级,以期夺得谭记儿。张驴儿却强逼着良家妇女窦娥嫁他为妻。作者写他们的掠夺杀戮的手段是残酷多样化的,写他们的丑恶行径也是卑鄙龌龊的。杨衙内为了斩取白士中的首级,带了张千、李稍两个心腹人去,这两个心腹人对杨衙内极尽阿谀谄媚之能事:

　　　　(张千去衙内鬓边做摰科)(衙内云)咦,你做什么?(张千云)相公鬓边一个虱子。(衙内云)这厮倒也说的是,我在这只船上个月期程,也不会梳篦的头,我的儿好乖。

　　(李稍去衙内鬓上做掌科)(衙内云)李稍,你也怎的?
(李稍云)相公鬓上一个狗鳖。(衙内云)你看这厮!

这里不但揭示了张千、李稍的阿谀谄媚,也揭示了杨衙内的卑鄙、龌龊、肮脏和丑恶。这一些丑恶的行径以及凶残的手段,便是统治阶级的本质,关汉卿所创造的反面人物真实地概括了这种本质。

　　作为一个现实主义者,关汉卿反映现实生活的剧作,有相当部分是取材自历代掌故和历史史实的,如《蝴蝶梦》(见《后汉书·孔融传》,又见《列女传》)、《玉镜台》(见《世说新语·假谲篇》温公丧妇条)、《窦娥冤》(见《汉书·于定国传》)、《哭存孝》(见《五代史·义儿传》)、《单刀会》(见《吴志·鲁肃传》)等皆是。但是,关汉卿并不是呆板地对历史事实的摹写,而是在新的历史条件下赋予新的现实内容,比起原来的记载几乎完全变了样子。就以《哭存孝》而论,在《五代史》中欧阳修对李克用、李存孝、李存信、康君立等的相互关系,只是历史的客观实录,其间似乎并没有什么是非之分,纵然有之,也不过是统治阶级内部狗咬狗的斗争,并不能唤起人们的同情。但是,经过关汉卿的创造,却赋予这些人物以不同阶级的属性。李存孝是李克用掠地代北而得来的义儿,却被作者创造成一个正面的刚直骁勇的人物,创造成为一个于国家社稷有功的人物。为了保持一个正面人物的完整性,作者将史书中之"附梁通赵,自归于唐,因请会兵伐晋"一节史实删除,可见作者的用心良苦。李克用本来是唐朝镇压农民起义的一员将领,关汉卿则把他更加丑化,把他丑化成一个终日纵酒无度,近谗佞而损忠良的十分昏愦的统治者的典型。康君立、李存信则被描写成"似虺蛇、如蛟蝎"的统治阶级荼毒人民的反面人物。为了给他们以痛切的裁判,作者曾把史书上的"酖杀君立"和"存信叩头,谢罪得免"都敷演为车裂以殉。为了表现统治阶级的亲亲而疏远,作者又增饰一个亚子哥哥作为刘氏的儿子,其实亚子是唐庄宗的名字(见《五代史·伶官传》),作者这样处理,是一种艺术上的概括和集中。刘夫人在史书中只记载她曾宣慰过李存孝,引李存孝去见过李克用,在关汉卿笔下,她却成为既同情李存孝又具有私心的两面性的人物,这样就使故事因她而得到有机的联系。

由此可见,作者取材自历史故事,但却赋予历史故事中的人物以社会不同阶级或阶层的特征,与原来的史籍形成迥然不同的倾向。把史籍中的死人,塑造成文学作品中的形象的活人。这些人物所体现的社会阶级关系,不仅是在五代十国,即使在整个旧中国都有它的现实意义,当然在元朝有它更实际的意义。因为就一定的历史阶段而论,元朝社会秩序的紊乱、统治阶级的昏愦残暴、人民的苦难与五代十国都有极相似之处。史载:"至元初,阿术兵南下,仁家为所掠,父被杀,母及兄弟皆散去。仁七岁,卖为汴人李子安家奴,力作二十余年。子安怜之,纵为良。仁踪迹得母于颍州蒙古军塔海家,兄于睢州蒙古军岳纳家,弟于邯郸连大家,皆为役,尚无恙。"(《元史·羊仁传》)关汉卿便在这种情况下,补充、润色和创造了《五代史·义儿传》所载像李存孝、李存信、康君立等人物典型。这些人物形象比它原来的模特儿和现实生活中的某个人的意义更丰富、深广,因为无论历史上和现实生活中的个人的命运都不能取代生活里的全部丰富内容和多样性。关汉卿就是这样地处理着历史题材,通过历史故事来反映元朝的社会生活,反映当时现实生活中人与人之间的关系。

五

　　关汉卿所创造的正面典型人物,虽然由于他们各人的政治、经济和文化状况不同,所处的具体的历史情况、阶级斗争的形势和个人的遭遇不同,表现出不同的多样化的性格特征,但是,他们却有一个鲜明的总的倾向,那就是坚贞不屈、勇敢正义的与整个封建社会尖锐对立的倾向。当然,这是作者根据对现实生活中“人”的深刻观察、体验,加以分析、综合而创造的结果,与作者自己的性格倾向也有密切的关系。关汉卿的性格是经得起千锤百炼的“蒸不烂、煮不熟、捶不扁、炒不爆、响当当一粒铜豌豆”(《雍熙乐府》〔南吕一枝花·不伏老〕),这种坚强的不屈的性格,必然更多地注入他所创造的典型人物思想、气质和行动之中,促进他的人物的坚强不屈的性格的形成。

　　作为一个现实主义者,关汉卿创作上的典型化是他在艺术上的重要成就之一。他的剧作的典型化的深度,不仅仅在于它对社会历史具有认识的作用,更重要的则在于它能激发人们的爱和憎,希望和喜悦,鼓舞人们的热情的斗争。他最善于从复杂的典型的环境中,来表现复杂的典型的性格,从而也就真实地揭示了一定历史时期的社会本质或本质的若干侧面。这一点,我们在《望江亭》、《救风尘》、《金线池》、《谢天香》等剧中可以得到充分的说明。和同时的作家马致远、白仁甫之更多地着重人物心理的描写比较,就更可以显示出关汉卿的这一特色。所以,我们认为,通过复杂的斗争环境来揭露人物性格的矛盾和冲突,是关汉卿杂剧在艺术上的重要成就。有一部分人认为关汉卿并未创作什么典型,大都是些人物类型。我们完全不能同意这种看法。固然,关汉卿剧作中一些非主要人物的典型性的确不够,但是,大多数主要的正面人物,在环绕他们、促成他们行动的环境中是充分典型化了。

作为一个现实主义者,关汉卿的杂剧在文学语言上也有它的重要特色,那就是淳朴、活泼和性格化。这一点,王国维在他的《宋元戏曲史》中已经接触到了,当他错误地论证"元剧最佳之处,不在其思想结构"之后,又正确地论证"其文章之妙,亦一言以蔽之曰:有意境而已矣。"他虽然是泛论元剧,但是作为元剧的代表作家、关汉卿却最能体现这种特色。王国维之所谓意境,据他自己解释是"写情则沁人心脾,写景则在人耳目,述事则如其口出。"可见王氏之所谓意境,就是我们之所谓性格化。关汉卿杂剧的文学语言的高度性格化,是他成功的写景写人的重要因素之一,由于他在文学语言上有如此高的成就,就使他所描写的"景"、所塑造的"人"更造型化和浮雕化。

作为一个现实主义者,关汉卿的杂剧在情节上是十分单纯的,这是他的戏剧创作的高度技巧的表现。这种技巧之所以可珍视,就在于它需要作者对一定的社会历史的人与人之间的复杂关系有更深刻、更尖锐的观察和体验,需要作者对丰富、多彩的现实生活有更高度、更集中的概括力,关汉卿出色地达到了这一境地。

总之,关汉卿是一个人民群众的艺术家。他的杂剧所表现的现实主义特征,主要在于他选择了多种多样的题材,反映了所谓下层社会人民群众的生活。从他的作品中可以使我们看到元代那一历史时期整个社会、特别是下层社会的面貌。这和同时代的现实主义剧作家白仁甫、马致远比较(白、马的作品大抵是描写上层社会如皇帝、妃子被凌辱,士大夫不与统治者合作而隐遁的情况),便可以鲜明地显示出这一特色。关汉卿的杂剧所反映的社会生活是深广的,它反映了人民大众对黑暗现实所进行的英勇斗争,反映了被压迫妇女为求得合理生活所表现的坚强不屈的反抗，并且反映了他们在反抗斗争中对社会生活的看法、愿望和要求。关汉卿的作品所反映的这些反压迫、反剥削、反奴役的斗争，与当时现实社会中人民大众反对蒙族统治者和汉族地主的统治的斗争是一致的。

　　关汉卿不但创造了这样一些具有历史意义的光辉的人物形象，而且他自己也作为一种艺术的形象是最光辉的存在着。他以及它们都在中国文学史上、中国人民的心灵中永远放射着异样的光芒！

王实甫及其《西厢记》

一

王实甫是我国文学史上之重要剧作家。遗憾的是对他的生平、身世和生活，由于历史文献缺乏记载，我们了解得很少。根据现有之史料，一说他名德信，大都（北京）人（见天一阁本《录鬼簿》卷上《前辈已死名公才人》），一说是易州定兴（今河北定兴县）人（见苏天爵《滋溪文稿》卷二三《元故资政大夫中书左丞知经筵事王公行状》），两种说法不同，实则一致。按：易州元代属保定路，隶中书省，谓大都人应是泛称，犹关汉卿本是祁州（见乾隆本《祁州府志》）人，而《录鬼簿》称他为大都人。约生于元中统元年（1260?），卒于至正二年（1336?）（见冯沅君先生《王实甫生平的探索》，1957 年第 2 期《文学研究》）。据孙楷第先生考证，他应是元王结的父亲。苏天爵为王结所写之《元故资政大夫中书左丞知经筵事王公行状》记述其行迹云：

> 父德信，治县有声，擢拜陕西行台监察御史。与台臣议不合，年四十余，即弃官不复仕。累封中奉大夫，河南行省参知政事、护军、太原郡公。母张氏，封太原郡夫人。

他曾为某县令，且有政声，故被提升为陕西行台监察御史。之后，可能因性格耿介，与台臣意见相左，四十多岁便辞官了。因当时王结官高位显，他被累封中奉大夫等职。又陆采《南西厢叙》记述《西厢记》之成书过程："至都事王实甫，易为套数。"则他又曾为都事。这应是他弃官以前之事。大概他弃官之后，由于政治上苦闷，便放浪市井，与艺人歌妓交往，从事起戏剧创作来了。贾仲明续编《录鬼簿》时，曾撰写一首吊他的《凌波仙词》云：

> 风月营密匝匝列旌旗，莺花寨明飙飙排剑戟，翠红乡雄纠纠施谋智。作词章风韵美，士林中等辈伏低。新杂剧，旧传奇，《西厢记》天下夺魁。

他经常出入"风月营"、"莺花寨"、"翠红乡"等歌台舞榭之中，对勾栏、瓦肆等社会生活十分熟识，因此能创作出使"士林中等辈伏低"、"天下夺魁"之《西厢记》来。又据其散套〔商调集贤宾·退隐〕所写，他晚年过着放浪形骸的隐逸生活，自比为"志难酬知机的王粲，梦无凭见景的庄周。"劝戒自己"遇事休开口，逢人只点头，见香饵莫吞钩，高抄起经纶大手。"他憎恶"蜂宣蜂宣蚁斗"、"蝶讪蝶讪莺羞"那争名夺利的社会风气，而要以琴棋诗酒"潇洒傲王侯"。此即他对现实之态度。这种态度是消极的，但也表现了他愤世嫉俗的精神。

王实甫之剧作，据《录鬼簿》记载，凡十四种，今存者仅《西厢记》、《破窑记》、《丽春堂》三种以及《贩茶船》、《芙蓉亭》之残折。这三种戏之创作时期，《西厢记》应作于他四十多岁弃官之后，经历一段宦场生涯，把功名利禄看冷了，对封建礼教的虚伪性和严酷性有清醒的认识，对青年男女之不幸婚姻表示同情和关心，因此奋笔写成这本戏。揣度其年代最晚不能超过五十岁，因为他六十岁已"毕婚嫁儿女心休"（《退隐》），不会再写这种有关男女婚嫁之戏了。至于《破窑记》，在题材、内容方面都与《西厢记》相似，但思想、艺术远不如《西厢记》成熟,应当作于《西厢记》之前,是《西厢记》创作之雏形。《丽春堂》写的是丞相乐善被贬济南后之放浪形骸、寄情山水的生活,所谓"琴一张,酒一壶,自饮自斟,自歌自舞。"这正与散套《退隐》所写相似,应是和《退隐》同时作。又李玉《北词广正谱》有〔双调·离亭宴煞〕曲子:

> 闲来膝上横琴坐,醉时节林下和衣卧。畅好快活,乐天知命随缘过。为伴侣唯三个,明月清风共我。再不把名利侵?且须将是非躲。

这支曲子在《太和正音谱》中题作"王实甫《丽春堂》第四折"。尽管《元曲选》中之《丽春堂》无此曲子,但朱权既然将这支写归隐后生活的曲子,认为是《丽春堂》之第四折,即说明在朱权看来,《丽春堂》是王实甫晚年所作。

关于《西厢记》,明清人多认为王实甫作至第四本"草桥惊梦"而死,最后"张君瑞团圆"一本是关汉卿所续。此说比较可取。《西厢记》第五本之曲辞不如前四本华丽,道白也不如前四本精练,人物性格也有与前四本不统一之处。此外,前四本每本之末都有〔络丝娘煞尾〕的曲子,第五本却没有。这些现象都说明第五本并非出于王实甫之手,故明清人多有关续之说。如明徐士范刻本《西厢记序》云:

> 人皆以为关汉卿,而不知有王实甫。盖自草桥以前作于实甫,而其后汉卿续成之者也。

同时之王世贞、王伯良,清人金圣叹都主此说。明刻本之赵凤馆、香雪居、汇锦堂等《西厢记》也如是署题。可见关续之可能性很大。这并非说关汉卿之才能不如王实甫,而是说明续书之难,曲终难于奏雅。

二

　　王实甫之《西厢记》直接取材于金人董解元之弦索《西厢》,而弦索《西厢》则渊源于唐人元稹之《莺莺传》。虽然采用同一题材,但由于时代环境、现实生活以及作者的思想观点不同,作品的内容、风格、艺术形式、思想倾向也都不同。元稹之《莺莺传》所描写的是唐代社会中妇女被侮辱、遗弃之悲哀和痛苦。且篇末对男子那种背信弃义行为,认为是"善于补过",表现了封建士大夫之立场和观点。董解元之弦索《西厢》,则改变了这一思想倾向,是描写封建时代青年男女为争取婚姻自主向封建礼教作斗争。其中除了突出张生、莺莺两个人物外,对原作中次要人物崔夫人、红娘、杜确也各赋予不同的形象和面貌。并且增添了法本、法聪、郑恒、孙飞虎等人。推演了白马将军围普救寺、张君瑞琴挑莺莺、崔莺莺问病诸情节。更重要者是把始乱终弃之结局,改为崔、张团圆。这些改变之意义重大,此后,崔、张的故事便以鲜明的反封建教义之精神,在古代文学中显示其生命力!

　　弦索《西厢》之独特文学成就,在于描写人物思想、情感之变化,最为淋漓酣畅。作者用如连珠般之曲辞、犹幽咽声之音节,申诉着崔、张二人内心之痛苦。有名之"长亭送别",便是很好之例证。如其四支〔尾〕声:

　　〔尾〕莫道男儿心似铁,君不见满川红叶,尽是离人眼中血。

　　〔尾〕满酌离杯,长出口儿气,比及道得个我儿将息,一盏酒里白冷冷的滴瀫半盏来泪。

　　〔尾〕马儿登程,坐车儿归舍。马儿往西行,坐车儿往东拽,两口儿一步儿离得远如一步也。

　　〔尾〕驴鞭半袅,吟肩双耸,休问离愁轻重,向个马儿上驮
也驮不动。

作者以凝炼、纯熟的语言,把一对青年男女生离死别之哀伤,表现
得淋漓尽致!胡应麟《少室山房笔丛》评云:"精功巧丽,备极才
情,而字字本色,言言古意。当是古今传奇鼻祖。金人一代文献尽
此矣。"其评价虽有过誉之嫌,但却从一个角度道出了这部作品之
艺术成就。或谓董解元《西厢》之成就,高于王实甫《西厢》,并举
例说:"董云:莫道男儿心似铁,君不见满川红叶,尽是离人眼中血。
王则云:晓来谁染霜林醉,总是离人泪。泪与霜林,不及血字之贯
矣。又董云:且休上马,苦无多泪与君垂,此际情绪你争知。王云:
阁泪汪汪不敢垂,恐怕人知。两相参见,王之逊董远矣。"(焦循
《易余龠录》)单从曲辞看,王《西厢》不如董《西厢》质朴,若从人
物性格塑造看,董《西厢》却远不如王《西厢》。作为讲唱文学之董
《西厢》,在处理题材、描摹人物方面,确有其独到之处,同时也有
缺点,即对人物和情节之提炼、安排不够统一、匀称。如孙飞虎围
普救寺、杜将军解围一节之描叙过长,冲淡了作品之反封建倾向。
莺莺于老夫人听了郑恒的话悔亲之后,她竟亲自找张生,要和张生
同时上吊,与相国小姐身分不符。张生屡次自杀,以自杀为儿戏。
解普救寺之围一事,他并非出于义愤,而是近于要挟。尤为不合理
的是当老夫人第二次反悔拒婚时,他竟说:"郑公贤相也,稍蒙见
知,我与其子争一妇人,似涉非礼。"把他写成一个没有理想的世俗
庸人。诸如此类现象,其中还有不少。这些不合理之处,在王《西
厢》中都得到纠正和补充,并且发展了其优良部分,丰富和深化了
反封建的思想倾向。这种思想倾向,概括地说,即肯定了青年男女
对婚姻自由之追求,赞扬了他们力图摆脱礼教之束缚而与封建势

力作顽强之斗争,揭露了封建势力之腐朽和虚伪。

王实甫的《西厢记》补充并发展了董解元弦索《西厢》中之人物,赋予这些人物以声色俱现之形象和具有深刻社会意义之性格。其中最突出的是老夫人、莺莺、张生和红娘。

老夫人是封建礼教的代表人物,她出现之场次不多,而是通过莺莺、红娘、张生等人之活动把她烘托出来。她具有封建阶级的习性和教养,执拗地维护封建教义:"治家严肃,有冰霜之操。"严格地按照封建礼法管束爱女莺莺,"向日莺莺潜出闺房,夫人窥之,召立莺莺于庭下,责之……"还派遣红娘对莺莺"行监坐守","但出闺门,影儿般不离身","小梅香伏侍的勤,老夫人拘系的紧,则怕俺女孩儿折了气分。"莺莺这几句唱词,道破了老夫人之用心所在。她还令莺莺多做女红,用意也在使莺莺莫作非非之想。她不但严加管束莺莺的言行,而且还密切注视着莺莺的精神活动。"怕女孩儿春心荡",竟至于"怪黄莺儿作对,怨粉蝶儿成双"。看到莺莺"神思加倍,腰肢体态比向日不同"便敏感到"莫不做下来了么?"可见其倾注于莺莺身上的精神意向多么深细专精了。

老夫人是久通世故之人,有丰富的阅历和经验,所谓"心数多,性情佞"。处理事物有一套机变手法,能"巧语花言,将没作有"。兵解普救寺之围后,她对杜确说:"恐小女有辱君子",言语之间已流露出悔婚之念头,表面上却谦恭有礼。赖婚一场,她严肃端正不动声色,毫无赖的表情,一面对张生讲论婚嫁之理,一面便把婚事赖掉了,好像真理还在她一边。这就显示了她的虚伪和狡诈。她要求莺莺维护"先王的德行"、"相府门第",维护家世之尊严。莺莺则逆其道而行之,她的愿望落空了,这说明腐朽顽固势力总归要失败的。

莺莺是封建官僚家庭中成长起来的"相府小姐",但她却背叛了她的家庭。由于长期受到封建的教养,她的叛逆道路也是充满矛盾痛苦的。封建的教养,严厉地桎梏着她的精神,她虽然不曾意识到这一点,但却直觉到一种精神压力:"闲愁万种,无语怨东风",就是这种精神苦闷的表现。在"男女授受不亲,礼也。""非礼勿视,非礼勿听,非礼勿言,非礼勿动",一切以封建礼法为准绳之家庭中,稍不留心即会触犯礼法。莺莺无意识地走出闺门,即受到训斥,不得不认罪:"今当改过从新,毋敢再犯。"莺莺对自己的环境不满,却无勇气反抗,因此便陷入哀伤之中。从佛殿乍逢张生起,她从哀伤中惊醒了。当红娘转告她,张生自我介绍:"今年二十三岁,并未娶妻"时,她一边吩咐不要对老夫人说,一边却烧香礼拜:"心中无限伤心事,尽在深深两拜中",陷入沉静的深思之中。酬诗一节,她在感情上与张生契合了,开始意识到生活的意义。从此便"坐又不安,睡又不稳,登临也不快,闲行又闷,镇日价情思睡昏昏"。对老夫人之"行监坐守"更加不满起来。她要寻求新的生活之路,但是"谁肯把针儿将线引,向东邻通个殷勤?"她大胆地提出自己的希望。至此,莺莺的思想境界提高了。从自我愁怨,到表示不满,从生活之无目的,到意识到生活之意义,这是莺莺思想性格之一大发展。

白马将军解围,张生拯救莺莺于虎口之中,莺莺对张生的认识更进一步,不仅"据相貌"、"凭才性",而更认识到他品质的正义性,从而对他产生了敬慕之情:"救了咱全家祸,殷勤呵正礼,钦敬呵当合。"这之后,她的感情像火焰般迸发出来,以为幸福生活即可达到。不料老夫人竟然赖婚,这对她是莫大之刺激。平日表现深沉、含蓄的莺莺,这时却是形之于色的愤怒和怨恨。老夫人要她以兄妹的名义敬张生一杯酒,她竟把酒杯当面掷给红娘说:"红娘接了台盏者!"不肯以兄妹之礼敬酒,表现了大胆的反抗精神。

　　莺莺的叛逆道路是曲折的,这不仅表现在她对封建礼教的代表人物老夫人之不满和反抗上,也表现在对自己所受的封建教养和习性的克服中。长期的封建教养,形成她相国小姐之身分,如何摆脱小姐的身分,却是一个艰苦之过程。赖婚之后,她被困在深闺之中,其处境正如"这云似我罗帏数重,只恐怕嫦娥心动,因此上围住广寒宫。"她敢于冲破这个环境,到花园去听琴,感于"其词哀,其意切,凄凄然如鹤唳天。"然而红娘于其不备叫她一声,她却吓得心惊胆战,说什么"吓得人来怕恐,早是不曾转动,女孩儿家直恁响喉咙。"她既坚强,又很脆弱,心口不一致。她思念张生经常是"半晌抬身,几回搔耳,一声长叹!"盼望"怎得个来信息通?"然当红娘传递信简给她时,她又立刻变了脸,申斥道:

　　　　小贱人,这东西那里来的? 我是相国的小姐,谁敢将这简帖来戏弄我! 我几曾惯看这等东西。告过夫人,打下你个小贱人下截来。

长期的封建家庭教养,使她不能在婢女面前失掉自己的身分和尊严,突如其来之脾气,把不识字的红娘弄糊涂了,辩驳说:"你不惯,谁曾惯!"赖简一节中,当真诚的张生应约逾墙前来时,她又突然狡赖起来说:

　　　　张生,你是何等之人,我在这里烧香,你无故至此,若夫人闻知,有何理说? ……
　　　　先生虽有活命之恩,恩则当报。既为兄妹,何生此心! 万一夫人知之,先生何以自安? 今后再勿如此,若更为之,与足下决无干休!

张生是莺莺以"明月三五夜"之简帖约来的,当她如愿以偿时,却又变了卦。使张生如入五里雾中,不知所措。这也说明她在张生面前不肯失掉相国小姐之身分，不肯放下自己之架子。封建礼法的教养、习性，决定她必然要变，而且要变得真，必然要赖，而且要赖得诚，此即莺莺性格表现得十分真实深刻之处。以至于后来酬简时，张生又犹疑道："莫非又是一个谎?"莺莺在反封建礼教之过程中，每前进一步，在自己思想性格上都引起深刻的变化。她是经过顽强、痛苦的斗争，来摆脱自己精神上的枷锁，而走向叛逆道路的。

拷红之后，莺莺和封建礼法的矛盾表面化了，过去一切隐藏着的事实都暴露在面前，老夫人也不得不将计就计。当美满的结局即将来临之际，老夫人又提出新的要求，以相府"三辈儿不招白衣女婿"为辞，逼迫张生应试，造成莺莺新的痛苦。莺莺所追求者不是白衣卿相，而是誓同生死的生活伴侣："不恋豪杰，不羡骄奢，自愿的生则同衾，死则同穴。"她憎恶功名利禄，诅咒是"蜗角虚名，蝇头微利，拆散鸳鸯在两下里。"张生走后，久无音信，她以"悔教夫婿觅封侯"抒发自己之怨愤。可见莺莺不但是反对封建礼教，而且反对一切世俗之观念。她的思想性格在许多方面和封建社会、封建制度是对立的，批判了封建社会一切腐朽、庸俗、虚伪的现象，显示了她的纯真与高洁!

莺莺的反抗、斗争成功了，生活的目的达到了。她的性格所揭示的不仅是封建社会尖锐、复杂、不可调和的矛盾，还在于向人们启示求得自由、权力、青春、生命的意义。

张生是一个失意文人，先人曾拜礼部尚书，但因家境贫寒，"功名未遂"、"学成满腹文章，尚在江湖飘零"，正是"才高难入俗人机，时乖不遂男儿愿"，有志不得伸展。他是封建社会青年士子之典型。埋头书斋，脱离实际，行动起来与客观环境不谐和，显得粗莽和呆头呆脑。乍见莺莺，便自我介绍，说明"并不曾娶妻"，活现出一个不通世故之书呆子形象,令人涕笑皆非。他热情、纯真并有正义感,为了追求理想的伴侣,宁肯把士大夫进身之阶的举业置之度外。但他在追求的过程中却少办法,往往在关键时刻又退缩下来。赖婚一场,老夫人自食前言,他目瞪口呆,一筹莫展,说什么:"小生非图哺啜而来,此事果若不谐,小生即当告退。"于是哭泣着去求红娘帮助。赖简一场,莺莺变了卦,他也是愕然,不知所措,只好借着红娘的话才下了台。琴挑一节,则是依照红娘的意见去做,通过琴声表叙自己之哀思和对莺莺的忠诚。他对自己之"锦片前程"热烈、执着地追求,但若无红娘的帮助,则将一事无成。他对封建礼教之不满和反抗,虽然是自身所具有,但他的反抗道路,却是红娘给指引开拓的。

与一般封建士大夫富贵易妻不同,张生中状元后,并未忘掉莺莺,而且说:"重功名而薄恩爱者,诚有浅见贪饕之罪。"批判了那些伤风败俗的行为。张生性格也有缺点,即文人士子之寒酸与迂腐,然这些都通过红娘的口给以讽刺和嘲笑。

要之,张生是一个入世不深、淳真、朴实、有正义感和恩爱独衷的青年士子,其所以为莺莺所倾心者在此,其所以动人并引起人们同情者亦在此。

红娘是个婢女,是一个被压迫、被奴役的妇女形象,具有坚强、勇敢的反抗精神。这种反抗精神,都出于不顾一己之私的正义感。正义感是她思想性格最本质的方面。寺警之前,她并不曾注意张生和莺莺的关系,有时还讥笑张生之呆相。寺警之后,则不同了,她认识到张生急人之难的品德,感到"张君瑞合当钦敬",又目睹老夫人的狡赖,造成张生和莺莺之不幸与痛苦,深感事件之不合理,便积极参与其事,她为张生策划,并诱导莺莺。张生起初并不了解红娘之为人,而以世俗的眼光对待之,托她传简时,应许以后

多酬以金帛,红娘严正地指责道:

> 哎!你个馋穷酸俫没意儿,卖弄你有家私,莫不图谋你东西来到此?先生的钱物,与红娘做赏赐,是我爱你的金赀?

表现了自己无所图,舍己为人之正义感。当张生处在危难关头,她劝说:"你休慌,妾当与君谋之。"拷红一场,她曾冒老夫人鞭笞之危险,前去讲理,动之以骨肉之情,晓之以利害之理,不但不认错,反认为错在老夫人:"非是张生、小姐、红娘之罪,乃夫人之过也。"然后指出老夫人的三大罪状,使老夫人哑口无言。这是红娘的胆识、斗志和正义精神的集中表现。本来是老夫人设堂审判红娘,老夫人是主,但在严正的事实面前,老夫人理屈辞穷,处于尴尬之地位,红娘居于主导方面,对老夫人背信弃义行为进行了正义的审判。

红娘为参与张生与莺莺追求理想婚姻的活动,曾被莺莺之假意所讹诈和欺骗,曾被张生以世俗的眼光鄙视和侮辱,在张生、莺莺之间左右为难:

> 〔满庭芳〕你休要呆里撒奸,你待要恩情美满,却教我骨肉摧残。老夫人手执着棍儿摩娑看,粗麻线怎透得针关。直待我挂着拐帮闲钻懒,缝合唇送暖偷寒。
>
> 待去呵,小姐性儿撮盐入火。
>
> 消息儿踏着泛。
>
> 待不去呵,(末跪哭云)小生这一个性命,都在小娘子身上。(红唱)
>
> 禁不得你甜话儿热趱,好着我两下里做人难。

为别人的事,她受鞭笞,遭折磨,又不被人理解,何苦来的?思想产生了矛盾,但最终还是牺牲了自己去帮助别人。这正是红娘之正义精神。

红娘既真诚又勇敢。她嘲笑莺莺、张生之虚伪和懦弱,并激励他们的勇气。当张生害病时,莺莺企图隐瞒其病因,她则揭露道:"你哄谁呢?你把个饿鬼弄的七死八活,却要怎么?怕人家调犯,若早晚夫人见破绽,你我何安!"赖简时节,莺莺突然恼怒,张生羞惭无言,她抢白道:"张生!背地里硬嘴那里去了?向前搂住丢番,告到官司,怕羞了你!"

> (红唱)没人处则会闲磕牙,就里空奸诈。怎想湖山边,不记西厢下。香美娘处分破花木瓜。

红娘也很机警,凭借自己丰富的生活经验,能预察事物之变化。她代张生传简,料想到莺莺会拽扎起脸皮来。果然不出她之所料,莺莺板起面孔大闹一场。老夫人一叫她,她就揣测到其中之缘故,预先准备好一套应付的办法,使严厉的老夫人也无言对答。当张生应约逾墙而来,被莺莺拿住,叱责了一番,她则趁机申斥道:"张生,你过来跪着,你既读孔圣之书,必达周公之礼,黄夜来此何干?"

> (红唱)不是俺一家儿乔作衙,说几句衷肠话。我则道你文学海样深,谁知你色胆有天来大!

炽烈的嘲讽是红娘性格之基本特征,通过嘲讽揭露了封建阶级一切狡诈欺骗和虚情假意,也批判了叛逆者自己行为之软弱和庸俗,并激励他们走向叛逆的道路。

红娘是被压迫、被奴役者的形象,她身为奴才,却毫无奴颜媚骨,并且在任何情况下都是乐观和充满信心的,从不悲观失望。她是从自己的阶级立场出发判断是非的,这种判断虽然是出于阶级的直觉,但总是正确的。

王实甫成功地塑造了这些栩栩如生的人物,通过这些人物,他控诉了封建时代礼教的严酷、腐朽和顽固，揭示了在那个时代里人们精神上的痛苦和追求。

三

《西厢记》是一部什么类型的戏？长期以来人们都认为是一部喜剧，理由之一是张生、莺莺最后终于团圆了，理由之二是剧中提炼了许多喜剧情节。其实这不是确定戏剧类型的标准。我们认为确定喜剧或悲剧之标准主要从三方面着眼：就戏剧冲突而言，悲剧之冲突是必然的，喜剧之冲突则是偶然的；就人物塑造而言，悲剧的人物是崇高的、被赞扬的，喜剧的人物则是渺小的、被嘲笑的；就艺术效果而言，悲剧令人悲痛，喜剧则使人喜悦。准此，《西厢记》所写的是以老夫人为代表的封建家长用封建礼教压迫、管束莺莺和张生，而莺莺和张生则坚决反对封建礼教的束缚，追求婚姻自由。这一冲突无疑是必然的。其次，莺莺和张生都是有理想、有道德、有正义感和恩爱独专的人物，是作者所肯定、同情和赞扬者，不是贪婪自私、龌龊不堪之辈。尽管莺莺的假意儿和张生的痴呆相往往引起人们的嘲笑，但他们的品格是高尚的，而不是庸俗的。再者，莺莺与张生的爱情，由于封建势力的压迫，封建礼教的影响，在追求的过程中，出现了许多令人啼笑皆非的行为，形成了犹如锦绣般的喜剧情节。然而，人们在发笑之后，却给人以沉痛之感觉，感觉到他们在追求爱情过程中充满了痛苦和悲伤。因此，我们认为《西厢记》不是喜剧，而是一部带喜剧性的悲剧。如酬简一节，莺莺接到信后，大发脾气，令红娘送回信说："着他下次休是这般"，"相待兄妹之礼如此，非有他意。"志诚的红娘信以为真，持信去见张生，说"请先生休讪，早寻个酒阑人散"。张生听后悲伤感叹。

当拆开信看时,又惊喜若狂:

> (末接科,开读科)呀,有这场喜事,撮土焚香,三拜礼毕。早知小姐简至,理合远接,接待不及,勿令见罪!小娘子,和你也欢喜。(红云)怎么? (末云)小姐骂我都是假,书中之意,着我今夜花园里来,和他"哩也波哩也啰"哩。……(红云)你看我姐姐,在我行也使这般道儿。

这些喜剧情节,没有任何做作和虚拟,像生活本来面目那样纯朴自然,十分真实。其意义,不仅在使人发笑,更重要的在把人们引入沉静的深思之中:是什么社会力量使他们在恋爱过程中充满了矛盾、曲折和痛苦? 作品所反映的生活逻辑作出了准确的回答。

莺莺和张生在追求幸福婚姻的道路上,其痛苦和哀伤随时流露于其言语和行动之中。如听琴一节,莺莺唱:

> 〔秃厮儿〕其声壮,似铁骑刀枪冗冗;其声幽,似落花流水溶溶;其声高,似风清月朗鹤唳空;其声低,似听儿女语,小窗中,喁喁。

这支曲子,其势壮,其情切,其景幽,其声咽,文采沛然莫之能御,抒写出莺莺和张生在封建礼教压迫下不能明言的内心感情,迸发出精神契合之哀鸣。又如莺莺月夜焚香一节:

> (红云)姐姐,有人,咱家去来,怕夫人嗔着。(莺回顾下)(末唱)〔幺篇〕我忽听、一声、猛惊。原来是扑剌剌宿鸟飞腾,颤巍巍花梢弄影,乱纷纷落红满径。

通过张生的目光写莺莺听到有人来时的惊惧神态,以鸟惊飞、花飘零拟人,栩栩如生,莺莺心底之隐,可以想见。

　　由此可见,莺莺和张生是两个悲剧性格,这两个悲剧性格是通过必然的戏剧冲突表现出来,又在冲突发展中构成许多喜剧情节,从而使《西厢记》成为具有喜剧性的大悲剧。

南北曲之区分与汇合

南戏与北曲之关系，是人们长期争执的问题。何以我国戏曲史上有南戏与北曲之分？我们应当怎样看待？作为一种群众艺术形式之戏曲，都产生于不同地区，由于各地人民的语言、风俗、生活和气质之不同，影响其念字、行腔、风格和情感也各异。又由于戏曲以舞台面对群众，必然使不同地区之曲调广为传播，并互相交流。如昆曲产生之初，仅为昆山之地方戏，后来经过吸收其他剧种之曲调、体式，便形成具有全国性的戏曲形式。尽管昆腔专家固守着昆山方音不变，但当它流传到其他地区时，无不带有那个地区之地方色彩。因此，我们认为那些认为南戏与北曲完全是两种戏曲形式、互不相涉的说法，是没有根据的。事实恰巧相反，南戏与北曲本来同出一源，只是由于时代之变化和影响，分化成南北两派，时代变化既成过去，两派亦复合流。

按南戏与北曲同源于两宋时代之诸宫调，其分化为两派，始于金宋交战时期，当金人入侵，宋室南迁之时，戏曲发生很大的变化，即南戏与北曲分流。《南词叙录》记载：

> 南戏始于宋光宗朝，永嘉人所作《赵贞女》、《王魁》二种实首之。……或云："宣和间已滥觞，其盛行则自南渡，号曰'永嘉杂剧'，又曰'鹘伶声嗽'。"其曲，则宋人词而益以里巷歌谣，不叶宫调，故士大夫罕有留意者。

这说明南戏于南宋时已经形成，《赵贞女》、《王魁》开其先。又《辍

耕录》卷二五记载:

> 宋有戏曲,……金有院本杂剧,……院本杂剧,其实一也,
> 国朝院本杂剧始厘而二之。

意谓宋原有戏曲,金人入侵之后,便产生院本、杂剧两种形式,待至元代,进一步把这两种戏曲形式分开,并特别发展了杂剧,即所谓北曲。

那么何以说南戏与北曲同源于诸宫调呢? 考诸宫调最早形成于北宋时期,《碧鸡漫志》卷二记载:

> 熙宁、元丰间,……泽州孔三传者,首创诸宫调古传,士大
> 夫皆能诵之。

又《梦粱录》卷二〇记载:

> 说唱诸宫调,昨汴京有孔三传编成传奇灵怪,入曲说唱。

又《东京梦华录》卷五记载:

> 崇、观以来,在京瓦肆伎艺:……孔三传,"耍秀才"诸
> 宫调。

这些记载说明诸宫调这一艺术形式,北宋中叶产生于山西东南部之泽州,即今天之晋城县,到北宋末崇宁、大观年间流传到河南开封地区。今存之诸宫调,如《董西厢》、《刘知远》、《天宝遗事》三种,大都是宋金对峙时代产生的。又近代发现的《永乐大典戏文三种》,当是元末明初的作品。根据这些资料,我们可以论证南北曲同源于诸宫调。

《董西厢》是诸宫调,又称院本。明沈德符《顾曲杂言》云:

> 若所谓院本者,本北宋徽宗时五花爨弄之遗,有散说,有

> 道念,有筋斗,有科泛。初与杂剧本一种,至元始分为
> 两。……金章宗时,董解元《西厢》,尚是院本模范。

他指出院本是五花爨弄之遗,五花爨弄即五种角色扮演。董解元《西厢记》诸宫调是标准之院本,至元始发展为王实甫《西厢记》杂剧,为北曲之最初剧本。可见由《董西厢》诸宫调,发展为《王西厢》北曲,乃最明确之事实,勿庸赘述。但由诸宫调发展为南曲,则人们却未曾谈及。

按今存南戏最古之剧本为《永乐大典戏文三种》,这三本戏远出《董西厢》之后,约晚于《董西厢》一百七十余年。其中《张协状元》有云:

> 这番书会,要夺魁名。占断东瓯盛事,诸宫调唱出来因。

又云:

> 后行子弟,饶个烛影摇红断送。

东瓯即永嘉,《张协状元》可看做是永嘉杂剧之代表,其唱法仍然是诸宫调,并保存着“断送”形式。证之以董解元《西厢记》:

> 〔般涉调·哨遍〕断送引辞。
> 〔太平赚〕比前览乐府不中听,在诸宫调里却着数。

它与《董西厢》之唱法、曲调之形式,如出一辙。可以证明南戏与北曲同源于诸宫调,盖无疑义。

然金院本与产生于宋代之诸宫调仍然应当有所区别,并非一种艺术形式。我认为院本应是从诸宫调向杂剧发展之过渡,即从弹词向舞台戏发展之过渡,以至形成金代特有的戏剧形式。这种诸宫调弹词如何演变成舞台戏曲的呢? 就《董西厢》和《王西厢》作比较,应是由诸宫调直接演变为杂剧,院本与杂剧的界限并不分

明,《辍耕录》所谓"院本杂剧其实一也"。唯元、明两代人们往往把院本和杂剧区分开来,如王实甫《丽春堂》有云:"也会做院本,也会唱杂剧。"显示了在诸宫调之后和杂剧之前还有院本这一特定的形式。金院本今无存者,无从考察,仅就明代王九思《中山狼》院本和康海《中山狼》杂剧相参照,其区别在于杂剧分折,院本不分折,更接近诸宫调。从历史记载看,金代由诸宫调向舞台剧院本发展之轨迹也极为明显。如《辍耕录》卷二五记载:

> 院本则五人,一曰副净,……一曰副末,……一曰引戏,一曰末泥,一曰孤装,又谓之五花爨弄。

这五个角色有如近代戏曲中之生、旦、净、末、丑,与《都城纪胜》记载官本杂剧的角色为末泥、引戏、副末、副净、装孤完全一致。可知金院本与宋杂剧在角色搭配上是同一模式。宋官本杂剧的演出形式,据《都城纪胜》记载:

> 杂剧中……先做寻常熟事一段,名曰艳段;次做正杂剧,通名为两段。……杂扮或名杂旺,又名纽元子,又名技和,乃杂剧之散段。

这四段唯正杂剧似演一个故事,其他各段互不连贯。此与院本以独幕剧演一个故事相类。

南宋官本杂剧和金院本,南北异样,实为一物。由于南北分途发展,遂形成南戏与北曲两个流派。两个流派的形成,其实是地方化的问题。如现存南戏三种之一《宦门子弟错立身》,据《录鬼簿》"前辈已死名公才人"类记载:

> 李直夫,德兴人,女直,即蒲察李五,作《错立身》。注:"曹本作女直人,德兴府住。"

又《录鬼簿》同类记载：

> 赵敬夫，彰德人，教坊官，作《错立身》。注："曹本作《宦门子弟错立身》。"

德兴府，即今河北省涿鹿县。彰德，即今河南省安阳县。他二人皆以北人写南戏，必然把北曲的演唱习惯和曲调唱腔带入南戏中来。如《错立身》戏文：

> 虔：明日做甚杂剧？旦：奴家今日身已不快，懒去勾栏里去。

女优赴勾栏演戏，是元代的普遍现象。又此戏文：

> 末：不嫁做杂剧的，只嫁个做院本的。

杂剧与院本并行，也是元代之普遍存在。且院本是金代的戏剧形式，此时也流入南方。又此戏文所采用之曲牌如〔紫苏丸〕〔桂枝香〕〔赏花时〕〔圣药王〕等，皆北曲传入南方者，不成套数，又赋予地方音色，即演变为南曲。

伴随着金宋强弱异势和社会政治兴衰异趋，戏曲文学的发展也北盛于南。至元代蒙古族入侵，南宋终于灭亡，戏曲更以四折杂剧的形式向大江以南发展，北曲成为一时之风尚，从而促成南戏与北曲之合流。据《南词叙录》记载：

> 元初，北方杂剧流入南徼，一时靡然向风，宋词遂绝，而南戏亦衰。顺帝朝，忽又亲南而疏北，作者猬兴，语多鄙下，不若北之有名人题咏也。

同书又记载：

> 南易制，罕妙曲；北难制，乃有佳者。何也？宋时名家未

> 肯留心；入元又尚北，如马、贯、王、白、虞、宋诸公，皆北词手；
> 国朝（明）虽尚南，而学者方陋，是以南不逮北。

这两条记载说明，元末明初，南戏远不能与北曲相比，北曲杂剧为元代最主要的戏曲形式。北方作家流寓南方，自然挟带北曲而来，南方作家起而学习北曲。因此，自元末明初形成之南戏传奇，都从北曲杂剧之基础上发展起来。如《乐郊私语》记载：

> 州（海盐）少年多善歌乐府，其传皆出于澉川杨氏。当康惠公（杨梓谥号）存时，节侠风流，善音律，与武林阿里海涯子云石交善。云石翩翩公子，无论所制乐府散套，骏逸为当行之冠，即歌声高引可彻云汉，而康惠独得其传。……以故杨氏家僮千指，无有不善南北歌调者。

善歌海盐腔之澉川杨氏，与善歌北曲之贯云石交好，并独得贯云石传授北曲，因此杨氏家童皆善歌南北调。可见元时著名的海盐腔已与北曲合流。北曲杂剧南下至杭州，首先在唱腔上与南戏合流。《录鬼簿》"方今才人相知者"类记载：

> 沈和，字和甫，杭州人。能词翰，善谈谑，天性风流，兼明音律。以南北调合腔，自和甫始。如《潇湘八景》、《欢喜冤家》等曲，极为工巧。

本来南戏与北曲同源于诸宫调，分化为南北两个流派之后，虽然各具地方特色，但在同一曲牌的历史渊源上，即便于合腔。这种"南北调合腔"，说明元杂剧之全国化。

从《南词叙录》所谓"元初，北方杂剧流入南徼，……而南戏亦衰。"经过《录鬼簿》所谓"南北调合腔"，则此后所兴起之南戏，不但不与北曲无关，而且是在北曲之基础上发展起来。这种在四折杂剧之后和昆腔戏产生之前的南戏，一般地可以称作传奇戏。这种传奇戏的特殊形态如何？它的形式和发展过程怎样？这是我们所要探究的。关于"南北调合腔"究竟是什么样子？沈和所创立者并不明晰，但南戏戏文三种之一《小孙屠》中有如下一段：

〔北曲新水令〕却踏过满庭芳草，看花回，怨王孙不思折桂。每日里上小楼、沽美酒，销金帐里共传杯。吃酒沉醉扶归。不由我不伤情苦萦系。

〔南曲风入松〕记前日席上泛绿蚁，做夫妻，永同连理。谁知每日贪欢会，醺醺地，不思量归计。你那里谁人共美，教奴自守孤帏。

〔北曲折桂令〕几回价守定香闺，转无眠，情绪如痴。直哭得绛烛烟消，银蟾影坠，宝篆香微。才听得促织儿声沉四壁，又听得叫残星报晓邻鸡。只影孤凄，心下伤悲。一弄儿凄凉，总促在愁眉。

〔南曲风入松〕我一心指望你攻书，要改换门闾。如今把奴成抛弃，朝朝望，朝朝不至。好教人鸳衾里冷落，须闲了我一个枕头儿。

〔北曲水仙子〕好姻缘间阻武陵溪，辜负了花前月下期。彩云易散琉璃脆，亏心底不似你，担搁了少年夫妻。不枉了真心真诚意，不把我却寒知暖妻，不能够步步相随。

〔南曲风入松〕…………

〔北曲雁儿落〕…………

〔南曲风入松〕…………

〔北曲得胜令〕…………

〔南曲风入松〕…………

此戏文三种是比《琵琶记》还古的南戏形式，其所采用之曲牌为南曲与北曲间作，合成一体。可见南北曲之区别，主要在作为唱词之曲牌组织和念字行腔韵味之不同，至于曲牌之运用，并非互相排斥，而是可以把二者结合起来。念字行腔韵味之不同，乃是地方音色影响所致。作为唱词之曲牌组织，北曲杂剧已经形成套曲形式，而传奇南戏正受到北曲之影响，趋向套曲化，待至昆腔戏成立，则进而出现南北合套之现象。如《南词叙录》记载：

> 南曲固无宫调，然曲之次第，须用声相邻以为一套，其间亦自有类辈，不可乱也。如〔黄莺儿〕则继之以〔簇御林〕，〔画眉序〕则继之以〔滴溜子〕之类，自有一定之序，作者观于旧曲而遵之可也。

徐渭编《南词叙录》，成书于"嘉靖己未（1559）夏六月望"，去明朝建国将近二百年，当时"昆山腔止行于吴中"（《南词叙录》），书中只提及魏良辅，并未谈到梁伯龙创制昆曲之事。这段记载说明，在昆曲创立之前，南戏唱词之曲牌已受北曲影响，趋向套曲化。同书又记载：

> 今之北曲，盖辽金北鄙杀伐之音，壮伟狠戾，武夫马上之歌，流入中原，遂为民间之日用。宋词既不可被弦管，南人亦遂尚此，上下风靡，浅俗可嗤。然其间九宫、二十一调，犹唐、宋之遗也，特其止于三声，而四声亡灭耳。至南曲，又出北曲下一等，彼以宫调限之，吾不知其何取也。

这段记载也说明北曲杂剧在南方流行之情况，所谓"南人亦遂尚此，上下风靡。"在北曲杂剧影响下，"南曲，……彼以宫调限之。"

传奇南戏之开山祖是高则诚的《琵琶记》。高则诚创作《琵琶记》的意图，在第一出叙述说：

〔水调歌头〕秋灯明翠幕,夜案览芸编。今来古往,其间故事几多般。少甚才子佳人,也有神仙幽怪,琐碎不堪观。正是不关风化体,纵好也徒然。论传奇,乐人易,动人难。知音君子,这般另作眼儿看。休论插科打诨,也不寻宫数调,只看子孝共妻贤。正是骅骝方独步,万马敢争先。

高则诚作《琵琶记》之目的在对社会进行教化。他自称"休论插科打诨,也不寻宫数调",实则如《南词叙录》所说:"或以则诚'也不寻宫数调'之句为不知律,非也,此正见高公之识。"他对道白、唱腔都很重视,特别用功于曲牌之搭配,以至于"其足按拍处,板皆为穿。"(《南词叙录》)高则诚是永嘉人,永嘉杂剧是南戏之正统,他看到南戏之不足处,研究了北曲,以北曲补救南戏之不足。如焦循《剧说》卷二记载:

> 元人乐府有《村里迓鼓》之名,《琵琶记》中有此曲。
> 《琵琶记》白有"打十三"之说,元人常用之,本宋制。

又《琵琶记》中掌鞍马之祗候数说马色,自"布汗"至"苏卢"皆元人胡语。"张大公"亦元曲中之"大公"、"大郎"等。《琵琶记》之创作,在当时影响很大,引起明朝最高统治者之重视。《南词叙录》记载:

> 我高皇帝即位,闻其名,使使征之,则诚佯狂不出,高皇不复强。亡何,卒。时有以《琵琶记》进呈者,高皇笑曰:"五经、四书、布、帛、菽、粟也,家家皆有;高明《琵琶记》,如山珍、海错,贵富家不可无。"既而曰:"惜哉,以宫锦而制鞋也!"由是日令优人进演。寻患其必可入弦索,命教坊奉銮史忠计之。色长刘杲者,遂撰腔以献,南曲北调,可于筝琶被之;然终柔缓散戾,不若北之铿锵入耳也。

朱元璋把《琵琶记》看得比五经、四书还高贵,认为贵富之家不可无,其目的在教育人们不要取得富贵,便忘了贫贱,以谕臣民取天下之非易也。其中提及《琵琶记》原来"不可入弦索",即与北曲腔调不谐调,乃令色长刘杲另为之撰腔,遂成"南曲北调",方可被之筝琶。则南戏之吸收北曲,南北曲之汇合,至《琵琶记》达到一个新阶段。

　　总之,元明时期从杂剧到传奇的发展,就曲调而论,是从沈和之"南北合腔"到《琵琶记》之"南曲北调"。南北曲之由来如此,并非绝对对立的,其区别则在地方音色之不同。因而传奇戏、昆腔戏才能形成为全国性的戏曲形式。

　　自传奇戏发展为昆腔戏,北曲在其中同样起着重要作用。和传奇南戏以北曲补救自身之不足相同,昆腔也吸收北曲以补救自身之缺点。如明张元长《笔谈》记载:

　　　　魏良辅,别号尚泉,居太仓南关,能谐声律。若张小泉、季敬坡、戴梅川之类,争师事之。梁伯龙起而效之,考订元剧,自翻新调,作《江东白纻》《浣纱》诸曲。

《浣纱记》是昆腔戏始创时期第一个剧本,经过梁伯龙"考订元剧,自翻新调",亦即在考察并吸收元曲之基础上创制新调。从现存的昆曲曲谱来看,南曲的音乐比较简单。魏良辅、梁伯龙不能制作全部曲谱,只有吸收北曲之音乐,以统一于水磨腔之中,遂成为昆曲。梁伯龙在《浣纱记》中特别采用了北曲,如《谈义》一出的曲牌〔北点绛唇〕〔混江龙〕〔油葫芦〕〔天下乐〕〔哪吒令〕〔鹊踏枝〕〔寄生草〕〔么篇〕〔赚煞尾〕即〔仙吕宫〕所属之一套北曲。可见梁伯龙"考订元剧",是继承了北曲的乐调唱腔。那么,自沈和之"南北合腔",到刘杲之"南曲北调",到昆曲时更形成为"南北合套",则是南北戏曲之大合流。叶氏《重刊秦云撷英小谱序》云:

　　　　昆山、弋阳同为金、元戏曲变体，唱虽不同，其戏文脚本同，非若湖、广、陕西其戏文为七字句或十字句，流而为今之二黄梆子腔也。

又云：

　　　　盖自明万历中，魏良辅、梁伯龙改北曲为南词，臧晋叔复举元人百种曲，肆行点窜，移就吴音。于是昆曲代兴，遂缵北统；弋阳并起，亦复旗鼓中原。

这也说明昆腔和弋阳腔都是在北曲之基础上发展起来。

　　昆腔戏形成之后，或谓北曲便绝响了。如沉德符《顾曲杂言》云：

　　　　自吴人重南曲，皆祖昆山魏良辅，而北词几废。

又周在浚《金陵怀古》诗云：

　　　　顿老(顿仁)琵琶奉武皇，流传南内北音亡。如何近日人情异，悦耳吴音学太仓。

他们是从南北曲对立的形式的观念出发，得出这种认识的。实则不然，从北曲杂剧到传奇南戏，再到昆腔戏，是我国戏曲史上之大进步。传奇戏胜于北曲，在于北杂剧保存有诸宫调传统，全剧一人独唱；而传奇戏则增加了配角，适于表现各种人物。北杂剧分四折，有局限性，传奇戏则推演为长剧，出数多而不限，适于反映复杂的社会生活。南曲音乐的音阶不全，吸收了北曲的优点。本此，则昆曲自然胜于北曲，可是北曲却为促成昆曲进步之重要因素。这与其说是北曲衰亡，勿宁说是它转入水磨腔后之另一发展。因此，昆腔戏才由昆山地方戏进而形成全国性的戏曲。

作家的主观和作品的客观

——评高则诚的《琵琶记》

我国文学史上的优秀作品所表现的思想倾向,往往与作者的主观思想不一致,作者之创作思想在彼,而作品所表现之思想倾向则在此,与作者的创作思想形成某种程度的反差。这种情况,缘于一个现实主义作家,执着于描写现实生活,生活的逻辑驱使他不能不突破固有的思想体系,按照生活的本来面貌去描写,从而反映出比他的主观思想更广阔的社会生活和思想领域。《琵琶记》便是这方面的代表作。

一

高则诚的思想、世界观怎样呢? 这要联系他所处的时代、家庭环境和仕途经历来看。高则诚的年代,据钱南扬《〈琵琶记〉作者高明传》(见 1946 年 11 月《大公报》)考证,约生于元大德九年(1305),卒于明洪武元年(1368)以后。这正是封建理学思想盛行的时期。他又出生于诗文郁盛的家庭,祖父高天锡、伯父高彦、弟弟高旸都是诗人,讲求诗理之学。他的老师黄溍、好友刘基、同学宋濂都是元代大理学家,他们的思想作风都给他以很大影响。他自己曾说:"人不明一经取第,虽博奚为?"(《两浙名贤录》)于是发奋读《春秋》,识圣人大义。他选择的是封建士人所走的读书、应试、出仕的道路,四十岁前后(元至正四年)中乡试,次年登进士第。在初任处州录事时，即旌表陈孝女："具乌头双表之制，旌表其门。"（宋濂《宋学士集》卷一六《丽水陈孝女传碑》）又自作《王节妇》诗歌颂一个"溪水彼可竭，妾身不改节"（《元诗选》）之贞妇。自己也"少小慕曾闵，穷阎兀幽栖。"（刘基《从军诗五首送高则诚南征》）追慕古孝子曾参、闵子骞之行迹。这些节孝观念在《琵琶记》中都以"子孝共妻贤"予以宣扬。

　　高则诚还十分热衷于功名利禄，陈与时曾讽谕他："我怀老退居江左，尔爱飞腾近日边。"（《瑞安诗征》）他的好友赵汸劝他："士子抱腹笥，起乡里，达朝廷，取爵位如拾地芥，其荣至矣；孰知为忧患之始乎？"他却谓这些言论为可"卑"（赵汸《东方存稿》卷二《送高则诚归永嘉序》）。他对圣主贤君也忠心向往，在《送苏伯修参政之京兆尹任》三首中，勉励苏："此行宣室须前席，剩有嘉谋为上陈。"（《元诗选》）劝苏多接近皇帝，上陈嘉谋。在处州时，他"学道爱人，治教修具。"（《送高则诚归永嘉序》）"监郡马僧家奴贪残为害，明委曲调护，民赖以安。"（《嘉庆瑞安县志》）任满时，当地人为他立碑纪功。在杭州任丞相掾时，"儒生尚其才华，法吏推其练达。而明亦以名节自励，稽典册，定是非，酬应如流。"他性格鲠介，"意所不可，辄上政事堂慷慨求去。"（《送高则诚归永嘉序》）作为封建时代之正直官吏，他是既忠君又爱民的。

　　元至正八年（1348）方国珍在浙东起义，高则诚被调任平乱统帅府都事，率兵南征方国珍。但在统帅府任上并不得意，由于与统帅朵儿只班"论事不合"，终于"避不治文书"（《送高则诚归永嘉序》）。至正十二年（1352）方国珍被招抚，他才回杭州。在浙东任上三年，他对官场的险恶有所认识，引起了思想上之巨大转变，从此他灭绝了仕途观念，回家过隐居生活。之后，虽然被迫又出来做了几任官，不久便解职了。晚年"避世鄞（宁波）之栎社，以词曲自娱。"(明姚福《清溪暇笔》)《琵琶记》正是此时撰写的。

　　综观高则诚一生之行迹和思想,具有完整的忠、孝、节、义等封建伦理道德体系。那么这些伦理道德思想在《琵琶记》的创作中怎样体现的呢? 人们都知道,关于赵贞女、蔡中郎的故事,南宋时已经在民间广为流传,如陆放翁《舍舟步归》四绝之一云:"斜阳古道赵家庄,负鼓盲翁正作场。死后是非谁管得,满村听说蔡中郎。"又《南词叙录》于列举《宋元旧篇》之《赵贞女蔡二郎》剧下注云:"即蔡伯喈弃亲背妇,为暴雷震死,里俗妄作也。实为戏文之首。"到了元朝,进而作为民间典故在戏曲中被引用,如杂剧《吕洞宾度铁拐李岳》第二折云:"你学那守三贞赵贞女,罗裙包土将坟茔建。"这些片断记载,说明原来的故事情节是雷击蔡伯喈、马踩赵五娘的悲剧结局。高则诚选取了这一题材,加以改造,作为宣教的工具,剧本开篇宣称:

　　〔水调歌头〕秋灯明翠幕,夜案览芸编。今来古往,其间故事几多般。少甚才子佳人,也有神仙幽怪,琐碎不堪观。正是不关风化体,纵好也徒然。

他是主张"风以动之,教以化之"的文学教育作用的,要以忠、孝、节、义封建伦理思想教育人们,因此把原有的悲剧结局改编为"有贞有烈赵贞女,全忠全孝蔡伯喈"的大团圆场面。这是他的思想和世界观的直接表露。

二

　　高则诚是根据自己狭隘的思想观点和社会理念进行创作的,使《琵琶记》全剧充满了浓厚的封建伦理说教气氛。但是,他深刻的生活体验和丰富的社会经历却修正并补充了他思想的狭隘方面，写出了真实动人的人物、场面和情节来，使他所宣扬的忠、孝、节、义等封建教义成为概念化，而所描写的人民遭受的灾难、痛苦却是生动感人的。他所谓"论传奇，乐人易，动人难。"（〔水调歌头〕）即以写出动人的场面、动人的现实生活要求自己，他的创作实践体现了这一主张。这便是他现实主义创作光辉之所在。

高则诚的现实主义创作方法，体现在人物塑造上，即深入地揭示人物的内心矛盾。对蔡伯喈，高则诚的主观意图是把他描写成一个完美无缺的封建士大夫，把他犯下的"生不能养，死不能葬，葬不能祭"三不孝的大罪洗掉，改写成他不肯赴选，父亲不从；要辞官，皇帝不从；要辞婚，牛相不从。"这是三不从把他厮禁害，三不孝亦非其罪"的全忠全孝的人物。"孝"在蔡伯喈思想中占有重要位置，当他初出场表现出飞黄腾达追求功名的念头时，立刻便想到孝敬父母的人伦大事，遂即除消这一念头："沉吟一和，怎离双亲膝下？且尽心甘旨，功名富贵，付之天也！"（〔瑞鹤仙〕）他对父母说："亲年老，光阴有几，行孝正当今日。"当被迫赴试时，又感叹："天那！我这衷肠，一点孝心对谁语？"总之，他时刻都在宣传《孝经》、《曲礼》，什么"冬温夏清，昏定晨省"，什么"父母在不远游，出不易方，复不过时"等。但是，蔡伯喈还有生动感人之处，即他体现了封建社会一般士子遵从礼教、为礼教所束缚而不自觉、为仕途所羁累而找不到出路的矛盾痛苦心境。这明显表现在"官媒议婚"、"丹陛陈情"、"再报佳期"、"强就鸾凤"、"琴诉荷池"、"宦邸忧思"、"中秋赏月"诸出之中。如蔡伯喈新婚不久，状元及第，对新妇情意犹新之时，官媒来提亲，他自然坚决拒绝："差迭，须知少年自有人爱了，漫劳你嫦娥提挈，满皇都豪家无数，岂必卑末。"（〔前腔〕）但是，作为曾抱有"骅骝欲骋，鱼龙将化"理想的封建士子，对富贵利禄不能不动心,当他辞官辞婚不从之后,又自我懑怨:"鸾拘凤束,甚日得到家。我也休怨他,这其间只是我不合来长安看花。"(〔三换头〕)之后,在"强就鸾凤"时,竟流露出一种得意之喜悦:"攀桂步蟾宫,岂料丝罗在乔木,喜书中今朝有女如玉,堪观处丝幪牵红,恰正是荷衣穿禄。"(〔画眉序〕)蔡伯喈的内心即如此曲折矛盾着。作者对他这种矛盾心情不断在充实和发展,到了定居豪华相府时,他对牛氏也产生了一定的情意:"旧弦已断,新弦不惯,旧弦再上不能,待撇了新弦难拚。"(〔桂枝香〕)此后,他内心的矛盾继续在深化:"俺这里欢娱夜宿芙蓉帐,他那里寂寞偏嫌更漏长。""追省,丹桂曾攀,嫦娥相爱,故人千里谩追情。"(〔前腔〕)作者对蔡伯喈内心矛盾的揭示,极为真实深刻,蔡伯喈对功名利禄的热衷、冷漠、欢愉和愤慨,体现了封建社会士大夫在仕途中之喜悦和哀伤,正是这些思想感情之曲折矛盾,才真切动人,而不是他所宣扬的忠孝观念。

赵五娘是《琵琶记》中最重要的人物,五六百年来《琵琶记》所以在群众中产生如此大的影响,主要是赵五娘这个人物所发挥的艺术魅力。在这个人物身上,除了渗透着作者封建说教的思想之外,集中地描写出封建社会一切苦难妇女的共同命运。赵五娘是封建社会受苦受难,而又顽强不屈的妇女典型。她出现之时,正是封建理学猖獗之期,作为统治阶级的统治思想的三纲五常严密地桎梏着臣民,赵五娘正是受这种思想桎梏着的人物。明乎此,我们就不难理解她何以对公婆如此孝敬,对丈夫如此尊重了。在饥荒岁月,她典卖了自己的首饰,买粮米奉养公婆。当最艰难的时刻,为了养活公婆,自己宁肯吃糠。婆婆死后,无钱发丧,自己"祝发买葬"。这一切,她自然都是根据传统的孝道要求做的,但是,从客观艺术效果看,更主要是体现了人民养老抚孤的正义愿望,因此才产

生强烈的感人力量。如"糟糠自厌"一出,她呕肝沥血地唱道:

> 〔孝顺歌〕呕得我肝肠痛,珠泪垂。喉咙尚兀自牢嗄住。糠哪,你遭砻被桩,杵筛你,簸飏你,吃尽控持,好似奴家身狼狈,千辛万苦皆经历,苦人吃着苦味,两苦相逢,可知道欲吞不去。

> 〔前腔〕糠和米本是相依倚,被簸飏作两处飞。一贱与一贵,好似奴家与夫婿,终无见期。丈夫,你便是米呵,米在他方没寻处;奴家恰似糠呵,怎的把糠来救得人饥馁,好似儿夫出去,怎的教奴供膳得公婆甘旨。

如此,则她感情的内涵已经突破了封建孝道之限制,而完全是一个受苦受难者的沉痛自白。

赵五娘想摆脱苦难的遭遇,希望丈夫及早回来,但事与愿违,蔡伯喈杳无音信。她找不到出路,也看不到苦难的尽头,思量着:"我生无益,死又值甚的,不如忍饥死了为怨鬼。"要以死来了却残生。但是,"只一件,公婆老年纪,靠奴家相依倚。"(〔前腔〕)为了奉养公婆,又增强了生活的意志。然而,她终究为自己未来的命运担忧:"这糠尚兀自有人吃,奴家的骨头知他埋在何处?"(〔前腔〕)赵五娘经常在生与死的边缘上挣扎,当她走投无路时,便感到生不如死,即要投井,当她想到抚养公婆的责任时,则又顽强地生活下去。她的生命犹如她剪下的头发之不绝如缕。

赵五娘对蔡伯喈是有感情的,但这种感情对她这个受封建家族制度钳制的妇女来说,其表现方式是内在曲折的。"临妆感叹"一出中,她流露出自己的心情:"朱颜非故,绿云懒去梳。奈画眉人远,傅粉郎去。镜鸾羞自舞,把归期暗数。……"(〔前腔〕)丈夫远出不归,她应抚养公婆、孝敬公婆,尽为妇之道,以表达对丈夫的感情。因此，我们可以了解"祝发买葬"一出，不仅是表现对公婆的孝，也表现了对丈夫的情。原来为结成美满夫妻而束起来的头发，现在却要剪下来，卖了钱送葬，就说明其中包含着对丈夫的情。她是代丈夫抚养公婆的。剪发一节充满了怨与恨的情绪：

〔前腔〕思量薄幸人，辜奴此身。欲剪未剪，教我先泪零。我当初早被剃入空门，也做个尼姑去，今日免艰辛。咳，只有我的头发怎般苦，少什么佳人的珠围翠拥兰麝熏。呀，似这般狼狈呵，我的身死兀自无埋处，说什么剪头发愚妇人。堪怜愚妇人，单身又贫。头发，我待不剪你呵，开口告人羞怎忍。我待剪你呵，金刀下处应心疼也。却将堆鸦鬓、舞鸾鬟，与乌鸟报答鹤发亲。教人道雾鬓云鬟女，断送霜鬟雪鬓人。

她痛苦、怨恨、诅咒、悲泣，想到了丈夫之负情，想到了做尼姑之清净，想到了生活之艰辛，也想到了自己未卜之命运。她不得不剪发，又怜惜自己之头发，面对头发说："是我担搁你度青春"，最后归结还是"怨只怨结发薄幸人！"

赵五娘是封建社会苦难妇女的形象，她勤劳、善良、淳朴、孝顺、勇于承担一切困难的精神以及受尽折磨而不屈服的意志，概括了在封建礼教影响下，我国妇女的命运和品质。这也就是她动人之所在。

为作者理想化并成为其真正说教工具的人物是牛氏。牛氏受到父亲的严格管教，在她思想行动中体现了封建主义的影迹。她"娴静端庄"，对自然景物之任何变化都无动于衷："休休，妇人家不出闺门，怎去寻花穿柳。我花貌，谁肯因春消瘦。"（〔祝英台序〕）婚后，她知道蔡伯喈已有妻子，但不嫉妒，反而很宽容："情愿让他，居他下。"和父亲讲道理，要与蔡伯喈回家尽媳妇之道。作者企图通过这个人物来立"后妃之德"的规范,但艺术效果却是概念化的,缺乏生命力,相反使人们感到封建伦理之虚伪。对牛丞相这个人物,作者是要把他描写成封建王朝中的富贵正直的臣子,但他给人们的直觉,这却是一副假相,实际上是一个凶暴不仁的统治者,是制造赵五娘、蔡伯喈悲剧的积极参与者。张广才是个仁义的化身,肯舍己为人,富有正义感。他对赵五娘的多次帮助和对蔡伯喈许久不归的责备,都是生动感人的。但是,作者为了宣传他的仁义作风,有些描写是不真实的,如为什么他那样有办法,只要赵五娘有困难,他一出现便可以解决? 灾荒年月他也请官粮,好像并不富裕,却又似乎很有钱。这些都损害了这个人物的艺术效果。

高则诚企图把《琵琶记》里的人物都描写成正面形象,把封建伦理道德写得完美无缺,目的是把封建社会写成升平世界。可是作品的实际表现是每个人物都具有不同的思想倾向、不同的爱憎态度,揭露了封建伦理的百孔千疮,不能自圆其说,揭露了封建社会在饥荒岁月里,里正社长凶恶自私的社会相。高则诚企图把《琵琶记》写成"子孝共妻贤"的大团圆结局,而作品传授给人们的,这个结局并不团圆。在全剧煞尾时,赵五娘和牛氏都很欢乐,独蔡伯喈含悲饮恨:"可惜二亲饥寒死,博得孩儿名利归!"仍然具有悲剧性质。这是作者的主观和作品的客观在《琵琶记》中表现最重要的不同之处。

三

《琵琶记》的现实主义成就,还表现在其表现形式是根据生活逻辑安排的,如在结构情节的处理上,采取对比的方式,把蔡家的穷困遭遇与牛府的豪华享受对比,把下层人民之苦与豪门贵族之

乐对比,错杂相间,前后穿插,以突出戏剧冲突,并深刻揭示现实社会的矛盾,这一点,前人已经见到了,明吕天成《曲品》卷下云:

> 其词之高绝处,在布景写情。……穿插甚合局段,苦乐相错,具见体裁。可师可法,而不可及也。

但是,也有缺点,即从赵五娘与牛氏会面起,到以一门旌奖为结局,未免有画蛇添足之嫌。因此,明人有后数出为朱教谕所续之说。王骥德《曲律》卷三云:"至后八折,真伧父语。或以为朱教谕所续。头巾之笔,当不诬也。"徐复祚《曲论》亦云:"'扫松'而后,粗鄙不足观,岂强弩之末力耶? 抑真朱教谕所补耶? 真狗尾矣!"这都是附会之说,不足信。实则这数出是作者世界观之直接表露,是作者以封建伦理进行宣教,违背了现实生活的逻辑,所以成为败笔。

《琵琶记》的曲辞一般地都能贴切地表现人物的思想情绪,是人物真情的流露。徐渭《南词叙录》即云:

> 或言:"《琵琶记》高处在'庆寿'、'成婚'、'弹琴'、'赏月'诸大套。"此犹有规模可寻。唯"食糠"、"尝药"、"筑坟"、"写真"诸作,从人心流出,严沧浪言"水中之月,空中之影",最不可到。如"十八答",句句是常言俗语,扭作曲子,点铁成金,信是妙手。

又王世贞《艺苑卮言》附录卷一云:

> 则诚所以冠绝诸剧者,不唯其琢句之工,使事之美而已,其体贴人情,委曲必尽;描写物态,仿佛如生;问答之际,了不见扭造,所以佳耳。

其曲词之佳处,如"食糠"中之一支:

〔山坡羊〕乱荒荒，不丰稔的年岁；远迢迢，不回来的夫婿；急煎煎，不耐烦的二亲；软怯怯，不济事的孤身体。苦，衣典尽寸丝不挂体，几番拼死了奴身已，争奈没主公婆教谁看取。思之，虚飘飘命怎期。难捱，实丕丕灾共危。

赵五娘为环境所迫，生命危在旦夕，为了抚养公婆，仍顽强地挣扎着。作者以朴实、流畅和带感情的曲辞把赵五娘的精神痛苦表现得生动逼人。当然，《琵琶记》的曲辞并非都如此，有些则比较迂腐、呆板，甚至道白与人物身分不协调。如蔡伯喈为父母祝寿说："一则以喜，一则以惧"，即与他作为孝子之身分不符合。

高则诚在《琵琶记》卷首即宣称："休论插科打诨，也不寻宫数调。"说明《琵琶记》在韵调方面有缺欠。但是，沈璟在《曲品》中说："妙处全在调中平上去声，用得变化，唱来和谐。"因此，人们读起来，深感其声调铿锵、音节和谐之美。而且，从作品的实际看，他并非不重视宫调，相反则是有意识地把某些曲子配属一个宫调，构成套曲。他对曲调是有研究的，所以才有"则诚《琵琶记》，闭阁谢客，极力苦心，歌咏久则吐涎沫不绝，按节拍则脚点楼板皆穿"（焦循《剧说》卷二）之传说。

《琵琶记》的创作，突破了作者的主观世界，真实地反映出广阔、生动的现实生活来。《琵琶记》的价值，不在于作者要宣传什么，而在于作品所反映的丰富深刻的现实生活，它反映了封建社会人民苦难的生活史。这是高则诚创作的重要成就。

前人都以《琵琶记》为南戏中兴之祖，其实，《琵琶记》的出现，是南北曲进一步合流，形成为"南曲北调"（《南词叙录》），把我国戏曲推向历史的新阶段。

对《长生殿》中《进果》一出的分析

　　我国古代戏曲发展到清朝，无独有偶产生了两部伟大的作品，即洪昇的《长生殿》和孔尚任的《桃花扇》。这两部作品不但产生的时代相同，而且内容也几乎一样，都是通过对男女爱情的描写，反映一个时代的悲剧。在情节上也有许多相似之处，如《长生殿》里的《冥追》、《骂贼》、《献饭》之于《桃花扇》中的《入道》、《骂筵》、《誓师》等等。这确是清代戏曲的双璧，历来便有"南洪北孔"（《词余丛话》）之称。

　　但洪昇具有特殊的生活经历和不同的创作过程。他出身于名门望族，到他这一代确是没落了，以至于连生活都成了问题。他一生未做过什么官，穷愁潦倒，曾以卖文为生。苦难的生活培育了他愤世嫉俗的性格，他"常不满人，亦不满于人。"（赵执信《谈龙录》）并敢于"狂言骂五侯"（吴雯《怀昉思》诗），而且时常是"白眼踞坐，指古说今。"（徐麟《长生殿序文》）朋友们都倾心折服。这些都明显地反映在《长生殿》之中。

　　《长生殿》是综合了历代关于记述天宝年间史事的史传、传奇、小说的材料撰写而成的。其中主要有白居易的《长恨歌》、陈鸿的《长恨歌传》、乐史的《杨太真外传》、白朴的《梧桐雨》和王伯成的《李太白贬夜郎》杂剧，屠隆的《彩毫记》和吴世美的《惊鸿记》传奇等。在撰写过程中，曾三易其稿。据洪昇在例言中说：最先感李白之得遇玄宗，谱其事作《沉香亭》。后去李白事，入李泌辅肃宗中兴之事，名之为《舞霓裳》。更删杨妃秽事，增其归蓬莱，玄宗游月宫等事,专写两人生死之深情,遂作《长生殿》。洪昇这样反复修改、加工的过程,实际上是不断地探求历史生活真实的过程,象他自己所说是"情在写真"。结果由专写李白之得宠发展成为以描写李、杨爱情为主并进而反映整个天宝之乱的历史悲剧。

在全部《长生殿》中,《进果》是关键的一出,是集中体现作品思想内容的一出。它之前是《权哄》、《偷曲》,它之后是《舞盘》、《合围》、《夜怨》、《絮阁》、《侦报》。《权哄》写安禄山与杨国忠的互相倾轧,接着是《偷曲》写李暮在华清宫窃听《霓裳羽衣》曲。《舞盘》中的舞姿方歇,《合围》里安禄山操练兵马的声势已起。《夜怨》、《絮阁》中的猜忌嫉妒的纷争烦恼未解,《侦报》里安禄山的叛迹已萌。形势在直转急下。总的倾向在写李、杨的爱情给社会带来的危机,给人民造成的苦难。而《进果》是这一倾向的集中体现。

《进果》写杨贵妃爱吃荔枝,唐明皇敕令西川和海南同时并进,进荔枝使臣的马踏毁了庄稼,踏死了人命。戏剧情节很单纯,主要写进荔枝的过程,使臣的疲于奔命,田夫的苦苦哀求,瞎子的哭天号地,驿官的被迫潜逃,驿卒的无辜被打等等。使臣的马每前进一步,人民的苦难便加深一层,使臣步步前进,人民的苦难便层层加深。其中主要写了两个重要情节,其一是使臣的马踏坏了庄稼,踏死了瞎子。其二是使臣令驿卒换马,驿卒无马可换而被鞭打。第一个重要情节如:

> (末鞭马重唱前"巴得个"三句急上,冲倒小生、净下)(副净鞭马重唱前"一路里"二句急上,踏死小生下)(外跌脚向鬼门哭介)天啊,你看一片田禾,都被那厮踏烂,眼见的没用了。休说一家性命难存,现今官粮紧急,将何办纳? 好苦也! (净一面作爬介)哎呀,踏坏人了,老的啊,你在那里? (作摸着小

生介)呀,这是老的。怎么不做声,敢是踏昏了?(又摸介)哎
呀,头上湿渌渌的。(又摸闻手介)不好了,踏出脑浆来了!
(哭叫介)我那天呵,地方救命。(外转身作看介)原来一个算
命先生,踏死在此。(净起斜福介)只求地方,叫那跑马的人
来偿命。(外)哎,那跑马的呵,乃是进贡鲜荔枝与杨娘娘的。
一路上来,不知踏坏了多少人,不敢要他偿命,何况你这一个
瞎子!(净)如此怎了!(哭介)我那老的呵,我原算你的命,
是要倒路死的。只这个尸首,如今怎么断送!(外)也罢,你
那里去叫地方,就是老汉同你抬去埋了罢。……

这段情节逼真地再现了进贡鲜荔枝给广大人民造成的苦难。
田夫一年的辛苦耕作,愁旱愁雨,"每日盼成熟,求天拜神助",把
全部希望都寄托在这几根禾苗上,期望收成之后除偿官赋之外,还
能余几粒到肚。现在一片田禾全被踏烂了,幻想成为泡影,一家性
命难保。瞎子原是能断死生的,其圣灵足可以"赛神仙",但他却
未料到会死在进贡荔枝的马蹄之下,这说明这是天外飞来之祸,是
属于"流年与五星"之外的无法预算的祸患。他原算计是"要倒路
死的",这对一个贫苦的残废者来说已经够悲惨了,但结果却被马
踏死,这就更悲惨了。这段情节很具有典型性,它以一片田禾被踏
烂,一个瞎子被踏死,来概括广大人民遭受的苦难。老田夫即说:
"一路上稍着径道行走,不知踏坏了人家多少禾苗。"又说:"一路
上来,不知踏坏了多少人,不敢要他偿命,何况你一个瞎子?"这就
揭示了进贡鲜荔枝造成的饿殍遍野、尸横道路的情况。第二个重
要情节如:

(副净下马介)驿子,快换马来。(丑接马,副净放果篮,
与末见介)请了,长官也是进荔枝的?(末)正是。(副净)驿

子,下程酒饭在那里?(丑)不曾备得。(末)也罢,我每不吃饭了,快带马来。(丑)两位爷在上,本驿只剩有一匹马,但凭那一位爷骑去就是。(副净)哇,偌大一个渭城驿,怎么只有一匹马!快唤你那狗官来,问他驿马那里去了?(丑)若说起驿马,连年部被进荔枝的爷每骑死了。驿官没法,如今走了。(副净)既是驿官走了,只向你要。(丑指介)这棚内不是一匹马么?(末)驿子,我先到,且与我先骑了去。(副净)我海南的来路更远,还让我先骑。(末作向内介)

〔恁麻郎〕我只先换马,不和你斗口。(副净扯介)休悖强,惹着我动手。(末取荔枝在手介)你敢把我这荔枝乱丢!(副净取荔枝向末介)你敢把我这竹笼碎扭!(丑劝介)请罢休,免气吼,不如把这匹瘦马同骑一路走!(副净放荔枝打丑介)哇,胡说!

〔前腔〕我只打你这泼腌臜死囚!(末放荔枝打丑介)我也打你这放刁顽贼头!(副净)克官马,嘴儿太油。(末)误上用,胆儿似斗。(同打介)(合)鞭乱抽,拳痛殴,打得你难捱,那马自有!

这段情节进一步表现了进贡荔枝给社会、人民带来的灾难。驿站的马都被骑死了,驿官无法应付而逃跑了,驿卒手中半分钱粮也没有,只能拼着去挨打受骂。值得注意的是其中写了两个使臣争夺一匹马的情节,他们各以手中的荔枝要胁对方,使对方不敢动手。这就突出了本出戏的主题。最后,驿卒被打得连连叩头求饶,使臣见确实无马可换,便将驿卒身上的衣裳剥下来拿走了。这就揭示了统治阶级穷奢极欲的生活,使瞎子、农民、驿卒以至使臣都活不成了。作者最后通过驿卒的口说:

　　咳,杨娘娘,杨娘娘,只为这几个荔枝呵!

这是画龙点睛之笔。它说明正是统治阶级的淫欲生活,造成了社会凋敝和生民涂炭。

　　这出戏的情节冲突,从形式上看,好象是使臣与瞎子、农夫、驿卒的冲突,实际上使臣也是被役使者,是为君命所驱使。所以这出戏中的所有人物都是被统治阶级所迫害的,其情节冲突应是统治阶级和广大人民的冲突。冲突的对立面唐明皇、杨贵妃并未出场,而是通过进贡荔枝的事,把他们烘托出来了。

　　在人物描写方面,形象鲜明,各具特征,如西川使臣鞭马急上,唱:

　　〔过曲〕〔柳穿鱼〕一身万里跨征鞍,为进离支受艰难。上命遣差不由己,算来名利怎如闲! 巴得个,到长安,只图贵妃看一看。又海南使臣鞭马急上,唱

　　〔撼动山〕海南荔子味尤甘,杨娘娘偏喜啖。采时连叶包,缄封贮小竹篮。献来晓夜不停骖,一路里怕耽,望一站也么奔一站!

　　这两个人物的唱词,都突出了他们迫于君命,不敢误期,飞马赶路的急切心情。他们各自叠唱末句"巴得个,到长安,只图贵妃看一看。""一路里怕耽,望一站也么奔一站!"就说明他们的使命刻不容缓,是他们行为的主要之点。又如写田夫,不仅写出他是苦难劳动者的形象,而且写出他的淳朴善良,主动协助埋葬了被踏死的瞎子。写瞎子为生计所迫而"住褒城,走咸京",并随时点染他这生理上的缺点,使臣的马跑来,田夫远望,他们却不望。丈夫被踏死后,她是通过三摸才发现并证实了的。写驿卒,则完全是一个被蹂躏、被践踏的形象。这些人物都有鲜明的倾向性,即表现在对

进贡鲜荔枝的态度上，他们对进贡鲜荔枝都采取批判的态度。他们的这种态度主要不表现在他们的言语中，而表现在他们的切身遭遇上，他们以自己切身的遭遇批判了唐明皇、杨贵妃奢侈淫逸的生活，以自身的遭遇揭示了唐明皇、杨贵妃是人民苦难的根源，是历史的罪人。

洪昇是封建时代的文人，他对历史的看法自然属于传统的历史观，他把帝王和妃子描写成历史的主体。但他是个不满世俗的人，是个对社会生活有深刻认识，对被压迫人民有深切同情心的作家，他根据这些条件去观察社会、描写生活，就能在《长生殿》中，特别是在《进果》一出中，写出鲜明的阶级关系，写出压迫者与被压迫者的阶级压迫的历史！

关于《长生殿》的评价问题

我国古代戏曲发展到清代,无独有偶产生了两部杰作,即洪昇的《长生殿》和孔尚任的《桃花扇》。洪昇生活在清顺治二年(1645)至康熙四十三年(1704)之间,孔尚任则生活在顺治五年(1648)至康熙五十七年(1718)之际。洪比孔大四岁,孔比洪多活了十余年,时代几乎完全相同。由于他们生活的时代相同,他们的剧作在主题思想和关目情节上便有许多相似之处。他们都以历史悲剧的形式,通过对男女爱情的描写,反映了明末清初的一段社会生活,流露了国破家亡之痛。他们笔下的一些折出,像《长生殿》中之"冥追"、"骂贼"、"献饭"和《桃花扇》里的"入道"、"骂筵"、"誓师",也多所相同,并可以互相媲美。甚而《长生殿》以金钗钿盒为主线和《桃花扇》以桃花扇为主线,针线之细腻也完全是一样的。这两部作品是清代戏剧的双璧,历来有"南洪北孔"(《词余丛话》卷二)之称,他们各以其卓越的成就南北交辉!

但是,建国以来,人们对这两部作品的评价是很分歧的,有的意见是绝然相反。这里只想谈谈我们对《长生殿》的看法。

一

《长生殿》的主题究竟表现的是甚么?是爱情,还是历史?这要从洪昇的创作意图看,他在《长生殿》例言中说:

忆与严十定隅坐皋园,谈及开元、天宝间事,偶感李白之遇,作《沉香亭》传奇。寻客燕台,亡友毛玉斯谓排场近熟,因去李白,入李泌辅肃宗中兴,更名《舞霓裳》,优伶皆久习之。后又念情之所钟,在帝王家罕有,马嵬之变,已违凤誓。而唐人有玉妃归蓬莱仙院,明皇游月宫之说,因合用之,专写钗盒情缘,以《长生殿》题名。诸同人颇赏之,乐人请是本演习,遂传于时。盖经十余年,三易稿而始成。予可谓乐此不疲矣。

这是一段对自己创作过程的论述。他最初是感李白之得遇玄宗,谱其事作《沉香亭》;后来由于朋友认为题材太熟,便去李白,入李泌辅肃宗中兴之事,名之为《舞霓裳》;最后更删杨妃秽迹,增加其归蓬莱,玄宗游月宫等事,专写李、杨生死之情,成为《长生殿》。这一创作过程,实际上是对主题的提炼过程。作者宣称,他这部作品是从谱写一般的君臣关系,升华为表现帝王和妃子的专贞爱情的。这,在《长生殿》第一出"传概"里表现得更为明确:

> 〔南吕引子满江红〕今古情场,问谁个真心到底?但果有精诚不散,终成连理。万里何愁南共北,两心那论生和死。笑人间儿女怅缘悭,无情耳。感金石,回天地。昭白日,垂青史。看臣忠子孝,总由情至。先圣不会删郑、卫,吾侪取义翻宫征。借《太真外传》谱新词,情而已。

作者进一步宣称,他这部作品是在写"情",写"但果有精诚不散,终成连理"的男女间的爱情。尽管还有"臣忠子孝"等,但主要是写爱情,所谓"先圣不曾删郑、卫,吾侪取义翻宫征。"即用新的腔调传唱郑、卫之声。可见,《长生殿》的主题无疑是写唐明皇和杨贵妃的爱情的。但是,一个作家不可能只为情而写情。单纯写情,没有任何目的的作家是不存在的,他们必然借写情抒发自己一定的理想和怀抱。那末,洪昇在《长生殿》中所写之情,抒发了他甚么意向和目的呢？他在《自序》中说：

> 然而乐极哀来，垂戒来世，意即寓焉。且古今来逞侈心而穷人欲，祸败随之……

这就是他写唐明皇和杨贵妃爱情的原因和愿望。他是有所寄托有所讽谕的，他要按照自己对社会历史的观察和认识，反映一个时代兴亡的原由。从作品的实际表现看，它确实是真实、具体地反映了天宝之乱那个动荡的历史时代，所谓"情在写真"（《长生殿》例言）者也。因此，我们可以得出一个总的认识，即《长生殿》的主题是通过对李、杨爱情的描写，反映了唐开元、天宝时期一段历史生活。

但是，主题只是作品题材的主要部分，是作品内容的中心部分，只论述作品的主题，还不能得出对《长生殿》的全面评价。《长生殿》除了主题所显示的意义之外，还表现了一种国亡家破之隐痛。这种难言之隐，渗透于全部作品之中，并明显地表现在马嵬坡之变以后。像"弹词"中李龟年上场诗说："留得白头遗老在，谱将残恨说兴亡。"接着就唱了〔南吕一枝花〕、〔梁州第七〕、〔转调货郎儿〕、〔二转〕到〔九转〕和〔煞尾〕等曲子，都发泄了一种亡国之痛。如：

> 〔转调货郎儿〕唱不尽兴亡梦幻，弹不尽悲伤感叹，大古里凄凉满眼对江山。我只待拨繁弦传幽怨，翻别调写愁烦，慢慢的把天宝当年遗事弹。

作者主要是通过写变乱后李谟和李龟年的见面，李龟年和永新、念奴的会晤，流露出兴亡之悲的。其词情之激荡，比杜甫《江南逢李龟年》诗所咏，更忧愤深广。汪熷在《长生殿》序中说："青天恨满，已无寻乐之区；碧海泪深，孰是寄愁之所？"尽管促成他笔下每个人物愁恨的具体因素不同，每个人物所表现的愁恨的内容也有差异，但归根结底都与安、史之乱密切联系着,因而他们的愁和恨,实质上也是一种兴亡之恨。

《长生殿》所表现的这种兴亡之恨并非偶然,而是有它的社会根源的。清朝统治者实行严酷的民族压迫,使许多明末遗民敢怒而不敢言,往往腹诽心谤。这种情况反映到文学作品上,就出现了吴伟业的《秣陵春》、《通天台》、《临春阁》戏剧,归庄的《万古愁》俗曲,孔尚任的《桃花扇》传奇,顾炎武、吴嘉纪、屈大均等人的诗歌。洪昇虽然不是明朝遗民,但他在思想、生活上却受明朝遗民影响很深。他的老师陆繁弨就是明朝殉节忠臣陆鲲庭的儿子。他生平最敬仰的陆讲山(陆繁弨的伯父),曾因庄廷钺刻明史案受牵连。他的思想受他们的影响是很自然的,他的《多景楼》诗(《稗畦集》)说:"兴亡今古恨,酹酒问渔樵。"即流露出一种古今兴亡之感。从这一认识出发,则《长生殿》剧末的〔尾声〕:"旧霓裳,新翻弄,唱与知音心自懂,要使情留万古无穷。"就不能看作只是对情的歌颂,而是与《桃花扇》最后的〔哀江南〕所咏同调。

和兴亡之痛密切相联系,《长生殿》还表现了比较强的民族意识。这在"疑谶"、"合围"、"侦报"、"骂贼"诸出中显示得最鲜明。像"疑谶"一出里,郭子仪在京城看到杨国忠窃弄权柄,安禄山滥膺宠眷,扰乱了朝纲,心中十分愤慨,后来终于在自己英勇地斗争下,率士卒击败了安禄山,重立了唐朝社稷。"骂贼"一出里,雷海青见安禄山入长安后,称孤道寡,气焰万丈,满朝文武都贪生怕死,忝颜事敌,自己气愤填膺。当大宴凝碧池时,他冒着生命危险,抱着琵琶责骂安禄山:

　　〔元和令〕恨仔恨泼腥膻莽将龙座渰,癞虾蟆妄想天鹅啖,生克擦直逼的个官家下殿走天南。你道怎胡行堪不堪!纵将他寝皮食肉也恨难剗。谁想那一班儿没揣三,歹心肠,贼狗男。

又骂那些无耻的投降官员：

〔上马娇〕平日家张着口将忠孝谈，到临危翻着脸把富贵贪。早一齐儿摇尾受新衔，把一个君亲仇敌当作恩人感。咱，只问你蒙面可羞惭？

表现了对扰乱大唐天下的安禄山的刻骨仇恨，揭露了群臣投敌求荣的丑恶嘴脸。最后他用高渐离击筑掷秦王的方式，用琵琶去打安禄山，"我掷琵琶，将贼臣碎首报开元。"结果未打中，反被安禄山杀害了。满座的文武百官却吓彩道："杀得好，杀得好！一个乐工思量做起忠臣来，难道我每吃太平宴的倒差了不成！"然后唱道：

〔尾〕大家都是花花面，一个忠臣值甚钱！（笑介）雷海青，雷海青，毕竟你未戴乌纱识见浅！

作者描写了雷海青之英勇可敬，同时也辛辣地讽刺了那些头戴乌纱帽识高见远的人，不过是些丧尽廉耻忝颜媚敌者辈。洪昇所写当然是唐代历史，但是作为一个惯于"白眼踞坐，指古说今"（徐麟《长生殿》序）的人，他笔下显然有着清朝初年社会现实的投影。同时，这与洪昇自己的思想、性格也密切相关。赵执信说他"故常不满人，亦不满于人。"（《谈龙录》）这固然是对他作诗而言，同时也包涵对他为人的看法，可见他是一个愤世嫉俗的人物。在北京生活期间常为衣食无着所苦，但从不趋附和干谒权贵。并且吴雯在《怀昉思》诗中说他还"卑已延三益，狂言骂五侯。"（《莲洋集》卷五）那么他也是一个有高尚节操的人物。"骂贼"一出所写，不同程度上正是他这种思想和节操的体现。

《长生殿》的思想内容是比较丰富、深刻的。这里只是简要地论述几个主要方面。

二

对《长生殿》中唐明皇、杨贵妃这两个人物怎样评价？这也是长期以来学术界所争论的问题。这的确是一个十分复杂的问题。但如果结合着他们的政治地位、生活环境，进行具体、历史地分析，还是可以得出一种比较公允的看法的。

唐明皇、杨贵妃是封建的帝王和妃子，他们的阶级地位决定着他们不可能是一般的夫妻生活，而具有荒淫、靡乱的情调。同时他们与历史上那些极端荒淫无耻的帝王和后妃又不同，他们之间确实有爱情存在。这在历史上统治阶层中是不多见的，因此引起历代文学家的注意。洪昇也"念情之所钟，在帝王家罕有"，才把《舞霓裳》改写成《长生殿》的。爱情和荒淫在他们之间是兼而有之的。

唐明皇对杨贵妃的爱情是逐渐形成的。其初，他和一般的封建帝王一样，对妇女只是色欲的追求，并没有真情实感。如在"春睡"一出中，他只是观赏杨贵妃的睡态，说甚"爱他红玉一团，压着鸳衾侧卧。"充分表现了一个封建帝王的生活情调。而且他既有杨贵妃这样一个贴心的妃子，却还召幸虢国夫人，以致引起杨贵妃的嫉妒，最后他竟迁怒贵妃，把贵妃赶出宫去。这之后，他便陷入极端的精神空虚之中，好像失去了灵魂一般。他悔恨"咱一划儿粗疏，不解他十分娇殢。"而且"触目总是生憎，对景无非惹恨。"对杨贵妃表现了热切的怀恋之情。后来，当杨贵妃献发来时，他竟感动得流下泪来。在"复召"一出里，杨贵妃真正回来了，他愧喜交集说："喜得玉人归矣，又愁他惯娇嗔背面啼，那时将何言语饰前非？

罢罢，这原是寡人不是。挤把百般亲媚，酬他半日分离。"（〔下小楼〕）他不但不责备杨贵妃，反而自己悔过。经过一番挫折之后，他对杨贵妃的感情更增进了，所谓"从今识破愁滋味，这恩情更添十倍。"从此，他不仅仅欣赏杨贵妃的舞姿、睡态，而是有感于她的聪明、才华和多情，因而对她有点钦敬了。但是，作为一个封建帝王，他的阶级习性不可能经过一次历练就改掉了。不久，他又背着杨贵妃，和梅妃续起旧情来，惹出了"絮阁"中的一场风波。在杨贵妃的挟持下，他的形态十分窘迫。作者这样描写，显然是在批判唐明皇的淫乱行为，但却使唐明皇认识到杨贵妃"情真妒亦真"。他对杨贵妃的感情更提高了，并进而发展到誓同生死的阶段。在"密誓"一出里，杨贵妃担心自己所受之"宠难凭"，牵着唐明皇的衣襟哭泣，唐明皇则肯定地回答说："朕与你的恩情，岂是等闲可比！"这时他已经意识到自己对杨贵妃应当负责，因此郑重地对双星盟誓。

　　唐明皇对杨贵妃的爱情，就是在这样不断的挫折并经过反复历炼而坚定起来的。他既多情又荒淫，二者在他身上是统一着的。如果作者只写他多情的一面，舍弃了他荒淫的一面，那就没有概括出一个最高统治者的阶级本质；反之，如果只写他荒淫的一面，忽略了他多情的一面，那就没有表现出这一人物的具体个性，也就不是唐明皇了。作者巧妙地处理了这个问题，显示了高度的现实主义精神。

　　对杨贵妃的描写，作者是尽力加以美化的。他将《新唐书·后妃传》所载"杨氏……始为寿王妃"和"禄山母事妃，来朝必宴饯结观"等所谓"史家秽语，概削不书。"（《长生殿》自序）把她描写成一个聪明、美丽又钟情的妇女。杨贵妃在与唐明皇的关系中，她的突出表现是排斥异己，独专情场。她这种思想作风的形成不是偶然的,而是为她所处的特殊环境决定的。在"三千宠爱在一身"的情况下,杨贵妃自然养成了"娇嗔"的习性,而且在"后宫佳丽三千人"的环境中,她也必然产生"嫉妒"。宫廷生活培育了她的性格,同时她又以这种性格去应付宫廷生活。"旁讶"、"幸恩"两出即描写了她对自己姊妹的嫉妒和与她们之间的矛盾。她自己曾说:"我含娇带嗔,经常间他百样相依顺。"她就是以"娇嗔"来争取唐明皇的宠爱的。同时,对自己的情敌却极端嫉妒,当她被册为贵妃之后,便立刻逼迫梅妃迁往东楼,并自制"霓裳羽衣曲"来压倒"惊鸿舞",以杜绝唐明皇对梅妃藕断丝连的情意。在"夜怨"中,她还说:"江采苹,江采苹,非是我容你不得,只怕我容了你,你就容不得我也。"正像宫女所评论的,她"娇痴性,天生忒厉害。"然而,这正反映了宫廷生活中生死予夺的关系。作为一个嫔妃,争取统治者的宠爱是关系到自身的生死荣辱问题,失掉了这种宠爱,就等于丧失了一切,甚至于生命。这就是杨贵妃这种性格所显示的深刻社会意义。

杨贵妃排斥异己,嫉妒别人的过程,在某种程度上也是对唐明皇的爱情的争取和占有的过程。在作者笔下,杨贵妃的爱情比唐明皇真挚得多。从"定情"开始,她即对着金钗钿盒吐露自己的心愿"惟愿取情似坚金,钗不单分盒永完。"后来,被唐明皇驱逐出宫,她还登御书楼瞭望宫殿,剪青丝以表衷肠。当她听说唐明皇暗召梅妃时,曾一夜哀怨,"寸心如剪",气愤之极,取了金钗钿盒,要把"深情密意从头缴"!这些都说明,她嫉妒别人是为了独占唐明皇的爱情。七夕之夜,她对着牛郎、织女星祈祷:"愿钗盒情缘长久订,莫使做秋风扇冷。"她所担心的,也就是她所追求的。为了求得唐明皇对她的爱情,她熬尽了无数的心血。在她对唐明皇的争取过程中,充满了嫉妒、痛苦和哀伤。这正是封建宫廷生活促成的,是作者对生活在这一环境中的人物的典型写照。

从"定情"到"密誓"是唐明皇和杨贵妃的爱情逐渐趋向坚定、专一的过程,同时也是人民苦难和国家危机步步加深的过程。作为一个现实主义作家,洪昇真实地写出了统治阶级奢侈淫靡的生活和人民的苦难遭受、国家覆亡的因果关系。"定情"之后,便是"贿权",写安禄山贿赂杨国忠,欺上瞒下免了他的死罪。"春睡"、"褉游"、"旁讶"、"幸恩"之后,便是"疑谶",写整个社会危机四伏,"朱甍碧瓦总是血膏涂"的阶级矛盾一触即发。"闻乐"、"制谱"之后,便是"权哄"、"进果",写安禄山和杨国忠互相倾轧,进荔枝的使臣践毁了庄稼,踏死了人命。这一段写统治阶级的靡烂生活,给人民造成的痛苦最深刻,如老田夫所唱:

　　〔十棒鼓〕田家耕种多辛苦,愁旱又愁雨。一年靠这几茎苗,收来半要偿官赋,可怜能得几粒到肚。每日盼成熟,求天拜神助。

他们平时的生活境遇,尚且如此艰难,当西川、海南进荔枝的马跑来就更悲惨了。他们的禾苗全被践踏,赖以生存的一家八口人命失去了保障。而且还踏死了一个算命的瞎子。瞎子的妻子要求使臣偿命,老田夫感叹道:

　　哎!那跑马的呵,乃是进贡鲜荔枝与杨娘娘的,一路上来,不知踏坏了多少人,不敢要他偿命,何况你这一个瞎子?

画龙点睛,说明了人民苦难的根源,在于统治阶级的践踏和蹂躏。之后,"舞盘"中的舞姿方歇,"合围"里安禄山操练兵马的声势已起。"絮阁"中的纷争烦恼未解,"侦报"里安禄山的叛迹已萌。"密誓"中情意绵绵的语声未绝,"陷关"、"惊变"里的阶级矛盾随即总爆发。作者就这样一步一步地写出了李、杨的爱情与社会变乱的密切关系。最后演成了"埋玉"一出大悲剧。唐明皇痛哭申诉说:"这钗和盒是祸根芽,长生殿恁欢洽,马嵬驿恁收煞。"(〔红绣鞋〕)这是唐明皇对这一历史事件发生的原因的认识,也是作者对这一悲剧产生的社会根源的揭示。

马嵬坡之变是《长生殿》戏剧冲突发展的转折点。这之前,作者主要写统治阶级和被统治阶级之间的矛盾;这之后,则是写广大人民为了重整唐朝社稷与安禄山的斗争。矛盾转化了,作者对唐明皇和杨贵妃的态度也有所不同。这之前,他对这两个人物有比较多的批判;这之后,则主要是同情、追念和赞颂了。作者把他们之间的感情升华为更纯净的生死不渝的爱情。这时,江山易主,贵妃殉难,瞬息间的繁华、欢乐,化作冷落、荒凉。唐明皇感到无限的痛苦和空虚,于疾风凄雨之夜,忏悔自己的负情,认为活着毫无意义,唯有死了和杨贵妃在阴间相会,才能偿平生之愿。这充分表现在"闻铃"一出中。此刻,唐明皇除了对杨贵妃炽烈地怀念外,别无邪思秽念。道士杨通幽在"觅魂"一出里,对唐明皇的思想感情作了全面的说明,说明他对杨贵妃的忠贞和虔诚,以至于使织女听了大受感动,为他续了旧缘,让他在月宫与杨贵妃团圆了。

杨贵妃殉难之后,她的魂灵始终在追逐着唐明皇。她忏悔自己一生的行迹,唯独不能悔情。在"情悔"中她说:"只有一点那痴情,爱河沉未醒。"并矢志"纵冷骨不重生,拚向九泉待等。"因为她悔了罪,上天要恢复她的仙籍,在"补恨"一出中她对织女表示,为了"缘再结","谪下仙班",到"人间再受罚折"也心甘情愿。表现了她对人间生活坚贞不屈的追求。这就是杨贵妃这个人物在作品的后半部仍然动人的原因所在。

唐明皇和杨贵妃是洪昇倾注着自己心血的两个人物。通过这两个人物揭示了唐代中叶统治阶级和被压迫人民的矛盾,民族之间的矛盾,统治阶级内部的矛盾以及这些矛盾的交错关系等。这两个人物反映了那个时代社会生活的一个侧面,有助于我们认识历史,认识封建社会。

三

《长生殿》表现出不少矛盾的观点,由于有这些错综复杂的现象,便引起人们各执一端的争论。对此应该如何评价?我们认为从作品的实际表现出发,进行具体地分析,则这些矛盾着的观点都是作者自己的,是作者矛盾着的世界观的反映。这些矛盾的观点,集中地体现在他对唐明皇、杨贵妃的行事和安史之乱的认识上。

洪昇对唐明皇、杨贵妃的遭际,寄予了深切的惋惜和同情,尽可能地把他们描写成比较完美的人物,极力为他们的罪责开脱。他认为正是"杨国忠窃弄威权,安禄山滥膺宠眷,把一个朝纲……弄得不成样了。""那里是西子送吴亡,错冤做宗周为褒衰。"唐王朝倾覆既非导源于杨贵妃,那更不是"英主"唐明皇的过失了。但是,他又根据自己对生活的理解和对历史现象的观察,却写出了全部社会动乱都与他们的荒淫生活密切相关,他们确是历史的罪人。作者认识到唐明皇和杨贵妃的淫靡生活给人民造成极大的痛苦时,就对他们表示了无限的愤慨和怨恨。"进果"一出中,使臣的马将人民蹂躏得无法生存,他借剧中人之口感叹道:"杨娘娘,杨娘娘!只为这几个荔枝呵……"此外,他还提到"天宝皇帝,只为宠爱贵妃娘娘,朝欢暮乐,弄坏朝纲。"可见他又指责杨贵妃、唐明皇是天宝之乱的罪魁祸首。这种矛盾观点,在"看袜"、"弹词"两出中表现得更明显。李谟、道姑与郭从谨、老丈对杨贵妃的看法就绝然不同。李谟和道姑对杨贵妃的遗物——锦袜,充满了留恋、珍惜之情，郭从谨和老丈则相反，认为那是亡国的根源。因此，郭从谨憎恨地说："这等遗臭之物要他何用！"而李谟却为杨贵妃辩解说："休只埋怨贵妃娘娘，当日只为误任边将，委政权奸，以致庙谟颠倒，四海动摇。"又在"埋玉"一出中，作者明显地支持陈元礼率六军逼死杨贵妃的行动，但又通过杨贵妃之口责备陈元礼："唉！陈元礼，陈元礼，你兵威不向逆寇加，逼奴自杀！"对杨贵妃的死表示深切的同情。他这种思想观点上的矛盾，实质上是现实生活中矛盾斗争的反映。洪昇生活在清朝初年，他耳闻目睹满族统治者对全国人民摧残、迫害的事实，而且自己也因为在"国丧日"演《长生殿》身被其难。因此，激发了他对清朝统治者的憎恨和对亡明的深沉思念。他就是怀着这种思想感情，描写天宝之乱中国破家亡的唐明皇、杨贵妃这两个人物的，并极力美化他们。这，在一定程度上反映了当时被迫害的明末遗民的思想情绪。同时，洪昇是一个正直有节操的作家，他写出唐明皇、杨贵妃荒淫腐朽的生活给人民带来的灾难和痛苦，并表现了极大的怨恨和愤慨，给他们以辛辣的批判。这也体现了人民的情感和要求。随着现实社会中阶级矛盾和民族矛盾进一步地发展，洪昇思想观点中的矛盾在作品的后半部就愈趋深化，以至于在"雨梦"一出中，对自己曾经支持、同情过的六军首领陈元礼，也通过一个恶梦将他杀掉。

　　尽管如此，作者思想中的矛盾并未解决，他认识到自己在作品中既然揭示了唐明皇、杨贵妃是这出悲剧的制造者，怎能又为他们开脱呢？于是便让他们悔罪，唐明皇说："此乃朕之不明，以至于此。"（《献饭》）杨贵妃则说："只想我在生所为，那一桩不是罪案？况且兄弟姊妹，挟势弄权，罪恶滔天，总皆由我，如何忏悔得尽？"（《情悔》）以此来消除人民对他们的怨恨。所谓"孔子删书而录《秦誓》，嘉其败而能悔"（《长生殿》自序）之意。最后以"补恨"弥补他们生命中的缺欠,同时也使自己矛盾着的思想得到暂时的调和。

洪昇是在写唐明皇、杨贵妃之间的情,并且赞扬了他们之间的这种情,但同时他也写出了他们给人民带来的灾难和痛苦,进而对人民的灾难和痛苦表现了深切的同情。在这两种矛盾着的思想指导下,他写出了当时的社会矛盾,写出了当时社会的阶级关系。现实主义创作方法使《长生殿》迸发出思想的光辉!

作为一部现实主义杰作,《长生殿》的结构情节怎样,历来有许多不同的看法,其中最有代表性的是叶堂《纳书楹曲谱》卷四所说:"《长生殿》……于开宝逸事,摭采略遍,故前半篇每多佳制。后半篇则多出稗畦自运,遂难出色。"这种看法多为后来评论者所赞同。其实后半篇也并非作者所"自运",他自己即说:"唐人有玉妃归蓬莱仙院,明皇游月宫之说,因合用之,专写钗盒情缘。"(《长生殿》例言)可见也是有根据的。作者所以这样写,是因为"曲终难于奏雅,稍借月宫促成之。"这更加强了后半部的浪漫主义色彩,更富有感人的力量,有甚么不好?吴舒凫的批语可谓抓住了中心,他说:"钗盒自定情后凡八见:翠阁交收,固宠也;马嵬殉葬,志恨也;墓门夜玩,写怨也;仙山携带,守情也;璇宫呈示,求缘也;道士寄将,征信也;至此重圆结案。大抵此剧以钗盒为经,盟言为纬,而借织女之机梭以织成之。呜呼,巧矣!"这是很有见地的。全剧以金钗钿盒为中心,以"埋玉"为前后卷的分界线,来谋划、构思全篇。前卷有李、杨的宫廷生活和杨国忠、安禄山的互相倾轧与人民的苦难、社会危机四伏两条线索。后卷则有杨贵妃的仙界生活与唐明皇等的现实感受两条线索。这些线索严密、细腻,参差错落,交织成篇,是一部完整的统一体。当然,其中也有败笔,如"仙忆"、"见月"、"驿备",便有冗杂之嫌。

　　《长生殿》在许多方面的描写很像《牡丹亭》。不但写李、杨生死不渝的爱情象《牡丹亭》，而且结构安排如此剧之月宫重圆与《牡丹亭》之朝门重合也极相似。所以有人评此剧"乃一部闹热《牡丹亭》"（《长生殿》例言）其所谓"闹热"，当指剧中李、杨的爱情与天宝年间的政治动乱密切联系，反映了一个历史时期的社会生活。

略谈《桃花扇》

一

《桃花扇》是我国文学史上最有价值、也最脍炙人口的剧目之一。作者孔尚任以凄惋、痛楚的笔调淘泻着自己的胸怀。他通过描写侯方域和李香君的悲欢离合的故事，来寄托对亡明的深沉悲悼的情感，并表现了对明末清初那一历史时期动荡的社会生活的爱和憎、愤慨和哀伤、追求和失望。

明末清初这一历史时期，是涂满了中国人民的血和泪的时期，是我国人民生活中有名的一段痛史。

这个时期，明统治阶级以昏愦、残暴的统治和剥削造成了人民物质上和精神上的极端匮乏，导致了大批农民走向破产，逼迫着农民掀起了以张献忠李自成为首的轰轰烈烈的大革命风暴，结果席卷了北京的明代封建王朝。堪痛的是这些雄姿英俊的农民革命军，由于历史条件的限制和明朝的汉奸地主与清朝统治者的镇压，遭到了悲惨的失败！

这一时期之所以令人悲痛，还因为满族统治者的铁蹄横冲直撞，踏破了中国北部的壮丽山河，并以血腥杀戮的手段继续向大江以南推进，最后终于渡过了长江，俘虏了福王。从此中国人民便长期地处在血腥的黑暗统治之下。

孔尚任生在南明福王被俘和清兵在扬州屠城的后三年，就是顺治五年（1648），死在戴名世因《南山集》案件被害的后七年，就是康熙五七年（1718），共活了七十一岁。这一时期的清朝统治政权已经稳定，并逐渐巩固了。因此，他们不但在军事上进行杀戮，而且进一步在文化思想上对全国人民进行麻醉和奴役。他们颁行八股取士制度，借此来桎梏青年士子的思想，窒息人们的民族意识。他们严禁士子妄立社名，纠众盟会。规定凡投刺往来，不许用同社同盟字样，违者治罪。借着结社的罪名，对士子大加杀戮。他们还采取欺骗利诱的手段诏举山林隐逸，开明史馆，以笼络遗民志士。这种欺骗手段实行的结果，使一部分腐朽堕落的士大夫变了节，作了满族统治者的帮凶，但大部分士子却始终坚持着自己的理想和政治见解，在满族统治者刀俎之间表现得坚贞、不屈，并以启蒙的"民主"观点提出了政治上的要求。清统治者为了进一步迫害中国人民，又大兴文字狱，有名的庄廷鑨刻明史的案件（1663）、戴名世（1711）、汪景祺（1725）、查嗣庭（1726）、吕留良（1729）等案件都发生在《桃花扇》产生的前后。清朝统治者这一系列的罪恶措施，在《桃花扇》中都有不同程度的反映。他们的杀戮斩伐可以说是惨绝人寰了，而这样的杀戮正处在一种威严壮丽的升平气象之下，形成了内容与形式极不调和的状态，这就更衬托出清统治者的阴毒、凶恶和暴虐。

这个时期比明朝末年好像是升平盛世，但内里却蕴藏着更难忍的沉闷和痛苦，正像《桃花扇·先声》中老赞礼歌颂当时的情况是："日丽唐虞世，花开甲子年。山中无寇盗，地上总神仙。"而实质上也正像他自己所说的是："哭一回，笑一回，怒一回，骂一回。"所谓哭、笑、怒、骂并不能锋芒外露，只能是腹诽心谤，是一种精神上的隐痛。这就是当时的时代气息；作为一个现实主义剧作家，孔尚任极敏锐地呼吸到这种时代的气息，并通过《桃花扇》反映了出来。

　　孔尚任为了摆脱时代所加给他的沉闷和痛苦,不与清朝统治者合作,曾在山东曲阜的石门山中长期地过着隐居的生活,并将礼、乐、兵、农的研究作为自己精神的寄托。虽然如此,他并未忘情于现实,而始终系心于现实,这时期他开始计划写《桃花扇》,便说明了这个事实(见《桃花扇本末》)。到他三十七岁这一年(1684),由于大家拥戴他出来主持祭祖庙的"释菜"典礼,他才开始出山。同年,康熙路过山东,举行祭孔庙的大典,他又担任了主持祭祀的事宜,并得到康熙的褒奖,被"特简为国子监博士",从此开始了他的仕宦生涯。后来又被派到江南去视察淮河海口。他奔波于江淮之间,踏遍了明末四镇鏖兵的地带。他驻留过扬州,游历过金陵,凭吊过史可法的衣冠冢,瞻仰过明孝陵,浏览遍了南明的残山剩水,听到了一些故老传闻,这对他继续创作《桃花扇》起了很大的作用。这时期或在这之前,他虽然讲了一些对"皇帝"的拔擢极感荣幸的话,但是他自己说过,是"所云笑者非真笑,而歌者非真歌也。"(《湖海集》卷十一《与雪谷兄》)他真是血满胸臆、泪渍泥沙,情感的冲动使他不得不完成这部长久"秘之枕中"的《桃花扇》了。经过一段较长的酝酿时期,到康熙三十八年(1699)才正式写成这部沉渍着血和泪的著作(见《桃花扇本末》)。《桃花扇》写成之后,震动了剧坛,孔尚任也因之"名满京华"(孔宪彝《阙里孔氏诗钞》)。不久《桃花扇》传入内府,而孔尚任便罢官了。孔尚任罢官的原因不了解,但与《桃花扇》的写作不无干系。《桃花扇》写的是"史",是弘光南渡的佚史。作者想以孔子修史的笔法来诛伐乱臣贼子,正如作品中的老赞礼所说:"有褒有贬,作《春秋》必赖祖传;可咏可歌,正《雅》《颂》岂无庭训。"而清朝统治者是严禁私人修明史的,庄廷鑨私刻明史所发生的案件便是生动的事实。孔尚任虽然写的是戏剧，但他却自比作《春秋》，那么他的下场是可以想见的。孔尚任罢官之后，在朋友的劝导下，于康熙四十一年（1702）又回到山东曲阜去过他的隐居生活，直到逝世为止。

孔尚任留给我们一部伟大、辉煌的艺术品《桃花扇》。在这篇作品中，借着对许多人物的塑造，真实地、历史地反映了那个交织着血和泪、愁和闷、沉滞和苦痛、悲宕和欢笑、追求和探索的全部时代生活。

二

《桃花扇》里的两个中心人物就是李香君和侯方域，全部戏剧都是通过这两个人物的活动交织在一起的。

侯方域是明末复社中的一个重要成员。他处在那个大动荡的时代环境里，预感到国家的危机。但是，和一般士大夫一样，他不了解农民起义的重要意义，因此就不可能支持已经兴起的农民革命军以抵抗满族统治者入侵和肃清奸臣阉党。而他自己作为一个士大夫又没有能力改变当时形同累卵的局势，这就形成了他的思想、情绪上的苦闷，同时在某种程度上这也是当时整个时代的苦闷。这种气氛所加给侯方域精神上的压力和痛苦，在侯方域一出场时就清楚地传达了出来："偏是江山胜处，酒卖斜阳，勾引游人醉赏，学金粉南朝模样。暗思想，那些莺颠燕狂，关甚兴亡。"（〔恋芳春〕）为了摆脱这种痛苦，他曾经从各方面寻求慰藉，消遣自己的愁闷，吟诗会文、觅朋访友、寻花问柳等，都是他这种寻求的表现。所谓"人到秦淮解尽愁。"（六出）他的这种行动，一方面固然是由于他在纷乱、动荡的现实生活面前的迷惘，另一方面也是他对生活的热情探索和追求。除了原有的复社一些同伙外，他去"听稗"，找到了自己的同调柳敬亭,去"访翠",寻得了自己终身的伴侣李香君。他对李香君的钟情,实质上是他对现实生活的极端苦闷的反映,因为在这里他于苦闷中找到了思想上的共鸣。

侯方域有自己的政治理想,他希望能实行合乎儒家规范的廉洁政治,希望能以复社为基础形成一个温文儒雅、廉洁清正的政治集团。这种政治观点,当然有士大夫本身的局限性,但从当时反对奸臣贼子这一角度来说,又有它的进步的意义。他对这种理想曾热情地追逐过,他对待阉党滥官所采取的那种疾恶如仇的态度,和修札劝左良玉不要兴无名之师以扰乱京城的治安,都是他对理想政治的坚持。他为坚持自己的政治观点,曾经受过多次的迫害。他由于修书劝左良玉不可兴无名之师,便被阮大铖诬为有意牵引左良玉进京,迫使他不得不离开南京,与李香君诀别。这真是有冤难申、有恨难忍;"硬叠成曾参杀人","强书为陈恒弑君"了。又如"逮社""会狱"两出更进一步写他及其同社入员遭受的迫害,侯方域在狱中所见到的是一幅阴森的境界:

　　〔忒忒令〕碧澄澄月明满天,凄惨惨哭声一片,墙角新鬼带血来分辩,我与他死同仇,生同冤,黑狱里半夜作白眼。

在这里,侯方域与一切死难的冤魂所表现的共同仇恨显得特别深沉和激荡。

侯方域也有一定的才略和家国观念。当他被迫离开南京之后,便到扬州做史阁部的参谋去了,后来又随高杰去防河。由于整个国家局势的直转急下,如:崇祯的丧亡,南明福王被迎立,阉党重新把持朝政,诸将争夺权位,北方形势日趋紧急等。使他的才略也无济于事,只是更加深了他的顾怀家国的思想:

　　〔绕地游〕飘摇家舍,怎把平安写。哭苍天满喉新血,国仇未雪,乡心难说,把闲情丢开后些。

他的全部思想情绪都集中在国家社稷的命运上,他看到四镇鏖兵争霸的局势不可收拾时,就万分沉痛地说:

〔香柳娘〕恨山河半倾,恨山河半倾,怎能重构,人心瓦解忘恩旧。

当国家危难的时候,他就"把闲情丢开后些",要报效国家。但当高杰不听劝戒、防河失败、大势已去时,他又心灰意冷,重新唤起与香君的旧情。归途中遇见了苏昆生,二人同到南京去找香君去了。

侯方域是明末复社中的一个重要成员,他的廉洁清正、温文儒雅,对待事物的态度和看法,所经历的遭遇和感受等,在当时都有一定的代表意义。当然,他也有缺点,即曾经为了阮大铖要成全他与李香君结婚的妆奁,使几乎丧失了气节。这种动摇性在当时也有他的代表性。所幸的是这种错误立刻得到纠正,并不损害他的整个的人品。他不愧为一个有才智、有理想、有气节的人物。

李香君是一个具有高贵品质的妇女,她聪明、伶俐、勇敢,有气节。她的一生与南明的一系列的政治事件密切联系着。因此,她也感受到当时沉郁、苦闷的时代气息,她一出场就陈叙说:"这春愁怎替,那新词且记。"和侯方域之对她一样,她见了侯方域也得到了精神上的寄托。她对侯方域的爱情是有着对生活的共同认识、看法的思想基础的。但是,她的勇敢、有气节、是非分明等却远非侯方域所能及。"却奁"一出,侯方域为了个人的利益,几乎丧失立场交纳阮大铖,而李香君的态度却完全不同:

(旦怒介)官人是何说话,阮大铖趋附权奸,廉耻丧尽,妇人女子,无不唾骂。他人攻之,官人救之,官人自处于何等也?

〔川拨棹〕不思想,把话儿轻易讲。要与他消释灾殃,要

> 与他消释灾殃，也堤防旁人短长。官人之意，不过因他助我妆
> 奁，便要徇私废公，那知道这几件钗钏衣裙，原放不到我香君
> 眼里。（拔簪脱衣介）脱裙衫，穷不妨，布荆人，名自香。

这里写出了香君的性格与侯方域性格中妥协一面的尖锐对立。她
是这样的刚烈，以至于使侯方域自惭形秽，悔悟到"节和名非泛常，
重和轻须审详"，因此把全部箱笼都退还杨龙友。李香君的这种行
为表现了她思想、灵魂的内在美，侯方域认识到了这一点，称赞他
说："脱去一套绮罗，十分容貌又添十分。""辞院"一出，侯方域为
形势所迫，不得不离开南京，但犹眷恋燕尔新婚，香君则说："官人
素以豪杰自命，为何学儿女子态。"（十二出）这种高尚的品格对侯
方域性格的发展产生重要的影响。

李香君是我国旧社会中被压迫、被蹂躏的一个歌妓，她具有着
真正人的情感。当她找到一个理想的、在思想认识上一致的伴侣
时，她便以自己的终身相托。侯方域为了避难逃走之后，她就"洗
粉黛，抛扇裙，罢笛管，歇喉唇"为他守节。但是，这种愿望是不能
实现的，因为统治阶级不允许她过真正人的生活。不久南明新朝
的漕抚田仰便遣媒来觅她做妾了，而她坚决地加以拒绝，她对媒
人说：

> 〔锦后拍〕这题目错认，这题目错认，可知定情诗红丝拴
> 紧，抵过他万两雪花银。卖笑哂，有勾栏艳品，奴是薄福人，不
> 愿入朱门。

作为一个妓女，李香君为了求得借以生存的金钱，才出卖自己的色
艺。因此，她憎恶并鄙视金钱，认为"定情诗"可以"抵过他万两雪
花银"。她坚决要等待她的理想伴侣，绝不入朱门。不达到这个目
的，"便终身守寡，只不嫁人"。她这种对理想生活的坚持，是任何

暴力所不能动摇的。她是可敬的,同时又是可悲的,因为这样只能把她的命运导入更悲惨的境地。“守楼”一出便是写马士英为了维护自己阶级的“尊严”,进一步逼迫香君嫁给田仰的事实,他大怒:“了不得,了不得!一位新任漕抚,拏银三百,买不去一个妓女?”(二十一出):

(旦唱)〔摊破锦地花〕案齐眉,他是我终身倚。盟誓怎移,宫纱扇现有诗题,万种恩情,一夜夫妻。(末)那侯郎避祸逃走,不知去向,设若三年不归,你也只顾等他么?(旦)便等他三年,便等他十年,便等他一百年,只不嫁田仰。……(小旦劝介)傻丫头,嫁到田府,少不了你的吃穿哩!(旦)呸!我立志守节,岂在温饱。忍寒饥,决不下这翠楼梯。(小旦)事到今日,也顾不的他了。(叫介)杨老爷放下财礼,大家帮他梳头穿衣。……(旦持扇前后乱打介)(末)好利害,一柄诗扇倒像一把防身的利剑。(小旦)草草妆完,抱他下楼罢。(末抱介)(旦哭介)奴家就死不下此楼。(倒地撞头晕卧介)(小旦惊介)呵呀!我儿苏醒,竟把花容碰了个稀烂。(末拾扇介)你看血喷满地,连这诗扇都溅坏了。

从这里,我们可以看出,香君在敌人淫威之下表现得多么坚强勇敢!香君并不是轻生,相反地她有强烈的求生欲,虽然她受到现实生活的许多折磨,但始终未曾分毫减损她这种欲望。当她在最苦难的时机,苏昆生问她说,侯郎回来后,你也不下楼吗?她肯定地回答说:“那时锦片前程,尽俺受用,何处不许游耍,岂但下楼!”她十分珍惜自己的生命,但当紧要关头,她又不惜以自己的生命保持自己的气节,这正显示出她人格的光明和磊落。

香君揉碎了自己的花貌,鲜血溅污了扇子。杨龙友又把这几滴血痕加以点染,画成一枝红艳的桃花,这就是她的命运的影子,是为"薄命人写了一幅桃花照"。

在我们民族的生活习惯上,桃花是旧社会妇女命运的象征,所谓"桃花薄命,扇底飘零",给人们以沉痛、悲惨的感觉。桃花越夭艳,人们这种感受越深。而香君的扇子是血溅桃花,这既显得悲惨,又显得壮烈!

作者在塑造这一人物时,曾经注入浓厚的赞颂色彩。他描写经过摧折后的香君的神貌越显得绰约了,身姿也越显得矫健了。她好像要战胜一切,随时准备着应付新的风暴的来临,新的事变的发生。果然,阮大铖、马士英等又凌逼她去陪筵。她决心要借这个机会来发泄胸中的愤懑,揭露统治阶级面目的肮脏和丑恶,她说:"俺做个女祢衡,挝渔阳,声声骂,看他懂不懂。"她痛骂道:

〔江儿水〕妾的心中事,乱似蓬,几番要向君王控。拆散夫妻惊魂迸,割开母子鲜血涌,比那流贼还猛。做哑装聋,骂著不知惶恐。

〔五供养〕堂堂列公,半边南朝,望你峥嵘,出身希贵宠,创业选声容,后庭花又添几种,把俺胡撮弄,对寒风雪海冰山,苦陪觞咏。

〔玉交枝〕东林伯仲,俺青楼皆知敬重。干儿义子从新用,绝不了魏家种。冰肌雪肠原自同,铁心石腹何愁冻。吐不尽鹃血满胸,吐不尽鹃血满胸。

香君的悲愤、痛苦、仇恨的情绪全部发泄出来了。在敌人面前,表现了她的威武不屈和崇高的气节。后来,她终于被推入雪坑,打入内宫去了。当满族统治者逼近南京时,她才从兵荒马乱中逃了出来,但仍然坚持着自己的理想,要到海角天涯、十洲方外去寻找侯郎,结果追逐到栖霞山中去了。

李香君的一生,就是经过这许多巨大的波澜和摧折而结束的。她走尽了人生的途程,找到了个不够理想的归宿。她隐遁起来了。但是,她在疾风凄雨中与黑暗势力作斗争的音容、雄姿却宛然犹在。

孔尚任以讴歌的笔调描绘着李香君从外貌到内心的全部活动。假若说在塑造侯方域的形象时,他在一定程度上还是保持着自己阶级的情感、趣味和观点的话,那末在塑造李香君这一人物时,他在某种程度上背叛了自己的阶级。李香君已经成了个左冲右突(包括对侯方域的动摇性的批判)的反迫害的英雄形象。

李香君和侯方域最后都到栖霞山中隐居了,但是他们并未忘情于现实,他们还"拿住情根死不松"。当乙酉年七月十五日张瑶星设道场给"崇祯皇帝"修斋追荐,他们邂逅相遇时,还痛哭流涕各诉衷情。张瑶星点化道:

> 呵呸! 两个痴虫,你看国在那里,家在那里,君在那里,父在那里? 偏是这点花月情根,割他不断吗!

他们才"冷汗淋漓,如梦忽醒",从此便真正修真入道了。作品表现的很明显,他们的入道,并不是由于对宗教的虔诚,而是由于现实生活的黑暗、苦闷,迫使他们寻找到精神上的避难所。这是对人间苦海的一种批判,对当时社会的否定,是他们故国之思的表现。

自从入道之后,他们不再悲伤、感叹、哀怨、痛苦了,一切都以恬淡的态度处之。这并不说明他们已经排除了人间的痛苦,相反地,是他们的这种痛苦发展到更深沉的境地。

三

除了李香君和侯方域之外,《桃花扇》作者还描写了柳敬亭、苏昆生和史可法等这些可敬的人物。

柳敬亭、苏昆生是两个勇敢、侠义、有高尚节操的民间艺人。这一阶层的人物,在旧社会中所受的迫害更深,他们不可能受多少教育、读多少经传之类的典籍。但是,他们却熟知许多稗官野史,而这正是他们谋生的资本,也是他们愤世疾俗、冷嘲热讽、发泄不平的材料。如柳敬亭通过说"太师挚适齐",来批判当时天下无道的社会现实,通过说"秦叔宝见姑娘",来激发左良玉效忠国家的思想。慷慨激昂,淋漓悲宕,充分地表露了他对现实的态度和看法。

作为一些被压迫的民间艺人,生活对他们的磨炼太深了,使他们具有宏大的胆量和深远的见识,能随机应变、唇枪舌剑地应付最险恶的环境。"投辕"一出,柳敬亭就是这样做的。柳敬亭为了劝戒左良玉不要兴无名之师以扰乱京城,来到了戒备森严的左氏辕门之外。士兵以为他是奸细,要捉拿,他则说:"两个没眼色的花子,怪不得饿的东倒西歪的!"士兵问他怎么知道我们挨饿呢?他说:"不为你们挨饿,我为何到此!"士兵因此信任他是解粮来的,引他去见左良玉。他见了左良玉慷慨陈述移防南京之不当,说到激昂的地方,随手把茶杯摔碎:

> (小生怒介)呵呀!这等无礼,竟把茶杯掷地。(丑笑介)晚生怎敢无礼,一时说的高兴,顺手摔去了。(小生)顺手摔去,难道你的心做不得主么?(丑)心若做得主呵,也不教手下乱动了。(小生笑介)敬亭讲的有理,只因兵丁饿的急了,

许他就粮内里,亦是无可奈何之一着。(丑)晚生远来,也饿急了,元帅竟不问一声儿。(小生)我倒忘了,叫左右快摆饭来。(丑摩腹介)好饿,好饿!(小生催介)可恶奴才,还不快摆!(丑起介)等不的了,竟往内里吃去罢。(向内行介)(小生怒介)如何进我内里?(丑回顾介)饿的急了。(小生)饿的急了就许你进内么?(丑笑介)饿的急了也不许进内里,元帅竟也晓的哩!(小生大笑介)……

在这一段里,把柳敬亭那种诙谐、任侠、机变的性格生动地呈现出来了。真是唇枪舌剑,讥讽所向,无可回避。把个坐镇一方的元帅说得哑口无言,不得不放弃移防南京的计划。

同样,苏昆生在"草檄"一出里,为了拯救侯方域,亲自向左良玉去求援。他冒着危险,深夜戒严的时候,违背军法来唱曲,希望能乘机得见左良玉,场面十分紧张。不同的是苏昆生的诙谐、任侠、机变不如柳敬亭,而忠义、淳厚方面则过之。他为了李香君曾跋山涉水到处寻找侯方域,为了左良玉曾冒险去劝解黄得功不要在坡矶截杀。这两个人物虽然个性不同,但对现实的基本态度却是一致的,对奸臣阉党是痛恨的,对满族入侵者是仇视的,对为国捐躯的民族英雄是颂扬的。"余韵"一出中的渔樵话旧,充分、淋漓地表现出他们怀恋故国的深沉、悲悼的情怀。

《桃花扇》中的史可法,与历史的记载相同,是一个民族英雄的形象。他忠义、正直,一心要为国家百姓作出应有的贡献。马士英等在南京迎立福王的事完成之后,为了排斥他,命令他督师江北,他却毫无猜疑地认为是"正好戮力报效"的机会。当然,史可法还有他的阶级局限性,对农民起义是不了解的,并且是仇视的。他认为崇祯的被迫自缢,是应该报复的国仇。但是,从他思想行动的总的倾向看,主要的不是这些,而是对满族统治者的反抗和保卫明朝江山的坚贞信念。他的这种思想行动在"誓师""沉江"两出中表现得最突出。"誓师"是写史可法号召自己的三千子弟兵坚守扬州，反抗已经侵入淮扬境地的满族军队。但是，他三令五申都得不到士兵的任何反应，得到的消息只是要抢劫、逃跑、投降等，军心离散了。在国家危难的当头，他计无从出，不禁号啕大哭："……都想逃生，漫不关情，让江山倒像设着筵席请。哭声祖宗，哭声百姓，哭的俺一腔血，作泪零。"（〔二犯江儿水〕）哭得血泪沾襟，结果激发了士兵献身明王朝的精神。他们誓死要"守住这座扬州城"，听从史阁部的号令："上阵不利，守城；守城不利，巷战；巷战不利，短接；短接不利，自尽。"他们都要做威武不屈、誓死不降的英雄。"沉江"一出是"誓师"的发展，扬州城已被满族军队突破，士兵们正在奋勇抗敌。史可法为了明朝三百年的社稷，不肯轻易丧失自己的生命，便跳下南城逃了出来，准备投奔南京。谁料南京秩序已乱，福王已经潜逃，眼看江山易主、山河变色，自己走投无路，因此投江自尽。孔尚任描写这一英雄死前的思想活动是十分细致复杂的，现在节录一段如下：

> （外顿足哭介）〔普天乐〕撇下俺断蓬船，丢下俺无家犬，叫天呼地千百遍，归无路进又难前。（登高望介）那滚滚雪浪拍天，流不尽湘累怨。（指介）有了，有了，那便是俺葬身之地。胜黄土，一丈江鱼腹宽展。（看身介）俺史可法亡国罪臣，那容的冠裳而去。（摘帽，脱袍、靴介）摘脱下袍靴冠冕。……（外）你看茫茫世界，留着俺史可法何处安放。累死英雄，到此日看江山换主，无可留恋。（跳入江翻滚下介）……

作者把史可法的死，描写得十分的壮烈，给人们以英雄的美的感觉,这正是作者鲜明的思想倾向的表现。史可法殉国了,但是,他的精神却永存不朽,"其后四方弄兵者,多假其名号以行。"(《明史·史可法传》)他已经成为人民反抗满族入侵者的号召者了。

孔尚任以饱和着感情的笔雕琢、塑造这些光明磊落的正面人物,这些人物的性格在不同程度上都体现了那个时代的特征。

四

《桃花扇》是一部诗剧,它的最诱惑人的魅力就是其风格的悲壮和优美。这种诱惑人的美当然是通过作者所创造的人物体现出来的,但是,与作品在其他方面的艺术成就也是分不开的。诗人孔尚任以自己天才的艺术能力,挥动着艺术的魔杖,创造出与一般古典戏剧不同的,具有独特成就的戏剧,给人们以真正的美的感受。

首先,作者在创作过程中,除了一般地运用现实主义的文学创作方法之外,还运用了中国传统的寓褒贬的写史笔法。成功的是他把这两种方法巧妙地结合起来,通过对人物的刻画来进行褒和贬。作者所采用的史笔,在第一出老赞礼的话中就讲得很清楚,他说:"但看他有褒有贬,作《春秋》必赖祖传;可咏可歌,正《雅》《颂》岂无庭训。"从《桃花扇》中我们可以看出,作者的褒贬态度是十分鲜明的。他把明末复杂的政治斗争大体上划分为两种政治势力:一个是以吴应箕、陈贞慧、侯方域为代表的复社,另一个则是以马士英、阮大铖为代表的阉党。他对复社诸贤的廉能清正是肯定、推崇的,对阉党的奸臣贼子则是口诛笔伐。从这样一个总的认识出发,他对李香君的富贵不能淫、贫贱不能移、威武不能屈的坚贞勇敢的气节是歌颂的,对柳敬亭、苏昆生的侠义豪爽的精神是赞扬的,对史可法的英勇杀敌、为国捐躯的民族气节是讴歌的,对杨龙友则既有肯定又有否定,肯定他倾向复社的一面,否定他对阉党帮闲的一面。作者的褒贬尺度是十分严峻的,只要有人稍微动摇或产生潜意识的错误念头,立刻以笔墨加之。侯方域为了一点聘礼曾经动摇,他便通过李香君之口给以辛辣的批判。当然,这也是鲜明的现实主义创作方法的表现。他这种严峻的寓褒贬精神,不但在重要场面上,即便在一些琐碎的生活细节中,随便以笑话取乐,也显示了出来。如柳敬亭在媚香楼对大家所讲的一段笑话:

> (丑)就说笑话。(说介)苏东坡同黄山谷访佛印禅师,东坡送了一把定瓷壶,山谷送了一斤阳羡茶,三人松下品茶。佛印说:"黄秀才茶癖天下闻名,但不知苏胡子的茶量如何?今日何不斗一斗,分个谁大谁小。"东坡说:"如何斗来?"佛印说:"你问一机锋,叫黄秀才答。他若答不来,吃你一棒,我便记一笔,胡子打了秀才了。你若答不来,也吃黄秀才一棒,我便记一笔,秀才打了胡子了。末后总算,打一下,吃一碗。"东坡说:"就依你说。"东坡先问:"没鼻针如何穿线?"山谷答:"把针尖磨去。"佛印说:"答的好。"山谷问:"没把葫芦怎生拿?"东坡答:"抛在水中。"佛印说:"答的也不错。"东坡又问:"虱在裤中,有见无见?"山谷未及答,东坡持棒就打。山谷正拿壶子斟茶,失手落地,打个粉碎。东坡大叫道:"和尚记着,胡子打了秀才了。"佛印笑道:"你听哙哟一声,胡子没打着秀才,秀才倒打了壶子了。"(众笑介)(丑)众位休笑,秀才利害多着哩,(弹壶介)这样硬壶子都打坏,何况软壶子。

通过这一段笑话来肯定复社中的新进秀才,而批判阉党的主要成员阮胡子。随口讲来,都是讥讽。这一类的例子作品里还有不少,"听稗"一出中柳敬亭说《论语》"太师挚适齐"一段评书,对乱臣贼子给以口诛和笔伐。这种鲜明的对社会生活的善和恶、美和丑的褒贬态度贯穿着全部作品。

其次,《桃花扇》在结构上也有它的特殊成就,这一点前人已经感觉到了。《曲海扬波》卷一评论说:"《桃花扇》卷首之'先声'一出,卷末之'余韵'一出,皆云亭创格,前此所未有,亦后人所不能学也。一部极凄惨极哀艳极忙乱之书,而以极太平起,以极闲静极空旷结,真有华严镜影之观。"这种在戏剧起结方面的清新、别致的创造,不但表现在全书的首尾,也表现在上下卷的首尾上。上卷开场是"先声",收场是"闲话",下卷开场是"孤吟",收场是"余韵",它们各有起迄,同时,又统一联贯,成为一部完整的有机的戏剧结构。揭示出"那热闹局就是冷淡的根芽,爽快事就是牵缠的枝叶"(十出)的社会治乱的原因。

在全部结构中起重要作用的人物是老赞礼,通过老赞礼把整个戏剧连贯起来,并且随时指点、引导人们去认识历史、认识生活。这一点前人也曾经指出过:"《桃花扇》之老赞礼,云亭自谓也,处处点缀入场,寄无限感慨。卷首之试一出'先声',卷中之加二十一出'孤吟',卷末之续四十出'余韵',皆以老赞礼作正脚色,盖此诸出者,全书之脉络也。其'先声'一出演白云:'更可喜把老夫衰态也拉上了排场,做了个副末脚色,惹的俺哭一回,笑一回,怒一回,骂一回,那满座宾客,怎晓得老夫就是戏中之人!'此一语所谓文家之画龙点睛也,全书得此,精神便活现数倍,且使读者加无限感动,可谓妙文。'孤吟'一出结诗云:'当年真是戏,今日戏如真,两度旁观者,天留冷眼人。''余韵'一出演白云:'江山江山,一忙一闲,谁赢谁输,两鬓皆斑。'凡此皆托老赞礼之口,皆作极达观之语。然其外愈达观者,实其内愈哀痛、愈辛酸之表征也。"(《曲海扬波》卷一)这一段评论是极得其要领的。老赞礼是以作者自己为模特儿而创造的,因此,老赞礼所发泄的哀愁、沉郁和痛苦,实际上也是作者自己思想感情的流露。老赞礼在整个戏剧结构中所起的作用,在很大程度上也是作者自己性格的体现。作者这样处理老赞礼这个人物,更便于直接抒发自己的思想、情感和观点。总之,《桃花扇》的结构是严整、清新、别致的,具有着它独特的风格。

最后,《桃花扇》在语言上也有它与一般戏剧不同的个性,那就是它用的是诗的语言,而不是曲的语言。当然,我并不是说其中没有"曲"的成分,而且有些曲子如"题画"一出中的〔朱奴儿〕几乎完全是元曲的本色。但是,从总的语言格调来看,诗的气氛却占主导地位。这一点,我们若拿同时代的传奇《长生殿》来作比较,便可以清楚地分辨出来。《长生殿》一般地都是运用曲的语言,如"闻铃"一出写唐明皇的凄楚心境:

〔武陵花〕淅淅零零,一片凄然心暗惊。遥听隔山隔树,战合风雨高响低鸣。一点一滴又一声,一点一滴又一声,和愁人血泪交相迸,对这伤情处,转自忆荒茔。白杨萧瑟雨纵横,此际孤魂凄冷,鬼火光寒,草间湿乱萤,……

我们再看《桃花扇》"听稗"一出写侯方域的愁闷情绪:

〔懒画眉〕乍暖风烟满江乡,花里行厨携着玉缸,笛声吹乱客中肠,莫过乌衣巷,是别姓人家新画梁。

在这里我们可以看出两种不同的语言格调,显然《桃花扇》的语言具有着浓挚的诗的气氛,和同时人吴梅村的诗比较,更可以显示出他们共同的时代特征。而《长生殿》所表现的则完全是曲的意境。从《桃花扇》中所传达出来的语言的韵律是悲壮、哀怨的,它以一种清脆的声音打动着人们的心坎,激起人们的反响。

《桃花扇》在艺术成就上是极高的,"但以结构之精严,文藻之壮丽,寄托之遥深论之,……冠绝前古矣。"(《曲海扬波》卷一)可是,《桃花扇》之所以能给人们以非常美的感觉,还不只是由于它艺术形式上的原因,更重要的是由于它表现了人们为了自己的国家生存和满族统治者的杀戮与汉族官僚地主的迫害进行斗争的悲剧式的死亡。在他们悲剧式的死亡中,就显示了他们的美的品质,马克思写道:"个性的高度发展,只有通过一个以个人为牺牲的历史过程而得到的。"(马克思:《剩余价值学说史》)《桃花扇》中史可法的死,以及李香君被一系列的摧残后之所以显得特别"美",其根本原因就在这里。通过这些人物的悲剧式的牺牲,从不同方面肯定和歌颂了人们可贵的性格和品质。

《桃花扇》是一部壮丽的悲剧,这一悲剧的冲突是在全国人民反抗满族统治者统治时期产生的。它取材于明末的一段历史,但它所反映的却不限于此,而是包括作者生活过的清初的全部社会生活。具有极高的现实主义成就的《桃花扇》,它所反映的现实生活很难使人辨别清楚到底哪些是属于明代末期的,哪些是属于清朝初年的,二者是以血和泪交织在一起的。实际上,《桃花扇》是反映了从明末到清初整整一个世纪——十七世纪——的惨痛的历史时代。

《桃花扇》反映了这一历史时期人们的斗争、反抗、愤慨、悲痛、追求和失望的全部精神活动,最后以耐人寻味的深湛的沉思作了结束。《桃花扇》是一部生动感人的悲剧,但是它给人们的影响并不是颓废和悲伤,而是一种不可遏止的力量。在"余韵"一出中,苏昆生和柳敬亭渔樵话旧时所唱的〔离亭宴带歇拍煞〕一支曲子云:

> 将五十年兴亡看饱。那乌衣巷不姓王,莫愁湖鬼夜哭,凤凰台栖枭鸟。残山梦最真,旧境丢难掉,不信这舆图换藁。诌

　　一套哀江南,放悲声唱到老!

那种沉郁、悲痛、呜咽的音调和声腔,在二百多年后的今天,像深山空谷的回音,仍然余波袅袅地激荡着人们的心弦。

读曲札记
——关于李渔

　　李渔字笠翁，本为浙江兰溪人，后移家杭州，故又称钱塘人。生于明万历三十九年（1611），约卒于清康熙十九年（1680），共活了六十多岁。他"本宦家书史，幼时聪慧，能撰歌词小说"（《曲海总目提要》）。又"擅诗古文词"、"率意构思，不必尽准于古"（《兰溪县志》卷五），可见他在诗文方面也主张创新。他曾补博士弟子员，未中过举，好像也未做过什么官，一生过着游荡江湖的生涯。常买姬妾，教习戏文，随处扮演，以为生活之资，名声是不大好听的。他的著作，有《一家言》十六卷（包含《闲情偶寄》六卷），又有小说《十二楼》《无声戏》等。他的剧作各种曲目记载不统一，高奕的《新传奇品》著录：《奈何天》、《比目鱼》、《蜃中楼》、《风筝误》、《慎鸾交》、《凰求凤》、《巧团圆》、《玉搔头》、《怜香伴》九种。黄文旸的《曲海总目》多《意中缘》一种，共十种。后来由芥子园合刻，称《笠翁十种曲》，比较流行，也最可靠。此外其他曲目还记载着四种：《四元记》、《双锤记》、《鱼篮记》、《万全记》，真伪待考，又极罕见，故此处所论述者，着重于前十种。

　　在李渔的全部剧作中，《比目鱼》是思想性较强的一本。它描写知识分子谭楚玉和戏曲演员刘藐姑的恋爱故事。谭楚玉为了接近刘藐姑，情愿抛弃儒业去做优伶，和刘藐姑演生旦戏。刘藐姑也热爱谭楚玉，结成生死之交。作者成功地创造了刘藐姑这个正面人物，她虽生于梨园之中，却不愿做卖笑生涯。她的生活目的与其生母刘绛仙不同:刘绛仙认为人生不过是逢场作戏,一切都为了金钱;她的态度却极严肃认真,认为作人要真诚,不要使心术、逞姿色,以骗取钱财,希望找一个理想的伴侣,做个会女工针指的普通妇人。但是,刘蓤姑所处的社会地位却不允许她如此。她的痛苦、悲剧也就出在这里了。不久,地主钱万贯便倚仗财势要娶她做妾,她母亲贪图钱财,也迫使嫁他,而蓤姑却始终不屈。《挥金》《利逼》《偕亡》就集中地表现她们的冲突,这是全剧的高潮。刘绛仙逼蓤姑嫁钱万贯,蓤姑说已许婚谭楚玉,并指"那些看戏的"为证人,表示"不敢把戏场上的婚姻当做假事,这个丈夫是一定要嫁的!"她表现出一种顽强的反抗精神。但是,蓤姑也认识到自己力量的孤弱,终难逃出魔掌,她宁愿葬身鱼腹,也不愿被人污辱。在一次江边演戏,她演《荆钗记》中钱玉莲《抱石投江》一出时,便以钱玉莲的遭遇痛苦自比:

　　〔梧叶儿〕遭折挫,受禁持,不由人不泪垂。无由洗恨无由远耻,事到临危,拚死在黄泉作怨鬼。〔五更转〕心痛苦,难分诉,我那夫呀,一从往帝都,终朝望你谐夫妇,谁想今朝拆散中途。我母亲信谗言,将奴误,娘呵,你一心贪恋贪恋他豪富,把礼义纲常全然不顾。

接着是指桑骂槐把钱万贯咒骂了一顿,以泄胸中之愤,最后投江而死。谭楚玉也投江以殉。蓤姑性格的刚烈勇敢在这里表现得更突出饱满,她以死宣判了封建社会的罪恶。这是这本戏思想意义最深刻的地方。自此以后,从《神护》到结束的后半部便趋向尾声。剧中写他们为平浪侯所救,变成比目鱼,为隐者的鱼网打出,又恢复人形。后经隐者和平浪侯的帮助,二人得以团圆。在这里思想意义已经削弱了。

　　另外一个思想性较强的戏,是《蜃中楼》。它系根据《柳毅传书》和《张生煮海》两个故事融合而成的,写柳毅、张羽和龙女舜华、琼莲的曲折姻缘。舜华、琼莲与柳毅、张羽私订婚约,龙王大怒,进行百般的阻挠和迫害,造成他们极大的痛苦。显然作者是按照现实生活中封建家长式的人物来创造龙王的。他凶恶、残暴、冷酷和无情。舜华、琼莲是两个有反抗性的人物,她们对家长的迫害坚强不屈,舜华为了忠实于柳毅,在她被逼嫁给另一龙子时,宁肯"降志辱身,甘为奴婢",而不愿和那一龙子同居,最后她们在东华上仙帮助下成为美满夫妻。

　　而《意中缘》则是一篇富有喜剧性的作品,它写杭州女子杨云友想嫁给画家董其昌,不料被一个荒淫的和尚冒名骗去,经历无数艰难才得回来。之后,她就再不敢轻信媒人了,当真正董其昌的媒人到来时,她竟加以拒绝。她要亲自选择女婿,但选着的却是女扮男装的林天素。林则正是为了给董其昌作媒的。这本戏在一定程度上暴露了封建社会的黑暗,描写了杨云友这个要按照自己的愿望来选择伴侣的人物,情节曲折离奇、引人入胜。

　　其他作品大都是思想性很弱、现实意义不强。像《奈何天》写阙里侯富而貌丑,以欺骗的方法娶得了三个妻子,但都因他丑陋而不和他同居。后来阙里侯被封为尚义君,经天帝改变了他的形骸,才与三个妻子和好。作者明确地在宣传红颜必然薄命的错误思想。《风筝误》写韩世勋因为拾得一个风筝,题和诗,而与詹淑娟结成婚姻的故事。《怜香伴》写石坚的妻子崔云笺和曹家的女子曹语花相慕怜,各赋诗相约来生结成夫妻,最后语花亦嫁石坚。又像《凰求凤》、《慎鸾交》、《巧团圆》、《玉搔头》,或写女子追求男子,或写男女悲欢离合的奇遇,没有什么意义。

　　前人对李渔的戏剧创作评价很高,但是,我们今天看来,他的好的作品并不多。而且就是好的也是优缺点互见的。

　　他的创作反映了一定的社会现实，而且是通过描写男女婚姻关系得到了反映，但其中又往往以封建伦理观念来分析观察社会，对所描写的妇女都渲染着不同程度的节烈观念，甚至像刘藐姑这样有反抗性的人物也在所不免。

　　他主张戏剧要脱窠臼，出新意，反对拼凑因袭，所谓"文章变，耳目新，要窃附雅人高韵，怕的是剿袭从来归套文。"(《比目鱼》中之《村香》一出)。他的创作实践也体现了这种精神，令人有脱俗新奇之感。但是，往往因为"考古商今，到处搜奇迹"(《比目鱼》)，就显得有些标新立异，缺乏深厚的生活内容，又不免堕入才子佳人的俗套。

　　李渔的剧作都是喜剧，具有讥讽诙谐的风趣，常常通过诙谐讥讽的口吻抨击了当时的社会。如《蜃中楼》之《结蜃》一出，鱼鳖虾蟹奉命结蜃楼，大家都不愿出力，鳖缩回了头，听说蜃楼结成之后，又伸出来，大家质问它不是已经死了吗？它回答说：

　　　　列位不要见笑，出征的时节，缩进头去；报功的时节，伸出头来：是我们做将军的常事，不足为奇。

但是，这种诙谐的风趣，有时又落于低级、庸俗，秽言亵语几乎每一本戏中都有。喜剧的意义因之便大大地为之减色了。

　　但是，李渔的创作确实有它独具的优点。他的剧作大都针线细密，结构紧严，几条线索穿插在一起，互相勾连，又各自发展，有条不紊，波澜起伏，有开有煞，毫无破绽。

　　在语言方面，他特别注意口语的运用，不但曲文平易浅显，宾白也极简明洗炼，有时用长篇的宾白表现人物，口吻逼真。吴梅说他"科白排场之工，为当世词人所共认"(《顾曲麈谈》)是有根据的。

　　李渔虽然在戏剧创作上成就不高，但在舞台表演上和在戏曲理论上却有一些贡献。他在《闲情偶寄》中的《词曲部》和《演习部》对中国戏曲作了系统的理论研究，其中许多好的见解，我们今天仍然可作为参考。

元明清小说戏曲解题

小　说

罗贯中（公元 1330—1400 年之间）

　　罗贯中名本，号湖海散人，明代著名的通俗小说家。具体生卒年代不详，大约生活在元顺帝和明太祖统治的时代。他是太原（今山西太原市）人，一说是钱塘（今浙江杭州市）人。与世寡合，和《录鬼簿续编》作者贾仲明是忘年交。他处在一个动乱的时代里，曾有志于辅佐帝王做一番事业。他在《三国演义》里，把刘备美化成为一个生平不做利己妨人之事的封建主，在《赵太祖龙虎风云会》中，把赵匡胤歌颂成一心关注穷苦百姓的皇帝。这些都充分流露了他受儒家思想的影响。

　　据传说，罗贯中曾充当过元末农民起义军领袖张士诚的幕客。相传施耐庵是他的学生，和他曾一起从事创作。他创作戏剧三种：《赵太祖龙虎风云会》、《三平章死哭蜚虎子》、《忠正孝子连环谏》，曲词极为清新。又作有通俗小说五种：《三国志通俗演义》、《隋唐志传》、《残唐五代史演义》、《三遂平妖传》、《粉妆楼》。其中《三国志通俗演义》成就最高。他是一位杰出的通俗小说家，他的创作在普及历史知识等方面起了重大的作用。

《三国演义》

《三国演义》有人民文学出版社注释本,是我国古代历史小说成就最高的一部。本书是罗贯中根据有关三国的历史、杂记、遗闻佚事、小说讲史等丰富资料创作成功的,是在戏曲、平话等民间艺术的基础上加工、丰富、提高的。早在唐代李义山的《骄儿》诗里已有关于当时参军戏演三国故事的记载,至宋则有专讲三国的民间艺人。到了元代更有全以演述三国故事为内容的《三国志平话》出现。罗贯中吸收了群众艺术的营养,又考据国史,把纷乱的三国历史按年代、事件、人物有层次地组织起来,写成这部巨著。

《三国演义》描写的是从东汉灵帝中平元年(公元184年)到西晋武帝太康元年(公元280年)的九十七年的历史故事。书的开篇写的是东汉末年统治阶级昏庸、腐败造成社会的总危机,人民生活无着,纷纷起来反抗,形成以张角为首的农民大起义。但作者赞美封建统治者镇压农民革命,这是错误的。作者贬斥董卓是军阀中最恶毒凶残的当权派,他引起了其他军阀的不满,十七镇诸侯联合起来对他声讨。董卓被杀,曹操当权,挟天子以令诸侯,削平北方的抗拒力量,并进兵江南。孙、刘联合抗曹,赤壁一战打败了曹操,奠定三国鼎立的局面。自此魏、蜀、吴三国互有战争,也各有胜负,最后西晋灭蜀、代魏、灭吴,复归一统。

这部书的内容反映了三国政治军事的复杂而矛盾的斗争,反映了这些矛盾的互相渗透和转化,概括了这一时代的历史,塑造了英雄人物的典型形象。其思想倾向是尊刘抑曹,宣扬"正统观念"。这种正统观念是为封建统治阶级服务的,是消极的;但在当时可能反映了元代人民反对民族压迫的精神;还有,它的拥刘贬曹,也由于魏和蜀代表了两种不同的政治势力,不同的策略和路线,显然,作者把刘备集团作为善的代表,渗透了自己的理想和抱负,把曹操集团作为恶的象征,体现了对丑恶的批判。它通过对刘备、关羽、张飞、诸葛亮等的歌颂,和对董卓、曹操等的谴责,表达了作者的爱憎。

《三国演义》里还宣扬义气:桃园三结义。刘关张三人生死不渝,写得也很突出。在元代,民族压迫和阶级压迫极为严重的时代,人民只有依靠互相团结,互相救援,也就是依靠义气来解救他们所遭受的苦难,因此强调义气在当时也有它的积极意义。不过强调到不适当的程度,为了义气而损害国家的利益,象关羽在华容道释放曹操,那就是要不得了,这是强调义气的消极面。

再说本书塑造的英雄人物尽管名义上是帝室之胄或将门之后,实际上都出身微贱,象关羽、张飞、刘备等,他们都有要完成一番宏伟事业的壮志。通过他们提供了许多斗争的经验和策略。最突出的是,军事斗争和政治斗争的互相联系、斗智斗力的互相结合,往往是取得胜利的关键。

《三国演义》创造了两个最中心、最成功的典型人物,就是诸葛亮和曹操。诸葛亮是个杰出的政治家和军事家,具有丰富的斗争经验,超人的才智,冷静的头脑。他概括了我国古代人民的才情和智慧,以及他们对自然和社会现象的认识能力和分析能力,不过也有把他神化的缺点。作者笔下的曹操是个政治野心家和阴谋家,在他身上概括了封建统治阶级的诡诈、残忍、多疑、机变诸特征,是封建阶级统治者的典型。这个典型反映了广大人民在长期的阶级斗争中,对封建统治阶级的认识,以及他们对这个阶级的憎恶、鞭挞和批判。此外,《三国演义》还塑造了关羽、张飞、刘备、赵云、张辽、周瑜、鲁肃、陆逊等人物,他们都有鲜明的形象,各自的个性特征。在一部小说里能塑造出这样众多的成功的人物形象,这是《三国演义》突出的成就。

《三国演义》在艺术上突出的成就,还在于表现封建社会的政治军事的矛盾和冲突,表现这些冲突的复杂性和尖锐性,这种冲突的最突出之点就是赤壁之战的八回书。它还善于刻划人物的内心矛盾,如孙权当曹操要进取江东时战或和的矛盾,描写得很突出。《三国演义》写的是军事和政治斗争,作者因此在战争描绘上,表现了他的宏伟构思。这部小说写了大大小小一系列的战争,开展了一幕又一幕的惊心动魄的场面。这些战争在作者笔下,千变万化,不重复,不呆板,都独具特点,表现了战争的复杂性与多样性。

《三国志通俗演义》

全书二十四卷,二百四十回,明弘治刻本。这是今天见到的最早的《三国演义》的本子,较接近罗贯中原本。文字粗朴,内容平易。《三国演义》的版本很多,主要的是这本和下一种版本。

《三国志演义》

全书一百二十回,清毛宗岗增删评点本。毛字序始,清长洲(今江苏苏州)人。毛本主要在回目、文辞、论赞、诗文等方面进行了整顿、修正和增删的工作,使全书更加紧凑和完整。书约成于康熙初年。此后,它便是三百年来在社会上流行的最有权威的本子。人民文学出版社即根据这个本子重印,只是删去了其中的评点。

施耐庵(公元 1296—1370 年之间)

施耐庵名耳,祖籍苏州。明初著名的小说家。三十五岁中进士,在杭州做过两年官,因为和当道权贵不合,弃官退居故乡,从事创作。后来迁居苏北兴化县。据说他是罗贯中的学生,曾参加《三国演义》《隋唐志传》的创作。相传他参加过张士诚的农民起义。他生活在元明之际,目睹当时朝廷的黑暗、统治者的昏庸、政治的腐败、社会的不平,便作《水浒传》以抒写胸中的愤慨。

《水浒传》

《水浒传》有人民文学出版社的注释本,是我国古代著名的长篇小说之一,它是在群众创作基础上加工完成的。成书之前,宋江等的故事早已经在群众中流传,有人为之传写并作画赞。元刊《大宋宣和遗事》话本记叙了从杨志押送花石纲,到征方腊止的比较完整的水浒故事。元代不少杂剧也演唱了水浒故事,创造了不少生动的梁山英雄形象。《宋史》的《徽宗本纪》、《张叔夜传》、《曾蕴传》里也都记录了他们反抗斗争的大概,但规模不大。施耐庵把有关这方面的故事、人物更提高和理想化了,创造了一部描写农民起义的优秀作品。

《水浒传》的情节可分六大部分:第一部分从一至七十一回,写农民英雄被逼上梁山的过程;第二部分从七十二至八十二回,写梁山英雄攻城略地、与官军正面作战直至全伙受"招安";第三部分从八十三至九十回,写宋江等奉命征辽,在边疆上为朝廷建功立业;第四部分从九十一至一百回,写宋江等征田虎;第五部分从一百零一至一百一十回,写宋江等征王庆;第六部分从一百十一至一百二十回,写宋江征方腊至最后失败。《水浒传》集中地、多方面地反映了封建社会里的一次农民革命的产生、发展和失败的过程。其中逼上梁山和反抗官军这部分写得最精彩,揭示了阶级压迫是农民起义的原因,形象地展示了这条真理。从受招安到征方腊,写农民起义由动摇、蜕变到失败的过程,这方面由于时代的局限,作者在立场观点方面还不可能作正确的描绘。像受招安实际上是背叛革命;征方腊,实际上是帮助封建统治者扼杀农民起义。作者都正面加以肯定,这是错误的。不过作者写出了宋江等覆灭的悲剧,还是符合历史的真实的。

全书写了高俅这一封建统治集团的代表人物,在他身上体现了丑恶和腐朽的本质。同时,还写了另一类剥削者,其中有如西门庆、郑屠、毛太公、祝朝奉父子等,他们是地主恶霸,有财有势,交结官府,骑在人民头上,作恶多端。他们压迫、欺凌广大的人民,激起了人民普遍的反抗。《水浒传》突出了官逼民反的内容,倾向鲜明地描写了人民群众反抗压迫者的行动。作品中通过对一百零八个英雄的描写,概括了当时不同阶层的人们在漫长的封建社会中从觉醒到反抗的斗争道路。像鲁智深的反恶霸,林冲的受凌辱,宋江的被迫害,武松报杀兄之仇,晁盖、吴用的劫取不义之财,以及浔阳江上的张横、张顺,揭阳岭上的李俊、李立,梁山泊岸边的阮氏兄弟,登州的解珍、解宝,江州的戴宗、李逵等,他们都由于受迫害而不得不起来反抗,汇成一股狂波巨澜,奔向梁山泊。《水浒传》明确地提出了自己的斗争纲领是"替天行道,救生民"。这个口号表现了鲜明的阶级内容,它反映了天下无道,要诛无道,救生民于苦难之中。它还提出了自己的革命理想,即"八方共域,异姓一家""百姓都快活"的社会,这是一种乌托邦的社会理想,但是它却反映了农民阶级想摆脱压迫和剥削的强烈的革命要求。它歌颂了农民起义,赞美农民革命斗争的胜利,赞美农民革命的英雄人物,也深刻地写出了农民革命在当时的历史条件下终于趋向失败的悲剧结果。

《水浒传》成功地刻划了不同性格的人物,书中一百零八个英雄,有三十多个都具有鲜明的性格,其中尤以林冲、李逵、鲁智深、宋江、武松等人性格刻划最为鲜明。作者描写了李逵对革命事业最忠诚、革命思想最彻底;宋江则在领导革命的同时,却始终表现了动摇性,他既是促使农民起义事业的发展兴盛的一个重要因素,又是导致农民起义变质、崩溃的一个重要因素,这两个矛盾的东西,在性格上统一了起来。作者描写了鲁智深的凌强助弱,林冲的忠直纯朴,武松的仗义刚烈,石秀的机警伶俐,阮氏兄弟的义胆包身、武艺出众等等。这些人物都是有血有肉,给人的印象非常深刻。

《水浒传》在艺术上最突出的成就,是对人物性格刻划的成功。《水浒传》刻划人物始终是通过现实斗争展开的,让人物自己在斗争中揭示性格本身的意义。《水浒传》的结构、情节,很有特色。结构是有机的,然而某些章节又有相对独立性,可以独自成篇。它采用了不少群众的"炼话",语言洗炼、明快、生动,富有节奏感。《水浒传》对封建社会里的人民群众,曾发生过很深刻的影响。

《忠义水浒传》

全书一百卷,明嘉靖间武定侯郭勋刻本。这是今天看到的最早的本子,比较完整,从宋江等起义,到受招安后的征辽、征方腊为止。其中无征田虎、王庆之芜杂描写,而有英雄排座次之后与官军作战,以至投降的全部过程。《水浒传》的本子很多,主要的有这本和下列两个本子。

《忠义水浒全传》

本书是杨定见刻的一百二十回本。这个本子最全,除了具有百回本的内容外,又增加了二十回征田虎、王庆的故事,可以窥见《水浒传》的全貌。但所增的部分思想较低、情节有重复。人民文学出版社有重排本。

《第五才子书水浒传》

本书即金圣叹评点的七十一回本。这本经金圣叹的删改评点,削除了受招安以下部分,止于卢俊义的一场恶梦,透露出金圣叹作为地主阶级代言人要把水浒英雄诛尽杀绝的恶毒用心。他对《水浒传》原文也作了删改,极力歪曲丑化宋江。他的评点删改虽然在艺术技巧上有一些可供参考之处,但其中含有反动的毒素,必须给予严格的批判。人民文学出版社改正了七十一回中金圣叹删改的文字,删去惊恶梦的情节,删去评点,有重排本。

吴承恩(公元 1500? —1582 年?)

吴承恩字汝忠,号射阳山人,江苏淮安县人,明代著名的小说家。幼年时代即以文才闻名于乡里,但到四十三岁才考中贡生。五十四岁时因母老家贫,屈就长兴县丞,因与长官意见不合,即罢归故乡,从事创作。《西游记》可能就是他晚年归故乡后写的。他博览群书,作诗文,清雅流丽,有宋人秦少游之风。他又极聪明智慧,好诙谐,酷爱神怪故事,儿童时即偷买稗官野史于无人处阅读,年长更旁求曲致,因此所贮越多,这就成为创作《西游记》的重要条件。他一生贫寒,潦倒不堪,对现实不满,所以在他的诗文中有不少揭露当时风俗的败坏、读书人的唯利是图,同情被压迫人民的苦难,赞扬反抗强暴官吏等内容。他除了创作《西游记》外,还写了《禹鼎志》一书。

《西游记》

《西游记》有人民文学出版社注释本,是神魔小说。本书写唐代和尚玄奘到印度取经的故事。这是一段历史史实。唐人慧立的《大唐慈恩寺三藏法师传》即记载了当时的实况。但是作为民间艺术讲唱的题材,今天见到的则是宋元之间的话本《大唐三藏取经诗话》,其中已经出现了猴行者,他帮助玄奘取经,并且成为中心人物;也出现了个深沙神,即沙僧的前身。此外《永乐大典》中收的

《西游记》还保存有《魏征斩龙》一段遗文,可见吴承恩之前已经有关于《西游记》的古本。金、元之间,这个故事也作为戏剧的题材被采用了,金院本有《唐三藏》剧目,元杂剧有吴昌龄的《唐三藏西天取经》,其中已有收孙悟空、沙僧、猪八戒等情节。至明代则出现了杨志和编的《西游记》四十一回,在思想倾向、故事安排上都与吴承恩的《西游记》相近。吴承恩的《西游记》即在这一题材长期发展的基础上形成的。

《西游记》全书一百回。前七回是写孙悟空的出现,大闹天宫,这是《西游记》最精彩的部分,它曲折地反映了封建社会农民阶级反抗地主阶级的斗争。天宫实际上是封建王朝的缩影,孙悟空等的反抗精神及其在水帘洞的平等自在生活则是农民阶级的生活理想和斗争意志的概括。八至十三回写魏征斩龙、唐太宗入冥、刘全进瓜和玄奘奉诏取经的事。这段故事思想意义较低,是取经前的准备,起了在情节上的组织作用。十四至一百回是取经正文,写孙悟空和玄奘经历八十一难的过程,表现了人民群众克服困难的坚强毅力和征服自然的英雄气概。这里的一切妖魔都成为变化莫测的各种困难的象征,孙悟空则成为战胜这许多困难的伟大精神力量。这些困难包括两方面的内容:一方面是高山深渊、神仙洞府的妖魔,通过对他们的描写,表现了对邪恶势力的批判。一方面是现实社会一些国家的君臣的昏庸,祸国殃民,通过对他们的描写,表现了孙悟空为民除害的精神。

《西游记》宣传了不少道家和佛家的宗教思想,但它并非一部宗教教科书,而是一部有丰富生活根据的小说,它所写的具体生活内容又往往给宗教以不同程度的批判,揭露了道教以妖术骗人的暴行,以及佛教的清规戒律等。《西游记》最中心的人物是孙悟空,是经作者理想化了的英雄形象,他坚强、勇敢、刚毅、乐观,大闹天宫是他性格最光辉的表现。他还蔑视一切权威和封建势力，嘲笑佛祖弥勒，讥讽太上老君，驱使龙王、雷公为自己效劳，他是一个具有反抗精神的英雄。其它，如玄奘、猪八戒等也刻划的比较成功。作者描写玄奘是一个佛教信徒，去西天取经是一心一意的。他是个老好人，但面对困难束手无策；他顽固地维护封建礼教和佛家戒律；他无原则的"慈悲"思想，甚至弄到是非不分的地步。猪八戒是个喜剧式的人物，性格憨厚、单纯，勇于战斗，但又有怕困难、贪图享受、好进谗言的缺点。作者对他的缺点采取了嘲笑的态度，但对他好的方面，并没有抹煞。

《西游记》是一部浪漫主义的长篇小说。在艺术上的突出成就是想象力的丰富，它把整个自然和社会都幻想化了，创造了奇特的环境和人物性格。象孙悟空、猪八戒等，在他们身上既写出了作为神魔的特殊形象，又体现了封建社会中复杂的社会关系。神魔和人的形象的结合，是本书塑造人物的特色之一。

本书的基本格调是幽默诙谐，充满了乐观精神。作品的语言生动活泼，简洁有力，俚趣横生，和作品的格调、人物性格的特征是统一的。它在群众生活中有深远的影响。

《西游记》有作家出版社本。这个本子是经作家出版社编辑部根据明世德堂本（摄影的胶卷），并参照清《西游记评注》、《西游真诠》、《新说西游记》等六种本子校订、增补而成的。它兼采各本之所长，而且又加了必要的注释，是目前较好的一种通俗读本。

熊大木

熊大木，明代通俗小说的编著者和刊行者。字鳌峰，号钟谷，福建建阳县人，具体生卒年代不详。他生活在嘉靖、万历年间，是书坊主人，极重视野史小说，曾编纂有《西汉志传》、《东汉志传》、

《唐书志传》、《大宋演义中兴英烈传》、《两宋南北志传》等通俗小说。《杨家将传》是他《两宋南北志传》中的《北宋志传》(玉茗堂批点本题《杨家将传》)部分。他是继罗贯中之后出现的一位通俗小说家。

《杨家将传》

《杨家将传》据三台馆本《全像两宋南北志传》序文说是熊大木创作的。

杨家将故事是我国文学史上重要的题材之一,早在宋代即有民间艺术家演唱。罗烨《醉翁谈录》即有《杨令公》、《五郎为僧》等目录。元代杂剧中则有《谢金吾诈拆清风府》、《昊天塔孟良盗骨》、《杨六郎调兵破天阵》、《焦光赞活捉萧天佑》等剧本。熊大木就是在这个传统的题材基础上综合、加工、创造《杨家将传》的。

《杨家将传》共五十回,起于宋太祖再下河东,止于宋仁宗时代,是按史书年月编纂的。内容是以杨业一家抗辽的英雄事迹为主,写杨业、杨延昭、杨宗保祖孙三代英勇抗辽的故事。杨业原是北汉王手下的一员将领,因为北汉王听信谗言,他才被迫投降宋朝。他为臣忠贞,常思报效国家,与敌人屡战屡胜,威震天下,号"杨无敌",后为奸臣潘仁美陷害,与敌人作战陷入重围,被迫撞李陵碑而死。杨延昭继承父业,发扬父亲的爱国精神,勇敢善战,大破辽兵,使敌人闻风丧胆。杨宗保是个小英雄,有一种迫不及待的为国立功的要求,大破天门阵一场,他在穆桂英的协同下,使敌人全军瓦解。

《杨家将传》赞美了杨家世代英勇抗辽的精神,歌颂了历史上为国牺牲以及保卫祖国的英雄人物。同时还描写了宋王朝内部忠与奸的斗争,即以八王、寇准为主的忠直之臣与卖国贼潘仁美、王钦若的斗争。

这部书是用通俗的文言写的,虽然也夹杂着白话,但风格还是统一的,粗朴而质直。人物描写比较成功,像杨业之弃汉归宋,孟良盗骨,焦赞之杀谢金吾全家,都写得十分动人。但结构比较松弛,前四十五回较好,后五回多属糟粕,宣扬了不少封建迷信观念和巫术思想。

许仲琳

许仲琳,具体生卒年代及事迹都不详,大约生活在明代隆庆、万历年间,作《封神演义》一百回。

《封神演义》

《封神演义》有作家出版社排印本,是神魔小说。据今保存最早的日本内阁文库藏的明万历年间苏州舒载阳刻本,题"钟山逸叟许仲琳编辑"。这部书也是在民间文学的基础上形成的,远在汉、唐,封神故事已经很流行了,至元则有平话《武王伐纣书》出现,凡三卷,写商、周斗争的历史,也间或杂有神怪成分,其规模与《封神演义》很接近,是《封神演义》成书的重要凭藉。《封神演义》全书一百回,写武王伐纣的故事。前三十回着重写纣王的暴虐,姜子牙归隐,文王访贤,得姜子牙之辅佐,武王才完成讨伐纣王的大业。后七十回主要写商、周两国的战争,并且掺杂有宗教的斗争,阐教帮助周,截教帮助商,各显道术,互有杀伤,结果截教失败,纣王因而自焚,武王夺取天下,分封列国,姜子牙回国封神,使有功于国的人和鬼各有所归。这部作品成功的地方,是对暴君、暴政的批判。纣王是被作为一个凶狠、残酷、荒淫、无耻的昏君来批判的。对这个昏君的批判是从两个方面进行的,一个方面是那些文死谏武死战的忠臣，像杜元铣、梅伯、商容、胶鬲、微子、箕子、比干、闻仲等，他们都具有浓厚的封建君臣观念，但是都反对纣王的暴虐，大骂"昏君无道，杀戮谏臣，此国家大患"。一方面是那些"吊民伐罪"的人，像周武王、姜子牙和四方诸侯，都以有道伐无道，姜子牙对纣王提出的十大罪状，是对这个暴君的总讨伐。作品中明显地表现了两种历史观念，一种是君叫臣死臣不敢不死的封建观念，一种是"天下者非一人之天下，乃天下人之天下"的思想，周武王、姜子牙体现了这种思想。这部书对一部分人物性格的刻划特别鲜明突出，像哪吒闹海所表现出来的反抗精神和蔑视统治者的英雄气魄，咄咄逼人。黄飞虎那种经过剧烈的思想斗争，批判了浓厚的忠君观念，终于反出五关，归了西岐的英雄性格，又是那样生动深刻。姜子牙的智勇韬略、深谋远虑，又是多么神奇。这部书还有不少糟粕，宣传了许多封建思想和宗教观念，对人民有麻醉作用。这部书是学习了《西游记》而创作的，有些情节和人物可能受《西游记》的影响，象武王伐纣所经历的困苦之于唐僧取经的八十一难，哪吒闹海之于孙悟空闹天宫等都是。但无论内容与艺术比《西游记》都大为逊色。

《封神演义》有人民文学出版社本，是以《四雪草堂》本为主，参照了《广百宋斋》石印本、蔚文堂本加以校订而成。

《金瓶梅》

《金瓶梅》据《金瓶梅词话》本欣欣子所载序文说，作者是兰陵笑笑生，但真实姓名却不了解。古兰陵在今山东峄县，作品中又多用山东方言，因此作者可能是山东人。沈德符在《万历野获编》说是出于嘉靖间的大手笔，有人附会为王世贞，不可信。这部书的版本可分成两个系统，一是有弄珠客序的《金瓶梅词话》系统，一是

《原本金瓶梅》系统。其不同处在回目方面,前者文字参差不齐,后者对仗工整;在回目前的韵文方面,前者多是词,后者多是诗。这部书是从《水浒传》中《武松杀嫂》一节发展而来的,把原来的三回书扩大为一百回,变成以写西门庆的荒淫无耻生活为主要内容。

全书内容写市井恶棍西门庆,游手好闲,终日和一些帮闲者在一起淫乐。自己有一妻二妾,见了潘金莲后图谋通奸,毒杀了她的丈夫武大;武松报仇,错杀了李外传,被刺配去孟州,他便趁机娶了金莲。以后他又奸骗了有夫之妇李瓶儿,并收了金莲的婢女春梅。《金瓶梅》即这三个妇女名字的合称。他又贿赂蔡京,做了个理刑副千户。从此更勾结官府,贪赃枉法,霸占妇女,淫逸无度。瓶儿和西门庆因为淫欲过度,相继死去。死后,西门庆的正妻吴月娘因金莲、春梅和女婿陈经济通奸,把她们卖了,结果金莲被武松杀死,春梅做了周守备的妾,以淫乱被杀。这时天下大乱,金兵南侵,月娘带儿子孝哥逃往济南,经普净和尚点破,知孝哥乃西门庆托生,便令其出家。

这是一部暴露性的小说,它以西门庆的家庭为描写中心,这个家庭上通文武百官,下连贩夫走卒,是这个社会矛盾的集中点和缩影。通过它暴露了明代社会政治的黑暗、经济的腐朽、道德风尚的堕落、伦理关系的严酷等。作品的中心人物是西门庆,他是个豪商和恶霸的典型,剥削、欺诈、狠毒、贪婪,为了满足自己的私欲,不惜牺牲一切人的利益。在他身上体现了剥削阶级极其丑恶、凶残的本质。潘金莲、李瓶儿、春梅等是被侮辱、被蹂躏的妇女,同时她们也以毒辣的手段欺压别人,她们的行为和遭受都体现了封建社会的罪恶,她们的死是受封建制度毒害的结果。作品在艺术上的主要特色,是人物性格刻划得鲜明,如西门庆的骄横、手眼通天;吴月娘的和顺、庸弱;李瓶儿的温柔、精细;潘金莲的刻薄、泼辣等。其次是细节写得很成功,许多细节都具有社会意义。就语言来讲,是爽朗而泼辣,足以表现人物性格的特征。但是,这部书还有它的严重缺点,即作者对所写的社会现象缺乏鲜明的爱憎感情,对于被剥削被压迫的人很少表示同情,对于压迫者凌辱者也很少表示憎恨,而且对于受苦难的劳动人民,特别是横被作践的妇女,时常加以嘲弄。对所写的生活侧面缺乏提炼和典型化,只是客观地暴露出来,甚至对所写的丑恶现象还抱着欣赏的态度。这说明作者是站在封建统治阶级的立场上进行创作的。书中的那些大量庸俗色情的描写,表现了作者的思想庸俗和低级趣味。这部作品对《红楼梦》影响很大,《红楼梦》在通过一个家庭反映封建社会的生活面上,在细节的描写上,在细腻的刻画性格上,都受到了《金瓶梅》的影响。

《喻世明言》《醒世恒言》《警世通言》

三书合称"三言",冯梦龙(公元 1574—1645 年)编定。冯是明代文学家、戏曲作家,字犹龙,又字子犹,号墨憨斋主人,长洲(今江苏苏州市)人。崇祯七年(公元 1634 年)曾做福建寿宁县知县。明朝灭亡前,他编了一本《甲申纪事》,对农民起义军表示不满,也编了一本《中兴伟略》,对清兵表现了仇恨。清顺治二年(公元 1645 年)死去。他是明朝继罗贯中和熊大木之后出现的通俗小说家,他将毕生的精力从事于通俗文学的编写或刊行工作。曾改编过《平妖传》《新列国志》等长篇小说,刊行过《挂枝儿》《山歌》等民歌集,编撰过《喻世明言》《醒世恒言》《警世通言》(简称"三言")短篇小说集。他把通俗文学提高到《孝经》《论语》的地位。把封建文人所不齿的小说和他们尊奉的经典并列,在当时,确不失为具有一定进步意义的观点。

《喻世明言》(一称《古今小说》),有文学古籍刊行社本;《醒世恒言》《警世通言》，有人民文学出版社本，这两种都附有简明注释。三书各四十卷，每卷一篇，共收短篇小说一百二十篇。其故事有的是取自历史文言小说；有的是在宋元话本的基础上修润而成的；有的是作者创作的。其中刊行最早的是《古今小说》，稍后的是《警世通言》，最晚刊行的是《醒世恒言》。

这三部作品主要反映了城市市民的生活面貌，其内容大体可归纳成以下几个方面：首先是描写了市民的爱情理想和生活愿望，有代表性的作品是《杜十娘怒沉百宝箱》《卖油郎独占花魁女》《蒋兴哥重会珍珠衫》等。妓女杜十娘为了追求对李甲的爱情，结果在金钱和门第观念的压力下，演成悲剧。卖油郎秦重和妓女莘瑶琴的爱情，真实地表现了封建社会里城市人民互相体贴的精神。蒋兴哥和王三巧的悲欢离合的夫妻关系，显示了城市商人的观点，突破了封建贞节观念。其次描写了朋友之间的真诚友爱和小商人恪守信义的道德观念。像《施润泽滩阙遇友》赞扬了机户施复和朱恩的生死交谊，《吕大郎还金完骨肉》歌颂了布商吕玉的拾金不昧，《刘小官雌雄兄弟》表彰了酒店主人刘德急公好义等。另外，作品中还暴露了封建官僚、地主、恶霸的凶恶本相和无耻行径。《沈小霞相会出师表》批判了严世蕃的凶暴残忍，《灌园叟晚逢仙女》揭露了恶霸张委的狠毒刻薄。这些都是"三言"中有价值的部分。但是，"三言"的内容是复杂的，其中存在着不少糟粕，不少篇章充满了小市民的庸俗趣味和封建道德的说教，宣传了神仙出世思想和宿命论观念，这些落后思想即在一些优秀篇目中也还存在着。

《金玉奴棒打薄情郎》

《金玉奴棒打薄情郎》是《喻世明言》中的一篇。故事是叙述南宋京城临安一个乞丐名叫金老大，从祖上到他，做了七八代丐头,积累了许多钱财。他有个女儿叫金玉奴,由邻翁作伐,招穷秀才莫稽为婿。金玉奴只恨自己门风不好,要挣个出头,乃劝丈夫刻苦读书。在她的帮助下,莫稽才学日进,乡试中举,入京会试,又中进士,赴吏部应选,得授无为军司户。莫稽后悔自己做了丐头的女婿,在携金玉奴上任时,下狠心将她推入江中。金玉奴落水未死,为淮西转运使许德厚救起,并收为义女。许德厚为金玉奴招赘莫稽。莫稽不知许女即金玉奴,于新婚之夜,被老妪、丫环用棒子打了一场,责备他薄情。最后经许德厚夫妻劝解,才使金玉奴与莫稽言归于好。

这篇小说通过士大夫和丐头家的婚姻矛盾反映了封建社会妇女的悲惨命运,以及封建统治阶级的丑行,客观上暴露了封建等级制度的罪恶。作品的中心人物是莫稽。他是个穷秀才,贪婪自私,品质恶劣。在穷途末路之时,入赘丐头家中,当他及第为官后,却将糟糠之妻推入江中。小说对他的丑恶面目的揭露是有力的。在揭露莫稽的同时,现实地写出了金玉奴的悲剧,控诉封建等级制度的罪恶,这部分是积极的。但后半部,作者编造了团圆的情节,基本上是消极的。它粉饰了封建势力的罪恶,似乎是封建势力的“仁慈”赐还了金玉奴“幸福”。金玉奴自己用不着斗争,只要按照封建伦理要求,尽“妇道”,守“节”,小小出一口气,就和莫稽妥协,最后能得到“幸福”。这实际反映了市民阶层的思想的落后方面。

《沈小霞相会出师表》

《沈小霞相会出师表》出于《喻世明言》。故事是叙述明嘉靖年间,严嵩、严世蕃父子专权;而正直的官吏沈炼素爱诸葛亮的《出师表》,深受其忠义精神的感染,对严党凶暴统治极为不满,曾当面加以指责。结果严党把他贬为庶民,并派党羽杨顺、路楷诬陷沈炼通敌卖国,将他下狱处死,又把他的两个儿子害死。沈炼长子沈小霞被判充军,为其世伯冯主事所救,才得不死。后来兵部给事吴时来奏杨顺、路楷罪状,御史邹应龙劾奏严氏父子误国殃民,严党败。沈小霞到处寻找母亲,因见贾石家中挂有父亲手笔《出师表》,遂访得母亲的消息,全家始得团圆。

这篇小说是写明代忠臣义士沈炼、沈小霞、贾石等反抗权奸严嵩、严世蕃等的斗争,在一定程度上反映了当时广大人民对奸臣的憎恶、仇恨,要求铲除奸臣保护忠良的愿望。篇名叫《沈小霞相会出师表》,但中心人物却不是沈小霞,上半部是沈炼,后半部是闻淑女。沈炼是个忠义耿介之士,他的中心思想即《出师表》中所谓"鞠躬尽瘁,死而后已",因此对严世蕃等奸臣贼子表现了疾恶如仇的精神和势不两立的决心。他敢于当面辱骂和上表劾奏,揭露这些统治者的凶残本性;当他被贬为庶民在保安州居住时,仍然反对权奸。贾石是个下层人民的形象,同样对权奸怀着无限的仇恨,对沈炼表现了崇高的敬意,当沈炼被杀,竟敢将沈炼的尸首盗窃出来。下半部创造了闻淑女这个少妇形象。她是沈小霞的妾,勇敢、机智、泼辣,她设计让沈小霞逃跑,然后在公堂上顿足大哭,控诉两个公人害了自己的丈夫,这样掩护了沈小霞。作品的语言较精练,能刻划出一些重要人物的性格特征,使这些人物都生动形象。缺点是结构松弛,使主题表现得不够集中。

《杜十娘怒沉百宝箱》

《杜十娘怒沉百宝箱》是《警世通言》中的一篇,是明代短篇小说中思想性艺术性成就最高的作品。它取材于宋幼清《九籥集》里的《杜十娘传》。故事叙述北京教坊院妓女杜十娘,不满于自己的卖笑生涯,希望从良。恰好李布政之子李甲在京城做太学生,来院游玩,二人相见,感情很深,十娘愿以终身相托,但李甲害怕父亲,不敢应允。不久,李甲钱已用尽,遭鸨母冷淡。鸨母并迫使十娘将他驱逐出门,十娘不肯。鸨母明知李甲没钱,故意要他出三百两银子,方可把十娘领去。十娘乃将自己私蓄的一百五十两给李甲,李甲又设法借得一百五十两,共三百两交与鸨母,十娘方得出院。临走时众姊妹把十娘装有价值万金的珠宝箱子送回给她。十娘与李甲商议暂去苏、杭寄居,所乏资费,皆十娘从箱中拿出,李甲深为感激。不料在渡江途中遇见浮浪子弟孙富。孙富见十娘美丽,想占为己有,趁机与李甲攀话,从中离间,并愿以千金收买十娘。李甲见钱动心,回舟与十娘商议。十娘气愤之极,假意应允愿跟孙富,并叫他送来千金。之后,十娘打开描金百宝箱,把万金珠宝投入江中,然后沉江自尽。

这篇作品通过杜十娘的优美坚贞的性格和封建制度的冲突,完成了一个卓越的反封建的悲剧。她是个反封建的悲剧典型,一生受尽了冷遇:封建阶级的蔑视,王孙公子的玩弄,金钱的诱骗等。她想摆脱这一切,希望过真正人的生活,结果又受李甲的欺骗,终于葬送在封建制度之下。她的悲剧是有时代特征的,反映了那个时代严格的阶级界限,卑俗的社会舆论,浮浪子弟的欺骗等。她临死时所说的"命之不辰,风尘困瘁,甫得脱离,又遭弃捐"就是对这个时代的控诉。

作品突出了十娘爱憎分明、坚决勇敢的性格。写她的善良和钟情,她对李甲爱抚之至,用力帮助李甲,在鸨母面前表示誓死要嫁李甲,感情十分诚笃。李甲背信弃义之后,她就毅然结束一切。一个迷误在封建社会黑暗深渊中的女子,能够有这样的情操、毅力和气概,是可贵的。李甲是个官僚子弟,封建阶级顺从的子孙,性情柔懦而无主见,贪婪自私,为了一千两银子,忘恩负义。作者揭露了他卑劣丑恶的灵魂,对他的丧德败行的品格作了坚决的批判。这篇作品所创造的人物曲尽人情,把人物从内心到外貌都写得十分细腻动人。

陈 忱 (公元 1590? —1670 年?)

陈忱字遐心,号雁荡山樵,明末清初小说家。祖籍浙江乌程县南浔镇人,约生活在明万历到清康熙年间。他身历明代亡国之痛和明末农民大起义的革命风暴,对封建统治王朝的昏庸腐朽和外族统治者凶狠残暴,以及广大人民的反抗力量,都有不同程度的认识。他是一位有民族气节的知识分子,经常与顾炎武、归玄恭相往来,在苏州组织"惊隐诗社",用来掩护反抗清统治者的秘密活动。他写了不少爱国诗篇并俚曲小说。今有《续二十一史弹词》(明杨慎有《二十一史弹词》)和《痴世界曲本》以及《水浒后传》三种。他是怀着一种终身遗恨来续《水浒传》的,恨道君之昏庸、奸臣之误国,草泽英雄一片忠心却负屈而死,因此要为英雄们作后传,其目的在于"为后世有志者劝"。这部小说是陈忱的"泄愤之书"。

《水浒后传》

《水浒后传》有作家出版社本,全书四十回,陈忱作,是对明施耐庵百回本《水浒传》的续书。叙述梁山英雄失败,宋江等既死之后,一部分流落江湖的人物在严酷的封建压迫和民族压迫下,再度起义的故事。事件起源于阮小七凭吊梁山泊,杀死蔡太师府中的张干办,和李俊在太湖捕鱼,反抗恶霸巴山蛇的斗争。然后是各地人民和水浒英雄的后代也相继起来反抗,逐渐发展成三个根据地。那就是以阮小七、孙立为骨干的登云山,以李应为首的饮马川和以李俊为首的金鳌岛。随着斗争形势的发展,都汇合于金鳌岛,并且以李俊为首领,建国称王,众兄弟都完婚,以团圆作结。这部作品以宋与金、辽的和战为背景,写农民起义军的风起云涌。书的内容以宋亡为分界,表现两个方面,宋亡之前主要写农民阶级反对地主阶级的斗争,宋亡之后民族矛盾更突出了,农民革命表现为与外族统治者和卖国奸臣的斗争。

这部书的基本精神和《水浒传》是一致的,许多人物都是被迫走向反叛的道路。阮小七的泼辣、爽利和坚韧的性格在《后传》中得到进一步发展,他天不怕、地不怕,甚至也不把最高统治者放在眼里。他辱骂了怀着鬼胎的卢师越,拯救了无辜受监的黄信,他的反抗体现了被压迫阶级的斗争意志。李俊是和宋江一个类型的人物,深谋远虑、雄才大略,为了代人民除害,和太湖恶霸巴山蛇展开生死的斗争。此外像乐和的设计逮吕太守,穆春的杀一伙僧侣恶霸,李应的火烧万庆寺等,都是英勇的反封建的斗争。

这部书还发展了《水浒传》中"征辽"部分的民族意识,表现了更鲜明的爱国思想,其中虽然未写农民起义军与金、辽的冲突,却写出了与言和投降派的斗争;象呼延灼的与叛国奸贼汪豹的斗争,关胜的不愿在降臣刘像幕下做官而乞归乡里等,同时还写了忠贞之臣如李纲、李若水、宗泽与奸臣的斗争。本书在思想上也有它的缺点,即宣传宿命论观点,用宿命论来解释社会现象。又散播了不少神仙道化思想。写戴宗消极退隐,并为童贯传书递简,失掉了阶级立场。这些都是糟粕。《后传》在艺术上也继承了《水浒传》的一些优良成分,人物塑造注意突出人物性格,而且都跟各人的阶级特征有关。语言较简洁洗炼,有较强的生活表达力,写景明朗单纯。

蒲松龄（公元 1640—1715 年）

蒲松龄,字留仙,号柳泉,山东淄川（今淄博市）人。清代小说家。他出生在一个小地主和知识分子的家庭中,高祖、曾祖都是秀才,父亲蒲槃才是个童生。在这样家庭中也培育了他的举业心,少年时代科场比较顺利,十九岁就考上了秀才。以后则屡试不第,到七十一岁始被取为贡生。他一生穷愁潦倒,三十一岁时为生活所逼迫,应同乡孙蕙之聘,到宝应县做幕宾,时间不久,第二年便回来了。这期间他体验到一些官场生活,写了《南游诗》集,其中不少篇章揭露了"达官显宦"的奢侈生活。同时他搜集了一些故事,开始了《聊斋志异》的创作。他回家之后,便到同县乡宦毕家做塾师,毕家藏书很多,给他以浏览古书秘笈的机会,对他的文学修养的提高有很大作用。期间,他又几次去应乡试,皆未中。之后,他便把主要精力集中于《聊斋志异》的创作上。《聊斋志异》一书大约在他四十岁时完成。与此同时,他还写了十几种俗曲。他晚年由于长期生活在农村,为了适应农民的需要,写成《药祟》、《农桑经》、《日用俗字》、《婚嫁全书》等著作。他还写了不少诗文,唱出了在灾荒年月中人民的悲苦声音。《聊斋志异》是他的代表作,他把一生的痛苦、不平和愤慨都写入了这部巨著中。这部作品写成之后,对后来的创作有很大的影响,出现了许多《聊斋志异》体的笔记小说,像纪晓岚的《阅微草堂笔记》、沈起凤的《谐铎》等。但它们都不如《聊斋志异》的成就高。

《聊斋志异》

《聊斋志异》文言短篇小说,是我国文学史上成就最高的一部短篇小说集。全书共四百九十一篇,其故事大都采取民间传说和野史佚闻,内容多谈狐、魔、花、妖,以此来概括当时的社会关系。作品的内容十分广阔。它以中下层人民生活为主,反映了十七世纪我国的时代面貌。

这部集子大致反映了如下三个方面的内容:其一,尖锐地暴露了当时黑暗腐败的政治,鞭挞了无恶不作的贪官污吏和土豪劣绅,同情被压迫人民的痛苦遭遇,以及歌颂被压迫者的反抗斗争。如《促织》写成名一家的悲剧故事。皇帝酷爱斗蟋蟀,每年都要向民间征索。成名是个安分守己的老实人,到了倾家荡产的地步,还是没法满足皇帝贪暴的要求。后来得到了女巫的帮助,弄到了一头俊健的蟋蟀。不幸被九岁的儿子不小心弄死,儿子因害怕而自杀。儿子的灵魂变成了一只狠勇善斗的小蟋蟀,成名把它送进了皇宫,才挽救了自己不幸的命运。作品深刻地表现了人民从肉体到精神遭到皇帝的迫害,把笔锋直接指向封建社会的最高统治者。在《席方平》中,作者剖析了整个封建社会统治机构的丑恶本质。在阴间,从冥王到狱吏都和地主恶霸一样,狼狈为奸,残害人民,没有公理和正义。同时塑造了席方平这一反抗斗争的形象。他的父亲被羊姓富豪打死,他出生入死要代父报仇,从城隍、郡司一直告到冥王。这些地方都被羊某贿赂好了,不但不受理案件,反而利用威胁诱骗的手段要席方平屈服。席方平受尽了械梏、杖责、炮烙、锯解等毒刑,却始终不屈。冥王问他敢再讼否?他激愤地说:"大冤未伸,寸心不死!"表现了一种大无畏的精神,反映了被压迫人民的复仇愿望。《商三官》中商三官的父亲被豪强打死,她到官府去告,官府弃置不理。她被迫不得已,暗中投作优伶,到豪强家去陪席,夜间乘隙将豪强杀死,自己也悬梁自尽。《庚娘》中庚娘的丈夫在逃难中被人陷害,自己也被强盗骗去,夜里却手刃了仇人。对这些人物的反抗斗争精神,作者倾注着满腔热情加以歌颂。

其二,集子另一方面的内容,就是对封建社会一切不平现象进行了指责、抨击和控诉,特别是对科举制度的罪恶和弊端作了深刻的揭露。《叶生》中的叶生,文章词赋都很高,却终生困于名场。《司文郎》中的余杭生,做的文章令人作呕,反而中了举。《贾奉雉》中的贾奉雉,写出真正好文章不被录取,后于落卷中将冗蔓浮滥之句连缀成文,竟得中经魁。作者为此而愤慨,指责科举制度的腐朽,并感叹自己的一生不遇,从而表示对天道神权的怀疑。

其三,集子的另一个内容,是通过曲折的情节,揭露封建婚姻制度的不合理,反映当时广大青年男女冲破礼教樊笼的愿望和行动,歌颂反封建的"叛逆"性格。《连城》就是极优秀的一篇,写女子连城背叛了父亲给许下的婚约,自由地追求贫士乔生,结果被迫害而死,乔生也痛悼气绝,后来为追求爱情又复苏。他们为了争取婚姻自主,坚贞不屈,他们为理想而死,为理想而生。又如《青梅》中的青梅,《阿宝》中的阿宝等,都表现了同样的性格倾向,她们都反对封建制度,蔑视礼教,追求婚姻自主。他们都柔肠侠骨,多情尚义,敢于冲破封建社会的一切藩篱。

这部作品在艺术上成就也很高。它能把某一阶级、阶层的人物性格和狐、魔、花、妖的形象统一起来,如《狐谐》篇写狐的特性"谐",是和现实生活中具有诙谐性格的人结合起来,通过诙谐嘲笑了现实社会的庸俗面。其次是作品有较浓厚的幻想成分,作者把现实生活通过幻想表现出来,具有浪漫主义的色彩,如所写的被压迫者的性格,都是不屈服的,他们或者化作巨龙攫去强豪的头,或者化作猛虎龁吞了恶霸的脑袋,把现实斗争理想化了。再次,某些作品的情节细腻、曲折、复杂,力求写法变化多端。此外,语言虽典雅古奥,但却富有较强烈的生活表现力,读来十分动人。

这部集子在内容上也还有不少消极因素,那就是宣传果报思想和宿命论观念,在某些篇章中提倡对压迫者的忍受,并包含了一些庸俗低级趣味。

《详注聊斋志异图咏》

本书乃吕湛思注本,是旧注中最好的一个本子。由于《聊斋志异》是用文言写的,其中用了不少典故,尤其是小说后面的议论,有时用骈文来写,典故用得多,更不好懂。本书的注释详细,资料丰富,对典故都注明出处。

《聊斋志异会校会注会评》

中华书局本。在篇数上比通行本增加了六十篇,共四百九十一篇。在校勘上采用手稿本、铸雪斋抄本、青柯亭刻本及其他石印本等,作了精细的整理工作。在注释上,把吕湛恩和何垠的注汇集在一起,删去重复。在评语上,则汇集了王士禛、无名氏甲、无名氏乙、何守奇、但明伦等各家评语。这是目前最完备、最有研究价值的本子。

《聊斋志异选》

今人张友鹤选注,人民文学出版社本。这个选注本选录了较优秀的短篇小说,加上通俗化的注释,对文句的意义也作了一些说明,适于一般读者阅读。

吴敬梓（公元 1701—1754 年）

吴敬梓字敏轩,晚年号文木,安徽全椒县人,清代讽刺小说家。他生长在一个名门望族的家庭中;曾祖父弟兄五人,四人举进士或探花;祖父辈也都是科举途中"显达"的人,明清之际家门最盛。可是他父亲只是个拔贡,仅做了几年江苏赣榆县教谕的官。吴敬梓受家庭、特别是他父亲的影响很深,因为母亲早卒,十四岁就随父亲在赣榆任上。二十岁举秀才,二十三岁遭父丧。他父亲那种耿介的性格和"敦孝弟,劝农桑"的思想,给他留下了深刻的印象。他承袭了这种思想,为人豪爽,肯帮助人,不久便把家产花光,受到宗族邻里的卑视,三十三岁那年不得不迁往南京居住。三十六岁时,安徽巡抚赵国麟要他应"博学鸿词"科的考试,他托病辞却。

他的《儒林外史》大概就是在三十六岁以后对举业完全绝了念头时写的。他从三十三岁起直到五十四岁在扬州逝世为止，生活非常艰苦，主要依靠卖文与朋友的周济来勉强维持。

吴敬梓憎恶科举制度，鄙视功名利禄和虚伪、欺诈等行为。他坚持"治经"，把"治经"作为"人生立命处"。思想上有许多新的进步因素，像尊重下层人民、追求"个性"、要求平等等。但是，他的思想是不彻底的，是正统的儒家思想，企图用孔孟的"名教"来改变当时的社会，挽救那个社会必然灭亡的命运，这在实际上是不可能的。

吴敬梓一生经历了由富贵到贫困的过程，生活上起了极大的变化。他受尽了冷遇，体察到世态的炎凉。他接触社会各个阶层，看到官僚的徇私舞弊，豪绅的武断乡曲，膏粱子弟的平庸昏聩，举业人的利欲熏心等等，在他著的《儒林外史》中对这些现象作了揭露。除《儒林外史》外，他还著有《文木山房诗文集》十二卷，现在流传的只有四卷。又有《诗说》七卷，已佚。

《儒林外史》

《儒林外史》长篇小说，有人民文学出版社的校注本，共五十五回，它是连缀许多故事而成的长篇，并无一中心人物作主干。表面上写明代，实际是讽刺清代。描写的对象是"儒林"，主要内容则是批判各种类型封建士大夫的功名利禄观念，描写他们在追求功名利禄过程中的"性情"、"心术"、丑恶的精神面貌和败坏的道德风尚，暴露了封建社会的腐朽本质。

《儒林外史》首先批判了科举考试和八股制度。作品的开篇就写了两个科场中的人物，一个周进，一个范进，他们原是那个社会里淳朴的老实人，到五、六十岁也未考上秀才。结果是一个一头撞在贡院号板上几乎撞死，一个中了举反而高兴得发了疯。他们受科举制度毒害如此之深，以至于丧魂失魄、精神失常。作品进一步揭示了产生这些现象的原因，描写范进中举之后，有送田产的，有送店房的，也有送细瓷杯盘的，还有破落户投身为仆的。范老太太起初也不了解这一点，当她知道这些东西都属于自己的时候，便大笑一声，昏迷不醒。作品这就揭示了他们应科举的目的完全是为了功名利禄。

作品批评了科举制度和被这个制度腐蚀了的思想界，以及它在知识分子生活中所产生的极端恶劣影响。在一些举业人中，头脑完全被名誉、地位和升官发财所占有了，一点也不讲究真才实学。张静斋、汤知县等在一起谈论历史人物，竟将本朝人刘基的史实都搞错了。范进的试卷，被周进誉为"一字一珠"，然而不知苏轼为何人。科举制度还使人们道德败坏、丧尽廉耻。匡超人原来是一个朴厚的人，靠自己的劳动来维持贫苦的家庭生活，从考中秀才之后就变了，为非作歹，虚伪、奸诈。严贡生掠夺别人的猪，霸占他人的田产。周进由于商人给他捐了一个监生，取得参加考试举人的资格，就跪到地上磕头说："变驴变马也要报效。"虞、余两家的举人进士，不送自己的叔祖母、伯母、叔母入节孝祠，反而去送地主豪绅方老六的母亲入节孝祠，正如余大先生说的："我们县里，礼义廉耻，一总就灭绝了！"

《儒林外史》还揭露了封建礼教的虚伪和残酷，严监生的小舅王仁是科场出身，口头上讲的都是礼义廉耻，实际上却丧尽天良，受了严监生的二百两银子，便不顾骨肉之情，怂恿严监生在自己的亲妹妹王氏咽气之前，把侍妾扶正了。王玉辉是个封建礼教虔诚的信奉者，自己的女儿要为丈夫"殉节"，他不但不阻拦，反而劝她那样做，结果女儿绝食而死。他十分高兴，认为是为"伦纪生色"，仰天大笑说："死的好!"当县里的官、绅、士子在明伦堂摆宴席,为他庆祝时,他却"转觉心伤,辞了不肯来"。在去苏州的路上,看见一个少妇,就想起自己的女儿,心里哽咽。这深刻地揭露了礼教吃人的本质。

《儒林外史》也批判了清代吏治的腐败,揭露了这些官吏的昏庸、贪佞和暴虐。汤知县为了向上司表示清廉,指望来日升迁,当禁宰耕牛的时候,把向他行贿的回民活活地治死。王惠出任南昌太守不久,衙门里便都是"戥子声,算盘声,板子声"。彭泽县令为了表明自己治内的廉洁,当押船的人来控告两只船的盐被抢了时,他不去追索抢劫犯,反而把舵工打得皮开肉绽。作品揭露了他们表面上似乎是清廉的父母官,实质上却是敲剥百姓的民贼。

《儒林外史》也表现了作者的理想,这种理想是通过正面人物王冕、杜少卿、荆元等来体现的。这些人物有个共同的特征,就是品德纯良、尊重别人、蔑视功名利禄,分别靠卖画、卖文、做裁缝为生,用来反抗封建王朝给知识分子规定的科举入仕的路,用来批判那些以欺骗、剥削为生的堕落文人。以上是《儒林外史》一书中的精华方面。不过作者赞美的正面人物,还有庄绍光、虞育德、迟衡山等人,包括杜少卿在内,他们都反对八股文,这是进步的;但他们又主张用儒家的礼、乐、兵、农来挽救即将溃败的封建社会,还提倡孝弟一类的封建道德,以及迷信阴功祖德,这是属于落后的一面。

《儒林外史》在艺术上有很高的成就,特别在讽刺手法上是超过了以前任何作品的,正如鲁迅所说:"迨吴敬梓《儒林外史》出⋯⋯于是说部中乃始有足称讽刺之书。"《儒林外史》的讽刺,表现了严格的现实主义精神,对所讽刺的对象采取十分冷静严肃的态度,即便是正面人物只要有一点缺欠,也丝毫不放松地给以讥嘲。象杜少卿的交友贤否不明,虞育德的无原则的施舍等,作品也都加以批判。在人物创造上,《儒林外史》善于通过人物言行的自我矛盾来揭露人物的丑恶灵魂。如严贡生表面上说自己最慷慨,实质上却最吝啬。万里冒充假中书,却到处吹嘘自己了不起。他们的行动就揭露了自己的真面目。在语言上,《儒林外史》以刚劲、犀利、辛辣见长,描写人物只用几笔就能状貌传神,绘影绘形,声态并作。《儒林外史》集我国讽刺文学之大成,对后代文学产生了深刻的影响,晚清的谴责小说如《官场现形记》等,即学习它而创作的,鲁迅的小说、杂文,不论风格、手法、人物创造都吸收了《儒林外史》的一些创作精神。

《儒林外史》校注

人民文学出版社本,今人张慧剑校注。这个本子是以目前所见最早的刻本《卧闲草堂》本为主,并参照其他各本进行校订的,并且加了一些关于词语、典章制度和官职等注释,是目前流行的比较好的本子。

曹雪芹(公元 1715? —1763 年?)

曹雪芹名霑,字梦阮,号雪芹,又号芹溪居士。清代伟大的小说家。祖籍河北省丰润县。清兵入关以后,入正白旗内务府籍。他的家庭,从曾祖父曹玺、祖父曹寅、父亲曹頫三代都世袭江宁织造(主管织造宫中用的丝织品)。家势贵盛,气派极为煊赫。

曹雪芹的家庭除了是个“望族”之外,还是一个具有文学教养的家庭。他的祖父曹寅工诗词、善书法,著名的《全唐诗》就是他主持刊印的,并著有《楝亭诗钞》、《词钞》等。在这样的环境里,培养了曹雪芹的文学兴趣和素养。也工诗画,诗风新奇。

曹雪芹幼时曾随祖父曹寅在江宁织造任上,经历了一段豪华富贵的生活。其父以事获罪，产业被抄没，家道衰落。曹氏全家遂北返，曹雪芹随之来北京。在他中年时，家境已经很穷困，住在北京西郊，常过着"举家食粥酒常赊"的日子。

贵族家庭给曹雪芹带来很大的影响，使他对过去的豪华生活有着眷恋的心情。由于家庭的没落，从而产生了一些虚无悲观主义的思想。贫困生活的体验，使他对本阶级的腐朽、没落有了认识，这就为他创作《红楼梦》准备了良好的生活基础。

从他交接的朋友的诗文中获知，他善谈吐，尚风雅，是一个性格耿介、愤世嫉俗、高谈纵酒、傲骨嶙峋的人物。

曹雪芹在他写《红楼梦》时，生活已经很穷困。最后，写到八十回的时候，因贫病无医，再加上爱子夭亡，以至伤痛过度而死。《红楼梦》成了他未完成的杰作。

《红楼梦》

《红楼梦》又名《石头记》、《金玉缘》，是我国古代最伟大的长篇小说，有人民文学出版社校注本。全书共一百二十回，前八十回是曹雪芹写的，后四十回据说是高鹗续写的。故事始于贾宝玉衔玉出生，为贾母所钟爱，林黛玉失恃，来依外祖母家，迄于黛玉死和宝玉出家。其中插叙金陵十二钗的身世、经历和结局。全书可分七个部分：第一回至十八回主要介绍荣、宁两府及大观园的环境，以及贾宝玉、林黛玉、薛宝钗、王熙凤、秦可卿等的生活。第十九回至四十一回主要描写贾宝玉和林黛玉对爱情的探索，贾宝玉和封建正统思想的斗争，以及薛宝钗、史湘云、花袭人、妙玉和刘姥姥等人物。第四十二回至七十回主要写其他人物，如探春、薛宝琴、邢岫烟、尤二姐、鸳鸯、晴雯、香菱等的活动。第七十一回至八十回主要写贾府的衰败之兆，晴雯之死。第八十一回至九十八回主要写宝玉和黛玉的婚姻发生了波折,在贾母和王熙凤的策划下,宝玉和宝钗结成夫妻,黛玉以死殉情。第九十九回至一百零六回主要写贾府被查抄和贾母对天悔罪。第一百零七回至结尾主要写贾府衰败和宝玉的出家。这些部分是和全书的主要线索、人物联系在一起的,形成完整有机的统一体。

全书是以贾宝玉、林黛玉的爱情悲剧为主线,通过贾府兴衰历史的叙述,揭露了封建家族的荒淫、腐败,显示出封建制度濒于崩溃和必然灭亡的命运。作者通过对贾府的描写,还展示了这个由少数封建主子和数百个奴仆所组成的封建贵族大家庭,显示出那一社会不得不发生的种种矛盾和冲突。书中的宝玉、黛玉、晴雯、芳官代表了反封建反迫害的一方面。王夫人、贾政、宝钗、袭人等代表了维护封建统治秩序的一方面。这两者之间的矛盾,发展到了很激烈的程度。作者还描写了探春的反抄检,鸳鸯的反霸占,晴雯的反迫害,尤三姐的反淫乱等斗争场面,都是十分激烈的。除此之外,作者还写了上自王公大臣,下至村夫走卒,各个阶级、阶层的矛盾和斗争。其间有宫廷与王府的矛盾,家族之间的倾轧,骨肉之间的陷害,豪强之间的掠夺,僧侣村夫之间的诱骗等。这些斗争是通过人物性格来表现的,因此更显得尖锐。《红楼梦》描写贾府中各种复杂矛盾的生活,揭露其中封建的婚姻、道德、文化、教育等等的腐朽、堕落和衰败的现象,可以说是整个封建时代统治阶级的缩影,曲折地反映那一时代必然崩溃、没落的历史趋势。

《红楼梦》的思想意义还在于对于生活中积极的一面,对于那些在反封建主义生活道路上的叛逆者,特别是对违背了封建礼教的爱情,作了热情的歌颂。作者在书中塑造了贾宝玉和林黛玉这两个叛逆性格的典型形象。他们有着共同的思想倾向,反对封建婚姻制度,要求平等相爱的自由婚姻;反对八股时文,喜欢以诗词

歌赋来抒写"性灵";反对世俗利禄观念,主张做一个品质高洁的
人。他们反封建的表现形式密切结合着他们不同的处境和不同
的性格,贾宝玉被逼得发呆,终于和封建家庭决绝;林黛玉则是
以哭泣和一死来控诉封建社会对她的迫害。他们这种反抗要求
和精神状态,正体现了那一历史时期要求进步的青年的思想
面貌。

　　《红楼梦》在艺术上的成就也是十分出色的。首先是表现在
善于塑造人物。作者塑造了贾宝玉、林黛玉两个男女主人公的典
型形象,同时又塑造了一个具有高度典型意义的薛宝钗的形象。
其他人物的塑造,也是血肉饱满,个性鲜明。有些人物,作者虽寥
寥几笔,稍加勾勒,也给人很深的印象。其次,是它的结构的宏伟
而又自然,好象完全是生活的再现。其中描写了许多家庭生活的
细节,也写了一些波澜壮阔的大场面,千头万绪、参差错落,但看起
来却脉络分明,有条不紊。它的每一段描写,哪怕是极细微的地
方,都是整个结构的组成部分,是一个高度的有机体。再次,《红楼
梦》的细节描写也特别出色,它写了许多家庭生活琐事,这些生活
琐事看来都很平常,经过作者的提炼,描绘出封建贵族生活的图
画,反映了生活的本质,具有丰富深刻的社会意义。第四,《红楼
梦》的语言继承了中国古典小说的传统,而又吸取了人民的语言加
以提炼,其特色是表现得洗炼而十分自然。人物的语言丰富多样,
或长或短,或文或野,无不切合每个人物的性格口吻,使人看到了
活生生的人物姿态、表情和动作。

　　《红楼梦》是封建社会中的作品,它的作者又是从富贵生活中
来的,免不了感染上一些消极的东西。粗略说来,有下列各点:一,
作者对富贵的生活有所留恋,对封建大家庭的没落有所悼惜。二,
作者感觉到封建社会的趋向没落,但看不到出路,因而产生了人生

如梦的色空观念。三,主人公宝玉对丫头的态度和一般公子哥儿的玩弄女性不同,这是应该肯定的,但他免不了也沾染一些不好习气,书中也有一些不干净的描写。四,写宝黛的爱情有它的反封建的意义是值得肯定的。但这种在封建礼教重压下的爱情,半吞半吐,缠绵曲折,神魂颠倒,终于黛玉以身殉情,宝玉出家,又带有贵族阶级的色彩。

此外,后四十回续作跟前八十回有不一致处,也是本书的一个缺点。不过,总的说来,它确是我国古代成就最高的一部小说。

《红楼梦》脂评本

脂砚斋评八十回本,是《红楼梦》的最早的本子,分三种:甲戌本、己卯本和庚辰本。前两种本子已经残缺不全了,只有庚辰本是比较完整的,原题《脂砚斋重评石头记庚辰四阅评过》。从评语来看,评者对曹雪芹是十分了解的,不少地方道出了曹雪芹的创作原意。它可以帮助我们了解曹雪芹的创作过程,了解此书的思想艺术特色。特别是对艺术方面,有许多精辟的阐发,是研究《红楼梦》的重要参考书。

《红楼梦》程乙本

这是另一个重要的本子。这个本子是乾隆五十七年(公元 1792年)由程伟元把传钞的八十回本和高鹗续的四十回合在一起,用活字排印出来的。这是一个比较完全的本子,长期在社会上流传。

《红楼梦》校注

人民文学出版社本。经启功注释,周汝昌、周绍良等校订。这个本子是根据《程乙本》,再参照其他重要版本,如《脂砚斋》庚辰本、戚蓼生序本、王希廉评刻本、《金玉缘》本校订标点而成的。并且加了不少通俗的注释,这些注释都比较准确、简明,是目前最好的注释本。

褚人获

褚人获字稼轩,又字学稼,号石农,江苏长洲(在今苏州市)人。具体生卒年代不详,约生活在康熙年间。其著作除了《隋唐演义》外,还有《坚瓠集》七十六卷及《读史随笔》、《圣贤群辅录》、《续蟹谱》、《鼎甲考》等书传世。

《隋唐演义》

《隋唐演义》讲史小说,一百回。清人褚人获编。远在明代,罗贯中即编纂有《隋唐志传》一书。正德年间,林瀚对此书有所改订。褚人获根据林瀚改订本《隋唐志传》和佚名《隋炀帝艳史》,再参考讲隋代故事的《大业拾遗记》、《海山记》、《迷楼记》、《开河记》,讲唐代故事的《隋唐嘉话》、《明皇杂录》、《开元天宝遗事》、《长恨歌传》、《太真外传》等,编成《隋唐演义》。全书从隋文帝伐陈、杨广阴谋夺取太子位开始,到唐明皇之死为止,共写了一百七十多年的历史故事。全书分三个段落:一是秦琼、单雄信等英雄人物的聚散;二是隋炀帝和朱贵儿的关系;三是唐明皇和杨贵妃的结合。本书反映了封建统治阶级内部的斗争,揭露了他们的腐朽、奢侈、荒淫和残暴:杨广为了夺取太子的地位,不惜运用一切卑鄙手段扩充自己的势力,终于把哥哥杨勇杀掉;杨国忠和安禄山为了争宠而互相倾轧,结果导致了天宝年间社会的大动乱;杨贵妃姊妹为了满足她们豪华糜乱的生活,浪费了劳动人民的血汗。

本书还描写了在黑暗政治统治下所爆发的一系列的农民革命活动,歌颂了这些草泽英雄的勇敢和义气。他们虽然遭际不同,但都有劫富济贫、誓同生死的愿望,对贪官污吏有刻骨仇恨,对被压迫人民则深切同情。窦建德即说要把天下的赃官都杀尽。罗士信把贪官的财产分发给饥饿的人民。他们还拘捕了奉钦差点选秀女和诈人财物的宦官,杀死凌辱民女的权豪宇文公子。

本书在人物的塑造方面也比较成功,像富于反抗精神的秦琼,坦率真诚的程咬金,足智多谋的徐懋功,刚毅勇敢的单雄信等,都写得生动逼真。语言精炼,并具有民间说唱文学的格调。但本书也有一些缺点,在某些地方宣传因果报应,语言还嫌浮艳,结构也较松散。

钱 彩

钱彩字锦文,杭州人,具体的生平事迹及年代均不详,大概生活在清康熙、雍正年间。他编有《新增精忠演义说本岳王全传》,从此书的内容可以看出他有强烈的民族思想。

《说岳全传》

《说岳全传》原名《新增精忠演义说本岳王全传》,题钱彩编次,金丰增订。它是综合了历史上有关岳飞故事的文学题材而成的。像它以前的杂剧《东窗事犯》、话本《游酆都胡母迪吟诗》、小说《大宋中兴通俗演义》和《大宋中兴岳王传》、《岳武穆王精忠传》、《岳武穆尽忠报国传》等,都是它成书的凭借。此书共八十回,先写岳飞的出身,学武艺,受宗泽赏识,在武场比试时枪挑小梁王,闯祸逃跑。这部分以武场比试写得最为精彩。接下来写金兀术南下,北宋被灭亡,康王南逃在金陵即位。这部分以写奸臣的投降和有民族气节的人士为国牺牲为主,爱憎分明。这时岳飞起来抗金,屡败金兵。但也受命去镇压洞庭湖起义军,又招降了各地武装部队,加强了抗金力量。跟着金兀术大举南下,康王被围牛头山,岳飞在牛头山破敌,韩世忠在黄天荡破敌。以后岳飞屡破金兵,最后进驻朱仙镇。这时高宗听信奸臣秦桧谗言,用十二道金牌将岳飞召回,并在风波亭把他害死。他死后,儿子岳云和牛皋的儿子牛通等继承父志,直打到黄龙府,完成了抗金扶宋的事业。此书内容,反映了在民族矛盾和阶级矛盾极端尖锐的情况下,以岳飞为首的爱国英雄反抗外族统治者侵略的爱国精神,他们坚决反抗封建统治阶级的腐朽荒淫、奸臣贼子的专权卖国,保持了顽强不屈的气节。作品的中心人物是岳飞,他是个文才武略兼备的英雄,志在恢复国土,为国家立下汗马功劳,得到广大人民的拥护,结果被杀。通过这个人物,不但宣扬了爱国精神,而且揭露了当时政治的黑暗。但岳飞身上也有浓厚的封建色彩,他宣传忠、孝的伦理道德,表现了对农民起义的仇视。作品中最可爱、最动人的人物是牛皋,他是农民阶级的典型,粗朴、勇敢而真诚。他的反抗性最强烈,与外族统治者的侵略势不两立,对封建统治者也认识最清楚。作品还歌颂了爱国忠臣陆登、梁夫人、张叔夜在敌人面前的坚贞不屈,李纲、宗泽、李若水等反对奸臣贼子的勇敢精神。作品对张邦昌、秦桧等认贼做父、陷害忠良的民族败类,也作了揭露和批判。全书的缺点,主要是宣传因果报应和封建道德观念,仇恨农民起义军,后二十回还侈谈神怪,缺乏实际的生活内容。

李汝珍(公元 1763?—1830 年?)

李汝珍字松石,直隶大兴(今北京市)人。清代小说家。一生不喜欢做八股文,因此未得过什么功名。二十岁左右曾到哥哥汝璜的江苏海州任所,受业于凌廷堪,论文之暇,兼及音韵,受益很多。三十七、八岁时曾在河南做过县丞,带领几十万民夫防御黄河决口。他为人豪爽坦率,不与统治阶级合作,以至于穷愁潦倒,为饥寒所役使。平生所学极广博,精通音韵学,对书法、绘画、星卜、弈戏之类,莫不触手成趣。这种广博的知识在《镜花缘》中有所反映。《镜花缘》是他晚年竭尽二十余年心血的创作。全部计划写二百回，现流行的是一百回本。书末自云"镜中全影，且待后缘"，还有《镜花后缘》一百回未完成。大概作者没有来得及写出，就去世了。除《镜花缘》之外，他还作有《李氏音鉴》、《围棋谱》等书。

《镜花缘》

《镜花缘》长篇小说，有作家出版社校注本，共一百回。故事是写唐朝武则天当政之后，诏令百花齐放，众花神被迫遵命，但为上天所谴，谪于人间，变成一百位女子的事迹。全书可分前五十回和后五十回两部分。前五十回写多九公、唐敖、林之洋到海外经商游览，经过三十多个国家所见的风土人情和社会景象。后五十回写武则天开女科，录取了一百名才女，设"红文宴"，众女在宴会上表演书、画、琴、棋、医、卜、星相、音韵、算法等才艺的事迹。

这部书的主要内容歌颂了女子的才华，反映出她们在社会生活和政治地位上的平等要求，表现了作者尊重妇女地位的民主思想。书中描写的女子，都是有胆识、有文才或有武艺的。如：有文才的黑齿国学者黎红薇、卢紫萱，敢于和野兽搏斗的魏紫樱，侠客颜紫绡，数学家米兰芳，女王阴若花，辅臣枝兰香以及才女唐闺臣、廉锦枫、薛蘅香、姚芷馨、尹红萸、骆红渠等。作者对她们作了热情的歌颂。这种歌颂的意义，在于对女子长期被压迫的历史的批判，对女子无才便是德的封建伦理的否定。作者创造了一个女儿国，在这个国家中女子当政，男子反治内事，一切在封建社会里女子所受的侮辱压迫，都加在男子身上，批判了以男子为中心的封建统治势力。作品另外一个内容是，批判和讽刺了封建社会不合理的现象，揭发了风俗的败坏和道德的堕落。如书中描写喜受奉承的翼民国人，因爱戴高帽子，渐渐把头弄长了；贪吝自私的长臂国人，因喜欢贪便宜,久而久之把手臂弄长了;吝啬成性的毛民国人,因一毛不拔,结果一身都长了长毛。这些描写,在某种程度上是一幅生动的封建社会丑恶的风俗画。

《镜花缘》的想象力很丰富,创造了几十个类乎神话的国家,这些国家的名称和事迹尽管都取自《山海经》,但是它的内容比原来的情节丰富得多,出现了新的境界。《镜花缘》以讽刺见长,如借长人国讽刺自高自大者,借结胸围讽刺好吃懒做者,借犬封国讽刺饮食过奢者等等。但《镜花缘》还保存了不少落后思想,如宣传节孝观念和因果报应,并通过"镜花缘"、"水月村"等细节,说明人生的虚幻,劝戒人们逃避现实等等。在结构上也是松弛的,故事与故事之间缺乏有机联系,前后也不匀称。没有创造出典型人物,即如多九公、林之洋、唐敖、唐闺臣等重要人物,给人的印象也十分淡薄。作者不是通过典型性格来概括生活中的矛盾和斗争,而是通过人物的见闻来揭露现实,因此显得艺术力量薄弱,文学价值不高。

《镜花缘》校注

有作家出版社本,是以马隅卿旧藏的《原刊初印本》为底本,参照了其他本子校正而成的。为了便于读者阅读,对书中引用的典故,作了一些注释。

蔡元放

蔡元放名昇,号七都梦夫,又号野云主人,生活在清乾隆年间,具体的生卒年代和生平事迹都不可考。今存他修改的《东周列国志》一部。

《东周列国志》

《东周列国志》,有作家出版社本,是一部历史小说。它的成书经过：最早是明嘉靖、隆庆间余邵鱼编的《列国志》八卷，从"苏妲己驿堂被魅"写到"秦始皇一统天下"。明末冯梦龙曾根据史传把它修订了一番，删去了与史实不合的部分和周宣王以前的一段历史，成为一百零八回的《新列国志》。到了清朝，蔡元放又对这部书作了某些修润，并加上自己的批语，因为写的是宣王以后的事，所以名之为《东周列国志》，这就是以后较流行的本子。

这部书起于周宣王滥杀臣民，止于秦始皇统一天下。全书叙述了春秋、战国时期五百多年的历史故事。这些故事，主要是根据《左传》、《国语》、《战国策》、《史记》编辑而成；又采用《吴越春秋》等先秦的传说故事作补充；因此全书故事都是以历史或先秦的传说故事作根据的，这些故事，反映了长时期的历史变化。作者通过故事，对当时统治者的昏庸荒淫给予不同程度的讽刺，对政治的腐朽黑暗也进行了一定的揭露。其中有不少富有深刻意义的篇章，像《卫懿公好鹤忘国》等。本书在人物描写上也比较鲜明生动，特别是能粗略地描绘出人物的神态。但是由于受到历史故事的束缚，没有塑造出典型人物来。再一方面，由于作品取材于春秋、战国纷乱的历史时期，年代长，头绪多，因之产生线索繁杂的缺点。

这部作品虽然存在上述缺点，但几百年来在向群众普及历史知识方面却起了重要的作用。

戏　曲

关汉卿（公元 1230？—1300 年？）

关汉卿大约生于元太宗在位时代，号已斋，大都（今北京市）人。元代著名的戏曲作家。金末为太医院尹。或谓金、元两代太医院都无尹,尹应是户之误。明抄《说郛》本《录鬼簿》、明末孟刊《酹江集》附录《录鬼簿》及天一阁抄本《录鬼簿》都作太医院户,其说可信。金亡之后,他不愿做官,便流入歌楼、酒肆、瓦舍、戏场之中。为人倜傥不羁,滑稽多智,具有坚强不屈的性格。在元代杂剧作家中,他的创作活动开始得比较早,他和当时志同道合的一些作家如杨显之、梁退之、费君祥等,保持广泛的友谊联系。著名的女演员珠帘秀也和他有来往。他对人民的生活较熟识,对各种艺术形式极为爱好。他擅长歌舞,精通音律,不但创作了大量为人民所喜爱的戏剧,而且能粉墨登场,亲自表演。他是我国戏剧的奠基人,他的剧作对我国的戏剧有开创的意义。他共作杂剧六十三本,今天保存的还有十五本,计:《单刀会》、《西蜀梦》、《绯衣梦》、《拜月亭》、《调风月》、《望江亭》、《窦娥冤》、《金线池》、《鲁斋郎》、《蝴蝶梦》、《救风尘》、《谢天香》、《玉镜台》、《哭存孝》、《陈母教子》。他的创作特点是:接近群众,熟悉群众生活,采用了群众喜爱的艺术形式、语言、素材,在一定程度上反映了群众的思想、观点、爱好和趣味;他把被压迫人民当作正面舞台形象加以创造,描写他们的高尚品格、丰富智慧和坚强乐观的反抗精神;他创作的戏剧,内容主要是写封建社会的妇女问题,塑造了从丫环、妓女、寡妇、童养媳到小姐、贤妻、良母各阶层的妇女性格;他抱着极大的同情,描写了她们的悲痛和苦难的生活境遇。另一方面他也极力暴露了压迫者的丑恶和无耻的面目。他善于处理矛盾冲突;在表现两个阶级的斗争场面上也较深刻、尖锐;注意人物思想、行动的刻划;重视舞台效果;语言质朴、生动而有意境。

关汉卿对后来的影响很大,元代许多戏剧家像高文秀、杨显之、石君宝、康进之等都向关汉卿学习。他们的剧作在不同程度上都具有关汉卿戏剧的一些特点,形成了和关汉卿相近的一个戏剧流派。

《关汉卿戏曲集》

今人吴晓铃等编校,戏剧出版社排印本。编者对关汉卿的创作搜集得较全,不但汇辑了现在所能搜集到的关汉卿的全部戏剧,而且对他的散曲和已散佚的戏曲也作了一些辑佚,有助于对关汉卿创作的全面了解。对关汉卿的剧作,根据各种不同的版本,作了较精细的校勘。

《窦娥冤》

《窦娥冤》是关汉卿杂剧中最出色的悲剧。它的故事渊源于《汉书·于定国传》,内容是写一个读书人窦天章的女儿窦娥一生的不幸遭遇。窦娥三岁死了母亲,七岁时由于抵债,被父亲送到蔡婆婆家做童养媳,十七岁结了婚。婚后不到两年丈夫死去,从此过着悲苦的寡居生活。蔡婆婆出外讨债,赛卢医要谋财害命勒死她。地痞张驴儿和他父亲借口救了蔡婆婆,赖在蔡家。张驴儿见窦娥貌美,要强迫她为妻,窦娥不肯。他想毒死蔡婆婆,反把他父亲毒死了,他便诬告窦娥杀害他的父亲。审案的桃杌太守是个昏官,将窦娥屈打成招,判处死刑。临刑之前,窦娥对天发下三桩誓愿:倘若死得冤屈,刀过头落,一腔热血飞溅在白练上;天降三尺瑞雪,掩盖尸首;楚州大旱三年。她的誓愿感动了天地,果然样样应验。三年之后,她父亲做了提刑肃政廉访使,到楚州来察访。窦娥冤魂出现,要求父亲代她报仇。窦天章查明案情,即为女儿雪了冤。

作品主要创造了窦娥这一封建时期被压迫妇女的典型。窦娥是个在政治上被压迫,在思想上被奴役,在人格上被侮辱的妇女,她的一生可以概括我国封建社会普通妇女的悲惨历史。窦娥的性格是善良的,也是刚强的。她的斗争是逐渐坚定起来的:从自我哀怨到向黑暗势力展开正面冲突,从幻想封建官吏能公正清明地判案到认识官府的黑暗,从相信天地到对天地产生怀疑,最终对天地提出尖锐的指责。不过窦娥性格上也沾染了一些落后的东西:信命运,守节孝。她身上这种反抗和局限,正体现了封建社会中普通妇女思想性格上的优点和缺点。窦娥的悲剧性在于她相信官府,结果却被杀戮;她遵守节孝,结果却受迫害。作者就是通过窦娥的悲剧,对造成这一悲剧的元代社会的政治、伦理、高利贷、社会风尚,进行了尖锐深刻的解剖和批判。

《救风尘》

《救风尘》是关汉卿杂剧中有代表性的喜剧。内容是写妓女赵盼儿拯救同行姊妹宋引章,向纨绔子弟周舍展开斗争的故事。汴梁妓女宋引章,年轻不通世故,受郑州周舍的欺骗,一心要悔掉与秀才安秀石所订的婚约,嫁给周舍。赵盼儿苦苦劝阻,她始终不听。周舍把宋引章骗到手之后,却立刻变了态度,朝打暮骂,百般凌辱。宋引章痛苦不堪,写信求赵盼儿相救。赵盼儿设谋划策,亲自到郑州去见周舍,假说自己远程来嫁,骗得周舍写了一纸休书,休了宋引章,因此把宋引章救了出来,赵盼儿并趁此控告周舍强占有夫之妇。经郑州太守李公弼审理,将宋引章仍断为安秀石之妻。

这篇喜剧反映了被压在最下层的妇女的奴隶地位、悲苦生活和斗争要求;歌颂了她们中饱受苦难的人的勇敢和智慧,揭露了封建统治阶级中人的愚蠢、卑鄙和无耻。

作品的中心人物是赵盼儿,她聪明、机智、重义气。对本阶级中的姊妹无限关怀、同情、支持,并为她们摆脱不幸遭遇而斗争。这完全出于赵盼儿的阶级本能,她自己也说:"惯曾为旅偏怜客","自己贪杯惜醉人"。她把拯救被压迫者看作是义不容辞的事,"你做的个见死不救,可不羞杀桃园中杀白马宰乌牛!"正是她自励的话。她熟悉浪荡子弟的性格,早看透了周舍的虚伪和恶毒。所以在和周舍展开斗争时,敢于孤身深入虎穴,对周舍充满了蔑视,并且以巧妙的办法,使周舍进入圈套,最后击败了他。

这篇作品的喜剧性在于嘲笑了封建统治阶级丑恶、凶残、龌龊的本质,赞美了赵盼儿乐观的反抗斗争精神。

《望江亭》

《望江亭》和《救风尘》是姊妹篇,从主题、情节、人物等各方面看都十分相近,是关汉卿喜剧创作的双璧。故事是这样的:寡妇谭记儿生得美丽,经清安观主白姑姑的介绍,和潭州理官白士中结为夫妻,随白士中去潭州上任。恶霸杨衙内极其嫉妒,诬奏白士中贪花恋酒,旷废职守,领了势剑金牌到潭州来斩他的头。谭记儿得知杨船已泊于望江亭,劝白士中不要惊慌,自己扮做渔妇,在中秋夜里到江边卖鱼,把鲜鱼送到杨衙内船上。杨衙内见渔妇貌美,把她留住。谭记儿煮鱼劝酒,把他灌得大醉,赚得金牌回去。天明,杨衙内去拿白士中,白士中反而拿了金牌说,有人告他欲奸良家妇女。杨衙内请求一见,原来就是渔妇,唯有惊惧服罪。

作品的突出成就在于创造了谭记儿这个典型性格。她坚强、勇敢、聪明、机敏。面对杨衙内这个凶暴的敌人,白士中一筹莫展,她却十分镇静。她敢于孤身深入敌阵,与敌人作正面斗争,终于制服了敌人。

戏剧的高潮在第三折,女主角谭记儿装扮成渔妇,利用杨衙内好色贪杯的性格,机警地骗取了金牌。这一折处理矛盾冲突最尖锐、细致,反映在谭记儿的性格上也最深刻,谭记儿性格的意义也表现得最鲜明。

作品的喜剧特色在于,嘲笑了封建大官僚的那种卑鄙、龌龊、丑恶的面貌,歌颂了妇女的机智勇敢的反抗斗争精神,并且对这种斗争充满了信心、喜悦和乐观的情绪。

《调风月》

《调风月》的故事是写侍女燕燕在洛阳一个地主家做活,奉夫人之命到书院去侍奉公子小千户,日久发生感情,许下了终身。不料,小千户与另一个小姐结成新交。燕燕万分愤慨,责骂小千户忘恩负义,从此坐在家里自叹命薄。一天,夫人却叫她为小千户去向小姐说亲。她巴不得婚事不成,可是小姐偏偏一口应承。小姐与小千户成婚时,燕燕又奉命去给小姐上装打扮。她内心痛苦之极,对着小姐发泄了满腹不平。后来夫人知道了她的心事,许她做妾,才了结这段婚姻。

戏剧的中心人物是燕燕,她倔强、娇憨而练达,对统治阶级给予自己的不平,能勇敢地进行反抗和斗争。对小千户的负情,她敢当面呵责,并将"信物"玳瑁盒立刻摔碎。小千户到她屋里来假意解说,她甚至连骂带推地把他撵出门去,对主子表示了极大的蔑视,对自己则有不甘于被侮辱的自尊。不过,燕燕的一生毕竟是个悲剧,对这一悲剧的社会根源,有时她也在亲身经历中认识到:"这的是折桂攀高落得的。"但长期占据她的心灵的,是痴迷不悟的对小千户的追求,最后不过落得个妾的地位,这是时代局限在作者思想上的反映。作者还是站在封建统治阶级的立场上,让燕燕向封建势力屈服。

作者在创造这个人物时,善于通过矛盾冲突来表现人物,如燕燕代小千户说亲、为小姐上装等。这些情节,都增强了艺术效果。

《鲁斋郎》

《鲁斋郎》是关汉卿的一本较好的公案戏。恶霸鲁斋郎专事掠夺和敲诈,见银匠李四的妻子貌美,便设计抢走。李四到官府去告,都孔目张圭畏惧权势,不敢代为伸冤,反而劝他回家。清明节,鲁斋郎出去游玩，用弹子打破张圭儿子的头。张圭不知是谁的弹子打的，骂了几句。鲁贼恼怒，要治张圭重罪，后见其妻生得美丽，令张圭献妻赎罪。张圭迫于权势，只得照办。同时，鲁斋郎又将李四妻子以自己妹妹的名义送给张圭。李四回家之后，自己的子女都已逃散，又去官府找张圭，偶然遇见自己的妻子。张圭向他说明原由，让他领走，自己出家去了，他的儿女也走失了。包公做湖南采访使，收养了两家走失的儿女，极恨鲁斋郎的凶狠。但鲁斋郎受到皇帝庇护，包公也无可奈何，因此上奏朝廷，说有个鱼齐即如何横行不法，圣旨批斩，包公杀了鲁斋郎。皇帝知道了责问包公，包公呈上圣旨，已把鱼齐即改成鲁斋郎，皇帝无话可说。

这篇作品反映了元代社会里压迫者和被压迫者的尖锐矛盾，反映了豪强恶霸荒淫无耻的生活和凶狠残暴的手段，他们不仅迫害人民，也迫害下级官吏，反映了被压迫人民连妻子都不能保的可悲命运。

鲁斋郎是个统治阶级的典型人物。与一般统治者在迫害人民时多用法律、宗教等形式作掩饰不同，他是恣意妄为，其凶残手段表现得极露骨。他是个特权阶层人物，对封建法制根本不放在眼里，他的行动本身即揭露了封建伦理法制的虚伪和鲜廉寡耻。这些都概括了元代特定历史条件下剥削阶级的一些特点。

张圭是个内心充满矛盾的人物。一方面他身为孔目，是统治阶级一分子，对地位更高的统治者表现了软弱和屈服。一方面他又是一个被迫害者，对迫害者表现了极大的愤慨，提出了尖锐的指责。他送妻子去鲁家时，这种内心矛盾表现得特别鲜明。作者成功之处，在于创造了由于不同的社会因素所形成的矛盾性格。

《单刀会》

《单刀会》是关汉卿的一本著名历史英雄剧。三国初年，刘备力量孤弱,经鲁肃的保证,借得东吴荆州之地。后来东吴要讨荆州,恐怕刘备不还,由鲁肃设下三计,约关羽到江下赴会。三计即先以礼取;礼取不还,次用软禁;软禁不还,再暗藏甲士将关羽杀掉。鲁肃以此三计问乔公,乔公认为使不得;又问司马徽,司马徽也认为行不通。鲁肃不听,即派黄文去请关羽。关羽慨然允诺,竟单刀前来赴会。在宴会上,鲁肃按三条计行事,初以言语相激,责关羽傲物轻信;关羽大怒,历数荆州应属汉家,不容辩说。鲁肃见关羽不肯交还荆州,便暗传甲士行动,关羽以剑击案,叱咤风云,喝令鲁肃把自己送到江边,从容登船而去。

这本戏的中心内容,是反映封建统治阶级内部的争夺,说明荆州应归汉家,别人无权过问。这对在外族统治者统治下的元代是有现实意义的。为了突出这个中心问题,戏剧冲突处理得很集中,采用了烘托和渲染的方法。第一折写鲁肃和乔公商议;第二折写鲁肃和司马徽商议,都是酝酿讨荆州。作者借乔公、司马徽之口绘声绘色地叙述了关羽的英雄事迹。关羽这个人物虽然没有出现,但他的形象却已在观众中牢牢地树立起来了。第三折写关羽应约赴会,极力描写他的英雄气概,都是为了加强下一折的戏剧冲突。第四折关羽、鲁肃正面争论荆州的归属权,是冲突的焦点,也是戏剧的高潮,极其尖锐、紧张而激动人心。作者对戏剧冲突的中心人物关羽刻意描绘,写出他那种坚贞不屈、英勇豪壮、胸襟磊落的精神,其崇高的气节,表现得咄咄逼人。

王实甫（公元 1260？—1336 年？）

王实甫名德信,元代著名的戏剧家,大都(今北京市)人,约生于元中统元年,卒于至正二年左右。据孙楷第先生考证,他应是元代王结的父亲。他曾由地方低级官吏做到陕西行台监察御史,因与当权者意见不合,退职后经常出入于"风月营"、"莺花寨"、"翠红乡"等歌台舞榭之中,因此对这一阶层的生活比较了解,他的作品也主要是这个时期写成的。六十岁以后完全归隐,蔑视争名夺利的现实,憎恶黑暗的社会,过着诗酒傲公侯的生活。他共作杂剧十四种,今天保存的有《四丞相歌舞丽春堂》、《崔莺莺待月西厢记》、《吕蒙正风雪破窑记》三种。他与关汉卿比较,表现了不同的创作个性和特色。他的剧作主要取材于封建时代的上层社会生活,描写封建阶级"叛逆"者的形象;着重人物内心活动的刻划,有很浓厚的抒情气氛;善于提炼戏剧情节,戏剧性极强;语言华丽有文采。他的作品在当时发生很大影响,元代的剧作家白朴、马致远、李好古、郑光祖、乔吉等都向他学习,形成了在创作题材、内容、语言、风格上相近的另一个戏剧流派。

《西厢记》

《西厢记》是我国戏曲史上成就很高的剧本。它取材于元稹的《会真记》和董解元的《西厢记诸宫调》,是叙述张君瑞和崔莺莺的恋爱及其反封建斗争的故事。故事写崔相国死后,他的妻子崔氏、女儿莺莺扶柩回籍安葬,羁留河中府普救寺内。书生张君瑞上朝应举,路过普救寺,见莺莺貌美,遂向寺主租得僧房半间,伺机与莺莺相互留情。武将孙飞虎听说莺莺美丽,带领五千人马来抢劫,全寺惊恐。崔夫人无奈何,传令倘有能退贼兵者,不论何人,把莺莺配他为妻。张生写信给知交白马将军杜确,解了普救寺之围。不料崔夫人变卦,设筵席让莺莺向张生敬酒,以兄妹相称。莺莺不肯,掷杯以示反抗。张生也因而致病。莺莺让红娘去探病,张生以书简相托;莺莺回信,以"明月三五夜"诗相约;张生夜间前来应约,莺莺却责怪张生无礼。张生病况从此愈重,卧床不起。红娘带莺莺同去探病,莺莺即与张生结了百年之好。日久之后,崔夫人得知,拷问红娘。红娘只得将真实情况全盘讲出,并数责夫人言而无信的过错。崔夫人理屈辞穷,只好应允他们成为夫妻。但又提出新的条件,即张生必须应举中上状元,否则不成。张生因此被迫上京应试,状元及第。然而这时莺莺的表兄郑恒却在崔夫人面前破坏他们之间的婚姻,并造谣说张生已被卫尚书召为女婿。直到张生回去,才把事情弄清。郑恒羞惭触树而死,张生始与莺莺结成美满夫妻。

《西厢记》描写了张生和莺莺爱情的产生、发展、遭到破坏以及他们如何为爱情而斗争,并终于获得胜利的过程。作者在剧本中开展的冲突,实质上是维护封建礼教、封建婚姻制度的封建势力和要求自由表达爱情、自由结合的青年一代的冲突。剧本中对封建势力的代表崔夫人作了有力的揭露;热情歌颂了青年一代对封建势力所作的斗争。

《西厢记》的情节和人物性格密切结合。就拿表现人物的做假说,崔夫人许婚是假,郑恒说卫尚书召张生为婿是假,表现出他们的虚伪。莺莺写信约张生是假,表现出她的矜持。红娘假意试探莺莺,表现出她的机智。特别是莺莺在追求爱情的过程中做了不少的假,这才真实地写出了在礼教束缚下为爱情而斗争的少女心情。这些做假的情节,从具体的人物性格看却是最真实的。情节的假也体现了一定历史时期社会生活的真。《西厢记》在描写人物方面很成功,精心塑造了鲜明的正面人物形象,使它的生命力历久而不衰。作者描写了张生的诚恳、热情和浓厚的书生气;莺莺的温柔、深情和对爱情的坚贞。红娘是剧中的重要人物,正是因为有了她,张生和莺莺的爱情才能取得胜利。作者出色地刻划了她身上某些劳动人民的品质,如泼辣、机智、爽朗和见义勇为,从而使她成为剧中最吸引人、最富有感染力的人物。这个人物体现了当时人民和作者的正义思想。

《西厢记》有很高的艺术成就。剧本很长,但一气呵成,突破了元剧一本四折的惯例,写成二十折。在人物心理描写方面很出色,充分发掘了人物内心深处复杂的心理活动。语言优美,诗意浓厚。

《贯华堂第六才子书西厢记》

清人金人瑞评点本。金字圣叹,明末长洲(今江苏苏州市)人。他以《庄子》、《离骚》、《史记》、《水浒》、《西厢》和杜诗为六种才子书。他评点的《西厢记》,曾长期在群众中流传。它对这部书的艺术成就,作了些阐发,在理解它的表现手法上可供参考。但他从封建地主阶级立场出发,对作品的内容作了一些歪曲,流露出自己的阶级偏见。

《西厢记》注

《西厢记》注,今人王季思注,有龙吟书屋本和上海古籍出版社本。王注比较精确,有根有据。又今人吴晓铃注,作家出版社本。吴注的长处在于能从北京方言的角度去注释,注得浅显,适于一般文化水平的人阅读。

陆仲良

陆仲良名登善,元代维扬(今江苏扬州市)人。生卒年代不详,与《录鬼簿》作者钟嗣成同时。为人沉重缄默,长于歌词。共作杂剧两种,今天保存的只《包待制陈州粜米》一种。

《陈州粜米》

《陈州粜米》在《元曲选》中题无名氏作,曹栋亭本《录鬼簿》有陆仲良的《开仓粜米》，或即《陈州粜米》。这是现有公案戏成就最高的一篇。故事情节是：陈州地方连年饥荒，老百姓痛苦不堪，宋朝决定派官吏前去赈灾。刘衙内荐举了自己的儿子小衙内和女婿杨金吾作仓官去放粮，并且向最高统治者取得了紫金锤，不服者就可以有权当"刁民"杀死。二人和刘衙内商妥，到陈州私加粮价，降斗提秤，压榨人民。受灾人民张撇古去粜米，见事情不公，骂了贪官，就被小衙内用紫金锤打死。张撇古的儿子到京城去找包公申冤。包公受案后，微服私行，深入下层去了解案情，在途中遇见妓女王粉莲，并代她牵驴。从王粉莲那里了解了刘、杨两个贪官的真相，查清了事件的原委，立即把杨金吾判罪处决，命小撇古用紫金锤打死了小衙内，报了杀父之仇。接着皇帝赦书来了，要赦免刘、杨两个赃官，书上写着赦活的不赦死的，正好赦了小撇古。

　　这本戏揭露了元代社会尖锐的阶级矛盾，批判了统治阶级的贪赃枉法，歌颂了人民的反抗精神。描写了统治阶级内部相互庇护的罪行。作品把人民和统治阶级两种不同的生活作了概括和对比，揭示了人民苦难的根源。

　　作品成功地创造了张撇古、包公两个人物。张撇古是个被压迫者的形象，具有顽强坚韧的反抗性格和热烈的报仇愿望，至死不屈。包公为被压迫人民报仇，代被压迫人民除害，他不避艰险，深入下层，正确处理了案件。

　　这本戏的意义：一方面暴露封建统治的黑暗，人民的苦难；一方面写出人民的愿望，想有一个包公来替他们伸冤。作者不可能提出要靠人民自己的力量来摧毁黑暗的封建统治，只能幻想依靠包公那样的清官，这是时代的限制。

康进之

康进之，棣州（今山东惠民县）人，元代著名的戏剧家，生卒年代不详。共作杂剧两种，今天保存的仅《梁山泊李逵负荆》一种。他的创作中心内容是写梁山英雄，两本戏都是以李逵为主要人物。

《李逵负荆》

《李逵负荆》见《元曲选》，是元代水浒戏中成就最高的一篇，描写水浒英雄李逵负荆上山请罪的故事。李逵于清明节下山游玩，来到梁山泊附近王林酒店饮酒，见王林啼哭不堪，仔细追问，原来是他的女儿满堂娇被宋江和鲁智深抢走了。李逵立刻回梁山追查，大闹聚义堂，并要砍倒"替天行道"的杏黄旗。宋江、鲁智深不知祸从何来，李逵却一直认定是他们抢了王林的女儿，并以头为赌，勒下军令状，逼他们下山和王林对证。宋江、鲁智深到王林酒店之后，王林确认不是他们，李逵自觉理亏，无奈何只好负了荆杖到山寨请罪。宋江也佯装坚决不饶，要按军令行事，拿他的头。正当此际，王林上山来报抢满堂娇的贼汉又来了。宋江即命令李逵前去捉拿，事成，可以将功折罪。李逵捉得两个贼汉，原来一个叫宋刚，一个叫鲁智恩，冒充梁山英雄抢劫百姓，当场枭首示众。

此剧的中心内容是描写梁山英雄的"替天行道"救生民，描写这些英雄为了解救被压迫人民的苦难可以牺牲自己。他们的结义并不是个人的义气，而是建筑在共同为解救人民苦难的基础之上。当李逵恼怒的时候，宋江对他讲"也曾有八拜之交"，李逵却毫不理睬，坚决要替王林报仇，这就表现了一种大公无私的精神。作品还描写了人民群众对梁山英雄的崇敬、爱戴和拥护。

作品集中地创造了李逵这个英雄人物，写出了李逵那种劳动人民的气质。他朴实、粗率而又富有正义感，没有任何虚假，对一切事情都想得很单纯。为了突出这个人物，作品中交织着许多喜剧性的情节，特别是李逵逼宋江、鲁智深下山去见王林一段描写，可以说是最鲜明地表现了李逵的性格。

石君宝

石君宝，平阳府（府治在山西临汾县）人，生卒年代不详。元代戏曲作家。共作杂剧十种，今天流传的有《鲁大夫秋胡戏妻》、《李亚仙花酒曲江池》、《诸宫调风月紫云亭》三种。石君宝的剧作受关汉卿的影响很深。如《秋胡戏妻》中的梅英和《窦娥冤》中的窦娥，在生平遭际、生活态度、思想性格等方面很接近，《曲江池》中的李亚仙与关剧中的谢天香很相似。不同的是窦娥比梅英所受的迫害更深，反抗性更强。李亚仙对封建社会的诅咒、批判比谢天香更辛辣。

《秋胡戏妻》

《秋胡戏妻》见《元曲选》，是我国古代在民间流传最广的故事之一，也是元剧中的优秀剧目。它描写梅英和秋胡结婚，婚后三天，秋胡就被征去从军。梅英在家勤劳操作，侍奉婆婆，专心等待秋胡回来。秋胡一去十年，毫无消息。地主李大户便以金银权势逼梅英改嫁给他，梅英愤恨之极，把李大户痛骂一顿，并打了他一个耳光。十年之后的一天，梅英在桑园采桑；秋胡做官回来，因久别互不相识，调戏了梅英，被痛骂一番。梅英回家之后，见到调戏自己的就是盼望已久的秋胡，深以有这样的丈夫为耻，要坚决和他离婚。直到婆婆劝解，并以自杀相威胁时，她才与秋胡重新和好。

这个故事早在唐代变文中已经作为讲唱的题材了，不同的是石君宝增入了秋胡从军、梅英反抗李大户逼婚的情节,内容更丰富了。它反映了封建官吏荒淫无耻的面貌,地主阶级强取豪夺的本质,反映了人民的痛苦遭遇和他们的反抗斗争精神。

梅英是个勤劳、勇敢而善良的妇女,有舍己为人的精神,以一个孤身的少妇,担当着家庭生活的重负,受到社会生活的各种折磨而不屈。对李大户的凌逼,表现了勇敢的斗争精神,对秋胡的调戏,表现了贫贱不能移、威武不能屈的坚贞意志。她的一生遭遇是悲惨的,造成她悲惨遭遇的是兵役制度、高利贷剥削、地主阶级的迫害、封建官吏的荒淫等,作者从这些方面表现了对妇女的同情,对封建社会进行了抨击。

作品用梅英和秋胡作对比,一边写秋胡的丧德败行,一边写梅英的坚贞不屈,互相陪衬,异常鲜明。

白　朴 (公元 1226—1306 年?)

白朴字仁甫,又字太素,号兰谷,真定(今山西河曲县)人,元代著名的戏剧家。父亲白华,做过金朝的枢密院判官,和当时的名臣元遗山是世交,两家常以唐人元稹、白居易相标榜。白朴幼遭金亡之难,被寄养在元遗山家中,因受元遗山的指引教导,培育了他的优厚的文学修养和反对民族压迫的思想。金亡以后,他不愿出仕元朝,蔑视功名利禄,不肯与元统治者合作,形成他性格上的"放浪形骸""玩世滑稽"的特征。

元统治者统一中原之后,他徙家金陵,多从诸遗老优游,放情山水间,并以作诗度曲来寄托自己的愤慨。他工词曲,晓音律,博通史书集传,著有《天籁集》二卷。又撰杂剧十六种,今仅存《唐明皇秋夜梧桐雨》、《裴少俊墙头马上》、《董秀英花月东墙记》三种。

白朴的创作受白居易的影响很深,现存的三本戏有两本的剧目取自白居易的诗歌。《梧桐雨》取自白居易的《长恨歌》,《墙头马上》取自白居易"墙头马上"乐府诗句,而且《墙头马上》里李千金所唱的《青梅歌》,也是白居易的乐府歌辞。更重要的是白朴在杂剧中所表现的对被压迫妇女的同情、支持态度,与白居易在《陵园妾》、《母别子》、《井底引银瓶》等诗篇所表现的相同。白朴在杂剧中也援引了《井底引银瓶》的故事。白朴还受到王实甫剧作的直接影响,像《墙头马上》、《东墙记》在思想内容、艺术手法上都与《西厢记》相近,特别是《东墙记》可以说是从《西厢记》脱胎而来的。白朴的剧作语言清峻爽朗,善于描写人物的内心活动和精神状态。

《梧桐雨》

《梧桐雨》见《元曲选》,是白朴的代表作,写的是唐明皇和杨贵妃的爱情故事。唐边将安禄山战败当斩,唐明皇赦了他,喜欢他很会趋奉,令他在宫中侍候。杨贵妃和他有私情,杨国忠奏请唐明皇,调他为渔阳节度使。安禄山走后,杨贵妃一面在想念他,一面为了固宠,又和唐明皇于七夕对天密誓,愿世世永为夫妻。自此明皇更加宠爱贵妃。贵妃喜吃荔枝,便令四川远程进贡。贵妃也更巧计取宠,制霓裳羽衣曲,登盘做霓裳舞。正当欢娱之极,安禄山叛变,夺取潼关,直逼长安。文武大臣都无计御敌,劝明皇逃往四川。龙武将军陈玄礼护驾至马嵬坡,六军不发,杀死了杨国忠,又要求杀杨贵妃以谢天下。明皇不得已命令贵妃自尽。安禄山叛乱平定后,明皇重新回到长安,终日思念贵妃,于秋雨之夜,听到雨打梧桐的声音,倍极伤情,引为终身之恨。

这篇戏剧是根据白居易的《长恨歌》再创作的,但删去了《长恨歌》中道士求仙一段,而以唐明皇思念杨贵妃为结尾,改成悲剧。

剧名本于《长恨歌》中的"秋雨梧桐叶落时"。就全剧的结局看,作者是同情李、杨的爱情,仇恨破坏他们爱情的外族将吏的叛乱。但作者又写杨贵妃与安禄山有私情,这就破坏了对李、杨爱情的同情。这个矛盾,作品中没有解决。

作品中写唐明皇一方面是个昏君,不问朝政,日夜沉湎于歌舞声色之中,最后引起社会的巨大变乱,是历史的罪人,是在批判他。一方面又写他对杨贵妃爱情的真诚,是在赞美他。这是个矛盾。但是,批判得既不够,对爱情也没写好。本剧的成就只在写景抒情上面,如写梧桐雨部分,景物和人的心情相应,有诗意,有情有景,很动人。

《墙头马上》

《墙头马上》是白朴的重要作品。写尚书裴行俭的儿子裴少俊与总管李世隆的女儿李千金的恋爱故事。李千金独居深闺,心里苦闷,于春暖花开的季节到花园中游玩,在墙上看望,遇见品貌兼优的裴少俊坐在马上经过。两人一见倾心,私下结成夫妻,并生了子女。但裴少俊怕被父亲知道,便把李千金及子女藏在自家花园之中,住了七年。后来被裴行俭发现,斥李千金为娼妓,把她赶走。裴少俊后来进士及第,去接她回来,她坚决不肯。这时裴行俭夫妻也去恳求,她也不允。最后由于儿女的痛哭哀求,才夫妻团圆。

这篇作品具有强烈的反封建意义,裴、李的自由结合反抗了父母之命、媒妁之言的封建礼教。他们不顾家长的压迫,坚持不屈,表现了青年要求婚姻自由的坚强意志和对爱情的忠贞。裴少俊进士及第后,他的父亲就改变了对他们的态度,这就揭露了作为封建礼教的代表者的虚伪和势利。

　　李千金是莺莺式的人物，生活在闺阁之中，而对自己的环境不满，要求冲破这种环境，争取婚姻自由。但与莺莺也有所不同，她的反封建要求更明确，在封建势力面前更大胆，当她在花园中被翁姑发现之后，受到多方面的刁难和辱骂，她都矢志不屈，和封建势力展开正面的斗争。可是作为一个典型性格，从它概括的社会历史内容的深度和广度来看，却远不如莺莺这个人物。这本戏无论从人物刻划、情节安排、艺术处理方面，都是学习了《西厢记》而创作的，但又有它自己的特色。

李好古

　　李好古，东平（今山东平阴县）人，元代戏曲作家。生卒年代不详。共作杂剧三种，今仅存《沙门岛张生煮海》一种。

《张生煮海》

　　《张生煮海》见《元曲选》，是一本神话传说剧，写秀才张羽和龙女琼莲恋爱的故事。张羽游学，借寓石佛寺攻读，夜间抚琴，被出来游玩的龙女琼莲听到，深为感动。张羽也爱她美丽，愿结为夫妻。琼莲送他鲛绡帕作信物，并约于八月十五日招他作女婿。琼莲走后，张羽思念殷切，即到海滨寻访，遇到东华仙姑。仙姑问他的来因之后，对他表示同情，赐给他银锅、金钱、铁杓三件法宝，让他到东海之滨、沙门岛上煮海，海干了，龙王自然把女儿送出来。张羽照仙姑的吩咐去做，果然把海煮得滚沸，龙王忍受不住，托石佛寺长老去劝说，并答应将琼莲嫁给张羽。张羽这才作罢。他在长老带领下进入了龙宫，和琼莲成了婚姻。

　　这本戏反映了封建社会中青年男女对理想婚姻的追求，反映了他们在追求过程中的坚贞不屈的意志和反封建精神。

作品的中心人物是张羽,他忠诚老实、纯真而热情,为了追求龙女,不畏险阻地寻访至东海之滨。他有一种顽强的斗争精神。他以银锅煮海,直到使龙王求饶。这正反映了广大人民的制服自然和反封建势力的毅力和信心。东海龙王对张羽、琼莲的婚姻起着阻碍的作用,显然是作为封建势力的代表来写的。但是作者对他的凶暴方面写得不够,因此作品的反封建意义表现得不够突出。

这本戏在人物创造和情节安排上,很多方面学习了《西厢记》,如张羽之于张君瑞,琼莲之于莺莺,侍女之于红娘,其中"听琴"之于"琴挑",在人物和情节上都有异曲同工之妙。

尚仲贤

尚仲贤,真定(今河北正定县)人,生卒年代不详,元代戏曲作家。曾做过浙江行省务官。共作杂剧十种,今天保存的有《尉迟恭三夺槊》、《洞庭湖柳毅传书》、《汉高皇濯足气英布》三种。

《柳毅传书》

《柳毅传书》见《元曲选》,本于唐人李朝威的传奇《柳毅传》。叙述洞庭君之女龙女三娘嫁给泾河龙王之子泾河小龙为妻,泾河小龙为婢仆所惑,与三娘感情不和,并在老龙面前毁谤三娘。老龙一怒之下,将三娘发配到泾河岸上牧羊。三娘不堪其苦,盼望家中来救,但无人传信。淮阴秀才柳毅应试下第,从此经过,看见三娘深表同情,愿为传信。柳毅来到洞庭,见了洞庭君,通报消息。三娘之叔火龙听了大怒,带领水卒打败了泾河小龙,救回龙女。洞庭君愿将三娘许配柳毅,以报恩德。柳毅不肯,请求回家奉养老母。回家之后,母亲已为他定下范阳卢氏女为妻,成婚之日,见卢氏女即三娘。原来三娘假作卢氏女与柳毅成亲,二人皆惊喜,遂结成美满夫妻。

《柳毅传书》和《张生煮海》是同一类型的作品。均系采用神话故事,通过幻想的形式来反映当时的现实社会。泾河老龙实质上是当时社会中的封建家长,泾河小龙则是封建家庭中为非作歹的浪荡公子的形象,三娘是封建家庭中被迫害的一个妇女。

这本戏描写了封建家长的统治,表现了在这种统治下妇女的悲苦命运及其反抗精神。它的基本冲突,是代表封建势力的泾河龙王和代表反封建势力的三娘、柳毅、钱塘君等两种力量的冲突。龙女三娘是这个冲突的中心,全部戏剧情节都是围绕着她而展开的;一方面是对她的迫害,一方面是对她的搭救,形成两个尖锐对立的营垒。这本戏的基本情节与《柳毅传》相同,但也有所发展。最主要的是删除了柳毅成仙的结尾,突出了他和三娘的美满婚姻。此外,也正面描写了钱塘君的粗爽暴躁,泾河小龙的凶恶狠毒,再现了三娘的坚强善良,柳毅的见义勇为,并且创造了一个电母的形象。

郑光祖

郑光祖字德辉,平阳襄陵(今山西临汾县附近)人。元代戏曲作家。生卒年代不详。曾经做过杭州路吏。为人方直,待友情厚,不妄与人交。死后火葬在西湖的灵芝寺。共作杂剧十七种,流传到今天的有《迷青琐倩女离魂》、《醉思乡王粲登楼》、《㑇梅香骗翰林风月》、《辅成王周公摄政》、《虎牢关三战吕布》五种。他的作品较多的是描写男女的爱情生活,受王实甫的影响很深。他的《倩女离魂》、《㑇梅香》完全是学习《西厢记》,特别是《㑇梅香》对《西厢记》几乎是亦步亦趋的摹拟。他的戏剧语言极其典雅,有文采,但用典故太多,往往流入晦涩。

《倩女离魂》

《倩女离魂》见《元曲选》，是郑光祖根据唐陈玄祐的传奇《离魂记》的再创作。故事内容说张倩女和王文举本来是"指腹为亲"的未婚夫妻，由于倩女母亲的阻碍，被迫以兄妹关系分离。这种分离，造成倩女的极大痛苦。她一方面怨恨母亲悔亲，一方面又深恐王文举考中了可能变心。怨恨和忧虑，再加上相思的折磨，终于使她病倒。病倒之后，她的魂灵离开身子，半路赶上文举而结为夫妇。从《倩女离魂》的故事本身看，比传奇《离魂记》扩大了许多。把原来张镒将倩女许配于外甥王文举，改为指腹为婚。又增加了文举上京应试、倩女相思成病一段情节。对倩女的魂灵追赶文举的事，也比原作写得更详尽了，并写了文举状元及第，修书回家报喜，要同倩女同归，家中人都十分惊奇的情节。这都是对原作的发展。

这本戏写青年男女敢于不遵从父母之命而私下结合，是对封建礼教的反抗。倩女是作品中具有反封建斗争精神的人物，她对封建势力充满了怨恨，并敢于大胆地诅咒。她的思想、要求体现了封建社会妇女的纯朴愿望。作者创造这个人物时，学习了王实甫刻画崔莺莺的手法。倩女和莺莺在思想性格上有许多相似之处，不同的是倩女的离魂和私奔。作者具有突破封建礼教的思想，让倩女违反父母之命，追求自己的幸福婚姻，但还不敢让倩女用整个身心来反抗封建礼教，只让她的灵魂离开身体投到王文举那儿去，这说明作者还不敢彻底地反抗封建礼教，只能用幻想来表示反抗。

这本戏不但在人物创造上，即在戏剧冲突和情节的处理上，都学习了《西厢记》，像《离魂》一折之于《惊梦》，《折柳亭送别》一折之于《长亭送别》等，都极相似。

《潇湘雨》

《潇湘雨》见《元曲选》，是现存杨显之的杂剧较好的一篇，内容是写崔通嫌贫爱富、停妻再娶的故事。女主人公张翠鸾，少年时，她父亲带她到任上去，因渡河遇着风浪，父女相失。渔夫崔文远看见，把她认作自己的养女，并把她配给侄儿崔通。后崔通应举中了状元，和另外的官家小姐结婚，把她抛弃了。翠鸾历尽艰险地去寻找，不料崔通不认，却反诬她是家奴，说是她因偷盗而逃走，并狠狠地打了她一顿。最后，以逃奴的罪名把她刺配到沙门岛，并让解子在路上把她处死。翠鸾在路上受尽各种折磨和痛苦，到濒于死亡的关头，忽然遇到了自己作官的父亲。父亲为她做主，她要向崔通报仇。后经渔夫崔文远的劝解，才重新结成夫妻，将新娶的妻子降为侍婢。

这个故事，从内容情节来看，与《秦香莲》相似，从结局看，与《金玉奴棒打薄情郎》相似。翠鸾是中国封建社会被迫害被遗弃的妇女的典型，她在受折磨的环境中，始终是不屈服的，而且坚强勇敢地反抗斗争。在被刺配的道路上，她受尽了风雨的摧残，饥饿的逼迫，公人的诟骂，她都不消沉、颓废，而是充满了愤慨和不平，对封建社会给以辛辣的批评和诅咒。翠鸾性格的意义，在于揭露"夫乃妇之天"的封建伦理的虚伪性，和封建刑法的罪恶。但最后团圆的写法，削弱了作品的斗争性。本剧人物性格刻画突出，语言质朴，很接近关汉卿的风格。

纪君祥

纪君祥或作纪天祥，大都（今北京市）人，元代戏剧家。生卒年代不详，与李寿卿、郑廷玉同时。共作杂剧八种，今存《赵氏孤儿大报仇》一种。

《赵氏孤儿》

《赵氏孤儿》见《元曲选》，是元代著名的悲剧之一。题材取自《史记·赵世家》。内容叙述春秋时代晋灵公的武将屠岸贾，恃宠专权，陷害忠良。大臣赵盾家属三百口尽被杀绝，只剩一个孤儿被程婴救出，期望以后为赵家报仇。屠岸贾知道了，下令将晋国内半岁以下一月之上的婴儿全都杀尽，以绝后患。程婴为了保存赵家遗孤，救晋国婴孩，找灵公退职老臣公孙杵臼商量，甘愿以自己的婴儿冒充孤儿献出。曾与赵盾有"刎颈之交"的公孙杵臼也愿自认作隐藏孤儿之人，让程婴去通报。后来程婴之子被戮，公孙杵臼受尽严刑拷打，触阶而死。屠岸贾认程婴为心腹，收为门客，并认孤儿作义子。二十年后孤儿学成文武技艺，经程婴点破，领悟自己的身世，为赵家报了仇。

这本戏描写封建社会内正直忠良的官吏和专横奸佞者的一场政治斗争。这一斗争联系到广阔深刻的社会面，不少仁义之士为忠于赵家而献身甚至牺牲了。勇士钼麑不肯刺杀赵盾，触树而死；殿前太尉提弥明为救赵盾，一瓜锤打倒神犬；壮士灵辄驾了独轮车，将赵盾救出；将军韩厥自刎以明志；公孙杵臼为救孤儿，触阶而死；程婴以亲子代孤儿受戮。作品批判专横凶暴的奸臣，同情和支持被迫害的忠直的臣子。缺点是有浓厚的封建气味。这本戏没有创造一个特别突出的贯穿始终的人物，它的成就在于表现主题极其集中，矛盾冲突尖锐。每一折都有各自的冲突高潮：楔子里是赵朔之死，第一折是韩厥自刎，第二折是程婴和公孙杵臼密议舍命存孤儿，第三折是公孙杵臼被拷打，第四折是程婴启发孤儿报仇的意志，第五折是孤儿报仇。第三折又是全剧的高潮。在尖锐紧张的冲突之中显示了作品的思想意义。

马致远

马致远,号东篱,大都(今北京市)人,元代著名的戏剧家、散曲家。生卒年代不详,曾经做过江浙行省务官。大约因为经过一段官场生活之后,看到官场的黑暗,便退隐下来。他的散曲《哨遍》说:"半世逢场作戏,险些儿误了终焉计",所以过着"酒中仙""风月主"的放浪形骸的生活。他与民间艺术家联系很密切,元贞年间与艺人李时中、花李郎、红字公合作,写了一本《黄粱梦》。他的文名很高,在当时曾是一位"姓名香贯满梨园"的著名作家,"元贞书会"的重要人物。共作杂剧十四种,今存《破幽梦孤雁汉宫秋》、《江州司马青衫泪》、《吕洞宾三醉岳阳楼》、《马丹阳三度任风子》、《太华山陈抟高卧》、《半夜雷轰荐福碑》、《邯郸道省悟黄粱梦》七种。他的剧作主要是写神仙、隐士的隐逸生活和失意文人的精神状态,表现了一定的兴亡之感。他还写了一百二十多首散曲。它们的内容大致分三类:(一)"叹世",抒写作者的园林生活,或者感叹历史人物,表现出较浓的消极遁世思想;(二)描写景物;(三)咏唱男女恋情。前二类中有些作品表现了马致远散曲的独特艺术风格,奠定了他作为散曲名作家的地位。他写的作品语言很典雅,但却能表现不同阶层的思想感情;想象力很丰富,但有时又表现了浓厚的逃避现实和向往仙道的思想,对后来的作品产生一定的消极影响。

《汉宫秋》

《汉宫秋》见《元曲选》,是马致远的代表作,故事本于晋葛洪的《西京杂记》而加以虚构。写汉元帝荒淫,派画工毛延寿遍行天下,挑选宫女。毛延寿借机榨取金钱。民女王嫱容貌出众,因无钱纳贿,被他将美人图点了破绽,发入冷宫。汉元帝偶然到后宫巡幸,得见王嫱,迷恋于王嫱的姿色,因此不理朝政,并得知毛延寿点破美人图事,传旨斩毛延寿。毛延寿潜逃至匈奴,将美人图献给匈奴王,匈奴王派兵按图追索王嫱,元帝被迫不得不将王嫱送去。王嫱出塞时,途中投黑江而死。王嫱死后,元帝深居汉宫,听孤雁的哀鸣,引起无限思念之情。匈奴王见王嫱已死,怕与汉家结成仇隙,便将毛延寿送回汉朝斩首,重新和好。

作品的主要内容描写了汉元帝对王昭君的爱情,同时,又写出了王昭君对祖国的感情,并把这两方面的描写交织在一起。此外还批判了封建社会昏庸无能的文武百官,痛斥他们在大敌压境时的怯懦态度;批判了他们在太平时可以共享太平宴,国难时却不如一个女子。作品的中心人物是汉元帝,作者对汉元帝的态度是矛盾的,一方面写他的沉湎酒色,荒淫误国,招致外族统治者的侵凌;一方面同情他的可悲遭遇,竟将自己宠爱的妃子献出去。把王昭君塑造成一个有气节,热爱自己国家的人物,以至于投江而死,结成青冢之恨。此剧的基本冲突是汉元帝、王昭君和文武官僚、奸臣贼子的冲突。与匈奴的矛盾只是作为一个社会背景来写的。全剧的冲突不突出。它的特点在于抒写人物内心的感情,有浓厚的抒情意味,可以说是一部抒情歌剧。

这个剧本的创造,抒发了反对民族压迫的感情;当时正处在民族压迫极为严重的元代,因此,这个剧本富有现实意义。但这个剧本所写的,并不符合史实。王昭君并没有自杀,而是嫁到匈奴去的。作者是借古讽今。

高则诚（公元 1305? —1359 年）

高则诚名明,浙江瑞安县人。元末明初的戏曲作家。出身于一个富有文学教养的家庭,祖父、伯父都是诗人,因此他自己也能诗工书。曾从元代的理学家黄溍学习,在思想上受其影响很深。中过进士,任过录事、推官等职,在任上曾做了一些维护人民利益和反对豪强的事。性格耿直,不苟求取容,一与自己的上司意见不合,便慷慨求去。做了几年元朝的官,对官场的黑暗和统治阶级的腐朽都有所认识,因此断绝了仕途功名的念头,晚年隐居宁波,以词曲自娱。《琵琶记》当是这时写的。他是一个封建伦理思想极浓厚的人。对戏剧创作有自己的认识,认为创造作品,要有益于社会风尚,有益于封建道德教育;反对神仙幽怪、佳人才子等娱情遣兴之作。

《琵琶记》

《琵琶记》有文学古籍刊行社本,是南戏剧本,共四十二出。高则诚根据旧有的《赵贞女蔡二郎》剧目,把原剧写的蔡伯喈"弃亲背妇,为暴雷击死",改成"有贞有烈赵贞女,全忠全孝蔡伯喈"。故事写陈留郡人蔡伯喈娶妻赵五娘,二人极重孝道,共同奉养父母。蔡伯喈入京应试,考中状元后,被牛相国强迫招赘为婿,过着富贵豪华的生活。赵五娘在家恰逢荒年,便变卖钗环来奉养公婆,自己却咽糠充饥。公婆死后,她弹着琵琶沿途乞食,到京城寻夫,在牛府和蔡伯喈相见。蔡伯喈获悉父母双亡,极为悲痛,要回家祭坟。牛氏甘居妾位,并愿与蔡伯喈等一起回家躬尽孝道。

高则诚把背亲弃妇的蔡伯喈,变成了不忘父母和发妻的人物。把弃妇重婚的行为,归咎于客观,并以一夫二妻团圆作结局。作者创作这部作品，是给人"只看子孝共妻贤"，在舞台上给人树立"孝子贤妇"的榜样。在戏中，通常是通过人物的口进行封建说教；并有意安排"三不从"（不肯赴考，父不从；他要辞官，皇帝不从；他要辞婚，牛相不从），把蔡伯喈打扮成一个"孝子"，来宣传封建孝行。这些都是作者封建伦理思想在《琵琶记》里的具体反映，是作品中的糟粕。

作品中的赵五娘，是封建社会受苦受难的普通妇女典型。作者突出她在灾荒年月独自养亲的艰难环境。她勤劳、善良、诚朴，肯于承担一切困难。她奉养公婆，自己吃糠，婆婆死后又能卖发营葬。这些自然都是她根据传统的封建道德去做的，但她的行为却体现了那个时代人民扶养老人的愿望，人们所感受的也在这方面，而不是封建道德。她有顽强的生活意志，虽然由于生活的逼迫，看不到苦难的尽头，经常想到自杀，但一想到公婆无人奉养，便又顽强地生活下去。这个人物反映了封建社会家族制度下妇女的悲惨命运，概括了她们某些美好的品质。蔡伯喈是个复杂的人物，他一方面有浓厚的忠孝思想，时刻宣传封建礼教，另一方面他又表现了为礼教所束缚、为仕途所羁累的痛苦心情。他对功名利禄有时热中，有时冷漠，有时欢悦，有时愤慨，这实际是一个软弱、动摇、怯懦的知识分子，概括了当时特定阶层知识分子的思想面貌。写这样的人物也有它的意义，缺点是作者对他寄予同情而不是批判，这是作者思想的局限。此外，戏中的张太公是正义的化身，有舍己为人的精神，但写得不够丰满。

这本戏在结构上具有鲜明的特色，即以对比的方式来处理冲突，把蔡家的穷苦遭遇和牛府的豪华享受相比，把统治阶级和被统治阶级的生活相较，在客观上揭露了当时现实社会的贫富悬殊、苦乐不均的现象。在描写人物的内心活动方面，比较细致深刻，使人物栩栩如生,跃然纸上。在语言的运用上,不论是曲和白,都接近口语,而又富于文采。

《琵琶记》校注

今人钱箕校注,中华书局本。注者以丰富的材料对《琵琶记》进行校注工作,注释有根据,也比较准确,对曲词的意义有所阐发。但有些地方对曲意的阐发,稍嫌穿凿。

施　惠(?)

施惠,元人,生平不详。据明人何元朗、王世贞、王伯良说,《拜月亭》是施惠所作,但《录鬼簿》却未著录,恐不一定可靠。

《拜月亭》

《拜月亭》,南戏剧本,《喜咏轩丛书》作《幽闺怨佳人拜月亭记》四卷,《六十种曲》作《幽闺记》二卷,都说元施惠著。这是元末明初四大传奇中成就最高的一篇。这个剧目最早见于《南词叙录》中《宋元旧篇》的《蒋世隆拜月亭》,杂剧作家王实甫有《才子佳人拜月亭》已亡佚,关汉卿有《闺怨佳人拜月亭》还保存。南戏《拜月亭》是根据关汉卿的剧本再创作的,把原来的四折扩大为四十出。写王尚书之女瑞兰和母亲因避兵乱,逃难相失,结果瑞兰遇到蒋世隆,拜做兄妹,相携而行,在旅店之中结成夫妻。王尚书由此经过,巧遇瑞兰,责其不守贞节,迫令回家。瑞兰回家之后,思念世隆,庭中拜月,祈求再得相会。蒋世隆去应考,状元及第,王尚书招赘为婿,原来就是瑞兰日夜思念的人,遂圆满结局。其中还穿插有陀满兴福与蒋瑞莲的婚姻。通过这个故事,表现了青年男女要求婚姻自主的反封建精神。这些都是关汉卿原作所具有的,不同的是这本戏特别突出了王瑞兰和蒋世隆同甘苦、共患难的生活,以及他们对爱情的真挚,因而更有力地批判了王尚书嫌贫爱富的封建等级观念,封建的包办婚姻制度,以及封建伦理的冷酷无情。此外还特别突出了关于战争的时代背景的描写,揭示出金朝统治者与外族统治者的冲突,同时也揭示出金朝统治集团内部的腐朽和昏庸,金朝统治者集团与人民群众的冲突。本剧情节曲折,语言较生动活泼。缺点是后六出流入常套,奉旨招亲、皇帝下诏嘉奖节妇义夫等等,显得平庸。

柯丹丘(?)

柯丹丘,元人,生平不详。清人高奕、黄文旸都认为《荆钗记》是元人柯丹丘作。王国维则认为是明宁献王所作,因为宁献王的道号叫丹丘先生。两种说法究竟哪个可取,尚难确定,存以待考。

《荆钗记》

《荆钗记》见《六十种曲》,南戏剧本,共四十八出。古本题《王十朋荆钗记》。故事系写温州人王十朋聘钱流行女玉莲,以母亲的荆钗为聘礼,结成贫贱夫妻。此后,十朋应会试,状元及第。丞相万俟欲招赘为婿,被十朋拒绝,遂委他远任广东潮阳金判。十朋托人捎家信告知玉莲,不幸被图谋夺玉莲的富豪孙汝权买通带信人,窃改书信,谓已入赘万俟府中。家中见信大惊。孙汝权趁机谋娶玉莲,其继母也逼她改嫁。玉莲誓死不从,夜间遂自投瓯江,被温州太守钱载和所救,钱便认她为义女。十朋母进京寻子,随子转至吉安太守任。玉莲与十朋不期共处一地,一天同到玄妙观各自为亡夫、亡妻祈求冥福。正巧二人相见,玉莲以荆钗为证,得重团圆。这本戏是歌颂王十朋和钱玉莲的坚贞爱情和他们那种贫贱不能移、富贵不能淫、威武不能屈的精神。王十朋是个有气节的读书人,虽然中了状元却不忘糟糠之妻,坚决抗拒了万俟的逼婚勾当。当他知道玉莲投江的消息后,极为感动,矢志不再娶。钱玉莲是个品格高尚的女子,不贪富贵,不嫌贫贱,对孙汝权几次的阴谋骗娶,都予以揭穿,而坚决忠于对王十朋的爱情,危急时甚至投江以示反抗。作品中也刻划了万俟丞相的凶恶嘴脸和孙汝权的卑劣手段,对他们进行了批判和揭露。

本剧情节曲折,语言通俗。但结构不严密,内容宣传封建节义观念,是本剧的缺点。

《白兔记》

《白兔记》见《六十种曲》,南戏剧本,共三十二出,作者不详。系写五代时汉高祖刘知远和他的妻子李三娘的故事。这个故事最早见于金人作的《刘知远诸宫调》和元朝刊的《五代史平话》,另外元人刘唐卿还作有《李三娘麻地捧印》杂剧一种,今已不传。《白兔记》就是这一题材的发展。故事情节叙述:刘知远家境赤贫,雇给李文奎为仆人。李文奎见他相貌不凡,便将自己的女儿李三娘嫁他。李文奎死后,其子李洪一夫妇待知远与三娘极暴虐,知远被迫去投军,以武艺高绝,为岳节度使招赘为婿。三娘在家备受兄嫂凌辱,虽身已怀孕,也要干推磨、担水等苦役。后在磨房中生产,以牙咬脐,孩子生下,遂名为咬脐。嫂嫂想将此子害死,后为邻居救出,远送给知远。十六年后咬脐出外打猎,追射一只白兔,至井边见三娘,悲戚之状可悯,咬脐问她的身世,知是自己的生母,全家遂得团圆。

这本戏根据作者主观意图看,他是劝戒人们"贫者休要相轻弃"。但是从整个艺术形象看,其意义在于:揭露封建阶级的内部矛盾,通过李三娘这个人物展示了封建统治阶级欺贫爱富的罪恶。

李三娘是戏中最动人的人物,她善良而勤劳,虽然受尽兄嫂的各种压迫,仍不肯改嫁富人,而始终忠于刘知远。她这种思想行为,恰巧批判了刘知远的贪图富贵和背恩弃义,批判了李洪一夫妻为了金钱,不惜将自己的妹妹置于死地的凶狠贪婪。这本戏还宣传了浓厚的封建迷信思想,把刘知远写成是"真命天子",写他有非凡之相和不平凡的遭际,把这个皇帝神化了。这是作品的糟粕。

徐　畹(?)

徐畹,明初人,生平不详。据朱彝尊《静志居诗话》说《杀狗记》是明初人徐畹作。吴梅认为曲辞鄙劣,不可能出于有才华的徐畹之手。姑存疑待考。

《杀狗记》

《杀狗记》见《六十种曲》,南戏剧本,共三十六出。此戏是根据元萧德祥《杨氏女杀狗劝夫》杂剧再创作的。内容写孙华、孙荣兄弟二人在一起生活,孙华终日与酒肉朋友柳龙卿、胡子传等交往,被他们挑拨,因此深恨其弟孙荣,终将孙荣驱逐出门,使他居住在破窑中,之后又屡加陷害。华妻杨月贞苦劝其夫不听,乃设一计,杀了一只狗放在门外,装成杀死了人。孙华夜间回来,见了大惊,怕蒙杀人嫌疑,与妻商量。杨氏让他去找柳、胡二人处理,柳、胡都不管。无奈,来到窑中找弟孙荣,孙荣慨然允诺,代兄将尸首拖到野外埋掉。孙华深受感动,兄弟二人遂重新和好。此戏的主要思想是宣扬"亲睦为本"、"孝友为先"、"妻贤夫祸少"的封建道德信条,说教气息比较浓厚。作者对孙华是批判的,对孙荣和杨月贞则是歌颂的。它歌颂杨月贞的"贤德",当孙荣受逼迫时,她极力劝戒丈夫不要对弟兄如此暴虐。但她自己对穷困的弟弟却不施一点直接的资助。她循规蹈矩地按照封建伦理办事,是个封建伦理的化身。孙荣被迫害,但是他对这种迫害毫无怨言,而且始终表现着对兄长的尊敬,把他写得带有奴性。这些都是剧本的消极面。剧本的可取处,在于暴露私有制度下家庭生活的矛盾,即封建统治者所提倡的孝友与奸诈罪恶的现实相矛盾;又揭露了酒肉朋友的有利则趋附、有害则远避的恶劣行径。剧本的语言较生动、朴实。但从总的方面看,糟粕多于精华,是四大传奇中成就最低的一篇。

薛近衮

薛近衮,生平事迹不详,大概是明成化、弘治年间人。据《顾曲杂言》和《静志居诗话》说,他创作《绣襦记》传奇。

《绣襦记》

《绣襦记》传奇剧本,见《六十种曲》,共四十一出。题材主要本于唐白行简的《李娃传》,并吸取了元石君宝的《李亚仙诗酒曲江池》和明周宪王的《李亚仙花酒曲江池》的一些关目和细节,是李亚仙故事最完整的一部作品。情节见白行简《李娃传》。传中称常州刺史荥阳公,不写姓名,本书作常州刺史郑儋;传称生,本书称郑儋之子郑元和;传称李娃,本书作李亚仙。传称生与名妓李娃相爱,及囊中金尽,李娃约生去竹林神庙求子,回来时又约生到她姨母家去。在姨母家,生问李娃:"这是姨母的住宅吗?"李娃笑而不答。接着有人来报李娃母暴病,把李娃一人接去。等生回去,李娃全家已搬走。说明李娃是和鸨母串通好把生抛弃的。本书改为李亚仙事前根本不知道,她被鸨母骗回去,鸨母再强迫李亚仙迁居骗走郑元和,使李亚仙的性格更统一。又删除了传中李娃去救生时所讲的人伦道德的话,而突出了李亚仙对郑元和的爱情,把李亚

仙的形象提高了。作品揭露了鸨母的唯利是图和封建伦理代表郑
儋的残酷虚伪,赞扬了李、郑二人的真挚爱情和李亚仙的正直性
格、生活理想等。李亚仙是作品的中心人物,是个被压迫的妇女,
不满意自己的地位,有着"弃贱从良"的愿望。为此就和封建恶势
力的代表鸨母展开坚决的斗争。在她反封建的斗争中,特别显示
了性格上的两个方面,一个是正直,一个是钟情。她由于正直,批
判了鸨母的贪财负义;由于钟情和对生活的理想,救护了郑元和。
从这两点出发,当郑元和被骗走之后,她不再接待客人,至于受尽
毒打而不屈。郑元和受到严父的鞭笞也不屈服,一朝富贵了还是
热爱李亚仙,正表现了他对爱情的坚贞。

这本戏的风格朴素自然,没有人工藻饰的毛病。语言中虽多
融化古代的诗、词,但浑然一体,无斧凿痕迹。只是结构比较松散。
它对清代的《桃花扇》有一定影响,李亚仙的性格在某些方面与李
香君相似,她之誓死不接待崔尚书、曾学士,宁肯独守深闺,与李香
君之不接待阉党而坚持"守楼"相似。

康　海(公元 1475—1540 年)

康海,字德涵,号对山,陕西武功(今陕西兴平县)人。明代戏
曲作家。弘治十五年(公元 1502 年)中状元,授翰林院修撰。他和
太监刘瑾同乡。刘瑾欲杀李梦阳,他设计救梦阳。刘瑾欲越级升
他为吏部侍郎,他力辞不就。刘瑾失败,他还是落职为民,归乡,以
山水自娱,并作乐府小令,配上乐器,用来歌唱助酒,怡然自得。他
以北人作北曲,风格古朴。所作杂剧仅《中山狼》一本。他的诗文
成就也较高,当时与李梦阳齐名,有诗文集《对山集》传世。

《中山狼》

《中山狼》见《盛明杂剧》三十种，是明代杂剧中成就最高的一篇，取材于马中锡的《中山狼传》。这个故事，叙述战国晋赵简子在中山打猎，射一狼。狼逃跑，遇到墨家的信徒东郭先生，求他救助。他应允了狼的请求，将狼装入书袋中。赵简子赶来追问，被瞒过了。事后，东郭先生还给狼拔出了箭。东郭先生救了狼，但狼却要拿东郭先生来充饥。东郭先生无奈，求问三老。老杏、老牛都说狼应该吃他，东郭先生很害怕。最后问持藜杖老人，老人极恨中山狼的忘恩，遂设计骗中山狼重新钻入书袋，老人即命东郭先生用剑将狼刺死。

本戏是康海写自己生活经历中所碰到的两种人，一种是以墨者自居、讲求兼爱的知识分子典型东郭先生，一种是忘恩负义的中山狼式的人物。作者集中地批判了东郭先生那种敌我不分、善恶不明、毫无原则的人道主义精神。同时也揭露了那些忘恩负义的人的凶恶面貌，他们往往利用前一种人的"仁心"来逞凶作恶。作品中还描写了老杏、老牛两个形象，他们都以自己的血汗担负着主人的全家生活，最后却被主人伐倒、杀掉，揭露了封建社会的剥削本质。作品的思想意义，从作者主观上看，是批判那些忘恩负义的人，从作品的艺术形象看，它却显示了更深刻的道理，即对敌人不能有任何慈悲。

本戏在艺术上的特色是诙谐、讽刺，主题表现得集中突出，曲辞朴素，有元曲的遗风。

李开先(公元 1501—1568 年)

李开先，字伯华，号中麓，山东章丘县人，明代著名文学家、戏曲家。嘉靖八年(公元 1529 年)中进士,擢太常寺少卿。做官鲠直,谢绝请托,不愿侍奉权贵,被贬为民。他反对李梦阳、何景明等复古主义主张,酷爱词曲,曾与当时文人康德涵、王敬夫来往,赋诗度曲极相得。四十岁罢官还乡,专心致志于艺术活动。他藏的词曲书很多,并精于鉴赏评定,曾改订过元人戏曲数百卷,搜辑市井艳词、诗禅之属也不少。他的戏曲创作有《宝剑记》《断发记》《登坛记》《园林午梦》四种,今仅存《宝剑记》一种。

《宝剑记》

《宝剑记》全名《新编林冲宝剑记》,二卷,见《古本戏曲丛刊初集》,是传奇剧本,五十二出,写水浒英雄林冲被逼上梁山的故事。林冲忠贞正直,因为对当时的朝政不满,上奏弹劾权奸,引起奸臣高俅、童贯的忌恨。高俅把他骗入白虎堂,诬以罪名,将他发配到远方去。在发配途中受到各种迫害,他无奈奔上了梁山。林冲走后,母亲及女儿都被逼自杀,妻子张贞娘由于高衙内要强娶她,自杀不成,遂落发为尼。林冲虽然身在梁山,而心在朝廷,最后终于受"招安"。

这本戏虽然摄取了传统的文学题材,但又有不同,林冲不仅是一个农民起义英雄,而且在他身上渗透了一些忠臣的气节,反映了明代社会忠贞之士反权奸的斗争。他一出场就表现了对黑暗政治势不两立的愤激情绪,不像《水浒传》中的林冲最初对统治阶级的迫害逆来顺受,而是"少年豪气,平生不向权臣屈"的威武形象。他的被刑远戍,并非起因于妻子的被侮辱,而是由于上书弹劾权奸。梁山落草之后,喊出了"霜刀磨来杀不平"的口号。这些都是林冲性格上的光辉。但是林冲还有浓厚的忠君思想,他的直言敢谏,临刑不惧,反对奸臣,完全是为了维护朝廷和最高统治者的利益;他有反暴政的一面,同时也有遵守封建伦理的一面。他的反抗道路的典型意义,在于说明封建统治者对忠于自己阶级的官吏,也逼得他们不能不反。作品中还创造了林冲妻子张贞娘这一形象,她坚贞勇敢,对高衙内的迫害展开了顽强的斗争,她虽然也有"节孝"观念,但是这些观念在反迫害的情况下,有它一定的积极意义。作品揭露了封建官府的黑暗,和权奸的恣意妄为,在他们的荼毒和滥施刑法下,社会危机四伏。这些与《鸣凤记》、《精忠记》、《清忠谱》、《一捧雪》所描写的内容相似,正是明代特定的社会生活的反映。这本戏的语言生动,塑造人物栩栩如生,如林冲投奔梁山,写得很成功。但也有缺点,如写林冲女锦儿代母去嫁高衙内,完全为了宣传节孝。结尾林冲全家受封赐后的歌功颂德等等,直接宣扬了封建正统观念,是糟粕。

梁辰鱼(公元 1520? —1580 年?)

梁辰鱼,字伯龙,江苏昆山县人,以贡生为太学生,明代著名戏曲作家。为人倜傥不羁,好游览,足迹遍吴楚之间。又长于度曲,所作之曲传播在乡里中,为歌童舞女所爱好,都竞相歌唱,伯龙之名也极盛一时。他的作品有传奇《浣纱记》、杂剧《红线女》、《红绡》和散曲集《江东白苎》,今仅存《浣纱记》和《江东白苎》两种。《浣纱记》是他的精心之作,成于万历中。当时的大音乐家魏良辅创立昆曲,他就填《浣纱记》词来配合。他与魏良辅在昆曲的创立上都有同样的功绩,《浣纱记》在昆曲的形成上也有它重要的历史地位。

《浣纱记》

《浣纱记》见《六十种曲》,是传奇剧本,共四十五出,写吴越兴亡的历史故事。吴王夫差率大军侵犯越国,越王勾践战败。遂派下大夫文种去请降,自己也带领妻子及大臣范蠡到吴国,被吴王拘留在石室之中。他们虽身为囚徒,但仍守君臣、夫妻之礼,因此得到吴王的敬重,二年之后吴王即赦越王归国。越王回国后,长思报仇,得范蠡所献浣纱美女西施,送到吴宫,离间吴国君臣,欲倾其国。吴王得西施后,日益荒淫无度,朝政废弛。越王却发奋图强,励精图治。当吴王伐齐时,越乘机攻入吴国,迫吴王自刎,吴国终被越国所灭。

这本戏的主要内容是写两个侯国之间的斗争,有鲜明的政治倾向。作者歌颂了越王勾践的听言纳谏,刻苦报仇;臣子范蠡、文种的舍身尽忠。批判了吴王夫差那种排斥忠良,接近谗佞,贪图淫逸生活,骄傲腐败,杀身亡国。但作品还有不足之处,就是把封建的君臣关系过分美化了,把它看作是维护国家命运的决定性因素,这是思想上的局限。西施是戏中刻划得较好的一个人物。她是个民女,美丽而多情。她不愿做吴王的嫔妃,当范蠡来邀她去以色倾陷吴国时,她极为不满。在范蠡的说服下,才不得不答应"捐生报主"。但在她入吴宫之前或之后始终表现这种不满和痛苦,在《演舞》、《别施》等出以及入吴后所唱的两支《采莲曲》里,流露得特别鲜明。

这本戏的曲调很优美,曲词写得富丽、浓艳,是曲中骈俪派的杰作,只是稍显纤弱而结构松散。它为昆曲树立了楷模,是昆曲剧本的开山祖,从它开始,昆曲更兴盛起来。

王世贞(公元 1526—1590 年)

王世贞字元美,号凤洲,又号弇州山人,江苏太仓县人。明代著名文学、戏曲理论家。嘉靖二十六年(公元 1547 年)中进士,曾做刑部主事和刑部尚书等官。因其父王忬为严嵩害死,曾作长诗,揭露严氏父子罪恶。他历览群书,博闻强记,诗文之名很高,与李攀龙等称明代文坛后七子,主张复古,反对唐顺之一派反复古理论,著有《弇州山人四部稿》。对戏曲也颇有研究,所著《艺苑卮言》中评论戏曲的见解,有不少可取之处。相传《鸣凤记》是他作的,或云是他的门人作的,只是《法场》一折是他填的词。

《鸣凤记》

《鸣凤记》见《六十种曲》,是传奇剧本,共四十一出。取材于明代的现实生活,写嘉靖间丞相严嵩和他的儿子严世蕃专权独断、残害忠贞之士。大学士夏言欲收复久已失去的河套,奸相严嵩坚决反对,与总兵仇鸾勾结,阻挠出兵,并把夏言害死。兵部主事杨继盛极为愤慨,弹劾仇鸾,也被害死,杨妇也殉节死。进士邹应龙、林润因悼念夏、杨等,被严嵩流放到远方。后来邹应龙流放期满回京,弹劾严氏父子,刑部主事孙丕扬也上书劾奏,最高统治者鉴于严氏父子的罪恶太多,即罢严嵩官职。严嵩全家回江西故里以后,仍欺压人民,暴戾之极。适林润做巡江御史,另奏严嵩父子在乡里的罪恶活动,朝廷遂下令没收严嵩家全部财产,严嵩送养老院,斩严世蕃,贬全家为奴。

这本戏反映了明代的社会政治情况,揭露了严嵩、严世蕃的凶狠残暴,忠贞之士的被迫害以及他们和严氏父子所展开的斗争。其中对严氏父子的正面描写并不很多,而是通过忠贞之士的被迫害,把他们的凶恶、残暴、专横、阴毒的本相全面烘托出来。严嵩身为丞相,贪得无厌,为一己私利而置国家命运于不顾。他陷害了无数的忠贞之臣,放逐一些廉洁之士;笼络了不少无耻之辈,收在自己的卵翼之下。他强占民田,奸淫妇女,作恶多端。戏中《林公理

冤》一出，就是对残暴统治者的正义审判。这本戏还歌颂了忠耿官
吏的反抗精神，其中特别突出的是对杨继盛的描写，他由于弹劾严
党仇鸾反被问罪，被赦之后，仍不畏惧，继续上书劾奏，表现了坚强
不屈的精神。这本戏在思想上存在着很大缺点，即宣传忠孝，标榜
君臣、父子、夫妻等封建伦理关系。在语言上追求对偶，因此多少
影响了对人物描写的生动性。

汤显祖（公元 1550—1617 年）

汤显祖字义仍，号若士，江西临川县人，明代的戏剧家。他少
年好学，苦心钻研，博览群书，二十一岁中举；他意气激昂，风骨遒
劲，不肯腼颜事权贵，大学士张居正、宰相张四维、申时行都要招致
门下，都被他拒绝了。他曾做南京太常博士达五年之久，后升任南
祠郎，在任期间常秉持公理议论天下大事，对少数人独掌大权的政
治提出尖锐的批评。后来由于触犯了申时行，被贬到广东徐闻县
做典史，迁浙江遂昌县知县。这期间他主要是依照自己的理想来
推行安民息讼的政治措施，博得人民的爱戴。晚年辞官回家，过了
二十年闲居的生活，境遇十分穷困。这时他的创作精力很充沛，
《还魂记》（《牡丹亭》）、《南柯记》、《邯郸记》就是这时期完成的。
他把自己一生的经历、痛苦、愤慨和不平都熔铸在这几部重要作品
里。他在政治上和东林党的观点很接近，在思想上与李卓吾相似，
把天下事看作是天下人的公事，任何人都不得"窃而私之"，主张
以"情"来反对宋儒所提倡的束缚人的"理"。在文学上反对前后
七子的拟古，而主张抒写性灵，表现作品中主题与人物的真情实
感，不应该过分受曲律的限制。他很重视通俗文学的研究，对自己
家乡的戏曲曾作过一番细致的考查工作，著有《宜黄县戏神清源师
庙记》。又曾批点过《异梦记》、《焚香记》、《南北宋志传》、《残唐

五代史志传》和董解元《西厢记》等书。他的著作有《玉茗堂全集》和《紫箫记》、《紫钗记》、《还魂记》(《牡丹亭》)、《南柯记》、《邯郸记》传奇五种,后四种合称《临川四梦》,也叫《玉茗堂四梦》。他在戏剧上的成就很高,以有内容和富文采著称,和当时重声律的吴江派鲜明对立,形成了后来阮大铖、吴炳等的玉茗堂派,一直影响到清朝的李渔、洪昇和蒋士铨。

《汤显祖集》

《汤显祖集》有中华书局点校本,分四集。一二集为诗文集,包括《红泉逸草》、《问棘邮草》、《玉茗堂集》及补遗。书末附有研究资料、重要传记、佚事、评论及年表等。这部分诗文集由今人徐朔方笺校。三四集为戏曲集,包括《紫钗记》、《牡丹亭》、《南柯记》、《邯郸记》,附《紫箫记》,由今人钱南扬点校。

汤显祖的诗文集,包括了二千二百多篇诗文和赋,他这方面的成就被他的戏剧创作所掩盖。他的诗文不同于前后七子的模仿古人,不像公安派的明白如话而有时不免流于油滑,不像竟陵派的幽僻险仄,也不像唐宋派的有时带有道学气。他的小诗有才华,但思想性不强;反映民生疾苦的诗,有思想性,但艺术上显得草率。总之,他的诗文在当时可以说独树一帜,但还缺乏开创一种流派的魄力和艺术成就,所以影响不大,不能和他的戏剧创作相比。他的戏剧创作,反对沈璟的格律派,强调思想内容。他以进步的思想,发挥艺术才华,在戏剧创作上起到开创流派的作用。本书前二集的笺校,都注出各篇作品的创作年代或背景,校正各本文字;后二集的校是专校文字。

《牡丹亭》

《牡丹亭》(《还魂记》),传奇剧本,是汤显祖的代表作,共五十五出,见中华书局笺校本《汤显祖集》及《六十种曲》。写的是杜丽娘和柳梦梅的爱情故事。南宋时福建南安太守杜宝,唯有一女名丽娘。丽娘在侍女春香的诱导下,对自己的环境开始不满。梦中与一少年在牡丹亭畔相见,醒后,相思成病,终于死亡。广州书生柳梦梅去临安应试,路经南安郡,拾得丽娘画像,悦其貌美,终日把玩;丽娘幽魂出现,一见即知为旧日梦中所见之少年,遂令其掘坟而再生。丽娘复活后,与梦梅同往淮安求其父母许婚。杜宝见而大怒,诬梦梅私掘女坟,上书奏明皇帝。梦梅也上书自辩。丽娘并登朝申诉,得到皇帝承认,夫妻团圆。

这个剧本通过杜丽娘和柳梦梅的爱情故事,暴露了封建阶级家庭关系的冷酷和虚伪,同时歌颂了青年男女在反封建礼教和追求婚姻自主方面所作的不屈斗争。杜丽娘的"叛逆"性格,不仅表现在她寻求美满婚姻方面,也表现在她对封建礼教给妇女安排的生活道路的反抗方面。作者描写《诗经》中的爱情诗,使她渐渐意识到青春值得珍惜,渴望探索到生活的意义。她触犯父母的严威到花园去观赏,并且在梦境中实现了自己的爱情愿望。她在愤愤不平中死了,却在阴间质问判官。复生后,父亲不许她和柳梦梅成婚,她又到最高统治者面前去质证。这些情节,都大大展示这个人物坚贞不屈的"叛逆"性格。柳梦梅是个穷愁潦倒的书生,思想上有庸俗的一面,热衷科举,但又有反封建礼教的一面,他冒着"开棺见尸,不分首从皆斩"的生命危险,把丽娘发掘出来。又当杜宝不认他为婿时,他敢于到皇帝面前对证,以嘲谑的态度对待这个太守,表现了反抗精神。杜宝是个复杂的人物,他是作为封建礼教的维护者被批判的,他残害青年一代的心灵,严酷地阻挠他们的合理婚姻要求,表现了他的冷酷面目。另一方面,他又以封建社会的"忠心耿耿"的大臣面目出现,他勤政爱民,公而忘私,为国忘家。这两方面,深刻地揭露了这个人物的封建道德思想体系。作者塑造杜宝思想性格的矛盾,这正是作者思想矛盾的反映。作者揭露和批判了封建制度,可是又企图通过复古改制的理想去改变这种现实。

这部作品通过离魂的幻想来写,具有浓厚的浪漫主义色彩;风格清丽,有丰富多彩的语汇;对景物和人的内心描写精巧、细致。作品还善于把人物的心情和客观景物结合起来描写。在人物创造上,具有浓厚的抒情诗的气息,可以说是一部抒情诗剧。作者为文以意、趣、神、色为主,这种特征在这本戏中也表现得很鲜明。他是在写意、谐趣、传神、绘色,以此来反对当时以沈璟为首的声律派,另辟一种境界。这本戏在文学史上有着很高的地位,它和《西厢记》都是词曲中之最工者,对后来的文学也产生很大影响。

这本戏比起《倩女离魂》来,反封建礼教的斗争更强烈,思想性更深刻,生活的概括更广,人物更多,更丰满,情节更曲折。但有一点是相似的,即离魂。作者反礼教的精神虽然比郑光祖有了很大的发展,但当时礼教的压力还很强大,所以作者只能幻想让丽娘的梦魂、鬼魂来和梦梅相会,不敢让丽娘自身在生前与梦梅结合;只能让丽娘复活后与梦梅结合。它在反对封建礼教方面,在古代有它的积极作用,但也带来了宣传鬼魂迷信的缺点。此外,这部作品的缺点,还表现在"圆驾"一场,写在皇帝调解下,杜宝和杜丽娘之间的矛盾消除了,全家团圆受封,这反映了作者的思想局限。同时有些人物性格不丰满,全剧头绪纷繁,还有一些晦涩和庸俗的描写。

《牡丹亭》校注

今人徐朔方、杨笑梅校注，人民文学出版社本。它的优点，在于注者掌握较丰富的资料，并对其中曲子的意义作了阐发。不够之处是对作品中融化古人的诗、词、文未全注出，而且对有些曲子意义的阐发还不够清楚。

高 濂

高濂字深甫，号瑞南，浙江杭州人。明代戏曲作家。具体生卒年代不详，大约生活在明万历年间，作传奇《玉簪记》、《节孝记》两种及《雅尚斋诗草》初二集、《芳芷栖词》二卷。

《玉簪记》

《玉簪记》见《六十种曲》，传奇剧本，共三十三出。题材本于《古今女史》，后来的也是园藏元明杂剧中之《张于湖误宿女真观》也写此事，《玉簪记》就是根据这本戏改编的。内容是写开封府丞的女儿陈妙常，因避靖康之难，在途中与母亲相失，入金陵女贞观出家。观主的外甥潘必正应试落第，耻于还乡，来访观主，就借住在观中。潘必正见妙常貌美，随生爱慕之心，妙常也很留情，各以琴声诉心意，终成欢好。后被观主发现，对潘必正严加训诫，逼他早应会试，潘必正无奈只得乘舟而去。陈妙常不敢当面相送，便私雇小船追上，以玉簪赠潘，潘也以鸳鸯扇坠回赠，相泣而别。潘至京会试及第，做了官，始回金陵与陈妙常成婚。

这个故事描写了陈妙常和潘必正的恋爱生活，以及他们如何冲破宗教的藩篱而求得理想婚姻的过程。戏剧的中心人物是陈妙常，她虽然出家做女道士，但并未灭绝尘世之念，而是对现实生活表现了强烈的愿望。在她的身上体现了这种愿望和封建宗教戒律的矛盾,她表面上是"肯把心肠铁样坚",而内心"岂无春意恋尘凡"。她这种矛盾发展越到后来越激烈了,在《词媾》里她冲破了宗教戒律的束缚,与潘必正真正结合。《追别》、《秋江》等突出地表现出她大胆勇敢的反抗精神。陈妙常对生活中的善恶是有选择的,她坚决回击了张于湖对她的无耻调戏,无情地揭露了王公子的诈骗,而选择了才貌兼备的潘必正。潘必正是个封建士大夫的形象,这个人物的意义,在于破坏了宗教的清规,对陈妙常表现了真挚的情感,在姑母的压力下始终不屈。剧本富于喜剧气氛,人物心理刻划较细致。但也存在着缺点,对封建宗教势力写得不够,因此陈妙常的反封建力量也显得不突出,并宣传了一些功名利禄观念。语言讲究辞藻,比较枯涩无味。

孙仁孺

孙仁孺,别号峨嵋子,又号白雪楼主人。明代戏曲家。生平事迹不详,大概生活在明万历、天启年间。创作有《东郭记》传奇一种。

《东郭记》

《东郭记》见《六十种曲》,传奇剧本,共四十四出。明《白雪楼》本上题《峨嵋子评点》,卷首有赞语一篇,署名《峨嵋子书于白雪楼》。峨嵋子和白雪楼主人是孙仁孺的别号。《东郭记》题材是以孟子《离娄》篇《齐人有一妻一妾》章为主干,综合了《滕文公》篇陈仲子之事和《孟子》中"私垄断""齐人伐燕取之"等材料而成。故事写齐人每次出去必吃饱酒肉而归,他的妻子感到奇怪,便尾随他到东郭墓地,见他在向祭祀者乞食,妻子回家告知其妾,并与妾相抱而泣,以为可耻。齐人却恬不知耻,终日钻营,后来果然显达,筑大屋于东郭墓地间。后又弃显达而归隐。

　　这是一出讽刺喜剧，主要是嘲笑当时社会极端败坏的道德风尚，和官场的腐朽黑暗。其中重点写三个人物，即齐人、淳于髡和王欢。他们都是卑鄙无耻、偷鸡扒狗之徒。王欢以纳贿献媚被举为大夫，淳于髡以滑稽博得齐王的宠爱，齐人经淳于髡的推荐为大夫。他们之间，又互相倾轧，弱肉强食，揭露了封建官僚制度的腐朽。齐人的性格可以概括封建社会无耻的知识分子的精神面貌，他贫穷时在妻子面前装阔，富贵后更是意气飞扬。作者有意通过这个故事讽谕当时的风尚，揭露封建社会的世态。本戏的情节处理比较严密。中心线索是齐人，又穿插着淳于髡、王欢、陈仲子等事件，波澜起伏，富有戏剧性。内容的讽刺性也较强，但有些地方则近于调笑，如齐人做官之后，重新表演了一番过去求乞的情况，全是逗趣，极庸俗。

戏曲·弹词

李　玉（公元 1590？—1660 年？）

　　李玉字玄玉，号苏门啸侣，江苏苏州市人，明末清初的戏剧家。据说他是明朝相国申时行的"家奴"。博学多才，但屡试不中，到了晚年才考上了个举人。他很有气节，甲申明亡之后，便不做官了。他是明代的职业剧作家，对北曲有精深的研究，著有《北词广正谱》及传奇四十余种。今存《一捧雪》、《人兽关》、《永团圆》、《占花魁》、《千钟禄》等二十种。前四种合称"一人永占"。其中《永团圆》、《人兽关》的意义不大。李玉对封建社会有所不满，因此以戏剧的艺术形式多方面反映了当时的社会生活，并在某些剧目中以市民阶层为主要人物。他的戏剧以《清忠谱》最为成功，《一捧雪》、《千钟禄》、《占花魁》等次之。

李玉剧作的特点，在题材上是多取自当时的政治斗争，在人物创造上表现着较鲜明的政治倾向性和爱憎感情，在处理戏剧冲突时，力求注意矛盾的尖锐性，不过作品中也有宣扬封建伦理道德的缺点。李玉的剧作继承了前人以写政治斗争为题材的《鸣凤记》、《宝剑记》、《浣纱记》的传统，并以其突出的成就影响了当时的吴伟业和孔尚任，形成了清朝以写政治斗争为题材的戏剧流派。

《清忠谱》

原名《一笠庵汇编清忠谱传奇》，二卷，见《古本戏曲丛刊三集》，共二十五出，是李玉成就最高的一部作品，写明朝末年东林党反对魏忠贤等阉党残暴统治的斗争。魏忠贤把持朝政，横行独断，一方面拉拢官僚政客认作干儿义子，使他们到处建立"生祠"和神像，树立自己的威信。一方面放纵党徒迫害人民，造成整个社会的恐怖。东林党人魏廓园、周顺昌愤慨不平，指责时政，结果被捕下狱。苏州市民颜佩韦等五人，基于义愤，聚众请愿，捣毁西察院，最后都被处死。周顺昌等东林党人也被刑而死。至崇祯当朝，重新起用东林党人，才击败魏党，使正气得以伸张。

这本戏集中地揭露了当时魏党特务政治的罪恶。他们用各种恶毒的刑法残害人民，以维护自己的反动统治。作者未直接写魏忠贤，但写了他指挥下的气焰嚣张的政客，烘托出魏忠贤的残酷和罪恶。

他们为他建生祠，供养他的长生像，并"急催粮"、"征祠饷"，造成"县主饿成千瘰疬，农民冻似落汤鸡"的尖锐的社会矛盾。作者歌颂了一些正直忠贞的人士，如魏廓园、周顺昌等虽然在残暴的特务统治下,生命危殆,但始终不屈。特别是周顺昌大胆无畏、疾恶如仇,敢于和敌人作正面的斗争,十分感人。魏廓园被捕,同年好友都畏祸深藏,周顺昌却不以生死介意,到江岸送别。当送魏忠贤像入祠之日,一般无耻官吏都顶礼揖拜,他则对泥像痛骂一场,被捕入狱,受尽各种酷刑,始终不屈。但是,这个人物身上还有着浓厚的忠、孝、节、义观念,经常以这些封建观念作为自己行动的准则,他思想上的这些进步和落后的方面,概括了当时东林士子的思想面貌。作品中最生动的人物是五义士之一的颜佩韦,他是个下层人民的典型,粗豪爽直,疾恶如仇。他坚决站在维护魏廓园、周顺昌等一边,反对魏忠贤的黑暗统治,誓死不屈。他也有孝义思想,但与周顺昌不同,而是带有下层人民朴质的气息。这本戏在艺术上的主要成就是,处理矛盾冲突较集中,表现壮烈的斗争场面很突出,像《闹诏》、《毁祠》等折的描写就是,曲辞也较清新流利。

《占花魁》

　　原名《一笠庵新编占花魁传奇》,二卷,见《古本戏曲丛刊三集》,共二十八出。取材于《醒世恒言》中之《卖油郎独占花魁》小说,叙述汴京人秦钟和莘瑶琴,因避金兵作乱,流落到杭州。秦钟卖油为生,莘瑶琴则被骗卖到妓院,改名为美娘,不得已过卖笑生涯。杭州一些无聊名士以花名品评妓女,美娘被比作牡丹,推崇为众花之魁,立刻成了名妓。秦钟卖油见到美娘,万分倾心,积一年卖油所得之钱,但求一见。美娘见他钟情,送他银子二十两,他不受而去。后来美娘被万俟公子所侮辱,推入雪中,秦钟过路看见,将她救出。美娘感秦钟之诚笃,遂与他结成夫妻。

　　此戏的中心人物是王美娘,通过她的遭遇,深刻地揭露了封建社会的黑暗和罪恶。她被人骗卖,挨鸨母的毒打,受达官贵人的玩弄,最后由于得罪了万俟公子,被百般凌辱,以至于要置她于死地。但是,王美娘坚决反抗这种凌辱,她要以触阶而死来答复鸨母对她的逼迫和毒打。她有自己的生活理想,就是要跳出苦海,过真正的人的生活,她选择秦钟就是从这一理想出发的。秦钟是个质朴、淳厚的人物。他对王美娘的态度完全是发自内心的钟情。他想尽办法接近王美娘,后来救王美娘于雪中,都出于一种同情心和正义感。

《占花魁》吸收了小说《卖油郎独占花魁》的精华,描写了卖油郎秦钟对爱情的可贵态度,歌颂真挚的爱情。作品写莘瑶琴沦入妓院的经过,比小说更具体,反映的生活面更广阔。不过本剧也有不及小说的地方,在小说里,莘瑶琴和秦钟都是都市中的小市民,这正反映了小说中人物的特色。本剧里把莘瑶琴处理成洛阳的一位名门千金,秦钟原是贵官之子,最后双双"荣荫",这既抹杀了原作以小市民为主人公的特色,也显得很庸俗。

《一捧雪》

原名《一笠庵新编一捧雪传奇》,二卷,见《古本戏曲丛刊三集》,共三十出。写宰相之子莫怀古有传家宝玉杯一只,名"一捧雪",当朝侍郎严世蕃欲夺它,他以假杯献上。后被友人汤勤知道,告诉了严世蕃。严世蕃恼怒,到莫家抄查。莫怀古及妾雪艳娘和仆人莫诚,都投奔到蓟州总兵戚继光处。莫怀古在途中为追兵捉住,带到戚营中,戚继光设法营救,夜间私下和莫怀古密议,莫诚愿代主人受刑。莫诚被杀后,戚继光将头献给严世蕃,又被汤勤识破。雪艳娘为了救护戚继光和莫怀古,假允做汤勤之妻,要汤勤指假为真。事后汤勤逼婚,她刺杀汤勤,自己也自刎了。后戚继光收雪艳娘、莫诚二人尸骨,加以厚葬。

这本戏揭露权奸的凶恶残暴。严世蕃为了一个玉杯,逼得莫怀古家破人亡。作品中创造了一个统治阶级爪牙的典型人物汤勤,他奸险、诡诈、凶狠、阴毒,为了忠于严世蕃,博得个"半世富贵",竟忘掉了曾周济收养过自己的莫怀古的恩惠,而要把莫氏全家诛尽杀绝。作者对这个作恶多端忘恩负义的人物,给以无情的讽刺和鞭打。和这个人物相对立,作品还创造了一个忠于主子,要以终身来报答主子豢养之恩的莫诚这个人物形象,并对他尽情歌颂。雪艳娘在戏中是另一个对主子(丈夫)极度忠诚的人物,但是她对敌人的那种坚贞不屈和疾恶如仇的态度却较为动人。这本戏有意在批判忘恩负义的人,剧中借《中山狼》中狼的本性来比汤勤,揭发他的卑鄙无耻;同时也揭露豪门严世蕃的凶恶残暴,封建社会的黑暗恐怖,这些是本剧中有意义的部分。对莫诚和雪艳娘的处理就比较复杂,像雪艳娘那样敢于刺死汤勤,是应该肯定的;就雪艳娘和莫诚对主子的忠诚说,尤其是作品中对莫诚的描写,大力宣扬奴隶道德,这是全剧中的糟粕,是应该否定的。

李　渔(公元 1611—1679 年?)

李渔字笠翁,原籍浙江兰溪县,生在江苏如皋县。清代的戏剧理论家兼戏剧作家。从青年时起遍游四方,晚年住在杭州,自称湖上笠翁。

他家里有演戏的女艺人,他带着她们到各处献技,因而积累了丰富的戏曲演出经验,著《闲情偶寄》,讲戏曲理论和表演技术。

他提出剧本要"立主脑","主脑非他,即作者立言之本意也。"又提出"减头绪","密针线",主张剧中要有主脑人物、主脑事件,头绪不可太多,结构要严密。他又主张"脱窠臼",就是不要模仿,要创作,要写"前人未见之事","摹写未尽之情"。对剧本的语言主张"贵浅不贵深"。又注重宾白。还提出"戒淫亵","忌俗恶","重关系","贵自然"。这些理论都可供借鉴。他写的剧本有《笠翁十种曲》。

《比目鱼》

《比目鱼》二卷,见《笠翁传奇十种》本,共三十二出。是李渔作品中思想性较强的一本。它描写知识分子谭楚玉和戏曲演员刘藐姑的恋爱故事。谭楚玉为了接近刘藐姑,情愿抛弃儒业去做优伶,和刘藐姑演生旦戏。刘藐姑也热爱谭楚玉,结成生死之交。

作者在这出戏里,成功地创造了刘藐姑这个人物,她虽生于梨园之中,却不愿过卖笑生涯。她认为做人要真诚,不要使心术、逞姿色,骗取钱财。她希望找一个理想的伴侣,自己做一个会女工针线的普通妇女。但是,刘藐姑所处的社会地位却不允许她如此。她的痛苦、悲剧也就在这里。地主钱万贯倚仗财势要娶她做妾,她始终不屈。《挥金》、《利逼》、《偕亡》等节,集中表现了刘藐姑和他们的冲突。藐姑在斗争中也认识到自己力量的孤弱,难于逃出魔掌,她宁愿葬身鱼腹,也不愿被人污辱。一次在江边唱戏,她演《荆钗记》中钱玉莲《抱石投江》一出,以钱玉莲的痛苦遭遇自比,并借此咒骂了钱万贯一顿,最后投江而死。谭楚玉因此也投江殉情。他们死后变成比目鱼,为隐者的渔网打出,恢复人形,重结夫妻。这本戏刻划出了藐姑刚毅的性格,描写了谭楚玉对藐姑的忠贞爱情。全剧结构严密,针线细致,有起有伏,较为引人。

朱佐朝

朱佐朝字良卿,江苏吴县人。清代戏曲作家,具体生卒年代及事迹皆不详,与李玉同时。两人交谊很深,曾合撰《埋轮亭》、《一品爵》传奇。据《曲海总目提要》卷十八《未央天》项下记载,他与当时另一剧作家朱素臣是弟兄,他们与另外二人合撰《四奇观》传奇。他的剧作,各家著录不一致,《曲录》上是三十种,《剧说》上是三十三种,《新传奇品》上是二十五种。今存十一种,计《渔家乐》、《轩辕镜》、《艳云亭》、《乾坤啸》、《血影石》、《夺秋魁》、《双和合》、《御雪豹》、《石麟镜》、《五代荣》和《缨络会》,此外还残存有《吉庆图》和《九莲灯》的散折。

他的创作多取材于历史上重大的政治事件和现实生活中的矛盾斗争;表现了较强烈的爱国思想和民族兴亡之恨;揭露封建统治阶级的凶狠残暴,歌颂下层人民的反抗斗争;语言也较通俗质朴,使人物形象更为鲜明生动。

《渔家乐》

原名《怀古堂新编后渔家乐传奇》,二卷,见《古本戏曲丛刊三集》,是朱佐朝现存十一本戏中最好的一篇,共二十六出。写的是后汉时奸臣梁冀反叛,杀了汉幼帝刘瓒,逼走了清河王刘蒜,欲篡夺皇位。一天,梁冀部下校尉追赶清河王,追到野外,适值邬姓渔翁和其女飞霞携酒在坟上边饮边唱,校尉一箭误将邬渔翁射死。清河王隐身舟中,经飞霞掩藏起来,始得脱身。梁冀又欲夺部将马融之女,融女已嫁与书生简人同,马融却逼她从梁冀。飞霞知道了,愿以身相代,入梁府,乘机以神针刺杀梁冀。事后清河王称帝,飞霞去投奔,立为皇后。梁冀死后,马融也被问罪。

这本戏反映了东汉末年人民反对奸臣梁冀的斗争精神,表现了人民与强暴势力的誓不两立和他们智慧、勇敢、侠义的性格,揭露了各种奸邪者的腐朽、残暴的本质。邬飞霞是作品中创造得最突出最鲜明的人物,她是封建社会下层的贫苦渔家的少女,在艰苦的环境中,她不但要为生活奔波,而且还要和市井中的流氓恶棍作斗争,使她变得大胆、倔强,富有正义和智慧。她慷慨地周济了苦难者简人同,惩戒和嘲弄了流氓赵图,热情地成全了被逼出走的马融女与简人同的婚事,冒着生命危险隐蔽了清河王,以支持清河王的斗争来报杀父之仇。她性格最光辉的方面,表现在《刺梁》一场上,在这里她的机警、胆识和与敌人不共戴天的精神,呈现得非常充分。作品中另一个下层人民的形象是万家春,他是流落江湖的相士,幽默诙谐,聪明机智,有丰富的斗争经验和强烈的正义感。在邬飞霞刺杀梁冀后,他救了邬飞霞,又帮助其他歌姬逃出虎口。作者热情地赞扬了这些正义行动。梁冀是个凶残、狠毒的奸臣,把持朝纲。马融是他的爪牙,趋炎附势,厚颜无耻,梁冀要他的女儿作妾,他慨然允诺,不惜以自己的女儿换取名位。这篇作品语言生动自然,描写人物性格较鲜明突出,矛盾冲突也展开得较为充分。

这个戏的情节完全是虚构的,历史上的梁冀是被桓帝刘志和太监合谋发兵收捕,而畏罪自杀的。这个戏里写渔家女刺梁,可能是受李玉《一捧雪》中雪艳娘刺杀奸人汤勤的影响。这里写清河王落难,得到飞霞的救护,以及后来清河王称帝,立飞霞为皇后,可能是当时流行的小说,写公子落难遇佳人,后来做官成亲这个俗套的花样翻新。不过公子佳人在当时都是地主阶级中人,他们的结合是不奇怪的。渔家女和皇帝,属于不同阶级,地位悬殊,那样的结合完全是违反生活真实的。不过这本戏在刺梁的描写上,可能反映了当时人民对奸臣的愤恨,像李玉在《清忠谱》中所写的,所以还是可取的。

尤 侗 (公元 1618—1704 年)

尤侗,字同人,又字展成,号悔庵,又号西堂,江苏长洲(今苏州市）人。清代文学家、戏曲家。顺治时拔贡，授永平推官，以挞旗丁降调。他的诗文多抒发个人感慨，内容较空虚。其初沦落不第，愤世疾俗，作戏曲以寓牢骚不平之意。这些戏曲在揭露封建社会上有它的认识作用。后来他为清统治者所赏识，举博学鸿词科，授翰林院检讨，又修《明史》三年，终以年老辞官家居。他的剧作有《钧天乐》传奇一种，《读离骚》、《吊琵琶》、《桃花源》、《黑白卫》、《清平调》杂剧五种。

《钧天乐》

《钧天乐》一卷，见《西堂全集》本，共十六出。写沈白和他的朋友杨云都有才学，但不能中试，而贾斯文、程不识、魏无知不学无术，却得中状元、探花、榜眼。因此引起沈白和杨云的愤慨。沈白将满腹郁郁不平之气，至霸王庙中去申诉。霸王叫他回家，待上帝召用。后文昌帝愤下界科场之腐败，在天界设科考试真才。沈白和杨云都以优等及第，赐天宴，奏钧天乐，以资庆贺。这本戏主要是描写沈白、杨云一生的坎坷不遇的景象，刻划了他们热中于科举，揭露了科场的黑暗。沈白是作者自己生活、遭遇、痛苦的写照。他忧国忧民，念王室艰难、民生涂炭，造万言书伏阙直谏，从人民的苦难、赋役的苛重、朝官的昏庸，一直批评到最高统治者。但是，他的忠言并未被采纳，反被锦衣卫乱棒打了出来。他痛苦至深，《哭庙》一出是他的愤懑不平发展的最高点。他来到项羽庙前，陈述自己一生之不遇："以大王之英雄，不能取天下，以沈白之文章，不能成进士，古今不平孰甚于此！"最后，把自己的诗稿焚化，作祭文，为诗文一哭。又念灰烬乃笔精墨妙，不宜为人间尘埃点污，便筑诗文冢，以保持诗文的永远纯洁。"哭"是沈白发泄愤懑不平的主要方式，他为天地哭，为民生哭，为亡妻哭，为前途哭，为诗文哭，要以哭来控诉封建社会。戏的后半部写沈白、杨云考中后，都授修文郎，到人间去勘察，对历史上许多不平事件从头做了审判，以泄胸中之愤。这本戏从思想情绪到艺术格调都十分像《聊斋志异》中揭露科举制度腐朽的小说，与蒲松龄的创作在精神上有相通之处。

这本戏在揭露科举制度的黑暗，封建社会的埋没人才，以及有才能的人被埋没的痛苦上，是有积极意义的。作者的主观意图是要借鬼神来泄愤，但在客观上，正好证明科举和选拔真才的矛盾是不可能解决的，虽然作者还不一定有这样的认识。因此，这里的鬼神只是作者的幻想。此外，本戏的语言鲜明、生动，有元曲的本色。

洪　昇（公元 1645—1704 年）

洪昇字昉思，钱塘（今浙江杭州市）人，清代戏剧家。他出身于没落的名门世家，一生贫困，到处流寓。二十五岁居北京，衣食无着，以卖文为生。曾受业于王士禛，并与当时知名文人朱彝尊、赵执信等交谊很深。他才情卓著，诗名极高，三十多岁便基本上完成了《长生殿》的创作。四十四岁时，又重新更改、正式脱稿，轰动一时，到处传抄、搬演。康熙二十八年因为在佟皇后丧期内演唱《长生殿》，被革去监生职务。为时势所迫又回到江南，十几年后在江上饮酒，醉后落水而死。

洪昇生活在一个动荡的时代里，亲身遭遇明代的灭亡，感受民族的压迫；同时由于他一生未做过任何官职，长期处于穷苦的境遇，也培育了他孤傲的性格。他满怀愤懑之气，"常不满人，亦不满于人"。

他的作品有《稗畦集》、《稗畦续集》和《啸月楼集》三种诗集。他的诗多是记游、赠送、感怀之作。内容大都是感叹自己的失意穷困的身世和抒发个人的穷愁落魄，调子比较凄凉，但间或有同情农民疾苦、感叹兴亡的诗篇。总的说来是思想不深，却具有真实感情。除诗集以外，还有剧本九种，即《回文锦》、《回龙院》、《锦绣图》、《闹高唐》、《节孝坊》、《天涯泪》、《青衫湿》、《四婵娟》、《长生殿》。《长生殿》是他的代表作。

《长生殿》

《长生殿》传奇，有人民文学出版社本。清代著名的剧作之一，是综合了历代关于唐天宝时期的史、传、传奇、小说撰写而成的。其中主要的有白居易的《长恨歌》、陈鸿的《长恨传》、乐史的《杨太真外传》、白朴的《梧桐雨》和王伯成的《李太白贬夜郎》杂剧、屠隆的《彩毫记》和吴世美的《惊鸿记》传奇等。内容是写唐明皇和杨贵妃的爱情故事。杨玉环被册为贵妃之后，排斥梅妃，嫉妒宫人，专幸夺宠。唐明皇则淫逸无度，不理朝纲，终日与杨贵妃游宴、玩乐。他们情深意蜜，七夕于长生殿对牵牛织女发世世代代永为夫妻之誓。忽然安禄山叛变，叛军直取长安，唐明皇被迫入蜀。半途至马嵬驿，六军不发，杀了祸首杨国忠，并逼杨贵妃自缢。安禄山之乱平后，唐明皇重返长安，退居南宫，思念贵妃，遣临邛道士觅魂，于蓬莱仙岛上寻得杨贵妃。明皇和贵妃经过忏悔后，于八月十五日被引进月宫，在月宫内团圆。

这本戏的主题是通过对唐明皇和杨贵妃的爱情描写，反映唐代开元、天宝时期的社会历史生活，反映了一个时代的历史悲剧。围绕这一主题还表现了其他方面的思想，首先是流露了强烈的国破家亡之恨，如剧中《弹词》、《私祭》两出。其次是表现了爱国思想。这集中地体现在对郭子仪和雷海青两个人物的描写上。郭子仪曾击败了安禄山的叛乱，重立了唐朝社稷。雷海青则抱琵琶痛骂和殴击安禄山，表现了崇高的民族气节。此外还批判了杨国忠的专权误国,同情被压迫人民的苦难。

作品里的两个中心人物是唐明皇和杨贵妃,这两个封建社会的帝王和妃子,他们的阶级地位决定了他们的生活荒淫糜乱。作者笔下的唐明皇是个既多情又荒淫的皇帝,作品成功之处在于通过他概括出封建统治者的堕落腐化给人民带来的灾难;但作者写他的多情给人以不真实之感。作品中还写他同虢国夫人的暧昧关系,这只能暴露他的淫乱罢了。作者对杨贵妃进行更多的"美化",突出了她的聪明、才智和美丽。作者写她的性格的基本内容是妒和情。她不但排斥梅妃,同时也妒忌自己的姊妹。因为在那种荣辱得失变化不定的环境中,争宠关系到自己的切身利害,失去了帝王的宠爱,即失去了自己的地位,这正是杨贵妃性格的社会意义。这也就破坏了所谓杨妃对爱情的真挚。因此,作品里存在着既歌颂爱情又批判他们的荒淫的矛盾,实际上这是作者思想矛盾的反映。洪昇生在明末清初,对故国怀着思念,因此美化从前的帝王,写他的多情。同时,他对帝王的荒淫生活给人民带来的痛苦又看得十分清楚,因此以更大的愤慨揭露了封建统治者的淫乱。这个矛盾在作品里没有得到解决。作者想用后来两人的"悔"洗刷他们以前的荒淫,来歌颂他们的爱情。但李杨的荒淫和由此而造成的祸害已经被揭露得那样深刻,那样鲜明生动,就不是比较概念的悔恨所能洗刷得了的。这是作品中无法解决的矛盾。

这本戏在艺术上的主要特色是语言的淳朴和生动,具有元曲的本色。情节细腻严密,全剧以金钗钿盒为中心线索,其他情节围绕这一线索而展开,纵横支蔓,交织成篇。这本戏在创作上受《牡丹亭》的影响很深,因此有"一部闹热《牡丹亭》"之誉。

《长生殿》校注

今人徐朔方校注,人民文学出版社本。书中对典故和一般的戏曲常识都作了注释,对读者有帮助。为了通俗浅显,注释都未注出处。

孔尚任(公元 1648—1718 年)

孔尚任字季重,又字聘之,号东塘,别号岸塘,自称云亭山人,清代著名的戏剧家。山东曲阜县人,是孔子的远代孙。他少年时曾应试,中秀才。后来长期隐居在曲阜石门山中,并从事礼、乐、兵、农的研究工作,同时酝酿《桃花扇》的创作。三十七岁时出山,主持祭孔庙大典事宜,得到康熙的赏识,被任命为国子监博士,第二年春去北京,开始了他的仕宦生涯。之后,他随工部侍郎孙在丰到江南去视察淮河海口,奔波于江淮之间,踏遍了明末四镇激战之地。他驻留过扬州,凭吊过史可法的衣冠冢,游历过南京,瞻仰过明孝陵,浏览遍了南明的残山剩水,搜求明末掌故,听到了一些故老传闻。这对他继续创作《桃花扇》起了很大的作用,促使他于康熙三十八年(公元 1699 年)便正式完成了《桃花扇》的创作。《桃花扇》问世不久,即传入内府,盛行一时。不久,他便因事罢官。康熙四十一年,他在朋友的劝导下又回山东曲阜,仍然过着隐居的生活,直到逝世为止。他的戏剧创作成就很高,在清代与洪昇齐名,当时有"南洪北孔"之称。他的《桃花扇》与洪昇的《长生殿》也是当时剧坛上的双璧。但在创作上他与洪昇各有不同,洪昇是继承汤显祖的传统;他则是继承李玉、吴伟业的传统,以反映政治斗争为主要内容。除《桃花扇》外,他还写《大忽雷》杂剧,并与顾天石合撰《小忽雷》传奇。他不但是一个戏剧家,在诗文方面也有成就,著有《湖海集》《岸堂稿》《长留集》等诗文集。

《桃花扇》

《桃花扇》传奇,四十出,有文学古籍刊行社本。写明末复社名士侯方域侨寓南京,经朋友杨龙友介绍,和名妓李香君订了婚姻。阉党阮大铖欲结交侯方域,托人送去丰盛的妆奁,被李香君坚决退还。后侯方域为阮大铖谗害,被迫离开南京,避难于淮安漕抚史可法处。李自成进京,崇祯缢死煤山,阮大铖、马士英等拥立福王得势,大力逮捕复社诸人,并逼迫李香君嫁漕抚田仰。香君坚决不屈,以头撞地,血溅在侯方域赠给她的一把宫扇上,后杨龙友在扇上点染成一枝桃花。清兵南下,陷南京,国破家亡,李香君、侯方域在道观里会见,被道士点化后,两人分别出家。

这本戏是通过描写侯方域和李香君悲欢离合的爱情故事来揭示南明灭亡的原因。作者对南明统治阶级内部的矛盾和政治腐败,揭露是相当广泛而深刻的。如对昏淫的福王,倒行逆施、出卖民族利益的权奸阮大铖、马士英,争夺地盘、互相残杀的高杰、刘良佐等,均作了深刻的揭露。这方面有它的认识作用。不过《桃花扇》也有在政治倾向上的缺点,表现在:一,歌颂清王朝。他把康熙比作尧舜,称那时"处处四民安乐,年年五谷丰登"。肯定清兵入关的"正义性"。污蔑农民起义,诋毁李自成。二,掩饰侯方域的变节行为。它宣扬南明必亡,清朝必兴,是符合清朝封建统治者的利益的。

作者在作品中创造了李香君这个女性形象。李香君聪明、伶俐、勇敢、有气节。她虽然是一个妓女,但却有明确的生活目的和理想。她和侯方域的结合是建立在憎恨阉党这一共同思想的基础之上的。《却奁》一出,她责备侯方域的妥协企图,充分显示她在爱情上坚定的政治态度。以后她一直坚定地站在反对权奸、反对邪恶势力的正义立场上。田仰后来强娶她为妾，她始终不屈。《守楼》一出便表现了她与迫害者的顽强斗争。阮大铖、马士英逼她陪筵，《骂筵》一出，她乘机对他们痛骂了一场，揭露了他们的丑恶面貌。作者通过她来宣扬权奸亡国论，来肯定清王朝的"正义性"，作为掩饰民族矛盾的盾牌。作者对侯方域的描写是抱着一种同情态度，他在清朝应举，作者对他的丧失民族气节和立场，未加以批判。这是一个很大的缺陷。剧中的柳敬亭、苏昆生是两个勇敢、侠义、有高尚节操的民间艺人。作者描写他们有明确的是非观念，鲜明的政治态度，在反阉党的斗争中作出了自己的贡献。史可法是个民族英雄的形象，忠贞正直，号召三千子弟兵坚守扬州，誓与城共存亡。当清兵突破扬州后，三千士兵都阵亡，他也沉江而死，表现了为国牺牲的精神。但这一切也都是为权奸亡国论服务的。

《桃花扇》运用了中国传统的寓褒贬的写史的笔法。从这一基本态度出发，对李香君的坚贞不屈是歌颂的，对柳敬亭、苏昆生的侠义豪爽是赞扬的，对史可法的英勇杀敌是钦佩的，对杨龙友则肯定他倾向复社的一面，否定他对阉党帮闲的一面。对侯方域为了一点聘礼曾经动摇，作者便通过李香君的口给以批判。但对主要的民族压迫，作者却站在歌颂清王朝的立场上给以回护。

戏剧在结构上也有新的创造，严整、别致，具有独特风格。在全部结构中起重要作用的人物是老赞礼，通过老赞礼把整个戏剧连贯起来，并随时指点，引导人们去认识历史、认识生活，这个人物在很大程度上是作者自己思想性格的体现。戏剧的语言十分浓郁，有诗的特色，与《长生殿》语言显示不同的风格。

《桃花扇》注

梁启超注，有文学古籍刊行社本。这个注本侧重在史实方面，不注典故和一般戏曲常识，有学术价值，在《桃花扇》的注释上是个开创。

《桃花扇》注

王季思注。在史实上吸取了梁注的长处,同时增加了对典故和一般戏曲知识的注释,适合于一般读者阅读。但对明清之际的历史背景注得不够,因此对作品的内容发掘不深。

蒋士铨(公元1725—1785年)

蒋士铨字心余,又字苕生,号清容,又号藏园,江西铅山县人,清代著名戏剧作家、文学家。幼年家境贫困,母亲教他读书,管教极为严格,成就较高。他二十二岁中举人,三十三岁举进士,三十八岁授翰林院编修,从四十二岁到五十一岁从事了十年的教育工作,曾任绍兴蕺山书院、杭州崇文书院、扬州定安书院院长的职务,后以候补御史结束他的政治生活。他生平矜尚气节,不期望皇帝的赏识,缺点是讲究封建节孝,极推崇"节烈"妇女。他的作品有《忠雅堂文集》十二卷,《忠雅堂诗集》二十六卷,《补遗》二卷,《铜弦词》二卷。此外还有戏剧十六本,计:《康衢乐》、《忉利天》、《长生箓》、《升平瑞》、《采樵图》、《采石矶》、《庐山会》、《空谷香》、《桂林霜》、《四弦秋》(杂剧)、《雪中人》、《香祖楼》、《临川梦》、《一片石》、《第二碑》、《冬青树》等。前七种不可见,后九种合称《藏园九种曲》,比较通行。他在创作上追随汤显祖,是从汤显祖一派发展而来的。

他的戏曲,以《临川梦》为代表作。他也写了《雪中人》来歌颂降清汉奸吴六奇,写《桂林霜》来歌颂吴三桂所杀之马镇雄,则流露出他的思想反动的一面。

《临川梦》

《临川梦》二卷，有《红雪楼九种曲》本，共二十出，是蒋士铨的代表作。全剧故事是写汤显祖的一生事迹。汤显祖在张居正、申时行先后当政的形势下，已经看到当时的政治腐朽，社会危机四伏，他不但不肯为奸相所拉拢，而且还上疏指摘时弊，结果被贬为徐闻县典史。数年之后又升为遂昌县令，任职期间并做出了一番政绩。晚年辞官回乡，终其余生。作者把汤显祖塑造成一个"忠孝两全"的人物，写他有卓越才华，高尚节操，不避权贵，为当权者所抑，宦途潦倒，家居二十年，白首事亲。作者把自己的理想，写在汤显祖身上，对这个人物表现出无限仰慕之心。在黑暗的统治下，汤显祖才华不得伸展，张居正以状元来诱惑他时，他矢志"权相不死，终身不中"，认定"富贵一时，名节千古"，把自己万种情怀写成《牡丹亭》，以寓怨尤不平之气。他忧伤国事，缅怀民艰，当国家危亡之际，肯置生死于度外，指责了辅臣申时行、大学士许国、吏科杨文举、礼科胡汝宁等。汤显祖终生是痛苦潦倒的，作品中写《谱梦》《改梦》《续梦》的创作过程，实际上是他的痛苦愤慨不断深化的过程，到最后却归结到："人生即梦幻"，消沉下来了。这种消沉，反映了当时黑暗政治的压力。

作品中还创造了一个醉心于《牡丹亭》的人物俞二姑。她有卓越的才识，最了解汤显祖，也最认识汤显祖，她认为汤显祖的《牡丹亭》写杜女痴情，至死不变，正是借以自况。她之所以读《牡丹亭》而死，不是羡慕丽娘得偕佳偶，而是因为自己也"做了个不逢时女秀才"，自己的遭际和丽娘相同之故。俞二姑就是蒋士铨的影子，他写俞二姑来作陪衬，在她身上概括了自己的愤慨和不平。

　　这本戏在语言上具有诗的格调,蕴藉、典丽而酣畅。戏剧构思也比较细密、精巧。唯结构松散,有些出如《哼叛》、《遣跋》、《双噬》与内容无关,是全剧之赘瘤。